Sachgerechte Wahrnehmung der Arbeitnehmerinteressen als Ordnungskriterium der Betriebsverfassung

Europäische Hochschulschriften
Publications Universitaires Européennes
European University Studies

Reihe II
Rechtswissenschaft

Série II Series II
Droit
Law

Bd./Vol. 4572

PETER LANG
Frankfurt am Main · Berlin · Bern · Bruxelles · New York · Oxford · Wien

Christopher Jordan

Sachgerechte Wahrnehmung der Arbeitnehmerinteressen als Ordnungskriterium der Betriebsverfassung

Betriebliche Mitbestimmung zwischen Entscheidungs- und Belegschaftsnähe

PETER LANG
Internationaler Verlag der Wissenschaften

Bibliografische Information der Deutschen Nationalbibliothek
Die Deutsche Nationalbibliothek verzeichnet diese Publikation in der Deutschen Nationalbibliografie; detaillierte bibliografische Daten sind im Internet über <http://www.d-nb.de> abrufbar.

Zugl.: Bochum, Univ., Diss., 2006

D 294
ISSN 0531-7312
ISBN 978-3-631-56664-0

www.peterlang.de

INHALTSVERZEICHNIS

Einleitung

1. Untersuchungsgegenstand

Die vorliegende Untersuchung setzt sich mit der Sachgerechtigkeit der Wahrnehmung der Arbeitnehmerinteressen im Rahmen der Betriebsverfassung auseinander. Im Mittelpunkt der Untersuchung steht die Organisationsstruktur der betriebsverfassungsrechtlichen Interessenvertretung. Es wird sich zeigen, dass eine sachgerechte Wahrnehmung der Arbeitnehmerinteressen nach der Wertung des Betriebsverfassungsgesetzes voraussetzt, dass die Mitbestimmungsorgane einerseits entscheidungsnah, d.h. in hinreichender Nähe zu den Entscheidungsstellen des Arbeitgebers, andererseits aber auch belegschaftsnah, d.h. in der Nähe zu den vertretenden Arbeitnehmern, angeknüpft sind.

Damit ist gleichzeitig die Tür aufgestoßen zu der seit jeher umstrittenen Frage nach der Definition des Betriebsbegriffs. Hier ist zwar seit der den herrschenden Betriebsbegriff widerlegenden Arbeit von *Joost*[1] im Jahre 1988 wieder Ruhe eingekehrt. Die Fragen, die *Joost* aufgeworfen hat, wurden jedoch nicht beantwortet. Den unbefriedigenden Zustand des rechtstatsächlichen Umgangs mit einem demontierten Rechtsbegriff machte *Preis* unlängst deutlich.[2]

Der Suche nach dem „richtigen" Betriebsbegriff ist jedoch nur ein Teilausschnitt der Untersuchung. Vielmehr soll die Organisationsstruktur der Betriebsverfassung umfassend auf die Möglichkeit der Realisierung der vorgenannten Ordnungskriterien beleuchtet werden. So sollen zwar auch Rückschlüsse für die Bestimmung der Anknüpfungspunkte der gesetzlich normierten Vertretungsorgane (also des Betriebsrates) und der optionalen Interessenvertretungsstrukturen, die mit der Betriebsverfassungsreform 2001 normiert wurden, gewonnen werden. Im Vordergrund steht jedoch die Verwirklichung der Ordnungskriterien der Entscheidungs- und Belegschaftsnähe im Rahmen eines Gesamtkonzeptes aus gesetzlichen und vereinbarten Interessenvertretungsstrukturen. Dabei werden sich die erheblichen Auswirkungen zeigen, die die Betriebsverfassungsreform für die Auslegung des Anknüpfungspunktes „Betrieb" hat. Zuzustimmen ist insofern *Gamillscheg,* der nach der Betriebsverfassungsreform die "Stunde Null" bei der Bestimmung des Betriebsbegriffs deklariert.[3]

2. Gang der Untersuchung

Um Vorgenanntes leisten zu können, sind zunächst die Ordnungskriterien der Entscheidungs- und Belegschaftsnähe mit Inhalt zu füllen. Hier ist zweierlei zu bewältigen. Zum einen ist zu ermitteln, an welchen Stellen im Unternehmen mitbestimmungsrelevante Entscheidungen fallen. Zum anderen ist zu untersuchen, wo die Mitbestimmungsorgane der Arbeitnehmer einzurichten sind, um belegschaftsnah arbeiten zu können.

---

[1] Joost, Betrieb und Unternehmen als Grundbegriffe im Arbeitsrecht
[2] Preis RdA 2000, 257, 265.
[3] Vgl. Gamillscheg AuR 2001, 411, 413.

Während der Gesichtspunkt der Belegschaftsnähe jedoch unabhängig von der Organisation des Unternehmens ist, bedarf es zur Untersuchung des Ordnungskriteriums der Entscheidungsnähe auf Grund der Vielzahl der möglichen Entscheidungsstrukturen in der Unternehmenspraxis einer differenzierten Betrachtung. Nachdem in § 2 der Untersuchung eine Betrachtung der Ordnungskriterien losgelöst aus der unternehmenstatsächlichen Praxis erfolgt, wird in § 3 und § 4 der Untersuchung die Interessenvertretung in der betrieblichen und unternehmerischen Realität beleuchtet.

In § 3 der Untersuchung wird die betriebsverfassungsrechtliche Interessenvertretung in Unternehmen, die nach dem „Leitbild des Betriebsverfassungsgesetzes 1972" organisiert sind, betrachtet. Dieses geht davon aus, dass die Arbeitgeberentscheidungen auf den Ebenen Betrieb, Unternehmen und Konzern gefällt werden und sieht dementsprechend eine Interessenvertretung durch den Betriebsrat, den Gesamt- und Konzernbetriebsrat vor. Hier wird der Betriebsbegriff im Mittelpunkt der Untersuchung stehen, wobei sich herausstellen wird, dass in Rechtsprechung und Literatur unterschiedliches Gewicht auf die Ordnungskriterien der Entscheidungs- bzw. Belegschaftsnähe gelegt wird.

In § 4 der Untersuchung findet eine Auseinandersetzung mit den verschiedenen Gestaltungsformen moderner Unternehmensorganisation statt. Es wird sich zeigen, dass eine Interessenvertretung auf den Ebenen Betrieb, Unternehmen und Konzern oftmals nicht zu einer sachgerechten Wahrnehmung der Arbeitnehmerinteressen führen kann, da die betriebsverfassungsrechtlichen Ordnungskriterien der Entscheidungs- und Belegschaftsnähe nicht in Übereinstimmung zu bringen sind und eine entscheidungsnahe Mitbestimmung angesichts der dezentralen Unternehmensstrukturen kaum noch zu gewährleisten ist.

In § 5 wird gezeigt, welche Möglichkeiten das Betriebsverfassungsreformgesetz 2001 gebracht hat, um auf moderne Formen der Unternehmensorganisation zu reagieren. Unberücksichtigt blieben dabei indes die umfangreichen Bezüge und Wechselwirkungen zum Individualarbeitsrecht, da dies im Rahmen der vorliegenden Untersuchung nicht zu leisten war. In § 6 der Untersuchung wird gezeigt, dass sich aus der Betriebsverfassungsreform die Möglichkeit ergibt, den Betriebsbegriff neu zu formulieren und so insgesamt zu Interessenvertretungsstrukturen zu kommen, die eine sachgerechte Wahrnehmung der Arbeitnehmerinteressen erlauben. In § 7 wird ein Ausblick gewagt.

§ 1 Ordnungskriterien der Betriebsverfassung

A. Sinn und Zweck der betrieblichen Mitbestimmung

Das auf dem Arbeitsvertrag begründete Weisungsrecht des Arbeitgebers führt im Rahmen der betrieblichen Arbeitsorganisation zu einer weitgehenden Fremdbestimmung des Arbeitnehmers. Die abhängige Arbeit wird in einem der weitgehenden Disposition des Arbeitgebers unterliegenden Arbeits- und Lebensbereich erbracht, in der sich der Arbeitnehmer in die betriebliche Organisation des Arbeitgebers einfügt und dessen Direktionsrecht unterliegt.

Die Mitbestimmung soll diese Abhängigkeit, in die sich derjenige begibt, der innerhalb einer fremdbestimmten Organisation arbeitet, ausgleichen bzw. zumindest abmildern[4] und einen Ausgleich in den Arbeitgeber-Arbeitnehmer-Beziehungen herstellen.[5] Durch die Mitbestimmung der Arbeitnehmer soll die Fremdbestimmung rechtlich begrenzt und einer gegengewichtigen Kontrolle durch ein unabhängiges Repräsentations- und Vertretungsorgan der Arbeitnehmer unterworfen werden.[6]

Das Betriebsverfassungsgesetz will Mitbestimmung im Sinne der Berücksichtigung der Arbeitnehmerinteressen, des Begründungszwangs für getroffene Unternehmerentscheidungen, die Information und die Förderung der Kooperation normieren. Mitbestimmung soll gewährleisten, dass der Ertrag der Arbeit abhängig tätiger Menschen die grundlegenden Lebensbedürfnisse deckt, die Existenz der Arbeitnehmer gesichert und ihre Individualität respektiert wird. Dass sie gesellschaftlich anerkannt werden und dass sie Gleichbehandlung und Gleichberechtigung erfahren.[7]

Gesetzes- bzw. Normzweck ist somit der soziale Schutz der Arbeitnehmer, durch die Gewährleistung und Sicherung von Beteiligungsrechten, die es den Arbeitnehmern ermöglichen sollen, das Direktionsrecht des Arbeitgebers angemessen zu beschränken und in Fragen der Begründung, Konkretisierung, Veränderung und Beendigung der arbeitsvertraglichen Pflichten beteiligt zu werden bzw. mitbestimmen zu können.

Das Betriebsverfassungsgesetz ist daher als Arbeitnehmerschutzrecht zu verstehen, das die Interessen der Arbeitnehmer durch Beteiligungsrechte sichert und den Arbeitnehmern wirkungsvolle Einrichtungen zur Ausübung dieser Rechte zur Verfügung stellt. Die sachgerechte Wahrnehmung dieser Interessen steht somit als bestimmendes Ordnungskriterium hinter dem Betriebsverfassungsgesetz. Das Kriterium der sachgerechten Interessenvertretung findet sich nach der Betriebsverfassungsreform nunmehr ausdrücklich in § 3 Abs. 1 Nr. 1 BetrVG.

B. Wirkungsvolle Mitbestimmungsorgane

Wie gezeigt, ist das Betriebsverfassungsgesetz als Arbeitnehmerschutzrecht zu verstehen. Das gilt für alle Regelungen des Betriebsverfassungsgesetzes, nicht nur die materiellen Bestimmungen, d.h. die Beteiligungsrechte, sondern auch für die Organisati-

---

[4] ErfK-Eisemann BetrVG § 1 BetrVG Rn 1.
[5] Richardi NZA 2000, 161, 162.
[6] Vgl. Kissel, Standort Arbeitsrecht, S. 268.
[7] Weinmann, ZfA 1991, 73 f.

onsnormen. Eine sachgerechte Interessenwahrnehmung setzt nämlich neben der Gewährung von adäquaten Beteiligungsrechten auch die Sicherstellung einer effektiven Durchsetzung dieser Rechte voraus.

Das Betriebsverfassungsgesetz etabliert ein repräsentatives System der Arbeitnehmerbeteiligung: Die betriebsverfassungsrechtliche Beteiligungsrechte können – bis auf wenige Ausnahmen[8] – nur durch die Institutionen der Arbeitnehmervertretungen gegenüber dem Arbeitgeber ausgeübt werden. Daher muss (auch) bei der Bestimmung der Organisationsnormen die arbeitnehmerschützende Zweckrichtung des Betriebsverfassungsgesetzes berücksichtigt werden. Ein mögliches Interesse des Arbeitgebers an einer Eindämmung bzw. Beschränkung der Mitbestimmung kann bei der Einrichtung der Betriebsverfassungsstruktur nur insofern Beachtung finden, als dass durch die Installation und Ausübung der Arbeitnehmerinteressenvertretung nicht der Schutzbereich der unternehmerische Freiheit gemäß Art. 14 GG verletzt wird.[9] Bis zu dieser Grenze, die abstrakt wohl kaum zu ziehen ist, findet das Interesse des Arbeitgebers an einer kostengünstigen betriebsverfassungsrechtlichen Struktur grundsätzlich keinen Vorzug vor dem Interesse der Arbeitnehmer an einer wirkungsvollen Struktur der betriebsverfassungsrechtlichen Organe.[10]

Deutlich wird die Verknüpfung zwischen Organisationsnormen und Beteiligungsrechten auch dadurch, dass das Betriebsverfassungsgesetz manchen Mitbestimmungsorganen einen Aufgabenbereich gerade dadurch zuordnet, dass es sie an bestimmten Stellen auf Unternehmens- oder Konzernebene installiert. So ergeben sich die Aufgaben des Gesamt- bzw. Konzernbetriebsrats aus ihrer unternehmensorganisatorischen Anknüpfung (vgl. §§ 50, 58 BetrVG). Die Organisation der Betriebsverfassung liefert den Beteiligungsrechten also nicht nur den erforderlichen Unterbau zur Durchsetzung, sondern definiert auch deren Anknüpfungspunkte. Umgekehrt sind die materiellen Beteiligungsrechte (mit-)bestimmend für die Lokalisierung der Vertretungsorgane: Deutlich macht dies insbesondere das Abstellen der h.M. in Rechtsprechung und Literatur auf den Kern der Entscheidungsmacht in personellen und sozialen Angelegenheiten bei der Bestimmung des Betriebsbegriffs.[11]

Organisation und Beteiligungsrechte hängen folglich voneinander ab und können nicht isoliert betrachtet werden.[12] Daher sind sowohl Beteiligungsrechte als auch Organisationsnormen einheitlich unter Berücksichtigung der Ordnungskriterien, die dem Betriebsverfassungsgesetz zugrunde liegen, auszulegen.

---

[8] Vgl. §§ 81-85 BetrVG.

[9] Vgl. auch Oehmann DB 1964, 587, 588: "Letztlich ausschlaggebend sein kann [aber] nicht das Interesse der Arbeitgeberseite, sondern das der Arbeitnehmerseite, um derentwillen es überhaupt eine Betriebsverfassung gibt"; Vgl. zum Spannungsverhältnis zwischen unternehmerischer Mitbestimmung und Art. 14 GG: BVerfG AP Nr. 1 zu § 1 MitbestG.

[10] Eine andere Frage ist die, ob der Arbeitgeber im Falle mehrerer Möglichkeiten, die der Interessenvertretung der Arbeitnehmer gleich dienlich sind, verlangen kann, dass die kostengünstigere gewählt wird. Die Frage wird wohl – wenn auch bislang nicht entschieden und (soweit ersichtlich) auch nicht wissenschaftlich diskutiert – mit Hinweis auf das Schikaneverbot gem. § 226 BGB zu bejahen sein.

[11] Vgl. unten § 3, A., III.,1.

[12] So auch Fischer NZA 2000, 167, 168 f.

C. Konkretisierung: Sachgerechte Wahrnehmung der Arbeitnehmerinteressen

Nachdem gezeigt wurde, dass bei der Auslegung der Organisationsnormen des Betriebsverfassungsgesetz dem Gesichtspunkt der „sachgerechten Wahrnehmung der Arbeitnehmerinteressen" genüge getan werden muss, soll dieser Gedanke nun mit Inhalt gefüllt und konkretisiert werden. Dazu wird die organisatorische Konzeption des Betriebsverfassungsgesetzes betrachtet und der Frage nachgegangen, welche Ordnungskriterien der Gesetzgeber der Betriebsverfassungsorganisation zugrunde gelegt hat.

I. Entscheidungsnähe

Das Betriebsverfassungsgesetz bezweckt eine umfassende Interessenvertretung der Belegschaft gegenüber dem Arbeitgeber. Die repräsentativen Vertretungsorgane sollen dem Arbeitgeber gegenüberstehen, dieser ist Adressat der Mitbestimmungs- und Beteiligungsrechte.

Der Gesetzgeber hat mit der Installation der Mitbestimmungsorgane entlang den – *klassischen*[13] – Entscheidungs- bzw. Leitungsstellen des Arbeitgebers (Betrieb, Unternehmen, Konzern) zum Ausdruck gebracht, dass das Prinzip der *Entscheidungsnähe* der Interessenvertretung der Betriebsverfassung zu Grunde liegt.[14] Die Mitbestimmungsorgane stehen den maßgeblichen Gremien des Arbeitgebers als Verhandlungspartner gegenüber, deren Entscheidungs- bzw. Leitungsmacht der betriebsverfassungsrechtlichen Kompetenz des Mitbestimmungsorgans entspricht.[15] So können Verhandlungen zwischen den für die betreffenden Sachfragen zuständigen betrieblichen Gegenspielern auf "Augenhöhe" geführt werden.

In personellen Angelegenheiten wird dort mitbestimmt, wo der Arbeitgeber Entscheidungen über Einstellungen, Versetzungen und Kündigungen trifft, also – zumindest nach klassischem Muster – im Betrieb. Deshalb ist der Betriebsrat in personellen Angelegenheiten zuständig. Beteiligungsrechte in wirtschaftlichen Angelegenheiten werden demgemäß vom Wirtschaftsausschuss wahrgenommen, der auf Unternehmensebene angesiedelt ist, da Entscheidungen im Sinne des § 106 BetrVG in der Regel von der Unternehmensleitung getroffen werden.

---

[13] Die Installation der arbeitgeberseitigen Entscheidungsstellen auf den Ebenen Betrieb, Unternehmen und Konzern wird hier als „klassische" Unternehmensorganisation, davon abweichende Organisationsformen werden als „modern" bezeichnet; Eine Auseinandersetzung mit der "klassischen" Unternehmensorganisation findet sich unter § 3 – Die "moderne" Unternehmensorganisation wird unter § 4 der Untersuchung behandelt.

[14] Säcker, Die Wahlordnungen zum Mitbestimmungsgesetz, S. 102; Umnuß, Organisation der Betriebsverfassung und Unternehmerautonomie, S.56; Schimana BB 1979, 892, 894.

[15] Der Gesetzgeber geht damit von den feststehenden Entscheidungszentren Betrieb, Unternehmen und Konzern aus. Im Verlauf der Untersuchung wird sich indes zeigen, dass diese Verteilung von Entscheidungs- bzw. Leitungsmacht aber keineswegs immer der Unternehmenspraxis entspricht (vgl. insbesondere § 4, A.).

Diese sachliche und instanzielle Kongruenz auf horizontaler Ebene fördert eine wirksame Zusammenarbeit zwischen Arbeitnehmervertretung und Arbeitgeber und dient daher – im Grundsatz unbestritten[16] – der effektiven Mitbestimmung.[17]

Bei der Bestimmung der betriebsverfassungsrechtlichen Anknüpfungspunkte der Mitbestimmungsorgane muss daher immer auch die (materielle) Folge dieser Zuordnung berücksichtigt werden. Als *ein* Ordnungskriterium bei der Auslegung der Organisationsnormen des Betriebsverfassungsgesetzes unter dem Gesichtspunkt der „sachgerechten Wahrnehmung der Arbeitnehmerinteressen" ist somit die Entscheidungsnähe der Mitbestimmungsorgane anzusehen.

II. Belegschaftsnähe

Wie oben ebenfalls festgestellt wurde, ist es die Aufgabe des Betriebsverfassungsgesetzes die Fremdbestimmung durch den Arbeitgeber zu Gunsten der Arbeitnehmer abzumildern. Den Arbeitnehmern werden dazu Beteiligungsrechte gewährt, die durch Repräsentationsorgane ausgeübt werden. Eine wirkungsvolle repräsentative Interessenvertretung bedingt jedoch immer die Möglichkeit der Rückkopplung zwischen Vertretungsorgan und Vertretenen. Diese Rückkopplung bedarf einer arbeitnehmernahen Interessenvertretung.

Das Prinzip der *Arbeitnehmernähe* kommt bereits dadurch zum Ausdruck, dass der Gesetzgeber die Interessenvertretung nicht von vornherein auf Unternehmensebene angesiedelt hat, sondern auf Betriebsebene.[18] So ist die Ausübung der Rechte primär dem Betriebsrat und nur hilfsweise dem Gesamt- bzw. dem Konzernbetriebsrat übertragen. Die Zuständigkeit letzterer ist subsidiär (vgl. §§ 50, 58 BetrVG). Nur in Fällen, in denen der Regelungsgehalt einer Arbeitgeberentscheidung über den Betrieb hinausreicht, ist der Gesamtbetriebsrat bzw. der fakultativ zu errichtende Konzernbetriebsrat zuständig. Keine dieser beiden Institutionen ist dem Betriebsrat jedoch übergeordnet. Der Bestand der Mitbestimmungsrechte von Gesamt- und Konzernbetriebsrat ist nicht an den Bestand dieser Organe gebunden; fällt auf Unternehmens- oder Konzernebene eine Entscheidung und besteht kein Gesamt- bzw. Konzernbetriebsrat, so ist der Betriebsrat zuständig. Bei Betrachtung des Wirtschaftsausschusses ist zu beachten, dass dieser nicht nur ein abweichendes instanzielles Vertretungsorgan ist, sondern dass in § 106 BetrVG eine besondere Regelung für größere Unternehmen (ab 100 Arbeitnehmern) geschaffen wurde. Aus diesen Betrachtungen wird deutlich, dass der Gesetzge-

---

[16] Dies sieht auch Joost, der im übrigen das Ordnungskriterium der Entscheidungsnähe vernachlässigt, wenn er eine Pflicht des Arbeitgebers zur Abstellung entscheidungsberechtigter Ansprechpartner beim Betriebsrat annimmt (Betrieb und Unternehmen als Grundbegriffe im Arbeitsrecht, S. 247 f.) und einen Ausbau der Interessenvertretung auf Unternehmensebene durch den Gesamtbetriebsrat fordert (S. 242).

[17] Das BAG formuliert in einer seiner frühen Entscheidungen zum Betriebsbegriff insofern wie folgt: "Um seine Aufgaben erfüllen zu können, muss der Betriebsrat häufig mit dem Arbeitgeber verhandeln. Die Auslegung des Gesetzes muss daher auch unter dem Gesichtspunkt erfolgen, wie diese Verhandlungen möglichst nutzbringend gestaltet werden können [..]. [Es] ist entscheidend mit zu berücksichtigen wo die Entscheidungen des Arbeitgebers, insbesondere im Mitbestimmungsraum, getroffen werden." (AP Nr. 5 zu § 3 BetrVG 1952).

[18] Vgl. Plander NZA 2002, 483.

ber die Betriebsverfassungsstruktur zwar den Entscheidungsebenen des Arbeitgebers anpassen wollte, jedoch die Primärzuständigkeit bei dem Betriebsrat sehen wollte.[19] Mit dieser vorrangigen Anknüpfung auf betrieblicher Ebene bezweckt das Betriebsverfassungsgesetz Belegschaftsnähe der Mitbestimmungsorgane.[20]

Das Prinzip der Arbeitnehmer- oder Belegschaftsnähe zeigt sich auch darin, dass bereits in Kleinbetrieben mit fünf Arbeitnehmern eine Interessenvertretung zu wählen ist. Die Anknüpfung an die Entscheidungsebenen des Arbeitgebers kann für diese Regelung nicht bedeutsam gewesen sein, da für eine so kleine Zahl an Arbeitnehmern selten eine Leitungsstelle installiert sein wird.

Auch § 4 BetrVG bringt zum Ausdruck, dass die Nähe der Mitbestimmungsorgane zur Belegschaft intendiert ist. So ist in Betriebsteilen die Wahl eines eigenen Betriebsrats möglich, wenn sie räumlich weit vom Hauptbetrieb entfernt sind oder durch Aufgabenbereich und Organisation eigenständig sind; diese Kriterien kennzeichnen nichts anderes, als das Fehlen von Verbundenheit zwischen Mitbestimmungsorgan im Hauptbetrieb und zu den Arbeitnehmern im Betriebsteil.[21] Besteht eine solche – räumliche oder organisatorische – Verbundenheit nicht, so sollen die Arbeitnehmer die Möglichkeit haben, einen Betriebsrat für die jeweilige räumliche oder organisatorisch eigenständige Einheit zu gründen. Die Zweckrichtung des § 4 BetrVG ist damit die Verwirklichung einer belegschaftsnahen Interessenvertretung. Anderweitige Gesichtspunkte, die für die Bildung einer eigenständigen Interessenvertretung in diesen Fällen sprechen scheinen insofern sekundär. So ist eine gemeinsame Interessenvertretung für räumlich weit voneinander entfernte bzw. organisatorisch getrennte Einheiten nicht etwa von vornherein ausgeschlossen. Dies wird insbesondere durch die häufig im Einzelhandel auftretenden Betriebsratsstrukturen deutlich, bei denen für mehrere Filialen ein gemeinsamer Betriebsrat gebildet wird.[22] Anhand dieser, von der Rechtsprechung anerkannten Praxis,[23] wird deutlich, dass der Aufwand und die mangelnde Praktikabilität einer einheitlichen Interessenvertretung für mehrere weit voneinander entfernt liegende Standorte, den Nachteilen einer Vielzahl von Einzel-Betriebsräten gegenübersteht. Welches Modell letztlich das praktikablere bzw. kostengünstigere ist, lässt sich wohl abstrakt nicht feststellen.[24]

Mit der Belegschaftsnähe der Vertretungsorgane soll gewährleistet werden, dass die Betriebsratsarbeit nicht durch weite Entfernungen zwischen Betriebsrat und Arbeitnehmern erschwert wird und den Interessenvertretern die Arbeitsbedingungen der von ihnen vertretenen Arbeitnehmer bekannt sind.[25] Sie sollen die betrieblichen Gegebenheiten aus Erfahrung durch ihre eigene Arbeit im "Wahlkreis" und aus dem engen Kontakt zur Belegschaft kennen, um bei Entscheidungen Überlegungen zugrunde le-

---

[19] DKK-Trümner BetrVG § 1 Rn 45.

[20] Welche Faktoren einen engen Kontakt in diesem Sinne ausmachen wird in § 2, B., I. der Untersuchung vertieft.

[21] Joost, Betrieb und Unternehmen als Grundbegriffe im Arbeitsrecht, S. 274.

[22] Vgl. Rancke, Betriebsverfassung und Unternehmenswirklichkeit, S. 264; vgl. zur Filialstruktur auch das Beispiel von Preis, RdA 2000, 257, 261 (Fall 4).

[23] Vgl. LAG Düsseldorf DB 1966, 305; ArbG Kassel NZA 1986, 723.

[24] Vgl. hierzu § 3, B., VI., 4.

[25] Gamillscheg AuR 2001, 411, 413 f.

gen zu können, die im Arbeitsumfeld der Vertretenen tatsächlich ihre Grundlage haben. Der Betriebsrat als gewähltes Organ muss vom Vertrauen der Belegschaft getragen[26] und von dieser akzeptiert werden.[27] Dieses notwendige Vertrauensverhältnis bedarf eines gewissen Kontakts zwischen Vertretern und Vertretenen.[28] Der Betriebsbegriff erfüllt insofern die Funktion, Personen zu bezeichnen, die zu einer Einheit zusammengefasst, einen Vertreter aus ihrer Mitte wählen.[29]

Auch spricht die Tatsache, dass die Betriebsverfassung nicht von vornherein alle Arbeitnehmer eines Arbeitgebers zu einer Repräsentativgruppe zusammenfasst dafür, dass ein Kriterium besteht, durch welches sich die verschiedenen Gruppen der Arbeitnehmer eines Unternehmens unterscheiden. Früh schon hob das Bundesarbeitsgericht den Grundsatz hervor, dass der Betriebsrat als berufener Vertreter der Belegschaft seine Aufgabe nur sachgerecht wahrnehmen könne, wenn dieser eine Gemeinschaft mit Gemeinschaftsinteressen sei.[30] Dem liegt der Gedanke zugrunde, dass einheitliche Interessen die Voraussetzung für eine authentische Mitbestimmung sind. Jede Erweiterung einer Repräsentativgemeinschaft über die Grenzen ihrer tatsächlich vorhandenen Interessen hinweg, birgt indes die Gefahr einer Interessenverdünnung und somit einer Verfälschung des Willens des Einzelnen.[31] Die Homogenität der Wählerschaft[32] ist für die Betriebsratsarbeit auch entscheidend, weil der Betriebsrat nicht berufen ist, selbst – wie ein Parlament – die Willensbildung zu betreiben, sondern die gebündelten Interessen der Arbeitnehmer repräsentieren und in die Verhandlungen mit dem Arbeitgeber transportieren soll.[33] Die Repräsentativgruppe der zu vertretenden Arbeitnehmer wird daher (auch) durch gleichgerichtete Arbeitnehmerinteressen bestimmt. Ein (einseitiges) Abstellen auf die Entscheidungsebenen des Arbeitgebers als Abgrenzungsmerkmal der Mitbestimmungsorgane brächte hingegen die Gefahr mit sich, dass eine uneinheitliche Gruppe von Arbeitnehmern mit unterschiedlichen Interessen vertreten wird. Eine sachgerechte Interessenvertretung erfordert deshalb Strukturen, die es erlauben, gleichgerichtete Interessen als Durchsetzungsobjekt der betriebsverfassungsrechtlichen Mitbestimmung zu bündeln.[34]

Nach der Wertung des Betriebsverfassungsgesetzes muss der Betriebsrat somit als primäres Vertretungsorgan eine Gruppe von Arbeitnehmern mit relativ einheitlichen Interessen vertreten und in Errichtung und Tätigkeit mit der Gruppe eng verbunden sein. Bei der Auslegung der Organisationsnormen des Betriebsverfassungsgesetzes ist

---

[26] Gamillscheg AuR 1989, 33, 34.
[27] Gamillscheg AuR 2001, 411, 414.
[28] Oehmann DB 1964, 587.
[29] Gamillscheg, Anmerkung zu EzA Nr. 4,5 zu § 4 BetrVG 1972, S.55; ders. AuR 2001, 411, 413; Kohte AuA 1990,150,152.
[30] BAG AP 4 zu § 3 BetrVG 52; Oehmann DB 1964, 587, 588; zur Notwendigkeit der Interessengemeinschaft auch: Kothe BB 1992, 137, 140; Gamillscheg AuR 1989, 33 ff.; ders. AuR 2001, 411, 413 ff.
[31] Joost, Betrieb und Unternehmen als Grundbegriffe im Arbeitsrecht, S. 240.
[32] Diese Begrifflichkeit geht auf Gamillscheg zurück (vgl. zuletzt: AuR 2001, 411, 413).
[33] Vgl. Brors, Interessengemeinschaft als Strukturelement funktionsfähiger betrieblicher Interessenvertretung, S. 163.
[34] Welches die Interessen sind, die die organisatorische Basis der Mitbestimmungsorgane ausmachen, wird in § 2, B., II. der Untersuchung beleuchtet.

daher als *weiteres* Ordnungskriterium im Sinne einer „sachgerechten Wahrnehmung der Arbeitnehmerinteressen“, die Arbeitnehmer- bzw. Belegschaftsnähe zu berücksichtigen.

III. Zwischenfeststellung

Die betriebsverfassungsrechtlichen Mitbestimmungsorgane sind also einerseits an Stellen im Unternehmen anzusiedeln, an denen mitbestimmungspflichtigen Tatbestände entstehen, andererseits aber auch ein enger Kontakt zu den vertretenen Arbeitnehmern gewährleistet ist und gemeinsame Interessenlagen vorhanden sind.

Der Organisation der Betriebsverfassung liegen somit zwei Wertungsprinzipien zugrunde: Zum einen das der Entscheidungsnähe, zum anderen das der Belegschaftsnähe.[35] Beide Strukturelemente ergeben sich aus der organisatorischen Konzeption und der Zweckbestimmung des Betriebsverfassungsgesetzes. Bei der Bestimmung der betriebsverfassungsrechtlichen Mitbestimmungsorgane, also bei der Auslegung der Organisationsnormen des Betriebsverfassungsgesetzes, müssen beide Maximen daher so weit als möglich Beachtung finden.

D. Rechtssicherheit

Eine sachgerechte Interessenvertretung erfordert weiterhin, dass es den Betriebsparteien mit einiger Sicherheit möglich sein muss, die betriebsverfassungsrechtlichen Organisationsnormen in der Unternehmenspraxis anzuwenden, d.h. die Anknüpfungspunkte der Mitbestimmungsorgane rechsicher zu bestimmen. Da sie es sind, die auf die Anwendung des Betriebsverfassungsgesetzes und dessen tatsächliche Anwendbarkeit angewiesen sind, müssen sich die betriebsverfassungsrechtlichen Begrifflichkeiten dem Nichtjuristen erschließen und im Unternehmensalltag „einfach“ subsumiert werden können.

[35] Vgl. auch Friese RdA 2003, 92, 100.

§ 2 Konkretisierung der Ordnungskriterien Entscheidungs- / Belegschaftsnähe

Wie in § 1 der Untersuchung gezeigt wurde, ist die betriebsverfassungsrechtliche Arbeitnehmervertretung an den Stellen im Unternehmen anzusiedeln, an denen einerseits unternehmerische Entscheidungsmacht in Bezug auf Arbeitsverhältnisse konkret entfaltet und ausgeübt wird und andererseits ein enger Kontakt zu einer homogenen Gruppe von Arbeitnehmern gewährleistet ist.

Um die Ortungskriterien Entscheidungs- und Belegschaftsnähe bei der Auslegung der Organisationsnormen des Betriebsverfassungsgesetzes tatbestandlich *umsetzen* zu können, sind diese zunächst selbst näher zu untersuchen und zu konkretisieren. Dabei ist zu prüfen, wonach sich Entscheidungs- bzw. Belegschaftsnähe im Einzelnen bestimmt, und ist zu untersuchen, wo die tatsächlichen Merkmale der Prinzipien in der Unternehmenspraxis / Arbeitswelt vorliegen.

Dazu ist zweierlei zu leisten: Zum einen ist zu prüfen, um was es sich bei der arbeitgeberseitigen Entscheidungsmacht überhaupt handelt und an welchen Stellen im Unternehmen tatsächlich Entscheidungsmacht ausgeübt wird. Dies hängt davon ab, wie der Arbeitgeber sein Unternehmen organisiert. Daher wird ein Blick auf die Grundzüge der Unternehmensorganisation geworfen (A.). Zum Anderen muss beleuchtet werden, wo Mitbestimmungsorgane eingerichtet werden müssen, um belegschaftsnah arbeiten und Arbeitnehmer mit einheitlichen Interessen vertreten zu können. Dazu werden allgemeine Gesichtspunkte herausgearbeitet, die eine belegschaftsnahe Interessenvertretung auszeichnen bzw. die Vertretung einer homogenen Gruppe von Arbeitnehmern gewährleisten (B.).

A. Organisation des Unternehmens

I. Die arbeitsrechtliche Entscheidungsmacht

Bevor ein Blick auf die betriebswirtschaftliche Organisationslehre geworfen wird, die sich mit der Strukturierung der arbeitgeberseitigen Entscheidungsmacht beschäftigt, wird zunächst das soziale und rechtliche Phänomen der Entscheidungsmacht selbst betrachtet. Eine allgemeine, formale Beschreibung des Begriffs der arbeitsrechtlichen Leitungsmacht genügt dabei nicht, da sich praktische, also inhaltliche Fragen dadurch nicht bewältigen lassen. Vielmehr ist es erforderlich, neben der Kennzeichnung der formalen, rechtlichen Struktur der arbeitrechtlichen Leitungsmacht ihr inhaltliches Feld zu beleuchten. Über eine typisierende Betrachtungsweise kann dabei nicht hinausgegangen werden, da die arbeitgeberseitige Entscheidungsmacht so vielgestaltig ist wie die Aufgaben, denen sich die Arbeitnehmer im Rahmen ihres jeweiligen Aufgabenbereiches gegenübersehen.

1. Entscheidungsmacht als sachliches Erfordernis

Die Entscheidungsmacht des Arbeitgebers gegenüber den von ihm beschäftigten Arbeitnehmern ist im Rahmen arbeitsteiliger Prozesse unabdingbar und notwendig.[36] Sobald die Arbeitsteilung eine Stufe erreicht hat, auf der sie nicht mehr mit einem Blick von jeder Arbeitskraft erfassbar ist, bedarf es einer Koordination der einzelnen Teilarbeiten. In der Regel führt eine solche Koordination, soll Sie von einiger Dauer sein, zu einer Formalisierung der Beziehungen und bei steigender Komplexität der Verhältnisse zu einer festen Organisationsstruktur.[37]

Die hierarchische Struktur ist Grundbedingung des Funktionierens kooperativer Systeme, die über eine differenzierte Arbeitsteilung verfügen.[38]

2. Inhalt der Entscheidungsmacht

Wenn in der Betriebswirtschaftlehre von Leitung oder Führung eines Unternehmens die Rede ist, wird darunter sehr Verschiedenes verstanden. So werden hier Entscheidungen und Anordnungen von Maßnahmen, die unmittelbar den jeweiligen Arbeitnehmer betreffen, eingeordnet sowie andere Aufgaben, z.B. Kapitalverwertung, Repräsentationen etc. Vorliegend wird nur die Entscheidungsmacht betrachtet, die unmittelbaren Einfluss auf den einzelnen Arbeitnehmer hat.[39] Denn nur solche sind betriebsverfassungsrechtlich relevant. Folgende Entscheidungsmaterien sind hier zu betrachten:[40]

- Zunächst sind Anordnungen erfasst, die sich auf den Arbeitsvorgang im engeren Wortsinn erstrecken. Dies sind insbesondere die Zuteilung und nähere Ausgestaltungen der Arbeit.

- Daneben sind solche Weisungen relevant, die ein den Arbeitsvollzug begleitendes Verhalten betreffen, welches zwar der betreffende Arbeitsvorgang nicht bedingt, die jedoch den Arbeitsvorgang erleichtern bzw. beschleunigen oder die Entstehung von Schäden verhindert oder vermindert. Hier ist z.B. das Tragen von Schutzkleidung oder die Einhaltung bestimmter Arbeitsmethoden einzuordnen.

- Davon abzugrenzen sind solche Anordnungen, die nicht die jeweilige Tätigkeit am Arbeitsplatz betreffen, sondern aus organisatorischen Gründen ergehen. Diese Weisungen dienen dem inneror-

---

[36] Birk, Die arbeitsrechtliche Leitungsmacht, S. 9.
[37] Birk, Die arbeitsrechtliche Leitungsmacht, S. 12.
[38] Dahrendorf, Industrie- und Betriebssoziologie, S. 76.
[39] Die Untersuchung beschränkt sich dabei nicht auf solche Materien, die der betriebsverfassungsrechtlichen Mitbestimmung unterliegen, da auch darüber hinausgehende Weisungs- und Leitungsmaßnahmen das Verhältnis zwischen Arbeitgeber und Arbeitnehmer prägen und insofern für die Installation einer sachgerechten Arbeitnehmerinteressenvertretung bedeutsam sind. (vgl. insb. § 2, B. II).
[40] Einteilung nach Birk, Die arbeitsrechtliche Leitungsmacht, S. 20. Diese Einteilung der Entscheidungsmacht ist nur eine von vielen Möglichen.

ganisatorischen Arbeitskräftebedarf. Hierunter fallen Umsetzung, Versetzung, Zuweisung anderer Tätigkeit, Mehrarbeit und allgemeine Verhaltensvorschriften (An- und Abmeldebestimmung).

- Von diesen Leitungsbefugnissen, die die Arbeitspflicht selbst, das Verhalten am Arbeitsplatz oder den Betriebsablauf betreffen, sind wiederum die Entscheidungsmaterien abzugrenzen, die den Bestand des Vertragsverhältnisses zwischen Arbeitgeber und Arbeitnehmer betreffen.

3. Arbeitgeberbegriff

Bei der Untersuchung der arbeitgeberseitigen Entscheidungsmacht ist außerdem zu fragen, wem diese rechtlich zusteht. Dabei ist hier keine umfassende Untersuchung des Arbeitgeberbegriffs intendiert, sondern eine – auf den Untersuchungsgegenstand zugeschnittene - Betrachtung desjenigen Personenkreises, der Entscheidungsmacht über die Arbeitnehmer im vorbezeichneten Sinne ausübt.[41] Betriebsverfassungsrechtlich relevant ist dabei freilich lediglich die – wie auch immer begründete[42] – rechtliche Entscheidungsmacht und nicht die rein tatsächliche bzw. faktische Weisungsmacht. Insofern wird hier der betriebsverfassungsrechtliche Arbeitgeberbegriff zugrunde gelegt, der den Arbeitgeber als Gegenüber der Mitbestimmungsorgane kennzeichnet. Damit ist der Begriff des Arbeitgeber nicht notwendig – wie der des Arbeitnehmers – mit einer bestimmten Person zu verbinden, sondern im Sinne einer zusammenfassenden Bezeichnung für eine Reihe von Funktionen zu verstehen, die zwar von der selben Person ausgeübt werden können, jedoch auch auf verschiedene Personen verteilt sein können.

Im Betriebsverfassungsrecht ist daher sowohl der Vertragspartner des Arbeitnehmers, als auch derjenige, der die rechtlich begründete Leitungsmacht über den Arbeitnehmer ausübt, Arbeitgeber und damit Adressat der betriebsverfassungsrechtlichen Mitwirkung. Insbesondere in größeren Organisationseinheiten bei denen der Vertragsarbeitgeber die Leitungsmacht regelmäßig auf weitere Personen verteilt, wäre andernfalls eine Verkürzung der betriebsverfassungsrechtlichen Rechte der Interessenvertretung zu befürchten.

Die notwendige Lösung vom Vertragsarbeitgeberbegriff im Betriebsverfassungsgesetz wird durch die Konstruktion des Betriebsverfassungsgesetzes selbst deutlich: Dieses regelt die Beziehungen des Betriebsrats als Wahrer der Belange der Belegschaft im Betrieb gegenüber dem Arbeitgeber. Diese bipolare Beziehung knüpft also an den Betrieb an, nicht an das Unternehmen als Rechtsträger und damit Vertragsarbeitgeber. Da ein Unternehmen jedoch über mehrere Betriebe verfügen kann, geht die betriebsverfassungsrechtliche Konstruktion offensichtlich nicht von dem Vertragsarbeitgeber, sondern vom Arbeitgeber als Gegenüber des Betriebsrats und damit von einer (möglichen) Komplexität des Arbeitgeberbegriffs aus.[43] Sofern demgegenüber nicht der Verhandlungspartner als Gegenüber des Betriebsrates "auf Augenhöhe" gemeint ist,

---

[41] Vgl. Nikisch, Arbeitsrecht I, 144 ff., der den Begriff des "funktionellen Arbeitgebers" prägte
[42] Siehe dazu unten, 4.
[43] Vgl. H. Wißmann NZA 2001, 409.

spricht das Betriebsverfassungsgesetz vom "Unternehmer" (vgl. § 106 Abs. 1 BetrVG).

Mit der arbeitgeberseitigen Entscheidungsmacht ist daher hier nicht nur diejenige der Unternehmensleitung als oberste Spitze des jeweiligen Rechtsobjekts gemeint, sondern die ganze Leitungshierarchie. Versteht man die arbeitgeberseitige Entscheidungsmacht in diesem Sinne, dann besteht kein qualitativer Unterschied zwischen der Konzern-, Unternehmens- bzw. Betriebsleitung, wie auch immer man die Ebenen definiert und untereinander abgrenzt.[44]

4. Ableitung der Entscheidungsmacht

Werden Arbeitgeberentscheidungen auf verschiedenen Ebenen getroffen, so bedarf es eines Übertragungsaktes der (originären) Arbeitgeberentscheidungsmacht.[45] Die Einbindung von Arbeitnehmern in die Entscheidungsmacht des Arbeitgebers kann durch den Arbeitsvertrag des leitenden Angestellten allein nicht ausreichend rechtlich begründet werden.[46] Die Tätigkeit des leitenden Angestellten erschöpft sich nämlich nicht in der rein faktischen Vollziehung der Arbeitsleistung, sondern hat mit der Leitung anderer Arbeitnehmer einen rechtlichen Charakter, da die Erteilung von Weisungen rechtsgeschäftliche Bedeutung hat.[47]

Die Ableitung der arbeitgeberseitigen Entscheidungsmacht auf weitere Entscheidungsträger kann durch verschiedene Rechtsinstitute erfolgen: in Betracht kommt insofern die Stellvertretung, die Übertragung zur Ausübung (soweit das Privatrecht betroffen ist) und die Delegation (im öffentlichen Recht). Die Ermächtigung, als Handeln im eigenen Namen, dürfte von vorneherein ausscheiden.[48]

5. Externe Entscheidungsträger

Die arbeitgeberseitige Entscheidungsmacht kann auch Dritten zustehen, die sich außerhalb der Unternehmensorganisation befinden.[49] Hier stellt sich die Frage, wie die arbeitsrechtliche Leitungsmacht des Dritten rechtlich zu begründen ist, da zwischen Arbeitnehmer und Drittem kein Vertragsverhältnis besteht. Vertragliche Beziehungen bestehen hier jedoch zwischen Arbeitnehmer und Arbeitgeber (Arbeitsvertrag), sowie zwischen dem Dritten und dem Arbeitgeber (insbesondere Leiharbeitsverhältnisse,[50]

---

[44] Birk, Die arbeitsrechtliche Leitungsmacht, S. 16.

[45] Nicht behandelt werden hier diejenigen Fallgruppen, bei denen der Umfang der Leitungsmacht kraft Gesetzes definiert ist (vgl. § 29 Abs. 1 SeemannsG, § 29 Abs. 3 LuftVG).

[46] Birk, Die arbeitsrechtliche Leitungsmacht, S. 159.

[47] Birk, Die arbeitsrechtliche Leitungsmacht, S. 159 f.

[48] Einer eingehenden dogmatischen Auseinandersetzung mit dem rechtlichen Charakter der Einbeziehung Dritter in die Ausübung der arbeitgeberseitigen Entscheidungsmacht bedarf es im Rahmen dieser Untersuchung nicht, und sie kann in der gebotenen Kürze auch nicht geleistet werden. (vgl. insofern Birk, Die arbeitsrechtliche Leitungsmacht, S. 159 ff).

[49] Diese Konstellationen werden mit dem Begriff der „gespaltenen Arbeitgeberstellung" bezeichnet. (Vgl. Müllner, Aufgespaltene Arbeitgeberstellung und Betriebsverfassungsrecht).

[50] Vgl. eingehend H. Wißmann NZA 2001, 409; Konzen, Unternehmensaufspaltungen und Organisationsänderungen im Betriebsverfassungsrecht, S. 110: Leiharbeitsverhältnisse sind das wich-

mittelbare Arbeitsverhältnisse).[51] Von diesen Fallgruppen zu unterscheiden ist die Zusammenarbeit mehrerer Unternehmen im Rahmen eines Gemeinschaftsbetriebs.[52] Die Arbeitnehmer werden hier im Unterschied zur Leiharbeit nicht nur kurzfristig in einem fremden Betrieb tätig, sondern sind dauerhaft dem Gemeinschaftsbetrieb zugeordnet.

In diesen Fällen stellt sich das Problem der mehrfachen Arbeitgeberstellung (Ver- und Entleiher / Vertrags- und Betriebsarbeitgeber). Während bei der Leiharbeit gleichzeitig mit dem richtigen Arbeitgeber als Ansprechpartner in der jeweiligen Angelegenheit immer auch der richtige zu beteiligende Betriebsrat zu ermitteln ist, also der im Verleiher- bzw. Entleiherbetrieb, sieht sich im Falle des Gemeinschaftsbetriebs ein einheitlicher Betriebsrat unterschiedlichen Entscheidungsträgern ausgesetzt.[53] In der Regel ist bei der Anknüpfung betriebsverfassungsrechtlicher Mitbestimmungsrechte an das Arbeitsverhältnis (insbesondere in personellen Angelegenheiten) der jeweilige (Vertrags-)Arbeitgeber Ansprechpartner, bei sonstigen (insbesondere sozialen) Angelegenheiten muss sich der Betriebsrat demgegenüber zumeist mit dem Betriebsarbeitgeber auseinandersetzen.[54] Besondere Schwierigkeiten ergeben sich immer dann, wenn die Angelegenheit sowohl an das Arbeitsvertragsverhältnis, als auch an die betriebliche Einordnung anknüpft: So gehört der arbeitsvertragliche Lohnanspruch grundsätzlich in das Verhältnis zwischen Arbeitnehmer und Vertragsarbeitgeber; das Mitbestimmungsrecht in Fragen der betrieblichen Lohngestaltung nach § 87 I Nr. 10 BetrVG dient jedoch der Wahrung der innerbetrieblichen Lohngerechtigkeit und der Durchsichtigkeit des Lohngefüges, verlangt also eine betriebsbezogene Behandlung.

Zu der Verteilung betriebsverfassungsrechtlich relevanter Leitungsmacht auf Vertragsarbeitgeber einerseits und (externen) Betriebsleiter andererseits kommt es trotz der vom Bundesarbeitsgericht und der herrschenden Lehre bezüglich des Betriebsbegriffs vertretenen Formel des einheitlichen Leitungsapparates. Dieser soll nämlich bereits dann vorliegen, wenn der *Kern* der mitbestimmungsrechtlich relevanten Entscheidungen in einer Leitungsstelle vereint ist.[55] Zuletzt entschied das Bundesarbeitsgericht, dass auch eine externe Betriebsleitung einen einheitlichen Leitungsapparat darstellen könne, wenn sie Weisungsrechte bezüglich des flexiblen abteilungs- bzw. fachbereichsübergreifenden Personaleinsatzes innehabe.[56] Dass Entscheidungen, die den Bestand des Arbeitsverhältnisses betreffen, beim Vertragsarbeitgeber verbleiben, stellt den einheitlichen Leitungsapparat insofern nicht in Frage.[57]

Zu unterscheiden von diesen Formen der rechtlichen Ableitung arbeitgeberseitiger Leitungsmacht sind solche Fälle, in denen außerhalb des Unternehmens stehende Dritte rein faktisch gegenüber den Arbeitnehmern Arbeitsbedingungen festschreiben. Die-

---

tigste Modell für eine betriebsverfassungsrechtliche Trennung zwischen Betriebsinhaber (Entleiherbetrieb) und Arbeitgeber, wobei das Arbeitsverhältnis rechtliche aufgespaltet wird.

[51] Diese Rechtsformen sollen hier nicht vertieft werden; vgl. insofern Birk, Die arbeitsrechtliche Leitungsmacht, S. 182 ff.

[52] Vgl. zum Gemeinschaftsbetrieb unten § 3, D.

[53] Vgl. Herrmann, Der gemeinsame Betrieb mehrerer Unternehmen, S. 80 ff., 84.

[54] H. Wißmann NZA 2001, 409, 410 ff.; Konzen, Unternehmensaufspaltungen und Organisationsänderungen im Betriebsverfassungsrecht, S. 112 f.

[55] Vgl. auch H. Wißmann NZA 2001, 409, 410.

[56] BAG DB 96, 2131.

[57] BAG DB 96, 2131, 2132.

se zum Teil mitbestimmungsrelevanten Tatbestände treten insbesondere im Rahmen moderner Zusammenarbeit von Unternehmen (Franchise, Just-in-Time-, Netzwerke) auf, deren Formen unten[58] näher erörtert werden. Eine Übertragung arbeitsrechtlicher Leitungsmacht auf den Dritten findet in diesen Fällen nicht statt, jedoch kommt es hier zu einer Fremdsteuerung etwa durch Vorgabe von Öffnungszeiten, Art und Weise der Nutzung gemeinsamer Anlagen, Erscheinungsbild der Mitarbeiter, etc. Hier bleibt der Vertragsarbeitgeber zwar Arbeitgeber im betriebsverfassungsrechtlichen Sinn, also insbesondere Adressat der betriebsverfassungsrechtlichen Mitbestimmungs- und Mitwirkungsrechte, jedoch ist den Arbeitnehmern nicht geholfen, wenn dieser selbst nichts zu entscheiden hat.[59]

6. Zusammenfassung

Festzuhalten ist, dass die arbeitsrechtliche Entscheidungsmacht ein breites Spektrum an Inhalten aufweist. Darüber hinaus kann sie nicht nur vom Vertragspartner des Arbeitnehmers ausgeübt werden, sondern auch von innerhalb und außerhalb des Unternehmens stehenden Dritten. Diese Gesichtspunkte sind bei der weiteren Auseinandersetzung mit dem Ordnungskriterium der Entscheidungsnähe zu berücksichtigen.

II. Wirtschaftswissenschaftliche Organisationstheorie und Betriebsverfassung

Nachdem gezeigt wurde, dass die arbeitgeberseitige Leitungsmacht zumeist auf eine Vielzahl von Schultern im Unternehmen verteilt wird, soll nun untersucht werden, nach welchen Kriterien und Maßstäben diese Verteilung erfolgt. Beim folgenden Überblick über die Organisationsformen in der Unternehmenslandschaft, wie auch im weiteren Verlauf der Untersuchung, wird dabei auf die betriebswirtschaftliche Organisationstheorie und deren normative[60] Grundsätze zurückgegriffen.

Wenn jedoch auf Erkenntnisse aus anderen Wissenschaftszweigen Bezug genommen wird, ist zu beachten, dass diese eigene Erkenntnisziele verfolgen und daher bei einem Transfer in die Rechtswissenschaft unter Beachtung der eigenen Erkenntnisziele zu bewerten sind.[61] Da die Aussagen der betriebswirtschaftlichen Organisationstheorie nicht auf die hier gestellten juristischen – insbesondere nicht auf die betriebsverfassungsrechtlichen – Anforderungen ausgerichtet sind, werden organisationstheoretische Erkenntnisse im Rahmen dieser Untersuchung nur abstrakte Feststellungen ermöglichen. Es ist auch zu beachten, dass aufgrund der Vielgestaltigkeit des wirtschaftlichen Lebens organisationstheoretische Erkenntnisse keine optimalen Organisationsentscheidungen ermöglichen, da nicht alle Entscheidungsdeterminanten der unternehme-

---

[58] Vgl. insbesondere unten § 4, A., I., 1., c).

[59] Vgl. H. Wißmann NZA 2001, 409, 410; Die Verkürzung der Mitbestimmungsrechte durch diese Unternehmenszusammenarbeit wird unten unter § 4, B., II., 3 näher behandelt.

[60] Eine empirische Betrachtung muss aufgrund der Vielgestaltigkeit der betriebswirtschaftlichen Organisationsmodelle hier ausscheiden. Die im Folgenden dargestellten theoretischen Grundsätze finden sich jedoch in jeder modernen Marktwirtschaft (in verschiedenen Ausgestaltungen und Abwandlungen) wieder.

[61] Vgl. Wank, Die juristische Begriffsbildung, S. 151.

rischen Praxis abstrakt berücksichtigt werden können.[62] Die Betriebswirtschaftslehre liefert daher kein abschließendes Modell der bestmöglichen Strukturierung von Leitungs- und Entscheidungsaktivitäten. Dazu kommt ein Mangel an empirischen Daten, da wegen der Komplexität der Marktbedingungen und des individuellen Führungsstils der Unternehmensleitung eine zuverlässige Bestimmung der unternehmerischen Organisationsentscheidungen ausscheidet.[63] Die Organisationslehre beschränkt sich deshalb darauf, typisierten strategischen Ausrichtungen entsprechende organisatorische Gestaltungsformen und strukturelle Ausprägungen zuzuordnen.[64] Die so gewonnenen Erkenntnisse über Unternehmensstrukturen weisen – bei allen Differenzen im Einzelnen – wesentliche Gemeinsamkeiten auf, die sie für die vorliegende Untersuchung fruchtbar machen: Allen Organisationskonzepten liegt die Zerlegung der umfassenden unternehmerischen Entscheidungsmacht in Teilbereiche zugrunde, die eine spezifische Zerlegung des organisatorischen Gesamtsystems in Teilsysteme ermöglicht. Diese Bilder der Aufteilung von Kompetenzen auf Unternehmensleitung und Teilbereiche ermöglichen eine abstrakte Zuordnung der mitbestimmungsrechtlich relevanten Entscheidungen zu den Entscheidungsebenen des Arbeitgebers. Dadurch kann die oben gestellte Aufgabe der Beleuchtung des Kriteriums der Entscheidungsnähe angegangen werden.

Da die rechtstatsächlichen Entscheidungsstrukturen in den einzelnen Fällen der betriebsverfassungsrechtlichen Mitbestimmungstatbestände bisher weder von der Rechtswissenschaft noch von der Betriebswirtschaftslehre eingehend und umfassend untersucht worden sind, wird im Rahmen dieser Untersuchung jedoch letztlich nur eine generalisierende Betrachtung möglich sein.[65] Aber auch schon diese Betrachtung wird einen Erkenntnisgewinn darstellen wie sich im Verlauf der Untersuchung zeigen wird.[66]

III. Organisationstheoretische Analyse der Machtverteilung

Zunächst sollen einige grundsätzliche Fragen der Weisungsstrukturierung in Unternehmen aufgezeigt werden und zwar die grundsätzliche Abgrenzung der Entscheidungskompetenzen und die Aufteilung der Weisungsmacht in Weisungslinien.

---

[62] Frese, Organisationstheorie, S. 3.
[63] Frese, Organisationstheorie, S. 3.
[64] Frese, Grundlagen der Organisation, S. 29 ff., 35.
[65] Aus den organisationstheoretischen Erkenntnissen der Betriebswirtschaftslehre kann letztendlich trotz der vielfältigen Interdependenzen keine zwingende Aussage darüber abgeleitet werden, wer welche Entscheidungen im Unternehmen trifft (vgl. Friese RdA 2003, 92, 93).
[66] Vgl. unten § 4, B., II und letztlich § 6.

1. Abgrenzung der Entscheidungskompetenzen nach Zielkomponenten

Die unternehmerische Weisungs- oder Leitungsmacht lässt sich unter betriebswirtschaftlichen Gesichtspunkten durch drei Zielkomponenten bestimmen:[67]

a) Handlungsorientierung / Verrichtungsprinzip

Unter einer Verteilung von Weisungsmacht nach dem Verrichtungsprinzip versteht man die Aufteilung nach bestimmten, wiederholt unternehmenseinheitlich anfallenden Handlungen in Funktionsbereiche (z.B. Beschaffung, Produktion, Absatz, Personal). Kennzeichnend ist die meist unternehmensweite Verantwortung der Funktionsbereichsleitung im Rahmen ihrer Handlungsaufgaben.

b) Zielorientierung / Objekt-/Prozessprinzip

Bei der Zielorientierung, die sich je nach Unternehmensart als Objekt- (Produkt-), Projekt- bzw. Prozessorientierung darstellt, werden die Entscheidungskompetenzen nach dem erwarteten Realisationsergebnis verteilt. Oben genannte Funktionsbereiche werden in den Geschäftsbereichen, bzw. Prozessketten für den jeweiligen Wertschöpfungsprozess (Produkt, Projekt) zusammengefasst.

c) Feldorientierung

Unter der Feldorientierung ist eine Verteilung von Aufgaben zu verstehen die einheitlich für ein bestimmtes Marktsegment bzw. im Hinblick auf bestimmte Ressourcen ausgeübt werden.

2. Verteilung der Weisungsmacht

Innerhalb des Unternehmens wird die nach der Zielrichtung des Entscheidungsinhalts strukturierte Entscheidungsmacht auf eine oder mehrere Weisungslinien verteilt.[68] Die Betriebswirtschaftslehre unterscheidet zudem zwischen ein- und mehrdimensionalen Strukturen:[69]

a) Einliniensystem

Das Einliniensystem als eindimensionale Konzeption baut auf dem Prinzip der Einheit der Auftragserteilung auf. Dabei verläuft von einer vorgelagerten Instanz nur eine

---

[67] Vgl. Frese, Grundlagen der Organisation, S. 359 ff.; Schmidt, Grundlagen der Aufbauorganisation, S. 100 ff.

[68] Vgl. Staehle, Management, S.704 ff.; Schmidt, Grundlagen der Aufbauorganisation, S. 153 ff. Krüger, Organisation der Unternehmung, S. 95 ff.

[69] Die Unterscheidung von ein- bzw. mehrdimensionalen Strukturen bedeutet die Zerlegung eines Systems in Teilsysteme nach einem oder mehreren Kriterien (Frese, a.a.O., S. 355); deutlich wird dies am Beispiel des Matrixsystems, vgl. unten, d).

Anweisungslinie zur nachgelagerten Stelle. Jeder Untergebene hat nur einen Vorgesetzten, ein Vorgesetzter hat jedoch (in der Regel) mehrere Untergebene. Durch diese Anordnung wird Klarheit über Zuständigkeits- und Verantwortungsbereich erreicht, jedoch auch der Überlastung der Instanzen Vorschub geleistet. Geprägt wird das System durch die umfassende Leitungsmacht der übergeordneten Unternehmensebene und eine große Anzahl von einer Instanz nachgeordneten Stellen (=hohe Leitungsspanne).

b) Stabliniensystem

Um eine Überforderung des umfassend leitungsberechtigten (und damit auch verpflichteten) Vorgesetzten im Einliniensystem zu verhindern, werden bei dieser Weiterentwicklung des Einliniensystems Stabstellen eingerichtet, die den Linienstellen mit spezialisiertem Wissen zur Seite stehen. Nach der Organisationstheorie ist der Stab nur beratend tätig. Davon werden in der Praxis jedoch häufig Ausnahmen gemacht, so dass Stabsstellen durchaus Entscheidungen fällen.[70] Daneben kann es bei Sonderaufträgen zu zeitlich begrenzter Weisungsbefugnis kommen. Häufig haben Stäbe auch Richtlinienkompetenz.[71] Die Stäbe unterliegen in der Regel einer Stabshierarchie, die gemäß der Struktur der zugeordneten Instanzen verläuft.

c) Mehrliniensystem

Im Gegensatz zum Einliniensystem beruht das Mehrliniensystem auf dem Prinzip der Mehrfachunterstellung. Von einer vorgelagerten Instanz führen mehrere Anweisungslinien zur nachgelagerten Instanz - dem Mehrliniensystem liegt insofern auch eine eindimensionale Konzeption zugrunde. Die Instanzen haben Weisungsbefugnisse nur für bestimmte Sachgebiete, wodurch eine Spezialisierung der Vorgesetztentätigkeit ermöglicht werden soll. Jede Stelle hat daher mehrere (horizontal) vorgelagerte Instanzen, die für ein bestimmtes Aufgabenfeld verantwortlich sind (Funktionsprinzip). Die Instanzen sind hoch spezialisiert. Die Leitungsspanne[72] ist im Vergleich zum Einliniensystem niedrig. Nachteile sind mit möglichen Konflikten durch die Mehrfachunterstellung verbunden.

d) Matrix

Beim Matrixsystem werden die Entscheidungsmaterien nach verschiedenen Kriterien zweidimensional zerlegt, ohne dass eine mehrfache hierarchische Aufteilung stattfindet. Auf diese Weise nehmen – wie beim Mehrliniensystem – unterschiedliche hoch spezialisierte Entscheidungsstellen auf gleicher Ebene Kompetenzen für dieselbe untergeordnete Stelle wahr. Die Entscheidungsgliederung findet allerdings nicht wie beim Mehrliniensystem begrenzt auf bestimmte Sachbereiche statt, sondern bezüglich derselben Aufgabenstellung, nur aus unterschiedlicher Perspektive. D.h. es wird zwei

---

[70] Vgl. Staehle, Management, S. 708.
[71] Vgl. Staehle, Management, S. 741.
[72] Zum Begriff der Leitungsspanne vgl. oben, a).

Aspekten eines Problembereichs simultan Aufmerksamkeit geschenkt. Häufigste Konzeption ist die zweidimensionale Gliederung in Verrichtungsaufgaben und Objekt-/Prozessbezug,[73] so dass zum Beispiel in einer Angelegenheit sowohl ein Funktionsbereichsleiter (Einkauf, Produktion,...) als auch ein Geschäftsbereichsleiter (als Entscheidungsträger für eine bestimmte Produktgruppe) Weisungskompetenz hat. Daher können nie Kompetenzen entstehen, die in Bezug auf die jeweilige Aufgabe umfassend sind; vielmehr trägt jede organisatorische Einheit entsprechend ihrer dimensionierten Problemperspektive verantwortlich zur Lösung der komplexen Aufgabe bei.[74] Durch die Matrixkonzeption werden Informationswege abgekürzt und Teamarbeit begünstigt. Konfliktträchtig ist die Organisationsform jedoch wegen der Mehrfachkompetenzen; im „worst case" kommt es zu einander widersprechenden Weisungen.

e) Tensorsystem

Das Tensorsystem stellt eine Weiterentwicklung des Matrix-Systems dar. Dabei werden Kompetenzen bezüglich der gegebenen Problembereiche / Aufgabenstellungen nicht nach zwei, sondern nach drei Aspekten gegliedert, etwa nach Funktion (Verkauf, Einkauf, etc.), Produkt und unter regionalen Gesichtspunkten.[75] Vor- und Nachteile entsprechen denjenigen der Matrix-Organisation.

IV. Organisationsformen im Überblick

Auf der Grundlage der oben dargestellten Organisationsprinzipien und -systemen sollen nun verschiedene Unternehmensorganisationen aufgezeigt werden.[76] Dabei ist jedoch zu beachten, dass die dargestellten Organisationsstrukturen idealtypische Konzeptionen sind, die in der Wirtschaftspraxis in zahlreichen Modifikationen und Mischformen auftreten. Hier werden nur die Grundmuster dargestellt.

1. Funktionsorientierte Organisation

Bei der funktionsorientierten oder funktionalen Organisationsstruktur wird die Unternehmensleitung über Funktionsbereiche ausgeübt, die nach dem Verrichtungsprinzip[77] gebildet werden. In den unter der Unternehmensleitung auf der zweiten Hierarchieebene angesiedelten Funktionsbereichen werden unternehmenseinheitlich zu treffende, gleichförmige Handlungen ausgeübt. Diese unternehmerischen Grundfunktionen werden typischerweise in Organisationseinheiten wie Einkauf, Beschaffung, Produktion, Absatz, Vertrieb, Marketing, Forschung und Entwicklung, Planung, Personal, Rech-

---

[73] Zum Verrichtungs- bzw. Objektprinzip vgl. § 2, A., III., 1., a), b).

[74] Frese, Grundlagen der Organisation, S. 357.

[75] Vgl. Schmidt, Grundlagen der Aufbauorganisation, S. 159; Staehle, Management, S. 709.

[76] Vgl. Frese, Grundlagen der Organisation, S. 409 ff.; Schmidt, Grundlagen der Aufbauorganisation, S. 161 ff.; Staehle, Management, S. 739 ff.; Krüger, Organisation der Unternehmung, S. 95 ff.; Schertler, Unternehmensorganisation, S. 32 ff.

[77] Zum Verrichtungs- bzw. Objektprinzip vgl. § 2, A., III., 1., a), b).

nungswesen bzw. Verwaltung zusammengefasst. In der Unternehmenslandschaft haben sich verschiedenartige Funktionsbereiche herausgebildet.[78]

Die Weisungsrechte sind regelmäßig nach dem Einliniensystem verteilt.[79] Die Kompetenzen des jeweiligen Bereichsleiters sind auf den mit dem jeweiligen Unternehmens(teil)zweck des Funktionsbereichs verbundenen Aufgabenbereich beschränkt. Die operativen Aufgaben werden auf der zweiten Hierarchieebene wahrgenommen, während die Unternehmensleitung für strategische Fragen zuständig ist und administrative Aufgaben wahrnimmt, die über die einzelnen Funktionsbereiche hinausreichen.

2. Produktorientierte Organisation

Die produktorientierte oder divisionale Organisation ist dadurch gekennzeichnet, dass die Unternehmensführung über Geschäfts- oder Spartenbereiche ausgeübt wird, die nach dem Objektprinzip[80] gebildet werden (daher auch Geschäftsbereichs- oder Spartenorganisation). Die Aufteilung der Geschäftsbereiche, die unter der Unternehmensleitung auf der zweiten Hierarchieebene angesiedelt sind, erfolgt nach Produkten bzw. Produktgruppen. Die Spartenbereiche eines Großunternehmens werden bei der Divisionalisierung in der Regel nicht rechtlich verselbständigt.

Den Geschäftsbereichsleitern werden die Entscheidungskompetenzen zugeordnet, die für die Realisierung des Ziels des jeweiligen Geschäftsbereichs erforderlich sind. Diese üben also – anders als bei der funktionalen Organisationsstruktur – auch solche strategischen Entscheidungen aus, die beispielsweise die jeweilige Produktentwicklung betreffen. Der Entscheidungsspielraum der Spartenleitung ist daher mit der der Unternehmensleitung vergleichbar.

3. Marktorientierte Organisation

Bei marktorientierten Organisationskonzepten erfolgt die Aufteilung der unternehmerischen Entscheidungsmacht nach Gesichtspunkten, die sich aus dem Bereich der Abnehmer ergeben, also zielorientiert.[81] Häufigstes Beispiel dafür ist die Aufteilung nach Regionen bzw. Absatzmärkten.

Dabei wird ein Unternehmen in Organisationseinheiten gegliedert, denen Entscheidungskompetenzen bezüglich eines bestimmten geografischen Bereichs, insbesondere im Hinblick auf die dort angesiedelten Filialen, zugeordnet werden. Der Leiter eines Regionalbereichs, dem bestimmte Ziele vorgegeben werden, erhält dazu umfassende Leitungsmacht, die mit der des Geschäftsbereichsleiters im Rahmen der produktorientierten Organisationsform vergleichbar ist.

---

[78] Wegen der Vielzahl der Gestaltungen kommt eine abschließende Aufzählung nicht in Betracht.
[79] Zum Einliniensystem vgl. § 2, A., III., 2., a).
[80] Zum Objektprinzip vgl. § 2, A., III., 1., b).
[81] Zur Zielorientierung vgl. § 2, A., III., 1., b).

V. Zwischenfeststellung und weiteres Vorgehen

Aus Vorstehendem wird deutlich, dass unternehmerische Tätigkeit immer (auch) Führungsorganisation beinhaltet. Im Rahmen arbeitsteiliger Prozesse ist die Ausübung von Weisungsmacht durch den Arbeitgeber gegenüber den Arbeitnehmern unabdingbar. Bei komplexen Aufgabenstellungen ist in der Regel eine Verlagerung der Weisungsmacht "nach unten" bzw. auf Dritte im Rahmen einer formalen Führungsstruktur erforderlich. Unterschiedliche Unternehmensstrukturen bedingen dabei zwangsläufig unterschiedliche Entscheidungsstrukturen. "Das Unternehmen" mit unveränderlich feststehenden Entscheidungsstrukturen gibt es nicht. Daher ist die Suche nach einem Punkt in der Unternehmensstruktur, an dem Mitbestimmungsorgane einen Verhandlungspartner des Arbeitgebers als Gegenüber haben, dessen Weisungsmacht der betriebsverfassungsrechtlichen Kompetenz des Mitbestimmungsorgans entspricht, nicht unproblematisch. Das betriebsverfassungsrechtliche Kriterium der Entscheidungsnähe muss somit vor dem Hintergrund der Organisationsstruktur des zu untersuchenden Unternehmens betrachtet werden.

Diese "strukturspezifische" Betrachtung wird in den folgenden beiden Paragraphen der Untersuchung erfolgen. Der Gesetzgeber des Betriebsverfassungsgesetzes von 1972 geht – dies wird durch die gesetzliche Anknüpfung der Mitbestimmungsorgane deutlich – von feststehenden Entscheidungszentren auf den Ebenen Betrieb, Unternehmen und Konzern aus.[82] Diese Organisationsform wird im § 3 aufgezeigt und die betriebliche Mitbestimmung innerhalb dieser Rahmenbedingungen geprüft. Im § 4 wird gezeigt, dass sich in der modernen Unternehmenslandschaft eine Vielzahl von Gestaltungen finden, die sich nicht (mehr) mit den "Organisationsvorgaben"[83] des Betriebsverfassungsgesetzes von 1972 decken, d.h. die Installation von Entscheidungs- bzw. Leitungsmacht auf Betriebs-, Unternehmens- bzw. Konzernebene keine Selbstverständlichkeit mehr ist. Diese Fallgestaltungen werden dargestellt und die "Leistungsfähigkeit" der betrieblichen Mitbestimmung anhand dieser Herausforderung geprüft.

Doch zunächst sind grundlegende Betrachtungen zu der Belegschaftsnähe, dem zweiten Ordnungskriterium der betriebsverfassungsrechtlichen Organisationsnormen, anzustellen:

B. Anbindung der Mitbestimmungsorgane an homogene Arbeitnehmergruppen

§ 1 der Untersuchung hat gezeigt, dass die Betriebsverfassung die Anbindung der Arbeitnehmervertretung an Stellen im Unternehmen vorsieht, an denen ein enger Kontakt der Mitbestimmungsorgane zu einer homogenen Gruppe von Arbeitnehmern (soll heißen: solche mit einheitlichen Interessen) gewährleistet ist. Diese betriebsverfassungsrechtliche Maxime wurde Belegschaftsnähe genannt. Doch was macht Belegschaftsnähe aus?

---

[82] Vgl. oben § 1, C., I.

[83] Streng genommen: Das BetrVG geht von bestimmten Strukturen aus, es gibt jedoch keine Organisationsvorgaben, an die sich der Unternehmer zu halten hätte (vgl. dazu § 4, B., VI.).

Es stellt sich daher hier die Frage, worin eine enge Beziehung zwischen Mitbestimmungsorganen und Arbeitnehmern zu sehen ist (I.) und welches die maßgeblichen gemeinsamen Interessen sind, die eine homogene Gruppe von Arbeitnehmern ausmachen (II.). Im Folgenden wird im Wege einer normativen Betrachtung versucht, allgemeine Gesichtspunkte herauszuarbeiten, die Aufschluss hierüber geben.

I. Beziehung zwischen Vertreter und Vertretenen

Für einen hinreichenden Kontakt bzw. eine enge Beziehung zwischen betriebsverfassungsrechtlichem Vertreter und vertretendem Arbeitnehmer sind verschiedene Faktoren bestimmend:

1. Räumliche Nähe als Kommunikationsvoraussetzung

Jede Art von zwischenmenschlichem Kontakt bzw. zwischenmenschlicher Beziehung setzt zunächst Kommunikation voraus. Kommunikation wiederum bedarf einer Verbindung zwischen den Kommunizierenden. Diese Verbindung wird vornehmlich durch räumliche Nähe, als Voraussetzung des Zusammentreffens der Kommunikationspartner erreicht.

Interessenvertreter einer als einheitlichen Betrieb zusammengefassten Arbeitsstätte können problemlos die Arbeitnehmer an ihrem Arbeitsplatz aufsuchen, die Arbeitnehmer haben es leicht sich jederzeit an die Interessenvertretung zu wenden, die Sprechstunde aufzusuchen und die Betriebsratsmitglieder kennen zu lernen. Hingegen ist die Möglichkeit der Kontaktaufnahme bei großer räumlicher Entfernung gefährdet.[84] Räumlich weite Entfernungen bedeuten insofern ein Kommunikationshindernis und verhindern eine sachdienliche Beziehung zwischen Interessenvertretung und vertretenen Arbeitnehmern.[85]

An dem Erfordernis der räumlichen Nähe ändern die Möglichkeiten moderner Kommunikationsmittel (Telefon, Telefax, E-Mail, etc.) kaum etwas: Zwar bieten diese eine verbesserte Möglichkeit auch über größere Distanzen einen Informationsaustausch zwischen Interessenvertretung und Arbeitnehmern zu gewährleisten.[86] Mit Kommunikationstechnik wird jedoch das Spektrum des zwischenmenschlichen Informationsaustauschs nur unzureichend erfasst. Neben der Kommunikation in Form von reiner Informations- bzw. Datenweitergabe ist (insbesondere im Vertrauensverhältnis zwischen betriebsverfassungsrechtlichem Vertreter und Arbeitnehmer) der Aspekt der sozialen Kommunikation[87] hervorzuheben. Entsprechende Mangelhaftigkeit rein technischen Informationsaustauschs belegen empirische Studien bezogen auf computerge-

---

[84] Gamillscheg AuR 2001, 411, 413 ff.; vgl. auch Fitting BetrVG § 4 BetrVG Rn 14.

[85] Kohte BB 1992, 137, 140.

[86] Vgl. Hanau ZfA 1990, 115, 118; Kreßel, Der Betriebsbegriff in der betrieblichen Praxis, in: JahrbArbR, Bd. 36, 1999, S. 49, 53; zur "Virtualisierung der Arbeitsbeziehungen" Linnenkohl BB 1998, 45 ff.

[87] Vgl. zu Bedeutung und Inhalt der sozialen Kommunikation: Staehle, Management – Eine verhaltenswissenschaftliche Perspektive, S. 301.

stützte Kommunikation auf Management-Ebene.[88] Die soziale Kommunikation umfasst eine Reihe nonverbaler Ausdrucksformen (Mimik, Gestik, Intonierung, etc.) und transportiert so neben der reinen Dateninformation Stimmungen, Gefühle und Eindrücke des Kommunikationssenders. Diese Faktoren sind sowohl als Ausdruck der persönlichen Interessenlage des Arbeitnehmers, wie auch als Indikator des Betriebsklimas für die Arbeit der Mitbestimmungsorgane wesentlich. In der Regel wird soziale Kommunikation im obigen Sinne jedoch nur bei räumlicher Nähe von Vertreter und Vertretenem und einem Vertrauensverhältnis zwischen Sender und Empfänger, welches wiederum selbst einen gewissen Grad an Nähe voraussetzt,[89] funktionieren. Räumliche Nähe ist insofern vonnöten, da sich der Empfänger nonverbaler Signale freilich dem Sender (räumlich) gegenüber sehen muss; ein Vertrauensverhältnis wird in der Regel Voraussetzung sein, da der Sender andernfalls entsprechende nonverbale Signale eingeschränkt oder überhaupt nicht senden wird bzw. der Empfänger aufgrund mangelnder Kenntnis des Senders nur eingeschränkte Möglichkeiten hat die Signale zu deuten und sie so u.U. gar nicht oder falsch empfängt. Moderne Kommunikationsmittel vermögen insofern zwar den Austausch zwischen Interessenvertretung und Arbeitnehmern zu ergänzen, jedoch nicht den persönlichen Kontakt zwischen ihnen zu ersetzen.[90] Die räumliche Nähe zwischen Interessenvertretung und Arbeitnehmern bleibt daher auch im Zeitalter der modernen Kommunikation für eine arbeitnehmernahe Repräsentation unabdingbar.[91]

Es stellt sich jedoch die Frage, wo die Grenzen des räumlichen Zusammenhangs von Arbeitsstätten liegen. Dies ist pauschal nicht zu beantworten, sondern vielmehr nur durch eine wertende Betrachtung, die Verbindendes und Trennendes in das Blickfeld mit einbezieht.[92] Eine Abgrenzung, die allein darauf abstellt, ob die Arbeitsstätten im selben Gebäude, auf dem selben Grundstück, oder im selben Straßenzug liegen, wäre rein willkürlich und bedeutete eine Loslösung von der Funktion des Kriteriums. Es ist richtigerweise darauf abzustellen, ob die Arbeitnehmervertreter ohne wesentlichen Aufwand in der Lage sind, die von ihnen vertretenen Arbeitnehmer aufzusuchen, oder ob dies wegen der weiten Entfernung in der Regel ausscheidet.[93] Aber nicht nur die Möglichkeit des Interessenvertreters, die Arbeitnehmer zu besuchen, darf berücksichtigt werden. Auch die Frage, ob die Arbeitnehmer ihrerseits ohne weiteres die Betriebsratsmitglieder aufsuchen können, ist entscheidend, da die Besuchsmöglichkeiten des Betriebsratsmitgliedes bei den von ihm vertretenen Arbeitnehmern je nach Größe und finanzieller Ausstattung des Betriebes mehr oder weniger problemlos möglich ist. Demgegenüber ist ein Besuch der Arbeitnehmer bei dem Betriebsrat der räumlich ge-

---

[88] Staehle, Management – Eine verhaltenswissenschaftliche Perspektive, S. 301.

[89] Gamillscheg AuR 2001, 411, 414.

[90] Zu kurz greift hier Joost(Betrieb und Unternehmen als Grundbegriffe im Arbeitsrecht, S. 250), der schlicht feststellt, moderne Kommunikation schaffe keine räumliche Einheit, sondern helfe lediglich diese zu überwinden. Damit übersieht er m.E., dass die räumliche Einheit nicht Selbstzweck ist, sondern dem zwischenmenschlichen Austausch dient.

[91] In diesem Sinne auch BAG AP Nr. 16 zu § 1 BetrVG 1972; Schaub, ArbR-Hdb., S. 2032, Rn 12 (Gute Kommunikationsmöglichkeiten ersetzen persönliche Kontaktaufnahme nicht).

[92] Vgl. Oehmann DB 1964, 587, 588 f. zum Begriff "weite Entfernung".

[93] Joost, Betrieb und Unternehmen als Grundbegriffe im Arbeitsrecht, S.249.

trennten Arbeitsstätte – außerhalb des betriebsverfassungsrechtlich garantierten Sprechzeitenbesuchs – in der Regel nur während der Pausen möglich ist (vgl. § 39 Abs. 3 BetrVG). Belegschaftsnähe bedeutet jedoch auch, dass dieser nicht unter dem Erfordernis des Begründungszwangs stehende Kontakt zwischen Vertreter und Vertretenem möglich ist.[94] Im Interesse des einzelnen Arbeitnehmers dient er dem Kennen lernen des Betriebsratsmitgliedes bzw. Kandidaten. Im Interesse einer wirksamen Arbeitnehmervertretung ist es für die Interessenvertretung insgesamt unerlässlich, durch den Kontakt mit dem einzelnen Arbeitnehmer dessen Arbeitsbedingungen außerhalb von konkreten Beschwerden im Rahmen der Sprechstunden kennen zu lernen.

Allein der räumliche Aspekt kann jedoch nicht bestimmend sein. Belegschaftsnah ist eine Interessenvertretung nicht schon dann, wenn den Arbeitnehmern ein Interessenvertreter "vor die Nase" gesetzt wird. Dies erfüllte den betriebsverfassungsrechtlichen Zweck einer arbeitnehmernahen Mitbestimmung nur zum Teil. Weitere Aspekte sind beachtlich:

2. Kenntnis des Arbeitsumfeldes

Auch die Sachkunde des Betriebsrats, d.h. die Kenntnis der Arbeitsumstände und der Sozialdaten der von ihm vertretenen Arbeitnehmergruppe aus eigener Anschauung ist ein wesentlicher Faktor einer arbeitnehmernahen Organisation der Betriebsverfassung.[95] Wenn die Interessenvertreter die betrieblichen Gegebenheiten durch ihre eigene Arbeit im "Wahlkreis" erfahren und aus dem durch die eigene Gruppenzugehörigkeit gewachsenen engen Kontakt zur Belegschaft kennen, wird gewährleistet, dass bei Mitbestimmung und Mitwirkung Überlegungen zugrunde gelegt werden, die im Arbeitsumfeld der Vertretenen tatsächlich ihre Grundlage haben.

Hingegen vermag mangelnde Kenntnis der Arbeitsbedingungen bei den Mitbestimmungsorganen Kommunikationsbarrieren zwischen Vertreter und Vertretenem zu begründen. Durch die Unterschiedlichkeit des Erfahrungs-Backgrounds besteht die Gefahr, dass Information ganz ausbleibt, bzw. verändert wird. Insbesondere Kommunikationsstörungen durch semantische Unterschiede der Fachterminologien stellen insofern eine Gefahr dar.

Diese Überlegung ist nicht bloß abstrakt: Die Praxis zeigt, dass Arbeitnehmer das Bedürfnis nach Ansprechpartnern aus der eigenen Gruppe haben. So zeigt ein Sachverhalt, der einer Entscheidung des Bundesarbeitsgerichts[96] zugrunde lag, dass die Mitarbeiter einer Näherei Probleme vorzugsweise mit denjenigen Mitgliedern eines für eine Näherei und Weberei gebildeten Betriebsrats behandelten, die aus der Näherei stammten, während sich Mitarbeiter der Weberei vornehmlich mit Vertretern aus der Weberei besprachen.

Zur Errichtung einer arbeitnehmernahen Mitbestimmungsordnung bedarf es daher einer Installation von Interessenvertretern, die dem Arbeitsumfeld der zu vertretenen

[94] Joost, Betrieb und Unternehmen als Grundbegriffe im Arbeitsrecht, S. 249.
[95] Vgl. Gamillscheg AuR 2001, 411, 414; ders. Anm. zu EzA Nr. 4, 5 zu § 4 BetrVG 1972, S. 57.
[96] BAG AP 5 zu § 3 BetrVG 52.

Arbeitnehmergruppe entstammen. Dieser Aspekt steht im Einklang mit dem folgenden Kriterium:

3. Interessengemeinschaft zwischen Vertreter und Vertretenem

Belegschaftsnähe wird auch durch eine Interessengemeinschaft zwischen Vertreter und Vertretenem erreicht: Wenn das Betriebsratsmitglied aus dem gleichen Arbeitsbereich kommt, wie der von ihm vertretene Arbeitnehmer kennt es nicht nur die Umstände besser, sondern ist auch in die gleichen Bedingungen eingebunden. Hierdurch entsteht Belegschaftsnähe im Sinne einer „Schicksalsgemeinschaft". Die Motivation zur Durchsetzung der Arbeitnehmerinteressen entspricht dann der eigenen Motivationslage des Vertreters. Die betriebliche Mitbestimmung bietet insbesondere dann eine Garantie für die Umsetzung der Arbeitnehmerinteressen, wenn der Vertreter selbst mit der Entscheidung leben muss.[97] Je weiter er von der Interessensituation seines Wahlkreises entfernt ist, desto schwächer wird in der Regel sein eigener Rückbezug auf die (ehemals) verbindende Interessengemeinschaft. Wenn der Vertreter selbst Normunterworfener ist, also das Gruppeninteresse mit seinem eigenen identisch ist, und ihn seine eigenen Entscheidungen genauso wie seine Wähler treffen, wird er die Wahrnehmung der durchzusetzenden Interessen mit besonderem Nachdruck betreiben.[98] Damit schafft eine Interessengleichheit in diesem Sinne auch Vertrauen bei den Arbeitnehmern in die Interessenvertretung.[99]

Eine belegschaftsnahe Betriebsverfassungsorganisation ist daher des Weiteren dadurch gekennzeichnet, dass die Mitglieder der Mitbestimmungsorgane mit den vertretenen Arbeitnehmern eine Interessengemeinschaft bilden.

II. Zusammenfassung homogener Arbeitnehmergruppen

Belegschaftsnähe im hier vertretenen Sinn stellt nicht nur auf die Beziehung zwischen Interessenvertretung und Arbeitnehmern ab, sondern bezeichnet auch die Repräsentation einer homogenen Gruppe von Arbeitnehmern, d.h. solcher Arbeitnehmer mit gleichgerichteten Interessen, nimmt also auch Bezug auf die Beziehung der Arbeitnehmer untereinander. Doch welches sind diese Interessen, die eine "echte"[100] bzw. "lebendige"[101] Betriebsgemeinschaft ausmachen?

---

[97] Vgl. dazu das Beispiel von Gamillscheg, demzufolge die Betriebsratsmitglieder aus der Produktion bei Daimler-Chrysler sich für Fragen der Verwaltungsangestellten kaum verantwortlich fühlten (AuR 2001, 411, 412).

[98] Wobei die Ablehnung einer Interessenvertretung aus altruistischen Motiven als „unrealistisch" zu weit gehen dürfte, vgl. Brors, Interessengemeinschaft als Strukturelement funktionsfähiger betrieblicher Interessenvertretung, S. 164.

[99] Gamillscheg AuR 2001, 411, 414.

[100] Kohte BB 1992, 137, 140.

[101] BAG AP 5 zu § 3 BetrVG 52

1. Einheitliche Weisungsunterworfenheit

a) Gesetzliche Wertung

Die Tatsache, dass die Betriebsverfassung nicht von vornherein alle Arbeitnehmer eines Unternehmens zu einer Repräsentativgruppe zusammenfasst, sondern eine zweistufige Gruppenzuordnung konstituiert, spricht dafür, dass ein Kriterium besteht, durch welches sich verschiedene Gruppen von Arbeitnehmern unterscheiden lassen. Die Gemeinsamkeit der Interessen, die sich naturgemäß allein durch die Tatsache ergeben, dass bestimmte Arbeitnehmer der Weisungsmacht ein und des selben Arbeitgebers ausgesetzt sind, kann also für die Abgrenzung der Repräsentativgemeinschaft der Arbeitnehmer nicht bestimmend sein.[102]

b) Unterschiedliche Interessen bei einheitlicher Entscheidungsausübung

Auch die Tatsache, dass für eine Gruppe von Arbeitnehmern einheitliche Entscheidungen ergehen (können), bedeutet nicht, dass diese auch tatsächlich dieselben Interessen haben.[103] Die Interessen können durchaus unterschiedlich sein: An verschienen Standorten werden häufig differenzierte Interessen der Arbeitnehmer in Fragen von Arbeitszeit, Pausen und Urlaub vorliegen. Liegt z.B. ein Standort wenig verkehrsgünstig angebunden, so kann es für die Arbeitnehmer von Interesse sein, die Arbeitszeit auf nur 5 anstatt 6 Wochentage zu verteilen, um so häufig anfallende lange Fahrzeiten zu vermeiden. Das kann bei einer Arbeitsstätte in einer städtischen Umgebung, wo die Mitarbeiter weitestgehend in der Nähe der Arbeitsstätte wohnen, anders sein.

Besteht bei einem Standort die Möglichkeit in der Umgebung schnell Verpflegung zu erhalten, so kann es bei den Arbeitnehmern eher erwünscht sein, zwei kürzere Pausen, anstatt eine längere Pause einzurichten. Arbeitnehmer die größere Entfernungen in der Pause zurücklegen, werden dies wahrscheinlich anders sehen. Noch deutlicher wird die unterschiedliche Interessenlage bei einheitlicher Weisungsunterworfenheit sein, wenn die Arbeitsstätten in verschiedenen Bundesländern liegen, da hier bei der Urlaubsplanung die abweichenden Schulferien zu berücksichtigen sind. Die Interessen der Arbeitnehmer können letztlich auch gegenläufig sein, etwa bei Sozialplänen.[104]

Eine authentische Mitbestimmung kann bei einheitlicher Wahrnehmung der Angelegenheiten über die Standorte hinweg nicht stattfinden, da die Repräsentativgemeinschaft über die Grenzen ihrer tatsächlich vorhandenen Gemeinsamkeiten hinweg erweitert wird. Dadurch tritt eine Interessenverdünnung ein und die tatsächlich vorhandenen Interessen werden nicht durchgesetzt.[105]

---

[102] So auch Oehmann DB 1964, 587; A.A. Fitting BetrVG § 1 Rn 76.

[103] Vgl. Joost, Betrieb und Unternehmen als Grundbegriffe im Arbeitsrecht, S.246

[104] Vgl. dazu Gamillscheg AuR 2001, 411, 414.

[105] Joost, Betrieb und Unternehmen als Grundbegriffe im Arbeitsrecht, S. 240; a.A. T. Wissmann: Dem Aspekt der Interessendurchsetzung sei auf Kosten der Interessenbündelung der Vorzug einzuräumen (Tarifvertragliche Gestaltung der betriebsverfassungsrechtlichen Organisation, S. 97).

c) Einheitliche Weisungsbetroffenheit

Doch auch dann, wenn aufgrund der einheitlichen Entscheidungsausübung tatsächlich einheitliche Arbeitnehmerinteressen vorliegen, so zum Beispiel bei einheitlicher Regelung von sozialen Fragen im Sinne des Katalogs des § 87 BetrVG, bei gleichförmiger, unternehmensweiter Wahrnehmung der allgemeinen personellen Angelegenheiten nach §§ 92 ff. BetrVG oder bei Aufteilung der Entscheidungsmacht auf mehrere Unterinstanzen, die ihre Befugnisse gleichförmig wahrnehmen, so entsteht hierdurch noch keine Interessengemeinschaft, die eine einheitliche Interessenvertretung rechtfertigte. Die Interessenlagen entstehen hier zufällig und richten sich nach der Ausübung der Entscheidungsmacht durch den Arbeitgeber. Die Ausrichtung der betriebsverfassungsrechtlichen Strukturen kann jedoch nicht von einer zufälligen Entscheidungskongruenz abhängen.

Deutlich wird dies vor dem Hintergrund folgender Überlegung: Betriebsverfassungsrechtlich relevante Angelegenheiten werden häufig unternehmensweit einheitlich geregelt. Das für die Wahrung dieser überbetrieblichen Angelegenheiten zuständige Organ ist der Gesamtbetriebsrat. Dieser wird jedoch nicht von einer Repräsentativgruppe gewählt, sondern besteht aus Vertretern der einzelnen Interessengruppen in den Betrieben. Der Gesamtbetriebsrat ist *nur dann* zuständig, wenn eine Angelegenheit überbetriebliche Wirkung entfaltet, bzw. er von den Betriebsräten beauftragt wird. Die einheitliche Betroffenheit von arbeitgeberseitigen Weisungen stellt also nach dem Willen des Gesetzgebers nicht die entscheidende Rolle bei der Abgrenzung der betriebsratsfähigen Einheit.

d) Interessengemeinschaft als Reflex einheitlicher Weisungsunterworfenheit

Aus Sicht der Arbeitnehmer entstehen Probleme unabhängig davon, auf welcher Ebene Leitungsentscheidungen fallen, und ob sich diese einheitlich auch auf andere Arbeitnehmer auswirken.[106] Die Arbeitnehmer, die sich einem einheitlichem Leitungsapparat gegenübersehen, stellen letztlich nicht mehr als eine Schicksalsgemeinschaft als Reflex ihrer einheitlichen Weisungsgebundenheit dar. Eine "echte" Interessengemeinschaft wird durch diesen Umstand nicht begründet.[107] Die einheitliche Weisungsunterworfenheit kann daher eine Interessengemeinschaft von Arbeitnehmern als Ordnungskriterium der Betriebsverfassungsstruktur nicht konstituieren.[108] Vielmehr muss für die Abgrenzung der Interessengemeinschaft der *Wirkungsbereich* der Leitungsentscheidung des Arbeitgebers beleuchtet werden. Dazu muss auf die *konkrete* Betroffenheit von einheitlichen Weisungen und damit auf die Einheitlichkeit der tatsächlichen Arbeitsbedingungen abgestellt werden.

---

[106] Vgl. Joost, Betrieb und Unternehmen als Grundbegriffe im Arbeitsrecht, S. 246.
[107] A.A. Fitting BetrVG § 1 Rn 76.
[108] Vgl. Joost, Betrieb und Unternehmen als Grundbegriffe im Arbeitsrecht, S. 246.

2. Einheitliche Arbeitsbedingungen

Die Abgrenzung nach homogenen Arbeitnehmergruppen kann daher nicht anhand der Leitungsorganisation des Arbeitgebers, sondern muss aus Sicht der Arbeitnehmer vorgenommen werden. Deren Belange müssen im Vordergrund stehen. Gleichförmige Belange liegen immer dort vor, wo Menschen mit einheitlichen Gegebenheiten konfrontiert werden. In der Arbeitswelt sind dies die Arbeitsbedingungen. Die Zusammenarbeit einer Gruppe von Arbeitnehmern bedingt insofern typischerweise homogene Interessen.[109] Doch wodurch werden die Arbeitsbedingungen bestimmt, die sich für die Arbeitnehmer *tatsächlich* gleichförmig darstellen?

a) Leistungs- und verhaltensbezogene Aufsicht

Anders als das Kriterium des Unterworfenheit unter die Gesamtheit der Entscheidungs- und Leitungskompetenzen des Arbeitgebers, ist die Unterworfenheit unter die tägliche, leistungs- und verhaltensbezogene Aufsicht ein gemeinschaftsstiftendes Moment. Denn hierdurch sind die Arbeitnehmer nicht nur abstrakt gemeinsam betroffen, sondern konkret. Die Aufsicht im Betrieb bedeutet insofern, anders als die abstrakte Führungsmöglichkeit durch einen einheitlichen Leitungsapparat, die Schaffung tatsächlich gleicher Interessenlagen. Durch einheitliche Arbeits- bzw. Verhaltensanweisungen sowie durch die Person des Vorgesetzten, dessen Führung das Verhalten der Arbeitnehmer verändert und der soziale Einflussnahme ausübt,[110] werden die Arbeitnehmer einheitlich berührt.[111] Daher werden die Arbeitnehmer durch eine einheitliche leistungs- bzw. verhaltensbezogene Aufsicht zu einer betriebsverfassungsrechtlichen Interessengemeinschaft.

Das Abstellen auf Weisungsunterworfenheit ist daher nur insofern sinnvoll zur Abgrenzung einer homogenen Arbeitnehmergruppe, als dass es sich nicht um eine analytische Untersuchung der Entscheidungsbefugnisse innerhalb des Unternehmens handelt, sondern um eine in der Arbeitswirklichkeit feststellbare tatsächliche Leitungsausübung.[112]

b) Aufgabenbereich

Durch die Aufgabenstellung werden die Interessen der Arbeitnehmer geprägt.[113] Aus der Aufgabenstellung ergeben sich nämlich typischerweise spezifische Problemlagen, die die Arbeitnehmer einheitlich betreffen. Diese Wertung findet sich auch in § 4 Abs.

---

[109] Joost, Betrieb und Unternehmen als Grundbegriffe im Arbeitsrecht, S. 241.
[110] Dazu Staehle, Management – Eine verhaltenswissenschaftliche Perspektive, S. 328.
[111] So im Ergebnis auch Gamillscheg, Anmerkung zu EzA Nr. 4, 5 zu § 4 BetrVG 1972, S. 42
[112] Joost, Betrieb und Unternehmen als Grundbegriffe im Arbeitsrecht, S. 113.
[113] Vgl. Gamillscheg AuR 1989, 33, 34; ders., Tarifverträge über die Organisation der Betriebsverfassung, FS Molitor, S. 133, 139; Kohte, BB 1992, 141; Kort ZfA 2000, 329, 360.

1 Nr. 2 BetrVG, der die Eigenständigkeit des Aufgabenbereichs als Kriterium des betriebsverfassungsrechtlich eigenständigen Betriebsteils normiert.

Nicht erforderlich ist indes, dass die vertretenen Arbeitnehmer im Einzelnen die gleiche Arbeit ausführen. Das Betriebsverfassungsgesetz kennt nämlich keine Abteilungsräte und auch keine Aufspaltung nach Berufsgruppen. Das Betriebsverfassungsgesetz berücksichtigt die Abteilungsinteressen (lediglich) durch die Soll-Vorschrift des § 15 Abs. 1 S.1 BetrVG, wonach sich der Betriebsrat möglichst aus Arbeitnehmern verschiedener Abteilungen zusammensetzen soll. Die so ausgewählten Arbeitnehmer sind aber keine Vertreter ihrer Abteilungen. Ausgeschiedene Betriebsratsmitglieder werden auch durch solche aus anderen Abteilungen ersetzt. Daneben kommen in § 42 BetrVG, der die Möglichkeit von Abteilungsversammlungen vorsieht, Abteilungsinteressen zum Ausdruck. Weiter geht die Berücksichtigung der Interessen funktionaler Bereiche und einzelner Tätigkeiten jedoch nicht.

Auch eine fachliche Aufspaltung nach Beruf oder Funktion ist der Betriebsverfassung fremd:[114] Nachdem in den Anfängen der betrieblichen Interessenvertretung zwischen Arbeitern und Angestellten noch unterschieden wurde – das Gesetz über den vaterländischen Hilfsdienst von 1916 sah in § 11 besondere Angestelltenausschüsse vor, § 6 des Betriebsrätegesetzes von 1920 unterschied zwischen Arbeiter- und Angestelltenräten – verlangte zuletzt § 10 Betriebsverfassungsgesetz nur noch, dass Arbeiter und Angestellte entsprechend ihrem zahlenmäßigen Verhältnis im Betriebsrat vertreten sein müssten. Dieser sog. Gruppenschutz stellte jedoch nicht die einheitliche Vertretung aller Berufe und Gruppen im Rahmen der Betriebsverfassung in Frage, sondern bedeutete nur eine gleichmäßige Berücksichtigung der Gruppen im Wahlverfahren. Nachdem auch dies als nicht mehr zeitgemäß empfunden wurde,[115] gab der Reformgesetzgeber die Unterscheidung von Angestellten und Arbeitern 2001 auf.[116]

Dabei ist zu konstatieren, dass die Nichtberücksichtigung von eben diesen Interessegemeinschaften geeignet ist, – grade in Großbetrieben – zur Entfremdung von Betriebsrat und Wählerschaft beizutragen. Dem Gedanken unmittelbarer Interessenvertretung würde sicherlich eine Aufteilung nach Betriebs- bzw. Fachabteilungen entsprechen. Hier handelt sich jedoch um ein grundsätzliches Problem einer repräsentativen Vertretung: immer dann, wenn der Authentizität der Interessevertretung ein Übergewicht zukommt, droht Zersplitterung, leidet die Homogenität der Interessenvertretung und damit die Effizienz der Interessendurchsetzung.[117] Das Betriebsverfassungsgesetz ist auf eine einheitliche Vertretung der Betriebsbelegschaft ausgerichtet. Um eine Zersplitterung in Partikularinteressen zu verhindern[118] und den Ausgleich verschiedener

---

[114] Kort ZfA 2000, 329, 356.

[115] Vgl. Hromadka ZfA 1994, 251 ff.; Hingegen befürwortet Gamillscheg das Gruppenprinzip zum Schutz entsprechender Interessengemeinschaften (AuR 2001, 411 f.).

[116] Das Betriebsverfassungsgesetz normiert in § 28 a BetrVG zwar diese Möglichkeit einer Differenzierung nach Arbeitsgruppen. Diese Vertretungen verdrängen den Betriebsrat jedoch nicht, sondern stellen lediglich ein Bindeglied zwischen Arbeitnehmern und Betriebsrat dar. Die betriebsverfassungsrechtliche Interessenvertretung bleibt insofern einheitlich.

[117] Gamillscheg AuR 2001, 411, 413; Brors, Interessengemeinschaft als Strukturelement funktionsfähiger betrieblicher Interessenvertretung, S. 20 f.

[118] Gamillscheg ZfA 1975, 357, 361.

Interessen im Interesse der schwächern Gruppe[119] zu fördern, wird ein Schwergewicht auf den Aspekt der Homogenität der Interessenvertretung gelegt und so auch der Durchsetzungseffizienz gedient. Wenn jedoch auf arbeitstechnisch bedingte Interessenschattierungen innerhalb der Belegschaft vergleichsweise wenig Gewicht gelegt wird, so muss m.E. erst recht die Findung des Betriebsbegriffs ein erstes Grobraster für Interessengemeinsamkeiten sein.[120]

c) Verzahnung der Produktionsprozesse

Auch die produktionstechnische Abstimmung verschiedener Tätigkeiten aufeinander und ineinander greifende Herstellungs- oder Verteilungsprozesse können die betroffenen Arbeitnehmer zu einer Interessengemeinschaft zusammenschweißen.[121] Bei einem in dieser Weise einheitlichen Arbeitsprozess unterliegen die Beschäftigten zumeist einheitlichen arbeitstechnischen Anforderung, zum Beispiel Maschinenanforderungen, die Arbeitszeitverteilung und der Arbeitsschutz müssen einheitlich geregelt werden und die Entlohnungsgrundsätze stimmen meist überein. Auch funktionale Arbeitszusammenhänge führen daher zu einer Konstituierung homogener Arbeitnehmergruppen.[122]

d) Gemeinsame Sozialeinrichtungen etc.

Die Arbeitsbedingungen des Einzelnen werden jedoch nicht nur durch den Vorgesetzten und den Arbeitsprozess bestimmt. Die gesamte Umgebung am Arbeitsort bestimmt die Arbeitsbedingungen und so die Interessenlage des Arbeitnehmers. Schließlich werden dort, wo gemeinsame soziale Einrichtungen (Kantine, Sanitärräume, Werksbus, etc.), ein einheitlicher werksärztliche Dienst bzw. ein einheitlicher Sicherheitsbeauftragter, etc. bestehen, die – betriebsverfassungsrechtlich relevanten – Arbeitnehmerinteressen homogen sein.[123]

3. Weitergehende soziale Verbundenheit

Vorbezeichnete gemeinsame Interessenlagen beruhen auf der gemeinsamen Betroffenheit von bestimmten Arbeitsbedingungen. Eine Interessengleichheit besteht aber nicht nur dann, wenn zwei Individuen den gleichen auf sie einwirkenden Faktoren ausgesetzt sind. Soziologisch bedeutsam sind daneben die menschlichen Beziehungen der Arbeitnehmer untereinander. Wenn der eine am Schicksal des anderen emotional teilnimmt, besteht zwischen Ihnen eine Interessengemeinschaft. Liegen entsprechende

---

[119] Gamillscheg ZfA 1975, 357, 358.
[120] Ähnlich: Gamillscheg AuR 1989, 33, 34.
[121] Vgl. Kort ZfA 2000, 329, 360.
[122] Kittner AuR 1995, 385, 394.
[123] Gamillscheg Anm. zu EzA Nr. 4, 5 zu § 4 BetrVG 1972, S. 42; ders AuR 2001, 411, 414.

Voraussetzungen im Arbeitsleben vor, so spricht man von einer "lebendigen" oder "echten" Betriebsgemeinschaft. Freilich wird eine Betriebsgemeinschaft meist durch gleiche oder ähnliche Arbeitsbedingungen zusammengeschweißt (s.o.). Sie kann jedoch auch trotz unterschiedlicher tatsächlicher Arbeitsbedingung entstehen.[124]

Das Vorliegen einer Betriebsgemeinschaft in diesem Sinne ist ein soziologisches Phänomen. Eine Vielzahl von Faktoren bestimmt, ob sich Menschen miteinander verbunden fühlen oder nicht. Hierzu zählen soziale Herkunft, Ausbildung, Umfeld, Kultur,[125] Interaktion,[126] Austausch und Kontakt zwischen den Individuen,[127] etc. Aber auch schlicht die Gleichheit bzw. Unterschiedlichkeit der allgemeinen Lebensbedingungen kann für bzw. gegen das Vorliegen einer Betriebsgemeinschaft sprechen. Dabei wird die Gleichheit bzw. Unterschiedlichkeit der Lebensbedingungen nicht alleine von der räumlichen Entfernung der Betriebsstätten abhängen. So wird eine Betriebsgemeinschaft unter den Arbeitnehmern in einem ländlichen Bereich, auch bei relativ weiter Entfernung der Betriebsstätten voneinander eher zu bejahen sein, als bei zwei Standorten, von denen der eine innerhalb einer Großstadt liegt, der andere im ländlichen Bereich außerhalb der Großstadt.[128]

Dies spiegelt sich auch in der betriebsverfassungsrechtlichen Realität wieder. Bei einem Unternehmen, welches sich in einen Molkereibetrieb, einen Metallbetrieb und eine einheitliche Hauptverwaltung gliedert, wird eine einheitliche Betriebsgemeinschaft unter den Mitarbeitern der Produktion, selbst wenn es sich um solche aus verschiedenen Bereichen wie Molkerei und Metallverarbeitung handelt, eher vorzufinden sein, als zwischen allen Arbeitnehmern untereinander, d.h. zwischen Arbeitern und Angestellten der Verwaltung.[129] Die soziologische Verschiedenheit der Gruppen dürfte auch in einer Entscheidung des *Arbeitsgerichts Rheine*[130] entscheidend gewesen sein, das in einer Realschule und einem Gymnasium zwei Betriebsräte wählen ließ. Die Schulen hatten indes einen einheitlichen Schulträger, waren nur 500 Meter voneinander entfernt, verfügten über gemeinsame Unterrichtsräume, Sportplätze und wurden gemeinsam verwaltet. Die Lehrer der einen Schule unterrichteten zudem zum Teil an der anderen Schule.

III. Ergebnis

Belegschaftsnähe im hier verstandenen Sinn wird zum einen durch die Beziehung zwischen Vertreter und Vertretenen, zum anderen durch die Beziehung der Vertretenen untereinander, also die Abgrenzung der Repräsentativgemeinschaft selbst, bestimmt. Die Gesichtspunkte lassen sich nicht voneinander trennen, da sie in der Regel entweder gemeinsam vorliegen oder beide fehlen.

---

[124] Gamillscheg AuR 2001, 411, 414.
[125] Vgl. Oehmann DB 1964, 587, 588 f.
[126] Vgl. Klimecki/Gmür, Personalmanagement, S. 250 f.
[127] BAG AP 5 zu § 3 BetrVG 52.
[128] Vgl. Oehmann DB 1964, 587, 589.
[129] Vgl. Gamillscheg ZfA 1975, 357, 374 und die zitierte Entscheidung dort.
[130] AP Nr. 8 zu § 3 BetrVG 1952.

Eine enge Beziehung zwischen Vertreter und Vertretenen wird meist nur dann vorliegen, wenn auch die Vertretenen untereinander eine homogene Gruppe darstellen. Umgekehrt wird, sofern die Repräsentativgruppe homogen ist, auch die Beziehung zwischen Vertreter und Vertretenen, aus deren Mitte der Vertreter kommt, von guter Qualität sein.

Eine enge Beziehung zwischen Vertreter und Vertretenen setzt voraus, dass das Mitbestimmungsorgan räumlich nah bei den von ihm vertretenen Arbeitnehmern angesiedelt ist und Kenntnisse bezüglich des Arbeitsumfelds der Arbeitnehmer hat. Eine Einbindung des Vertretenden in den betriebsverfassungsrechtlich relevanten Regelungsbereich, d.h. eine Interessengemeinschaft zwischen Vertretern und Vertretenen ist hilfreich.

Eine homogene Arbeitnehmergruppe im Sinne einer "echten Betriebsgemeinschaft" zeichnet sich nicht bereits dadurch aus, dass die Arbeitnehmer einheitlich der (abstrakten) Weisungsmacht des Arbeitgebers gegenüber stehen. Vielmehr ist entscheidend, dass die Arbeitnehmer die gleichen oder zumindest ähnliche Arbeitsbedingungen haben. Über die konkreten Arbeitsbedingungen hinaus, bestimmen jedoch auch soziale Aspekte über das Vorliegen einer Interessen- bzw. Betriebsgemeinschaft.

Die Verbundenheit der Arbeitnehmer wird damit letztlich ebenfalls wesentlich von dem Aspekt der räumlichen Nähe bestimmt. Denn gemeinsame Arbeitsbedingungen und weitergehende soziale Verbindungen unter den Arbeitnehmern werden *in der Regel* bei räumlicher Nähe der Arbeitsplätze vorliegen.[131] Umgekehrt werden Arbeitnehmer an weit entfernten Standorten in der Regel wenig konkrete gemeinsame Interessen haben, auch wenn sich ihre allgemeinen Interessen als Arbeitnehmer freilich gleichen.[132] Jedoch ist die räumliche Einheit nicht zwingend kennzeichnend für das Vorliegen einer Betriebsgemeinschaft. So kann auch bei größerer Entfernung zwischen den Arbeitnehmern eine Interessengemeinschaft im vorgenannten Sinne bestehen und umgekehrt trotz räumlicher Nähe fehlen.[133] Festzuhalten bleibt jedoch, dass Belegschaftsnähe *in der Regel* bei Abgrenzung der Repräsentativgruppe anhand räumlicher Kriterien zu bejahen ist.

---

[131] Gamillscheg AuR 1989, 33, 34; ders. ZfA 1975, 357, 399; Kohte AuA 1990, 150, 152; Auch das Betriebsverfassungsgesetz geht bei räumlicher Nähe der Arbeitnehmer von Gemeinsamkeit der Belange aus: Dies wird in § 42 II BetrVG deutlich, der vorsieht, dass bei Betriebsversammlungen Arbeitnehmer räumlich abgegrenzter Betriebsteile zur Erörterung gemeinsamer Belange zusammengefasst werden können.

[132] Gamillscheg AuR 2001, 411, 414; Oehmann DB 1964, 587, 588 f.; vgl. auch Haase NZA Beilage 3/1988, 11, 13.

[133] Gamillscheg AuR 1989, 33, 34; So auch Ziemann AuR 1990, 55, 58.

§ 3 Sachgerechte Wahrnehmung der Arbeitnehmerinteressen nach dem normativen Leitbild des BetrVG 1972

Wie in § 1 der Untersuchung gezeigt wurde, bedarf eine sachgerechte Wahrnehmung der Arbeitnehmerinteressen einer Installation wirkungsvoller Mitbestimmungsorgane. Diese sind nach Maßgabe des Betriebsverfassungsgesetzes nach Möglichkeit an Stellen einzurichten, an denen der Arbeitgeber Entscheidungen in mitbestimmungspflichtigen Angelegenheiten trifft und an denen ein enger Kontakt zwischen Mitbestimmungsorgan und Arbeitnehmern gewährleistet ist bzw. gemeinsame Interessenlagen der Arbeitnehmer bestehen.

Aus dem Vorangegangenen wurde jedoch auch deutlich, dass die Umsetzung der betriebsverfassungsrechtlichen Ordnungskriterien nicht für alle Formen der Unternehmensorganisation einheitlich geprüft werden kann, da die verschiedenen Unternehmensstrukturen zu unterschiedlichen Entscheidungsstrukturen führen. Daher muss insbesondere das Kriterium der Entscheidungsnähe vor dem Hintergrund der jeweiligen Organisationsstruktur des Unternehmens beleuchtet werden. Zunächst wird geprüft, ob in Unternehmen, die dem Leitbild des Betriebsverfassungsgesetzes 1972 entsprechen,[134] durch eine Interessenvertretung auf den Ebenen Betrieb, Unternehmen und Konzern eine sachgerechte Wahrnehmung der Arbeitnehmerinteressen gewährleistet werden kann. Der Gesetzgeber geht – dies wird durch die Anknüpfung der Mitbestimmung deutlich – von feststehenden Entscheidungszentren auf den Ebenen Betrieb, Unternehmen und Konzern aus.[135] Dementsprechend werden hier zunächst die Anknüpfungspunkte Betrieb, Unternehmen und Konzern beleuchtet. In § 4 der Untersuchung wird dann eine Auseinandersetzung mit verschiedenen Gestaltungen der modernen Unternehmenslandschaft stattfinden, die sich durch abweichende Organisationsstrukturen auszeichnen. Es wird sich zeigen, dass eine Interessenvertretung auf den Ebenen Betrieb, Unternehmen und Konzern hier häufig nicht zu sachgerechten Lösungen führt und der Betriebsbegriff der h.M. in Zweifel zu ziehen ist.

Die Untersuchung wird jedoch zunächst die betriebliche Interessenvertretung in Unternehmen nach dem Leitbild des Betriebsverfassungsgesetzes 1972 behandeln. Dazu wird die klassische Unternehmensorganisation, von der der Gesetzgeber 1972 ausging, beleuchtet (A.). Danach werden die betriebsverfassungsrechtlichen Grundeinheiten Betrieb (B.), Unternehmen und Konzern (C.) betrachtet, wobei das Schwergewicht auf der Untersuchung der betrieblichen Mitbestimmung als der primären[136] Interessenvertretung liegen wird.

---

[134] Die Installation der Entscheidungsstellen auf den Ebenen Betrieb, Unternehmen und Konzern wird hier auch als „klassische" Unternehmensorganisation, davon abweichende Organisationsformen werden als „modern" bezeichnet.

[135] Vgl. oben § 1, C., I.

[136] Vgl. § 1, C., II.

A. Unternehmensorganisation nach dem Leitbild des BetrVG 1972

I. Entscheidungsstrukturen

1. Überblick

Da der Gesetzgeber die Arbeitnehmervertretung im Betriebsverfassungsgesetz 1972 – wie schon zuvor im Rahmen des Betriebsverfassungsgesetz 1952 – entscheidungsnah ausgestalten wollte,[137] ging er mit der Ansiedlung der betriebsverfassungsrechtlichen Mitbestimmungsorgane entlang den Ebenen Betrieb, Unternehmen und Konzern wie selbstverständlich davon aus, dass die Leitungs- bzw. Entscheidungszentren in den Unternehmen auf diesen Ebenen installiert sein würden.[138]

Nach der Vorstellung des damaligen Gehsetzgebers, sollte das Hauptgewicht der arbeitgeberseitigen Leitungsmacht demnach auf betrieblicher Ebene liegen: Wie aus der Ansiedlung der entsprechenden Mitbestimmungsrechte beim Betriebsrat deutlich wird, ging man davon aus, dass im typischen Unternehmen hier sämtliche personellen und sozialen Entscheidungen im Sinne der §§ 87 ff. bzw. §§ 92 ff. BetrVG getroffen werden. Gesamt- bzw. Konzernbetriebsrat sind in diesen Angelegenheiten nur zuständig, soweit die Materie über den Regelungsbereich der einzelnen Betriebe hinausgeht. Die Entscheidung solcher Angelegenheiten auf höherer (Konzern-/Unternehmens)-Ebene stellt damit nach Vorstellung des Betriebsverfassungsgesetzgebers 1972 einen Ausnahmefall dar – dies wird aus der subsidiären Zuständigkeit des Gesamt- bzw. Konzernbetriebsrats deutlich (vgl. §§ 50 Abs. 1, 58 Abs. 1 BetrVG).

Wirtschaftliche Angelegenheiten werden demgegenüber nach der Vorstellung des Betriebsverfassungsgesetzgebers 1972 auf Unternehmens- bzw. auf Konzernebene entschieden. Dort ist der Wirtschaftsausschuss zuständig, der in Unternehmen mit in der Regel mehr als 100 ständig beschäftigten Arbeitnehmern zu errichten ist (§ 106 BetrVG). In wirtschaftlichen Angelegenheiten sah der Gesetzgeber somit eine Zuständigkeit für wirtschaftliche Angelegenheiten grundsätzlich bei der Unternehmensleitung.

Daraus ergibt sich ein konkretes Bild einer Unternehmensorganisation im Sinne des BetrVG 1972.[139] Im Einzelnen:

---

[137] Zu dieser Intention vgl. oben § 1, C., I.

[138] Schmidt NZA 2000, 17; Blanke/Rose RdA 2001, 92.

[139] Dabei entspricht die in der Unternehmenspraxis vorzufindende Aufteilung der Entscheidungskompetenzen freilich nicht dem betriebsverfassungsrechtlichen Verständnis, sondern richtet sich nach der betriebswirtschaftlichen Organisationstheorie. Nach betriebswirtschaftlichem Verständnis verbirgt sich hinter sozialen, personellen und wirtschaftlichen Angelegenheiten immer die Unternehmensleitung, welche faktisch durch die Standortleitung, die Geschäftsführung oder den Vorstand verkörpert wird (vgl. Umnuß, Organisation der Betriebsverfassung und Unternehmerautonomie, S. 94).

2. Verteilung der Weisungsmacht

Nach dem Betriebsverfassungsgesetz 1972 steht dem Betriebsrat der Arbeitgebervertreter auf Betriebsebene (Betriebsleiter), dem Wirtschaftsausschuss und dem Gesamtbetriebsrat die Unternehmensleitung (vgl. § 53 Abs. 2 Nr. 2, 106 BetrVG) und dem Konzernbetriebsrat die Konzernleitung gegenüber. Ansprechpartner des Betriebsrats in sozialen und personellen Angelegenheiten im Sinne der § 87 ff. BetrVG ist vornehmlich die Betriebsleitung; nur sofern die Angelegenheit das Gesamtunternehmen oder mehrere Betriebe betrifft bzw. nach Beauftragung (vgl. § 50 BetrVG) ist der Gesamtbetriebsrat zuständig. In wirtschaftlichen Angelegenheiten ist gem. § 106 der Wirtschaftsausschuss zuständig. Die Zuständigkeit des Konzernbetriebsrats wiederum ergibt sich bei Angelegenheiten, die über die Unternehmensgrenzen hinweg zu behandeln sind.

Diese Konzeption geht von einer Festlegung einheitlicher Leitung auf den betriebsorganisatorischen Ebenen Betrieb, Unternehmen und Konzern aus.[140] Entscheidungsstellen, die die strikte Hierarchie Konzern-/Unternehmens-/Betriebsleitung durchbrechen finden sich im Betriebsverfassungsgesetz 1972 nicht.

Die Unternehmensorganisation, von der der Betriebsverfassungsgesetzgeber 1972 ausgegangen ist, zeichnet sich damit durch die Einlinienkonzeption aus,[141] d.h. durch das Prinzip der Einfachunterstellung, bei genauer Festlegung des Dienstweges und der Abgrenzung von Weisungsbefugnissen.[142]

3. Grundlegende Organisationsform

Als repräsentatives System der Arbeitnehmerbeteiligung setzt das Betriebsverfassungsgesetz 1972 also eine bestimmte Verteilung der Entscheidungskompetenzen in Betrieb und Unternehmen voraus. Diese Unternehmensorganisation nach dem Betriebsverfassungsgesetz 1972 kann sich sowohl als funktionale, divisionale, als auch als marktorientierte Organisation darstellen.[143] Wird die Mehrheit der sozialen und personellen Angelegenheiten im Rahmen der funktionsorientierten Organisation[144] in dem entsprechenden Funktionsbereich wahrgenommen, d.h. der Leiter einer Produktionsstätte oder der Forschungsabteilung trifft die wesentlichen Entscheidungen in sozialen und personellen Angelegenheiten selbst und werden wirtschaftliche Angelegenheiten bzw. solche Angelegenheiten, die über die einzelnen Bereiche / Einheiten (= Betriebe) hinausgehen, einheitlich von der Unternehmensleitung entschieden, so entspricht dies der Verteilung der Leitungsmacht auf die Ebenen Betrieb und Unternehmen, wie sie das Betriebsverfassungsgesetz 1972 vorzeichnet. Genauso ist es möglich, dass ein produktorientiert[145] bzw. marktorientiert[146] organisiertes Unternehmen dem

---

[140] Umnuß, Organisation der Betriebsverfassung und Unternehmerautonomie, S. 56

[141] Zur Einlinienstruktur vgl. § 2, A., III., 2., a).

[142] Joost, Betrieb und Unternehmen als Grundbegriffe im Arbeitsrecht, S. 121.

[143] Vgl. zu diesen Organisationsformen § 2, A., IV.

[144] Vgl. zur funktionsorientierten Organisationsform § 2, A., IV., 1.

[145] Vgl. zur produktorientierten Organisationsform § 2, A., IV., 2.

Leitbild des Betriebsverfassungsgesetzes 1972 entspricht. Dies ist immer dann der Fall, wenn die personellen bzw. sozialen Entscheidungen in den jeweiligen Produktsparten bzw. Markteinheiten entschieden werden und wirtschaftliche Angelegenheiten bzw. andere überbetriebliche Angelegenheiten durch die Unternehmensleitung wahrgenommen werden.

Diese Voraussetzungen waren bei den Unternehmensstrukturen, die in den ersten Jahrzehnten nach dem zweiten Weltkrieg vorherrschten, überwiegend gegeben.[147] Insbesondere die funktionsorientierte Unternehmensorganisation fand in mittleren und kleineren Unternehmen mit homogenen Produktionsprogrammen und relativ stabilen Marktumfeld Anwendung. Auch die produktorientierte Struktur fand sich in der Unternehmenslandschaft wieder. Während sich jedoch die Sparten früher eher auf einzelne Produktionsstätte beschränkten, erstrecken sich diese heute – insbesondere in großen Unternehmen – häufig über eine Vielzahl von Produktionsstätten. Entscheidungen in mitbestimmungspflichtigen Angelegenheiten werden dann für mehrere Standorte gleichmäßig gefällt, wovon der Gesetzgeber 1972 offenbar nicht ausging.

Mit den Veränderungen der Unternehmensorganisation gegenüber dem Leitbild des Betriebsverfassungsgesetzes 1972 und den daraus folgenden Konsequenzen für die betriebsverfassungsrechtliche Interessenvertretung setzt sich § 4 der Untersuchung auseinander. Zunächst werden jedoch die betriebsverfassungsrechtlichen Anknüpfungspunkte Betrieb, Unternehmen und Konzern beleuchtet.

II. Belegschaften

Homogene Arbeitnehmergruppen finden sich im Rahmen vorbezeichneter Unternehmensorganisation auf der Betriebsebene. Nach der Vorstellung des Betriebsverfassungsgesetzgebers 1972 gewährleistet der Betrieb als Anknüpfungspunkt der Arbeitnehmerinteressenvertretung die Zusammenfassung einer sozialen Gemeinschaft von Arbeitnehmern (Betriebsgemeinschaft) mit gleichgerichteten Interessen in räumlicher Verbundenheit. Wie eingangs gezeigt, geht dies aus der Wertung des Betriebsverfassungsgesetzes unmittelbar hervor.[148]

B. Betrieb

Wie sich gezeigt hat, werden mitbestimmungsrelevante Arbeitgeberentscheidungen nach der Vorstellung des Betriebsverfassungsgesetzgebers von 1972 vornehmlich auf betrieblicher Ebene getroffen. Hier findet sich nach der Vorstellung des Gesetzgebers auch eine einheitlich Betriebsgemeinschaft und der Kontakt zwischen Interessenvertretung und Arbeitnehmer ist gewährleistet. Doch was ist eigentlich ein Betrieb?

Das Gesetz selbst hilft bei dieser Frage nicht weiter (I.). Die (normzweckorientierte) Auslegung des Tatbestandsmerkmals "Betrieb" verdeutlicht zwar den Zusammenhang zwischen dem Grund der Anknüpfung auf betrieblicher Ebene und der Bestimmung

---

[146] Vgl. zur marktorientierten Organisationsform § 2, A., IV., 3.
[147] Bericht der Kommission Mitbestimmung, Kap. 3, 25.
[148] Vgl. oben § 1, C., II.

des Betriebsbegriffs selbst (II.). In Rechtsprechung und Literatur ist der Betriebsbegriff jedoch umstritten (III.). Dies führt insbesondere in Problemfällen, in denen die betriebsverfassungsrechtlichen Ordnungskriterien nicht zusammentreffen, zu abweichenden Ergebnissen (V.). Mit unterschiedlicher Argumentation wird in Rechtsprechung und Literatur auf die Entscheidungsnähe bzw. die Belegschaftsnähe abgestellt (VI.).

I. Fehlen einer Legaldefinition

Auf eine Legaldefinition kann vorliegend nicht zurückgegriffen werden. Das Betriebsverfassungsgesetz 1972 definiert den Begriff des Betriebs nicht. Auch in den Vorläuferregelungen zum Betriebsverfassungsgesetz 1972, also dem Betriebsverfassungsgesetz 1952 und dem Betriebsrätegesetz 1920, waren keine Legaldefinitionen des Betriebsbegriffs enthalten.

Lediglich § 5 Abs. 1 des Hessischen Betriebsrätegesetzes vom 31.05.1948 und § 6 Abs. 1 des Bayerischen Betriebsrätegesetzes vom 25.02.1950 enthielten Definitionen des Betriebsbegriffs. So ist gem. § 5 Abs. 1 des Hessischen Betriebsrätegesetzes der Betrieb wie folgt definiert: „Der Betrieb ist jede auf die Erzeugung, Herstellung oder Verteilung von Gütern oder auf sonstigen gewerblichen Leistungen [...] gerichtete Einheit sachlicher Betriebsmittel zu verstehen, in der Arbeitnehmer tätig sind." § 6 Abs. 1 des Bayerischen Betriebsrätegesetzes sieht folgende Definition vor: „Betrieb im Sinne dieses Gesetzes ist jede auf räumlicher Einheit beruhende Sammlung von Arbeitnehmern zur fortgesetzten Erzielung von Arbeitsergebnissen ohne Rücksicht darauf, ob der Betrieb wirtschaftlichen oder anderen Zwecken dient."

Bei den Vorbereitungsarbeiten zum Betriebsverfassungsgesetz 1952 legte die Bundesregierung zwar eine Legaldefinition in § 3 Abs. 1 des Gesetzesentwurfs[149] vor: *„Betrieb im Sinne dieses Gesetzes ist der Arbeitsverband von Arbeitgebern und Arbeitnehmern, der mit Hilfe von Arbeitsmitteln bei räumlicher Zusammenfassung bestimmte nicht-hoheitliche Aufgaben verfolgt"*. Jedoch wurde von einer gesetzlichen Umsetzung abgesehen, da man zu der Ansicht gelang, dass "eine eindeutige begriffliche Abgrenzung im Gesetz nicht möglich sei".[150] Der Ausschuss des Bundestages für Arbeit kam schließlich zu der Ansicht, „auf dem von Rechtsprechung und Wissenschaft entwickelten Betriebsbegriff aufbauen" zu können.[151]

Ebenso wenig wie das Betriebsverfassungsgesetz 1952 enthält das Betriebsverfassungsgesetz 1972 eine Legaldefinition. Daran hat auch die Betriebsverfassungsreform 2001 nichts geändert. Zwar enthielt die Koalitionsvereinbarung zwischen SPD und Bündnis 90 / Grüne eine entsprechende Ankündigung,[152] der Gesetzgeber hat von einer Legaldefinition jedoch letztlich abgesehen.

---

[149] BT-Drucks. 1/1546, S. 2.
[150] BT-Drucks. 1/1546, S. 71.
[151] Bericht des Ausschussvorsitzenden Sabel (vgl. RdA 1952, 281 ff.).
[152] Vgl. Koalitionsvertrag zwischen SPD und Bündnis 90 / Grüne vom 20.10.1998, Aufbruch und Erneuerung – Deutschlands Weg ins 21. Jahrhundert.

II. Auslegung des Tatbestandsmerkmals

Da das Betriebsverfassungsgesetz keine Legaldefinition zur Verfügung stellt, ist eine einfache Subsumtion von Lebenssachverhalten unter den Betriebsbegriff in den wenigsten Fällen möglich. Zu prüfen ist, ob eine Auslegung des Begriffs weiterführt und welche Ergebnisse zu erwarten sind.

1. Wortlaut

Etymologie und tatsächlicher Gebrauchsinn geben keine Anhaltspunkte: Betrieb stammt von „betreiben". Dies kann freilich keinen Hinweis auf die Auslegung des betriebsverfassungsrechtlichen Betriebsbegriffs geben. Die Vielzahl von Bedeutungsinhalten, die den Begriff "Betrieb" im täglichen Leben kennzeichnen, macht das Problem bewusst. Allein in deutschen Bundesgesetzen kommt der Betriebsbegriff annähernd 10.000-mal vor.[153]

2. Historische Auslegung

Die erste allgemeine Definition des Betriebsbegriffs geht auf *Jacobi* zurück. Dieser definierte den Betrieb als „die Vereinigung von persönlichen, sächlichen und immateriellen Mitteln zur fortgesetzten Verfolgung eines von einem oder von mehreren Rechtssubjekten gemeinsam gesetzten technischen Zwecks".[154] Diese Definition wurde von *Hueck* modifiziert: Ein Betrieb sei eine organisatorische Einheit, innerhalb derer ein Unternehmen allein oder in Gemeinschaft mit seinen Mitarbeitern mit Hilfe von sächlichen und immateriellen Mitteln bestimmte arbeitstechnische Zwecke fortgesetzt verfolgt.[155]

Dieser Betriebsbegriff hat – wie *Joost*[156] nachweist – seine Wurzeln in der sozialversicherungsrechtlichen Begriffsbildung des ausgehenden 19. Jahrhunderts. Außerdem sollte er für alle Rechtsdisziplinen Anwendbarkeit finden.[157] Eine Normzweckorientierung unter Berücksichtigung der Wertungen des Betriebsverfassungsgesetzes ist daher nicht ersichtlich. Dennoch gehen Rechtsprechung und Literatur überwiegend noch heute von der auf *Jacobi* zurückgehenden Definition aus.

3. Teleologische Auslegung

Bei der Definition des Betriebsbegriffs muss jedoch berücksichtigt werden, dass die Betriebsverfassung selbst keine Begriffsbestimmung vornimmt und auch anderweitige

---

[153] Vgl. Preis RdA 2000, 257, 265.
[154] Jacobi, Betrieb und Unternehmen als Rechtsbegriff, S. 9.
[155] Hueck/Nipperdey Bd. I, S. 93.
[156] Dazu näher Joost, Betrieb und Unternehmen als Grundbegriffe im Arbeitsrecht, S. 23, 49
[157] Vgl. DKK-Trümner BetrVG, § 1 Rn 35.

Legaldefinitionen nicht in Betracht kommen.[158] Auch wollte der Gesetzgeber den vorherrschenden Betriebsbegriff nach *Jacobi* nicht festschreiben. Die Begriffsbestimmung sollte eben nicht an den Erkenntnisstand bei Erlass des Gesetzes gebunden werden.[159] Vielmehr sollte auf dem bestehenden Begriff "aufgebaut werden". Es entspricht der erklärten Absicht des Gesetzgebers, die Festlegung der Begriffsmerkmale den Gerichten und der Rechtslehre zu überlassen, weshalb der Betriebsbegriffs "entwicklungsoffen" ist. Aus dieser Offenheit des Betriebsbegriffs folgt zwingend, dass sich die Auslegung an Sinn und Zweck des Betriebsverfassungsgesetzes orientieren muss, also normzweckorientiert zu erfolgen hat.[160] Der Betriebsbegriff kann daher nicht ohne weiteres aus anderen Rechtsgebieten bzw. anderen Bereichen des Arbeitsrechts übernommen werden. Ein einheitlicher juristischer bzw. arbeitsrechtlicher Betriebsbegriff scheidet deshalb aus.[161]

Über die Sachgerechtigkeit der normzweckorientierten Auslegung besteht in der Literatur heute weitestgehend Einigkeit.[162] Auch das Bundesarbeitsgericht entwickelt den Betriebsbegriff vor dem Hintergrund der betriebsverfassungsrechtlichen Ordnungskriterien, geht jedoch nach wie vor davon aus, es gebe einen allgemeinen Betriebsbegriff, der dem Gesetz vorgegeben sei [163] und sowohl für das Betriebsverfassungsgesetz wie auch das Individualarbeitsrecht (Kündigungsschutzgesetz) einheitlich gelte.[164] Dass dies aufgrund der unterschiedlichen Zweckrichtung der Gesetze nicht in Übereinstimmung zu bringen ist, hat *Joost* [165] umfassend dargelegt und soll hier nicht weiter vertieft werden.

Das Ergebnis, zu dem die normzweckorientierte Auslegung kommen muss, ist indes aufgrund der vorangegangenen Untersuchung vorgezeichnet: Wie gezeigt, sind die betriebsverfassungsrechtlichen Strukturen der Sachgerechtigkeit der Arbeitnehmervertretung verpflichtet.[166] Ebenfalls wurde gezeigt, dass eine sachgerechte Interessenvertretung die Installation der Mitbestimmungsorgane in Entscheidung- und Belegschaftsnähe voraussetzt. Der Modus für die Auslegung des Betriebsbegriffs lautet daher: Die betriebliche Einheit muss so bestimmt werden, dass in ihr eine sowohl entscheidungs- als auch belegschaftsnahe Interessenvertretung verwirklicht werden kann.

---

[158] Entgegen den gesellschaftsrechtlich definierten Begriffen „Unternehmen" und „Konzern".
[159] Richardi BetrVG § 1 Rn 15.
[160] Vgl. Gamillscheg ZfA 1975, 357, 398.
[161] Vgl. dazu Joost, Betrieb und Unternehmen als Grundbegriffe im Arbeitsrecht, S. 171 ff.
[162] Fitting BetrVG § 1 Rn 63; DKK-Trümner BetrVG § 1 Rn 41 f.; GK-Kraft/Franzen BetrVG § 4 Rn 3; Richardi BetrVG § 1 Rn 19 ff.; Preis RdA 2000, 257, 259, 267; Heither, Betrieb im Betriebsverfassungsrecht – Herausforderung durch neue Organisations- und Umstrukturierungskonzepte, in: JahrbArbR, Bd. 36, 1999, S. 37, 39; Schaub hingegen verweist auf den allg. arbeitsrechtlichen Betriebsbegriff, ohne auf die Erforderlichkeit der Beachtung des Normenzusammenhangs hinzuweisen (ArbR-Hdb S. 2028 Rn 2).
[163] BAG AP Nr. 9 zu § 1 BetrVG 1972.
[164] So noch BAG AP Nr. 9 zu § 23 KSchG 1969; vgl. Heither, Betrieb im Betriebsverfassungsrecht – Herausforderung durch neue Organisations- und Umstrukturierungskonzepte, in: JahrbArbR, Bd. 36, 1999, S. 37, 39 f.
[165] Joost, Betrieb und Unternehmen als Grundbegriffe im Arbeitsrecht, S. 401.
[166] Vgl. auch GK-Kraft/Franzen BetrVG § 4 Rn 3.

III. Der Betriebsbegriff in Rechtsprechung und Literatur

Die teleologische bzw. normzweckorientierte Auslegung unter Berücksichtigung der betriebsverfassungsrechtlichen Maximen der Entscheidungs- und Belegschaftsnähe ist in Rechtsprechung und Literatur zwar grundsätzlich anerkannt. Es wird sich jedoch zeigen, dass die Ordnungskriterien bei der Abgrenzung der betriebsratsfähigen Einheit in Rechtsprechung und Literatur unterschiedlich gewichtet werden:

1. Definition nach Rechtsprechung und herrschender Literatur

a) Die Rechtsprechung des Bundesarbeitsgerichts

Die Rechtsprechung des Bundesarbeitsgerichts knüpfte zunächst an den auf *Jacobi* zurückgehenden Betriebsbegriff an, ohne diesen im Rahmen des Betriebverfassungsgesetzes 1952 näher zu definieren.[167] Da mit der überkommenen Definition problematische Fälle nicht rechtssicher abgegrenzt werden konnten und das Bundesarbeitsgericht erkannte, dass für das Betriebsverfassungsgesetz von einem besonderen Betriebsbegriff auszugehen sei, der an den Gesetzeszwecken ausgerichtet werden müsse, bildete das Gericht mit Beschluss vom 01.02.1963 einen Katalog von Merkmalen, mit denen die betriebsratsfähige Einheit abgegrenzt werden sollte.[168] Nach der Entscheidung waren folgende Gesichtspunkte bei der Abgrenzung betriebsratsfähiger Einheiten zu beachten:

- Bei der Bestimmung des Betriebs soll nicht der wirtschaftliche, sondern der arbeitstechnische Aspekt der Organisation berücksichtigt werden,
- alle Betriebe mit der entsprechenden Mindestzahl von Arbeitnehmern sollen einen Betriebsrat haben,
- die Betriebsratsfähigkeit nichtselbständiger Betriebsteile und Nebenbetriebe sei als Ausnahme formuliert und somit eng auszulegen (letztere gibt es nach neuer Rechtslage nicht mehr),
- ein unfruchtbares Nebeneinander mehrerer in ihrem Aufgabenbereich sich überschneidender Betriebsräte und eine unerquickliche Rivalität müsse vermieden werden,
- Voraussetzung der Betriebsratsbildung sei das Vorliegen einer lebendigen Betriebsgemeinschaft, d.h. nach Möglichkeit eine im persönlichen Zusammenarbeiten erworbene nähere Verbundenheit unter den Arbeitnehmern,

---

[167] BAG AP Nr. 1 zu § 88 BetrVG 1952, AP Nr. 1 zu § 81 BetrVG 1952; BAG DB 2005, 1914

[168] BAG AP Nr. 5 zu § 3 BetrVG 1952.

- zwischen Betriebsrat und Belegschaft ist ein enges Verhältnis erforderlich, da die zu wählenden Betriebsratmitglieder die Betriebs- und Arbeitsbedingungen aus eigener Anschauung und Sachkunde beurteilen können sollten,

- durch die Abgrenzung der betriebsratsfähigen Einheit sollten möglichst stabile Verhältnisse geschaffen werden, die eine klare Abgrenzbarkeit ermöglichen,

- es sei entscheidend mit(!) zu berücksichtigen, wo die Entscheidungen des Arbeitgebers insbesondere in mitbestimmungspflichtigen Angelegenheiten getroffen werden.

Die Merkmalsmethode barg allerdings auch Unsicherheiten. In Fällen, in denen sowohl Merkmale vorlagen, die für eine Betriebseinheit sprachen, als auch solche, die gegen eine Betriebseinheit angeführt werden konnten, führt die Methode nicht zu rechtssicheren Ergebnissen.

Beispiel:
Die X-GmbH produziert Kfz-Ersatzteile und bietet technische Beratung bei dem Betrieb von Kfz-Werkstätten an. An den Standorten in Köln (Hauptsitz, 80 Arbeitnehmer, davon 8 in der Verwaltung) und Düsseldorf (60 Arbeitnehmer) wird produziert. Am Standort Leverkusen sind 30 Arbeitnehmer in der Beratung tätig. Ferner gibt es ein Beratungsbüro in Monheim bei Düsseldorf (6 Arbeitnehmer). Personelle und soziale Angelegenheiten werden einheitlich für alle Standorte von der Verwaltung am Hauptsitz aus entschieden. Die "Standortleiter" üben Weisungen lediglich hinsichtlich arbeitstechnischer Fragen aus. Ein Austausch von Arbeitnehmern zwischen den Standorten erfolgt nicht; auch sonst haben die Arbeitnehmer an den einzelnen Standorten wenig Kontakt und arbeiten weitgehend selbständig. Eine rechtssichere Abgrenzung der betriebsratsfähigen Einheit kann hier mit Hilfe der vorgenannten Merkmale nicht erreicht werden.

Zudem hat sich gezeigt – insbesondere die Untersuchung von *Joost*[169] hat dies bestätigt–, dass die vom Bundesarbeitsgericht zusammengestellten Untermerkmale zum Teil nicht miteinander zu vereinbaren sind,[170] so dass die Methode von vornherein versagen musste.[171] Die fallbezogene Analyse auf Grundlage der vorgenannten Kriterien ist denn auch in keiner danach ergangenen Entscheidung des Bundesarbeitsgerichtes vorgenommen worden.[172]

Maßgeblich wurde im Folgenden die „Einheit der Organisation", in den Hintergrund trat das Merkmal der räumlichen Einheit: So entschied das Bundesarbeitsgericht, dass eine Niederlassung in Köln mit dem Hauptwerk in Essen zu einem einheitlichen Betrieb zusammenzufassen sei, da eine einheitliche Leitungsorganisation vorliege. Die räumliche Entfernung stünde dem nicht entgegen.[173] Die erhebliche räumli-

---

169 Joost, Betrieb und Unternehmen als Grundbegriffe im Arbeitsrecht, S.150.
170 Insbesondere kann bei zentraler Leitungsmacht nicht eine arbeitnehmernahe Interessenvertretung in Entscheidungsnähe eingerichtet werden (vgl. die Fallgestaltung im vorangegangenen Beispiel).
171 Vgl. DKK-Trümmer BetrVG § 1 Rn 61.
172 Joost, Betrieb und Unternehmen als Grundbegriffe im Arbeitsrecht, S. 161.
173 Vgl. BAG AP Nr. 9 zu § 3 BetrVG 1952.

che Entfernung sollte auch nicht gegen die betriebliche Zusammenfassung einer Göttinger Lebensmittelfiliale mit der Hauptverwaltung in Kassel sprechen.[174] Umgekehrt entschied das Bundesarbeitsgericht, dass die Hauptverwaltung und eines von mehreren Produktionswerken einer Ölgesellschaft, die auf dem selben Betriebsgelände lagen, keinen gemeinsamen Betrieb bilden, da eine getrennte Leitungsorganisation in den mitbestimmungspflichtigen sozialen und personellen Angelegenheiten bestand. Die räumliche Einheit sei nicht entscheidend, da sie nicht ein Merkmal für die Annahme eines einheitlichen Betriebs darstelle, sondern nur einen Anhaltspunkt hierfür. Auch die homogene Betriebsgemeinschaft, die das Instanzgericht festgestellt hatte, sollte dem nicht entgegenstehen.[175] Der räumliche Aspekt und die Betriebsgemeinschaft der Belegschaft sollten demnach nicht mehr als Merkmale, sondern lediglich als Indizien für das Vorliegen eines einheitlichen Betriebes sprechen. Mit dieser Rechtsprechung tritt das Kriterium der Entscheidungsnähe in den Vordergrund, während die Belegschaftsnähe als Ordnungskriterium an Bedeutung verliert.

Des Weiteren hat die Rechtsprechung das auf *Jacobi* zurückgehende Kriterium des arbeitstechnischen Zwecks fallen gelassen. Angesichts der immer stärker werdenden produktiven Arbeitsteilung konnte das Kriterium der arbeitstechnischen Ausrichtung nach Ansicht des Gerichts keine Abgrenzung mehr gewährleisten, ohne zu einer Atomisierung der betrieblichen Einheiten zu kommen. Es wurde daher auch bei verschiedenen arbeitstechnischen Zwecken ein einheitlicher Betrieb angenommen. Nach neuerer Rechtsprechung kommt es dementsprechend weder auf die Art des im Betrieb verfolgten arbeitstechnischen Zwecks an, noch darauf, ob ein oder mehrere Zwecke verfolgt werden.[176]

Zentraler Punkt der Betriebsdefinition war damit die organisatorische Einheit, die von der Rechtsprechung des Bundesarbeitsgerichts als einheitliche Leitung in personellen und sozialen Angelegenheiten verstanden wurde.[177] Unternehmerische Funktionen, d.h. der kaufmännisch-wirtschaftliche Bereich, ist nach Auffassung des Bundesarbeitsgerichts dagegen zu vernachlässigen. Während das Bundesarbeitsgericht zunächst auch der in der Praxis weit verbreiteten dezentralisierten Leitungsorganisation Rechnung trug und den nach zentralen Weisungen handelnden Werksleiter als „einheitlichen Leitungsapparat" identifizierte, selbst wenn dieser nicht die Kompetenz für alle betriebsverfassungsrechtlich relevanten Maßnahmen hatte,[178] differenzierte das Bundesarbeitsgericht in jüngeren Entscheidungen dementsprechend nicht mehr. Der Leitungsapparat wurde danach nicht mehr vornehmlich bei der Standortleitung ausgemacht. Insbesondere bei Zentralisierung von mitbestimmungspflichtigen Entscheidungskompetenzen bei der Unternehmensleitung, kann dementsprechend nach der Rechtsprechung des BAG ein Unternehmen einen einheitlichen Betrieb bilden, auch wenn es über mehrere Standorte verfügt.[179]

---

[174] BAG AP Nr. 2 zu § 4 BetrVG 1972.
[175] BAG AP Nr. 3 zu § 4 BetrVG 1972.
[176] Vgl. BAG AP Nr. 1 zu § 1 BetrVG 1972; AP Nr. 3 zu § 4 BetrVG 1972; AP Nr. 9 zu § 1 BetrVG 1972.
[177] BAG AP Nr. 3, 4 zu § 4 BetrVG 1972; Nr. 5 – 7 zu § 7 BetrVG 1972; NZA 1989, 190.
[178] BAG AP Nr. 3 zu § 4 BetrVG 1972 (23.09.1982).
[179] Hanau ZfA 1990, 115, 118; Richardi, Die neue Betriebsverfassung, S. 16.

Im vorangegangenem Beispielsfall wäre daher nach der auf die organisatorische Einheit abstellenden Rechtsprechung des Bundesarbeitsgerichts davon auszugehen, dass die X-GmbH einen einheitlichen Betrieb bildet und für die Standorte Köln, Düsseldorf, Leverkusen und Monheim lediglich ein Betriebsrat zu bilden ist. Dass die Standorte zum Teil in deutlicher Entfernung voneinander liegen, dass eine Betriebsgemeinschaft zwischen den Arbeitnehmern an den verschiedenen Standorten nicht besteht und dass verschiedene arbeitstechnische Zwecke verfolgt werden, steht dem nicht entgegen. Ausschlaggebend ist nach der Rechtsprechung des Bundesarbeitsgerichts, dass die Leitungskompetenz in personellen und sozialen Angelegenheiten für alle Standorte einheitlich wahrgenommen wird.

Wegen der in der Unternehmenspraxis zunehmend auftretenden dezentralen (verteilten) Leitungsorganisation, bei der nicht (mehr) ein und dieselbe Instanz für alle Mitbestimmungsangelegenheiten zuständig ist[180] musste das Bundesarbeitgericht das dem Merkmal des einheitlichen Leitungsapparates zugrunde liegende Bild einer zentralistischen Leitungsorganisation jedoch in Frage stellen.[181] Im Folgenden ging das Gericht daher davon aus, dass es zur Bejahung der organisatorischen Einheit ausreichend sei, wenn die Arbeitgeberfunktion im Bereich der sozialen und personellen Angelegenheiten wenigstens *im Kern* von einem einheitlichen Leitungsapparat,[182] bzw. die *deutliche Mehrheit* der Entscheidungen in diesen Angelegenheiten einheitlich wahrgenommen werden.[183]

Werden in Abwandlung des vorangegangenem Beispiels zwar die Entscheidungen über Einstellungen, Entlassungen und Versetzungen allein von der Verwaltung am Hauptsitz der X-GmbH getroffen, während jedoch die Standortleiter eine Reihe von sozialen Angelegenheiten im Sinne des § 87 BetrVG entscheiden (z.B. Arbeitszeitgestaltung,, Urlaubsplanung,, technische Überwachung der Arbeitnehmer) so lässt sich eine einheitliche Leitungsinstanz in personellen und sozialen Angelegenheiten nicht feststellen. Hier nimmt das Bundesarbeitsgericht eine einzelfallbezogene Betrachtung vor, indem es untersucht, wo der Kern bzw. die Mehrheit der betriebsverfassungsrechtlich relevanten Entscheidungen getroffen wird.

Ermöglicht diese Betrachtung der Entscheidungskompetenz in sozialen und personellen Angelegenheiten allein noch keine klare Abgrenzung, zieht das Bundesarbeitsgericht die räumliche Nähe und die funktionelle, insbesondere personelle Verflechtung der Organisationseinheiten hilfsweise als Abgrenzungskriterien heran. Je größer demnach die räumliche Nähe und je stärker die funktionelle Verflechtung sei, desto geringer seien die Anforderungen an die Vereinheitlichung des Leitungsapparates und desto eher könne insofern ein einheitlicher Betrieb angenommen werden.[184]

---

[180] Dazu unten § 4, A., I., 1. und B., II. (insb. 2.).
[181] DKK-Trümner BetrVG § 1 Rn 68.
[182] BAG AP Nr. 4 zu § 23 KSchG 1969.
[183] BAG AP Nr. 3 zu § 4 BetrVG 1972.
[184] BAG AP Nr. 3 zu § 4 BetrVG 1972; AP Nr. 6 zu § 1 BetrVG 1972; NZA 1989, 190.

Ist in erneuter Abwandlung des vorangegangenen Beispiels die Verwaltung am Hauptsitz Köln zwar für eine Reihe wesentlicher Entscheidungen in personeller und sozialer Hinsicht verantwortlich, lässt sich aufgrund der relativen Verselbständigung der Standorte jedoch ein Kern bzw. eine Mehrheit von Entscheidungskompetenzen dort nicht lokalisieren, so kommt nach der Rechtsprechung des Bundesarbeitsgericht die Annahme eines einheitlichen Betriebes der Standorte Köln und Leverkusen aufgrund der geringeren Entfernung eher in Betracht, als die Annahme eines einheitlichen Betriebes der – relativ weit voneinander entfernten – Standorte Köln und Düsseldorf.

Dieser Betriebsbegriff, der vornehmlich auf die einheitliche Leitung in personellen und sozialen Angelegenheiten abstellt und nur hilfsweise den Aspekt der räumlichen Nähe bzw. sozialen Verbundenheit der Arbeitnehmer berücksichtigt, bestimmt die Rechtsprechung des Bundesarbeitsgerichts bis heute.[185] Damit legt das Bundesarbeitsgericht den Schwerpunkt auf das Ordnungskriterium der Entscheidungsnähe und berücksichtigt das Strukturprinzip der Belegschaftsnähe nur hilfsweise.

b) Die herrschende Lehre

Die rechtswissenschaftliche Literatur hat sich der Rechtsprechung des Bundesarbeitsgerichts überwiegend angeschlossen und stellt bei der Bestimmung des Betriebsbegriffs auf die Leitungsorganisation des Arbeitgebers ab.[186] Die Unsicherheit bei der Abgrenzung der "organisatorischen Einheit", die aus der Schwierigkeit der Bestimmung des einheitlichen Leitungsapparats resultiert, wird jedoch auf breiter Basis erkannt.[187]

c) Insbesondere der Ansatz von Konzen

Im Rahmen seiner Monografie „Unternehmensaufspaltungen und Organisationsänderungen im Betriebsverfassungsrecht“ unternahm *Konzen* daher den Versuch, den in Rechtsprechung und Literatur vorherrschenden Betriebsbegriff exakter zu bestimmen. Er stellte heraus, dass der arbeitstechnische Zweck nur im Zusammenhang mit einer konkreten Organisationstätigkeit ein geeignetes Abgrenzungskriterium für die Bestimmung der betriebsratsfähigen Einheit darstellt, der Betriebszweck allein also zur

---

[185] Zuletzt BAG AP Nr. 9 zu § 23 KSchG 1969.

[186] Vgl. Preis RdA 2000, 257, 278; ErfK-Eisemann BetrVG § 1 Rn 8; GK-Kraft/Franzen BetrVG § 4 Rn 5 ff.; Richardi BetrVG § 1 Rn 27; Fitting BetrVG § 1 Rn 71 ff.; Löwisch/Kaiser BetrVG § 1 Rn 4 ff.; HSWG-Hess BetrVG § 1 Rn 2; Plander NZA 2002, 483; Wlotzke/Preis BetrVG § 1 Rn 16; Kreßel, Der Betriebsbegriff in der betrieblichen Praxis, in: JahrbArbR, Bd. 36, 1999, S. 49, 50; Grützner BB 1983, 200; Hanau ZfA 1990, 115, 120; Schimana BB 1979, 892, 894; Peter DB 1990, 425; Oetker SAE 1987, 305, 307; Stege/Weinspach/Schiefer BetrVG § 1 Rn 5; vgl. auch Gramm AuR 1964,293; ebenso: Wirtschaftsrat der CDU ("Grundlage der Betriebsverfassung muss ein an dem Arbeitsorganisations- und Leitungsrecht des Arbeitgebers ausgerichteter Betriebsbegriff bleiben", vgl. Orientierungspunkte des Wirtschaftsrates der CDU e.V. anlässlich des Bundessymposiums "Die Reform des Betriebsverfassungsgesetzes – Ideologie und Wirklichkeit Betrieblicher Ordnung" am 13.November 2000 in Berlin).

[187] Hanau ZfA 1990, 115, 120; Richardi BetrVG § 1 Rn 28; DKK-Trümner BetrVG § 1 Rn 68.

Definition des Betriebes von geringem Wert sei.[188] Nach *Konzen* ist die betriebsratsfähige Einheit nur aufgrund der arbeitgeberseitigen Leitungsfunktionen abzugrenzen. Dies folge aus dem Postulat der Entscheidungsnähe des Betriebsrats bei mitbestimmungspflichtigen Angelegenheiten. Hieraus schließt er auch, dass die wirtschaftlichen Angelegenheiten für die Bestimmung des Betriebsbegriffs irrelevant seien.[189]

Aus dem Postulat der Entscheidungsnähe folge, dass der Betriebsleitung die Kompetenz in sozialen und personellen Angelegenheiten zustehen müsse.[190] Da jedoch das Betriebsverfassungsgesetz mit einer Verortung der mitbestimmungspflichtigen Angelegenheiten auf der Entscheidungsebene Betrieb nicht auf die individuelle Leitungsstruktur eines Unternehmens reagiere, müsse typisiert werden. Daher genüge es im konkreten Fall zur Konstituierung einer betriebsratsfähigen Einheit, wenn ein einheitlicher Leitungsapparat die „deutliche Mehrheit" der mitbestimmungspflichtigen Maßnahmen im sozialen und personellen Bereich entscheide. Diesen – in der Formulierung bezieht sich *Konzen* auf das Bundesarbeitsgericht – „Kern der Arbeitgeberfunktionen" umreißt er wie folgt:

Im Bereich der sozialen Angelegenheiten des § 87 Abs. 1 BetrVG sieht er nicht nur die formellen Arbeitsbedingungen, wie Beginn und Ende der Arbeitzeit, Ordnung im Betrieb, Arbeitsschutz etc., sondern auch die materiellen wie die Einführung von Kurzarbeit und Überstunden sowie die Mitwirkungsrechte der §§ 90, 91 BetrVG, als relevant an.

Bei personellen Angelegenheiten differenziert *Konzen*. Er sieht nur solche Entscheidungskompetenzen als betriebskonstituierend an, die auf die Betriebszugehörigkeit des Arbeitnehmers abstellen; sofern sich die Mitbestimmungsrechte auf das Arbeitsverhältnis beziehen, seien sie dem gegenüber für die Bestimmung des Betriebsbegriffs nicht relevant.[191]

- So seien Leitungsbefugnisse im Sinne der §§ 99 ff. BetrVG, also solche bezüglich Einstellungen, Versetzungen, Ein- und Umgruppierungen zwar alle mitbestimmungspflichtig. Die Begründung des Arbeitsverhältnisses als solches berühre indes die konkreten Belegschaftsinteressen nicht und sei insofern nicht betriebskonstituierend. Hingegen müsse die Betriebsleitung als Spiegelbild des § 99 BetrVG Entscheidungen über den Personalbedarf einschließlich des Personaleinsatzes und Einfluss auf die Auswahl und Beurteilung der einzelnen Arbeitnehmer haben.

- Die Entscheidungsbefugnis bezüglich Kündigungen müsse nicht bei der Betriebsleitung liegen und sei insofern nicht als Abgrenzungsmerkmal bei der Bestimmung der betriebsratsfähigen Einheit heranzuziehen. Die Betriebsleitung müsse jedoch auf eine Entfernung eines Arbeitnehmers aus dem Betrieb „hinwirken können".[192]

- Zu den konstituierenden Elementen der Betriebsleitung gehöre auch nicht der Bereich der Personalwirtschaft und Personalpolitik. Dies umfasse die Suche nach geeigneten Fachkräften, die tech-

[188] Konzen, Unternehmensspaltungen und Organisationsänderungen, S. 72 f.
[189] Konzen, Unternehmensspaltungen und Organisationsänderungen, S. 83.
[190] Konzen, Unternehmensspaltungen und Organisationsänderungen, S. 85.
[191] Konzen, Unternehmensspaltungen und Organisationsänderungen, S. 85.
[192] Konzen, Unternehmensspaltungen und Organisationsänderungen, S. 86.

nische Abwicklung von Einstellungen und Entlassungen, das Führen von Personalstatistiken und die Vornahme von Gehalts- und Lohnabrechnungen. Bedeutung habe lediglich der Kernbereich der Personalführung, der in der konkreten Personalführung beim Produktionsprozess oder der Erbringung von Dienstleistungsfunktionen bestehe.

Sei nach diesen Maßstäben eine entsprechende Leitungsstelle mit ("erheblichen")[193] Entscheidungsbefugnissen nicht auszumachen, also insbesondere bei Verteilung der einzelnen Befugnisse auf verschiedene Stellen im Unternehmen liege eine betriebsratsfähige Einheit unterhalb der Unternehmensebene nicht vor. Es sei auch nicht – wie vom Bundesarbeitsgericht entschieden[194] – hilfsweise auf den räumlichen Aspekt bzw. auf die funktionelle Verflechtung der Organisationseinheiten abzustellen. Vielmehr falle die Betriebsleitung in diesem Fall mit der Unternehmensleitung zusammen. Das Unternehmen stelle dementsprechend einen einheitlichen Betrieb im Sinne des Betriebsverfassungsgesetzes dar.[195] *Konzen* geht also von einem "Rückbezug" auf das Unternehmen aus, sofern ein Kern der Arbeitgeberfunktionen in betriebsverfassungsrechtlichen Angelegenheiten unterhalb der Unternehmensleitung nicht auszumachen ist.

d) Insbesondere der Ansatz von Rancke

Auch *Rancke* stellt auf die Organisation der Entscheidungsstrukturen ab. Er geht jedoch einen andern Weg zur Abgrenzung der organisatorischen Einheit: Er sieht es zur Bejahung eines die betriebsratsfähige Einheit konstituierenden Leitungsapparates als ausreichend an, wenn eine Personalleitung eingerichtet ist, die selbständig Entscheidungen im Rahmen vorgegebener Richtlinien trifft.[196]

Eine Leitungsstelle in diesem Sinne müsse bei folgenden Entscheidungen wenigstens mitzuwirken haben: Einzelmaßnahmen im Bereich der personellen Angelegenheiten und Teilbereiche der Personalplanung (Bedarfsplanung), soziale Angelegenheiten aus dem Katalog der §§ 87, 88 BetrVG (Betriebsordnung, Sanktionierungen, Arbeitszeitregelungen, Urlaubsgrundsätze und Urlaubspläne, Akkord- und Prämiensätze, betriebsspezifische Zulagen, nicht aber Gratifikation), Einzelfragen in wirtschaftlichen Angelegenheiten, Unterrichtung über unternehmenswirtschaftliche Daten, Organisation von Schulung und Weiterbildung der Mitarbeiter. Wenn in diesen Angelegenheiten

---

[193] Konzen, Unternehmensspaltungen und Organisationsänderungen, S. 83; Demgegenüber grenzt Richardi den einheitlichen Leitungsapparat ab, indem er eine gegenüber der Unternehmensleitung *relativ* verselbstständigte Organisation mit Entscheidungsbefugnissen in dem mitbestimmungspflichtigen Angelegenheiten verlangt (vgl. Richardi BetrVG § 1 Rn 29). Welche Befugnisse dies sind sagt er freilich nicht, da dies von der Leitungsstruktur des Unternehmen abhänge (Richardi BetrVG § 1 Rn 28).

[194] Vgl. oben a).

[195] Konzen, Unternehmensspaltungen und Organisationsänderungen, S. 106; Zu diesem Ergebnis kommt auch Hanau ZfA 1990, 115, 118; Richardi, Die neue Betriebsverfassung, S. 16; Peter DB 1990, 425, 426.

[196] Rancke, Betriebsverfassung und Unternehmenswirklichkeit, S. 269 f.; Näher zur Untersuchung von Rancke unten § 5.

zwar Vorgaben durch eine zentrale Entscheidungsinstanz im Unternehmen gegeben werden, die Standortleitung innerhalb dieser Vorgaben jedoch einen eigenen Entscheidungsspielraum hat, stellt der Standort nach *Ranckes* Ansicht eine organisatorische Einheit und damit einen Betrieb im Sinne des § 1 BetrVG dar.

e) Andere Auffassungen

Nach *Hanau* müssen die grundlegenden und wesentlichen Regelungen im Personalbereich von einer einheitlichen Leitungsstelle wahrgenommen werden, um die organisatorische Einheit als betriebsratsfähige Einheit zu qualifizieren.[197] Dabei gibt *Hanau* jedoch keine Hinweise darauf, welche konkreten Entscheidungsbefugnisse beim Betriebsleiter angesiedelt sein müssten, um seinen Zuständigkeitsbereich als Betrieb zu definieren. Ausgehend davon, dass die Unternehmensleitung letztlich immer die „Kompetenz-Kompetenz“ habe, d.h. bestimmen könne, welche Angelegenheiten auf Unternehmensebene geregelt werden, hält er letztlich eine einzelfallbezogene Betrachtung für erforderlich. Im Verhältnis Betriebsleitung – Unternehmensleitung liege ein Grenzfall vor, wenn die Entscheidungsbefugnisse zwar weitgehend an der Unternehmensspitze zentralisiert seien, der Betriebsleiters aber einen gewissen Entscheidungsspielraum habe. Hier müsse das Gesamtbild entscheiden. [198]

Nach *Breitfeld* ist entscheidend auf die Befugnis zur selbständigen Einstellung und Entlassung, die Erstellung von Dienst- und Schichtplänen, Urlaubsgewährung und die Berechtigung zur Anordnung von Überstunden abzustellen. Die Einstellungs- bzw. Entlassungsberechtigung des Betriebsleiters werde nicht durch die „formale“ Mitzeichnung des Personalleiters der Unternehmenszentrale in Frage gestellt. Unschädlich sei auch, dass Musterarbeitsverträge aus der Zentrale verwendet werden und die Personalakten zentral geführt würden.[199]

f) Fazit

Rechtsprechung und herrschende Lehre stellen bei der Bestimmung des Betriebsbegriffs vornehmlich auf die einheitliche Leitung in personellen und sozialen Angelegenheiten ab, wobei der Kern der Leitungsfunktionen unterschiedlich bestimmt wird. Das Schwergewicht liegt damit auf dem Ordnungskriterium der Entscheidungsnähe.

2. Gegenauffassungen

In der Literatur wurde und wird der vorgenannte Betriebsbegriff, der vorwiegend auf die Leitungsorganisation des Arbeitgebers abstellt zum Teil heftig kritisiert. Zu nennen sind insbesondere die Ansätze von *Kohte, Joost* und *Gamillscheg*, die eine arbeitnehmernahe Anknüpfung der Interessenvertretung befürworten. Während *Gamillscheg*

---

[197] Hanau ZFA 1990, 115, 120.
[198] Hanau ZFA 1990, 115, 120.
[199] Jaeger/Röder/Heckelmann-Breitfeld, S. 6.

und *Kohte* vorwiegend auf die soziale Verbundenheit der Arbeitnehmer untereinander abstellen, orientiert sich *Joost* allein am räumlichen Aspekt.

a) Der Ansatz von Kohte

Einem Gegenstandpunkt zum "entscheidungsnahen" Betriebsbegriff der herrschenden Meinung nimmt zunächst *Kohte* ein.[200] Der Sinn der Betriebsbezogenheit der Betriebsratserrichtung sei es, eine möglichst arbeitnehmernahe Interessenvertretung zu gewährleisten. So sollte eine enge Verbindung von Wählern und Repräsentanten ermöglicht werden. Bei der Bestimmung des Begriffs gehe es einzig um eine Abgrenzung der jeweiligen Wahlkreise, wodurch basisdemokratische Auswahl und Kontrolle ermöglicht werden solle. Dementsprechend definiert *Kohte* den Betrieb als *„denjenigen Tätigkeitszusammenhang von Arbeitnehmern, durch den deren Handlungsorganisation möglichst ortsnah und effektiv verwirklicht werden kann"*.[201]

Nach *Kohte* kommt ein einheitlicher Betriebsrat nicht in Frage, wenn ein enger Kontakt zwischen dem Betriebsrat und den vertretenen Arbeitnehmern nicht besteht bzw. eine echte Betriebsgemeinschaft unter den Arbeitnehmern der einzelnen Betriebsstätten fehlt.[202] Da für eine authentische Interessenvertretung die Kommunikation zwischen Wählern und Repräsentationsorganen von herausragender Bedeutung sei, spreche eine räumlich weite Entfernung in der Regel gegen die Annahme eines einheitlichen Betriebes. Die räumliche Einheit ist nach *Kohte* indes nur ein Abgrenzungsmerkmal; entscheidend sei das Vorhandensein einer homogenen Wählerschaft, d.h. einer einheitlichen Belegschaft. Diese kann auch bei räumlicher Entfernung zwischen den Unternehmensstandorten gegeben sein, etwa aufgrund eines regelmäßigen personellen Austauschs zwischen den Standorten, gemeinsamer Projekten, etc.[203] Bei der Zusammenfassung einheitlicher Belegschaften zu einer betriebsratsfähigen Einheit bestehe auch automatisch eine enge Verbindung zwischen Belegschaft und Betriebsrat.[204] Diese sei wichtiger als diejenige Verbindung zwischen Betriebsrat und sozialem Gegenspieler, also dem Arbeitgeber.[205]

Den Begriff der Organisation sieht er von der herrschenden Meinung in Rechtsprechung und Literatur auf die Komponente des arbeitgeberseitigen Leitungsapparates zu Unrecht verkürzt. Dieser mache nur einen Teil der Betriebsorganisation aus. Der Begriff der Organisation habe unterschiedliche Bedeutungsgehalte.[206] Neben dem Aspekt der arbeitgeberseitigen Leitungsmacht seien unter den Organisationsbegriff auch so-

---

[200] Kohte, Betrieb und Unternehmen unter dem Leitbild des Organisationsvertrages (Habil., n.v.); ders. AuA 1990, 150 ff.; ders. BB 1992, 137 ff.; ders. RdA 1992, 302 ff.

[201] Kohte AuA 1990, 150, 152; zustimmend Ziemann AuR 1990, 55, 60.

[202] Kohte BB 1992, 137, 140.

[203] Vgl. oben § 2, B.

[204] Zur Verdeutlichung: Wird ein Betriebsratsmitglied aus der Mitte einer homogenen Gruppe gewählt, so besteht zwischen Vertreter und Vertretenen zwingend eine soziale Verbindung.

[205] Kohte BB 1992, 137, 140.

[206] Auch Hanau gibt zu bedenken, dass der Begriff "Organisation" verschiedenen Bedeutungen hat (ZfA 1990, 115, 117).

ziale Beziehungsgefüge bzw. Netze von Interaktionen und Kommunikationsabläufen zu fassen.[207]

In dem vorangegangenem Beispielsfall der X-GmbH[208] wäre auf Grundlage des Ansatzes von Kohte – unabhängig von den arbeitgeberseitigen Entscheidungsstrukturen – jeweils ein Betriebsrat in Köln, Leverkusen, Düsseldorf und Monheim zu bilden, da nur so eine ortsnahe Interessenvertretung ermöglicht wird und jeweils homogene Arbeitnehmergruppen zusammengefasst werden.

b) Der Ansatz von Joost

Auch *Joost* nimmt mit seiner grundlegenden Untersuchung der arbeitsrechtlichen Begriffe Betrieb und Unternehmen einen Gegenstandpunkt zum Betriebsbegriff des Bundesarbeitsgerichts und der Literatur ein.[209] Wie die Vertreter der herrschenden Lehre und auch *Kohte*, geht *Joost* von der Erforderlichkeit einer an dem Normzweck orientierten Begriffsbildung aus. Die auf *Jacobi* zurückgehende Formel, mit der eine einheitliche Definition für das ganze Arbeitsrecht geschaffen wurde, lehnt er insofern ab.[210]

Während die Vertreter der herrschenden Meinung im Rahmen der normzweckorientierten Auslegung jedoch das Ordnungskriterium der Entscheidungsnähe in den Vordergrund stellen, hält *Joost* die Belegschaftsnähe für ausschlaggebend. Dabei ist er sich des kontradiktorischen Spannungsverhältnisses zwischen Entscheidungs- und Belegschaftsnähe bewusst, hält jedoch eine Lösung dieses Konflikts unter dem Dach einer einheitlichen Definition des Betriebs für ausgeschlossen. Eine Entscheidung sei daher zugunsten der Belegschaftsnähe zu treffen.[211]

Das Erfordernis einer arbeitnehmernahen Betriebsratsbildung leitet er aus § 4 BetrVG ab, der zum Ausdruck bringe, dass die Verbundenheit von Interessenvertreter und vertretenen Arbeitnehmern Voraussetzung für die Annahme einer betriebsratsfähigen Einheit sei.[212] Wie *Kohte* geht *Joost* davon aus, dass die Errichtung des Betriebsrats der arbeitnehmernahen Gruppenrepräsentation diene. Deshalb könne allein die Gruppenzugehörigkeit über den Kreis der repräsentierten Personen entscheiden. Die Frage, auf welchen Personenkreis sich die arbeitgeberseitige Leitungsmacht auswirken könne, gebe für die Betriebsbestimmung hingegen nichts her.[213] Die Begriffsbestimmung anhand eines einheitlichen Leitungsapparates und damit ein vornehmliches Abstellen auf das Ordnungskriterium der Entscheidungsnähe lehnt er daher ab.

Daneben begründet er seinen Ansatz mit der geschichtlichen Entwicklung der Mitbestimmung: Die Betriebsverfassung sei aus dem Phänomen der räumlichen Zusammenballung vieler Arbeitnehmer und deren Zusammenarbeit in Form funktional auf-

---

207 Kohte BB 1992, 137, 141.
208 Vgl. das Beispiel oben unter § 3, B., III., 1., a).
209 Joost, Betrieb und Unternehmen als Grundbegriffe im Arbeitsrecht.
210 Joost, Betrieb und Unternehmen als Grundbegriffe im Arbeitsrecht, S. 171, 232.
211 Joost, Betrieb und Unternehmen als Grundbegriffe im Arbeitsrecht, S. 239.
212 Joost, Betrieb und Unternehmen als Grundbegriffe im Arbeitsrecht, S. 274.
213 Joost, Betrieb und Unternehmen als Grundbegriffe im Arbeitsrecht, S. 246.

einander bezogener Arbeitsgänge zur gemeinsamen Erreichung eines Arbeitsergebnisses hervorgegangen. Diese räumliche Zusammenordnung habe sich in vielen Normen als entscheidendes Kriterium des Betriebsbegriffs erhalten. Er verweist insofern auf die §§ 82 S. 1 ArbGG, 55 Abs. 1 HGB, 111 S. 2 Nr. 2 BetrVG, § 17 Abs. 1 Erste Wahlordnung zum Mitbestimmungsgesetz, § 2 Abs. 1 S. 2 Nr. 3 Zweite Wahlordnung zum Mitbestimmungsgesetz.[214]

In der räumlichen Einheit liege auch das Wesen der modernen Betriebsverfassung. Sie solle die durch Gruppenzusammenarbeit entstehenden Probleme abhängiger Arbeit durch Einführung einer gemeinsamen Repräsentation der Betroffenen lösen. Das von der herrschenden Meinung in Rechtsprechung und Literatur herangezogene Kriterium der Leitungsbefugnis sei insofern irrelevant: Aus Sicht der Arbeitnehmer entstünden die Probleme unabhängig davon, auf welcher Ebene Leitungsentscheidungen fallen und ob diese einheitlich ergingen oder auf andere Arbeitnehmer Auswirkung hätten, mit denen sie gar nicht zusammenarbeiteten. Der Aufbau einer gemeinsamen Interessenrepräsentation habe dementsprechend den Ort der Arbeitsleistung als Mittelpunkt.[215]

Mit dem Begriff "Betrieb" im betriebsverfassungsrechtlichen Sinn bezeichnet *Joost* dementsprechend eine Gruppe von Arbeitnehmern, die eine arbeitnehmernahe gemeinsame Repräsentation erhalten, wobei das Kriterium der Gemeinsamkeit in der räumlichen Verbundenheit ihrer Tätigkeit bestehen soll. Danach definiert er den Betrieb im Sinne des Betriebsverfassungsrechts *„als einen auf gewisse Dauer angelegten Tätigkeitsbereich eines Arbeitgebers, in dem er Arbeitnehmer in räumlicher Verbundenheit beschäftigt“*.[216]

Hinter dem Kriterium „räumliche Verbundenheit“ sollen dabei ein objektives Kriterium und ein Zweckkriterium stehen. Während das objektive Kriterium in der räumlich feststellbaren Nähe bzw. Entfernung zwischen den zu vertretenen Arbeitnehmern zu sehen sei, stehe hinter dem Zweckkriterium eine wertende Beurteilung, ob eine gemeinsame Repräsentation der Arbeitnehmer bei den gegebenen räumlichen Verhältnissen noch als arbeitnehmernah angesehen werden kann. Es komme daher entscheidend auf die Verkehrsmöglichkeiten an. Diese müssten es dem Betriebsrat ermöglichen, kurzfristig zusammenzutreten. Auch der einzelne Arbeitnehmer muss grundsätzlich die Möglichkeit haben, immer dann wenn er es für nötig hält, zeitnah an die einzelnen Mitglieder des Betriebsrats heranzutreten. Da der Betriebsrat insgesamt der berufene Vertreter der Belegschaft sei, gehe es nicht an, die Arbeitnehmer praktisch nur auf die Sprechstunde oder auf bestimmte ortsansässige Betriebsratsmitglieder zu verweisen. Jeder Arbeitnehmer muss daher auch die Möglichkeit haben, das Betriebsratsmitglied seines Vertrauens aufzusuchen, ohne hieran allein wegen der räumlichen Entfernung gehindert zu sein.[217] Der Arbeitnehmer könne auch nicht auf die Möglichkeit eines telefonischen Kontaktes verwiesen werden.[218]

---

[214] Joost, Betrieb und Unternehmen als Grundbegriffe im Arbeitsrecht, S. 241.
[215] Joost, Betrieb und Unternehmen als Grundbegriffe im Arbeitsrecht, S. 241.
[216] Joost; Betrieb und Unternehmen als Grundbegriffe im Arbeitsrecht, S. 265.
[217] Joost, Betrieb und Unternehmen als Grundbegriffe im Arbeitsrecht, S. 250.
[218] Zustimmend Jaeger/Röder/Häckelmann-Breitfeld, S. 9.

Nach diesen Grundsätzen scheide die Errichtung eines gemeinsamen Betriebsrates für „kilometerweit von einander entfernte“ Arbeitsstätten aus. Arbeitsstätten, „die durch mehrere Querstraßen voneinander getrennt sind“ könnten hingegen eine gemeinsame Repräsentation erhalten, da „die Arbeitnehmer [...] ohne Hilfsmittel oder besondere Vorkehrungen miteinander in Kontakt kommen, gemeinsame Versammlungen abhalten, sich kennen lernen [können]“ und die Betriebsratmitglieder ungehindert ihrer Betriebsratsarbeit nachgehen können.[219]

Dagegen komme es auf die Frage, ob unter den Arbeitnehmern eine „echte Betriebsgemeinschaft“ bestehe, nicht an. Dieses – nach *Joosts* Ansicht nur spekulativ feststellbare Kriterium – trete hinter dem erheblich genaueren und objektivierbarerem Kriterium des räumlichen Zusammenhangs zurück.

Auch nach Joost wäre in dem vorangegangenem Beispielsfall der X-GmbH[220] jeweils ein Betriebsrat für die räumlich getrennten Standorte in Köln, Leverkusen, Düsseldorf und Monheim zu bilden, gleich wie die arbeitgeberseitigen Entscheidungsstrukturen ausgestaltet sind.

c) Der Ansatz von Gamillscheg

Bereits 1975 formulierte *Gamillscheg* in seiner grundlegenden Kritik am Betriebsbegriff der herrschenden Meinung in Rechtsprechung und Literatur eine Definition, die sich ebenfalls am betriebsverfassungsrechtlichen Ordnungskriterium der Belegschaftsnähe orientiert. Nach Gamillscheg sollte man sich auf die Feststellung beschränken, „dass der Betrieb als Arbeitsstätte die räumliche Grundlage der Zusammenarbeit der Arbeitnehmer *und damit* der Verbindung ihrer Interessen bildet, während es auf die technische Organisation der Arbeit, insbesondere die Verselbständigung der Leitungsmacht usw. als solche nicht ankommt“.[221] Arbeitsstätten in weiter räumlicher Entfernung sollten grundsätzlich eine eigene Interessenvertretung wählen.

Das ausschlaggebende Argument hierfür sei die Nähe von Belegschaft und Amtsträger, ohne die die Wähler kein Vertrauen in die Interessenvertretung haben könnten.[222] Der Betrieb müsse daher innerhalb des Unternehmens der Rahmen sein, innerhalb dessen die Arbeitnehmer zu homogenen Wählerschaften zusammengefasst würden, aus deren Mitte dann die Vertreter gewählt würden.[223]

Wie *Kohte* legt *Gamillscheg* dabei das Schwergewicht auf den Aspekt der Betriebsgemeinschaft. Zwar hätten Arbeitnehmer an weit entfernten Standorten in der Regel wenig gemeinsame Interessen, weshalb die räumliche Entfernung für die Selbständigkeit der Arbeitsstätte und damit gegen die Betriebseinheit spreche,[224] jedoch sei das räumliche Kriterium nicht absolut zu nehmen. Dieses trete hinter dem der Betriebsgemeinschaft zurück, wenn innerhalb einer räumlichen Einheit verschiedene Interessen bei den Arbeitnehmern bestünden, bzw. wenn trotz räumlicher Entfernung eine Be-

[219] Joost, Betrieb und Unternehmen als Grundbegriffe im Arbeitsrecht, S. 250.
[220] Vgl. das Beispiel oben unter § 3, B., III., 1., a).
[221] Gamillscheg ZfA 1975, 357, 399.
[222] Gamillscheg ZfA 1975, 357, 399.
[223] Gamillscheg AuR 2001, 411, 413.
[224] Gamillscheg AuR 2001, 411, 414.

triebsgemeinschaft bestehe.[225] Die räumliche Nähe gebe allein keine Erklärung für die Zusammenfassung der Arbeitnehmer zu einer Wählerschaft. Stets seien die dahinter stehenden gleichgelagerten Interessen der Arbeitnehmer entscheidend.

Die Kritik an der Unbestimmtheit des Kriteriums der Betriebs- bzw. Interessengemeinschaft weist *Gamillscheg* zurück: Zwar sei das Merkmal vage, es sei deshalb jedoch nicht falsch: Auch wenn die Abgrenzung des Betriebsbegriffs anhand der Betriebs- bzw. Interessengemeinschaft keine „hard and fast rule" darstelle, unter die bequem subsumiert werden könne, handele es sich dabei doch um das „richtige Kriterium".[226] Die Betriebsverfassung lebe davon, dass die Arbeitnehmer sie als „ihre Sache" betrachten. Diese Akzeptanz gehe verloren, wenn eine inhomogene Basis die Repräsentationsorgane wähle. Diese Gefahr bestünde bei einer rein räumlichen Zusammenfassung von Arbeitnehmern zu einer betrieblichen Einheit.[227] Der Betriebsbegriff könne nicht dazu führen, Arbeitnehmern eine Vertretung aufzuzwingen, die sie nicht wollen. Die räumliche Nähe dürfe deshalb nicht zum Zwang werden. Lediglich das Vorhandensein einer Betriebs- bzw. Interessengemeinschaft[228] sollte letztlich entscheidend sein.[229] Die Betriebsgemeinschaft sei dementsprechend – entgegen der herrschenden Meinung in Rechtsprechung und Literatur – nicht nur ein Indiz, sondern der zentrale Punkt bei der Bestimmung des Betriebsbegriffs.[230]

Nach *Gamillscheg* ist ein Betrieb daher als Repräsentationsbasis für eine homogene Gruppe von Arbeitnehmern mit gleichgerichteten Interessen zu verstehen, auch wenn die Arbeitnehmer ggfs. an verschiedenen, räumlich voneinander getrennten Standorten tätig sind. Der Betriebsrat sei daher dort zu bilden, wo eine abgrenzbare Betriebsgemeinschaft besteht. In der Regel sei dies für eine räumliche Einheit der Fall. Erstrecke sich die Betriebsgemeinschaft jedoch über die räumliche Einheit hinweg (wenn beispielsweise Arbeitnehmer derselben Berufsgruppe zwar an verschiedenen Standorten tätig sind, aber eine steter personeller Austausch stattfindet), oder seien innerhalb einer räumlichen Einheit verschiedene Interessenlagen zu identifizieren (z.B. wenn an einem Standort grundverschiedene Tätigkeiten im Rahmen verschiedener arbeitstechnischer Zwecke durch unterschiedliche Berufsgruppen ausgeführt werden), so trete der räumliche Aspekt hinter dem Kriterium der Interessengemeinschaft zurück.[231] Im ersten Fall wäre demnach ein Betriebsrat für beide Standorte gemeinsam zu wählen, während im zweiten Fall zwei Betriebsräte am Standort zu wählen wären.

Auch wenn der entscheidungsnahe Ansatz grundsätzlich Berechtigung habe, und den betriebsverfassungsrechtlichen Interessen entgegenkomme, sei er nicht praxistauglich: Wie weit die von der Rechtsprechung und herrschenden Meinung in Literatur

---

[225] Gamillscheg AuR 1989, 33, 34.

[226] Gamillscheg AuR 2001, 411, 413; ders. Anm. zu EzA Nr. 4 und 15 zu § 4 BetrVG 72, S. 65.

[227] Gamillscheg AuR 1989, 33, 34 (mit Beispielen).

[228] die bei Vorliegen entsprechend gemeinschaftsstiftender Faktoren (Verzahnung der Arbeitsabläufe, personeller Austausch, etc) auch bei räumlicher Entfernung der Arbeitnehmer zueinander vorliegen kann, vgl. § 2, B.

[229] Komme es jedoch auf die Interessen der Arbeitnehmer an, so liege es nahe, ihnen selbst die Abgrenzung der repräsentationsfähigen Einheit zu überlassen. Gamillscheg verweist insofern auf die amerikanische Praxis der Bestimmung der Bargaining Unit (AuR 1989, 33, 34).

[230] Vgl. auch Gamillscheg Anmerkung zu EZA Nr. 4 und 5 zu § 4 BetrVG 1972, S. 42.

[231] Gamillscheg AuR 2001, 411, 414.

geforderte organisatorische Selbständigkeit der Betriebsleitung reichen müsse, welche Befugnisse vor Ort unverzichtbar seien, und welche Entscheidungsbefugnisse nicht relevant seien, werde an keiner Stelle abschließend beschrieben. Der Ansatz der herrschenden Meinung in Rechtsprechung und Literatur gehe daher fehl.[232]

Auch auf der Grundlage des Ansatzes von Gamillscheg wäre in vorangegangenem Beispielsfall der X-GmbH[233] – unabhängig von den Organisationsstruktur des Arbeitgebers – jeweils ein Betriebsrat in Köln, Leverkusen, Düsseldorf und Monheim zu bilden. Stellten sich indes – in Abwandlung des Beispielsfalls – die in der Beratung tätigen Arbeitnehmer in Leverkusen und Monheim als homogene Betriebsgemeinschaft dar (etwa aufgrund stetigen personellen Austauschs, Einheitlichkeit des Beratungsgeschäfts, gemeinsamen Schulungen und Beratungsveranstaltungen, etc[234]), so wäre auf Grundlage des Ansatzes von Gamillscheg ein einheitlicher Betriebsrat für die Standorte Leverkusen und Monheim zu bilden.

d) Weitere Stimmen gegen den herrschenden Betriebsbegriff

Die vorgenannte Kritik an dem Betriebsbegriff der h.M. in Rechtsprechung und Literatur blieb nicht ohne Zustimmung.[235] Dabei wurde das methodische Vorgehen und die Sachgerechtigkeit der Analyse auch von Vertretern der h.M. durchaus anerkannt und gelobt.[236] Ein Richtungswechsel auf breiter Front in Rechtsprechung und Literatur blieb jedoch aus.

Insbesondere jedoch *Trümner*[237] tritt weiterhin vehement für einen arbeitnehmernahen Ansatz bei der Bestimmung des Betriebsbegriffs ein. Seine Argumentation gleicht im Wesentlichen der der vorgenannten Autoren. Dabei nimmt er jedoch zunächst eine vermittelnde Ansicht ein: Da der Betriebsrat sowohl auf den Arbeitgeber, als auch auf die Arbeitnehmer bezogene Aufgaben habe, sei eine Verknüpfung von arbeitgeber- und belegschaftsbezogenen Merkmalen bei der Begriffsbestimmung vorzunehmen. Er sieht also eine Kombination der beiden Gesichtspunkte als notwendig an. In Zweifelsfällen, wenn also eine einheitliche Leitung nicht in Belegschaftsnähe installiert ist, will er bei der Abgrenzung bzw. Festlegung der betriebsratsfähigen Einheiten jedoch den belegschaftsbezogenen Momenten den Vorrang gegenüber den arbeitgeberbezogenen Momenten geben. In Fällen, in denen betriebsverfassungsrechtlich relevante Entscheidung zentral, d.h. für mehrere Standorte ausgeübt werden, sind nach *Trümner* demnach einzelne Betriebsräte (in Belegschaftsnähe) zu bilden und nicht – wie nach der Rechtsprechung des Bundesarbeitsgerichts ein einheitlicher Betriebsrat als Gegenüber der Zentralverwaltung (in Entscheidungsnähe).

---

232 Gamillscheg Anmerkung zu EZA Nr. 4 und 5 zu § 4 BetrVG 1972, S. 53.
233 Vgl. das Beispiel oben, § 3, B., III., 1., a).
234 Vgl. zu den gemeinschaftsstiftenden Faktoren oben, § 2, B., II.
235 Kleveman AuR 1989, 356, 360 (er bezeichnet den Betriebsbegriff der h.M. gar als "antiteleologisch"); Ziemann AuR 1990, 55, 60; DKK-Trümner BetrVG § 1 Rn 44 ff.; zum Teil auch Jaeger/Röder/Häckelmann-Breitfeld, S. 9.
236 Joosts Untersuchung anerkennend Hanau ZfA 1990, 115, 117; Preis RdA 2000, 257, 259.
237 DKK-Trümner BetrVG § 1 Rn 46 ff.

Auch in der Rechtsprechung blieb der Ansatz des Bundesarbeitsgerichts und der herrschenden Lehre nicht unbestritten. Das LAG Niedersachsen wendete sich mit einer Entscheidung vom 23.04.1990, bei der es zu entscheiden hatte, ob ein Betrieb nach einer organisatorischen Maßnahme (Unternehmensspaltung) noch betriebsratsfähig im Sinne des § 1 BetrVG ist, gegen die Rechtsprechung des Bundesarbeitsgerichts und die herrschenden Lehre. Es wählte zur Bestimmung der betriebsratsfähigen Einheit – wie das Bundesarbeitsgericht vormals – eine Abgrenzung anhand eines Merkmalkatalogs,[238] wobei dem Kriterium der Belegschaftsnähe allerdings ein deutliches Schwergewicht gegenüber dem der Entscheidungsnähe beigemessen wurde. Nach der Auffassung des Gerichts ist unter einem Betrieb im Sinne des Betriebsverfassungsgesetzes derjenige „Tätigkeitszusammenhang von Arbeitnehmern auf Grundlage eines bei natürlicher Betrachtung äußerlich abgrenzbaren, fremdbestimmten Leistungssubstrats, durch den und in dem die interessengerechte Vertretung der Arbeitnehmer möglichst ortsnah und effektiv verwirklicht werden kann“, zu verstehen. Das Vorliegen einer Betriebseinheit werde im Wesentlichen durch die Interessengemeinschaft der Arbeitnehmer bestimmt. Eine Interessengemeinschaft und damit eine betriebsratsfähige Einheit könne angenommen werden, wenn eine Betriebsgemeinschaft zwischen den Arbeitnehmern bestehe, die durch eine räumlich-technische Verbundenheit der Arbeitnehmer indiziert würde, wenn die Arbeitnehmer gegenseitig austausch- und versetzbar sind, wenn gemeinsame Sozialeinrichtungen bestehen, wenn für sie Arbeitgeberfunktionen gemeinsam ausgeübt werden, wenn eine gegenseitige wirtschaftlich-technische Abhängigkeit und Durchdringung, insbesondere bei kapitalmäßiger Verflechtung, bzw. eine einander ergänzende oder aufeinander bezogene Produktion/Dienstleistung bestehe. Die vorgenannten Merkmale seien jedoch weder abschließend, noch müssten sie in jedem Falle vollständig vorliegen.[239] Zustimmend erkennt *Trümner* an, die Entscheidung sei die erste, die mit dem überkommenden Betriebsbegriff der herrschenden Meinung breche.[240] Hätte das Gericht den Betriebsbegriff der herrschenden Meinung zugrunde gelegt, wäre ein einheitlicher Betriebsrat wohl zu verneinen gewesen.[241]

Auch das LAG Hamburg legte einer Entscheidung vom 22.10.1997 einen von der Rechtsprechung des Bundesarbeitsgerichts abweichenden Betriebsbegriff zugrunde. Unter Bezugnahme auf die Untersuchungen von *Kohte*, *Joost* und *Trümner*, sowie die zustimmenden Anmerkungen von *Ziemann* und *Klevemann* und die vorgenannte Entscheidung des LAG Niedersachsen lehnte es das Abgrenzungskriterium der einheitlichen Leitungsmacht des Arbeitgebers zur Bestimmung des Betriebsbegriffs ab und formulierte in Anlehnung an *Kohte*: „Als Betrieb im Sinne des § 1 BetrVG sollte derjenige Tätigkeitszusammenhang von Arbeitnehmern verstanden werden, durch den die Handlungsorganisation der Arbeitnehmer möglichst ortsnah und effektiv verwirklicht werden kann.

[238] LAGE Nr. 3 zu § 1 BetrVG 1972 = BetrR 1990, 104 (mit Anm. Trümner, S. 116 f.); kritisch gegenüber dem BAG auch: ArbG Hamburg DB 1992, 587, 588; LAG Hamburg LAGE Nr. 4 zu § 1 BetrVG 1972.

[239] Einen typologischen Ansatz vertritt auch Fromen (FS Gaul, S.151, 174).

[240] Trümner BetrR 1990, 116 f.

[241] Vgl. Trümner BetrR 1990, 116 f.

e) Fazit

Der Betriebsbegriff des Bundesarbeitsgerichts und der herrschende Lehre wird in der Literatur heftig kritisiert. Überwiegend wird bei den Gegenmodellen auf die räumliche Einheit bzw. die Betriebs- oder auch Interessengemeinschaft als Anknüpfungspunkt für die Betriebsratsbildung abgestellt, wodurch das Ordnungskriterium der Belegschaftsnähe in den Vordergrund tritt.

IV. Betriebsteil und Betriebsabteilung

Der Betrieb ist nach dem System des Betriebsverfassungsgesetzes nicht die kleinste betriebsverfassungsrechtliche Einheit. Das Gesetz sieht unterhalb der Betriebsebene noch den Betriebsteil und die Betriebsabeilung als Anknüpfungspunkte der betrieblichen Interessenvertretung vor. Im Folgenden wird der Frage nachgegangen, inwiefern durch diese Strukturen unterhalb der Betriebsebene die Ordnungskriterien Entscheidungs- bzw. Belegschaftsnähe gewährleistet werden bzw. welche Rückschlüsse sich aus den entsprechenden Normen in Bezug auf die Bestimmung des Betriebsbegriffs ziehen lassen.

1. Betriebsteil

Auch der Begriff des Betriebsteils ist gesetzlich nicht definiert. Eine Regelung für die Einordnung und Behandlung von Betreibsteilen findet sich aber in § 4 BetrVG.

Durch das Betriebsverfassungsreformgesetz ist die Vorschrift neu gefasst worden. Abs. 1 S. 1 befasst sich jedoch nach wie vor damit, unter welchen Voraussetzungen Betriebsteile betriebsratsfähig sind: Betriebsteile sind gem. § 4 Abs. 1 S. 1 BetrVG als selbständige Betriebe zu behandeln, wenn sie ihrerseits die Voraussetzungen des § 1 Abs. 1 S. 1 BetrVG erfüllen - also mindestens fünf wahlberechtigte Arbeitnehmer ständig beschäftigt sind, von denen wenigstens drei wählbar sind – und der Betriebsteil entweder räumlich weit vom Hauptbetrieb entfernt liegt oder durch Aufgabenbereich und Organisation eigenständig ist.

Die neu eingefügten Sätze 2-5 regeln die Zuordnungsmöglichkeit eines betriebsratslosen Betriebsteils zum Hauptbetrieb und deren Rückgängigmachung durch entsprechendes Votum der Arbeitnehmer des Betriebsteils. In § 4 Abs. 2 BetrVG ist der Begriff des „Nebenbetriebs“ entfallen. Hier ist nunmehr der „Kleinstbetrieb“ geregelt: Liegen die Voraussetzungen eines selbständigen Betriebsteil vor, wird den Arbeitnehmern alternativ zu der Errichtung eines eigenen Betriebsrats die Möglichkeit eröffnet, durch Beschluss festzulegen, dass sie an der Wahl des Betriebsrats im Hauptbetrieb beteiligt werden (Satz 2). Dieser Beschluss muss dem Betriebsrat des Hauptbetriebes mindestens 10 Wochen vor Ablauf seiner Amtszeit mitgeteilt werden.

Können Betriebe wegen ihrer zu geringen Arbeitnehmerzahl nicht als selbständige Betriebsteile angesehen werden, sind sie infolge der Neuregelung des Abs. 2 BetrVG ohne Rücksicht auf ihre Organisation oder Entfernung dem Hauptbetriebs zuzuordnen. Die alte Fassung des BetrVG hatte eine Zuordnung zum Hauptbetrieb auf Nebenbetriebe beschränkt; durch die Aufhebung dieser Einschränkung ist die vormals zu treffende Unterscheidung zwischen Nebenbetrieben und Kleinstbetrieben entbehrlich geworden.

Die Vorschrift des § 4 BetrVG dient der Begrenzung des räumlichen bzw. organisatorischen Umfangs von betriebsratsfähigen Einheiten. Abs. 1 S. 1 bedient sich dabei einer Fiktion dahingehend, dass Betriebsteile unter bestimmten Voraussetzungen als Betrieb anzusehen sind. Liegen diese Voraussetzungen der räumlichen bzw. arbeitstechnischen/organisatorischen Eigenständigkeit vor, gelten für den Betriebsteils die Rechtsfolgen, die das Gesetz sonst an das Vorliegen eines Betriebes knüpft. Somit ist auch entsprechend § 1 BetrVG für einen als Betrieb geltenden Betriebsteil ein Betriebsrat zu wählen, es sei denn, es erfolgt eine anderweitige Zusammenfassung nach § 3 Abs. 1 BetrVG oder die Arbeitnehmer des Betriebsteils votieren für die Zuordnung zum Hauptbetrieb nach Abs. 1 S. 2 der Norm.

Sinn und Zweck der Vorschrift ist es, alle Arbeitnehmer einer unternehmenszugehörigen Organisationseinheit in den Geltungsbereich der Betriebsverfassung mit einzubeziehen. Diese Konzeption kommt insbesondere im neuen Abs. 2 zum Ausdruck, der eine Abweichung von dem Gesetz enthält, wonach Betrieb, um betriebsratsfähig zu sein, mindestens 5 Arbeitnehmer haben müssen.

a) Rechtsprechung und herrschende Literatur

aa) Voraussetzungen

Die räumliche Entfernung gem. § 4 Abs. 1 Nr. 1 BetrVG wird überwiegend dann bejaht, wenn die Einheit der Belegschaft nicht mehr gewahrt ist und der Betriebsrat nicht mehr in der Lage ist, seine Aufgaben und Befugnisse auch in den Betriebsteilen wahrzunehmen und die dort beschäftigten Arbeitnehmer zu betreuen.[242] Damit entspricht die herrschende Ansicht zur Bestimmung des Betriebs*teil*begriffs in wesentlichen Zügen der des Betriebsbegriffs bei der zuvor aufgezeigten Gegenauffassung.[243]

Problematisch ist der unbestimmte Rechtsbegriff der „räumlich weiten Entfernung“ insofern, als dass sichere Aussagen nur bei einerseits sehr kurzen und andererseits sehr großen Distanzen möglich sind. In einem Entfernungsbereich zwischen 5 und 100 Kilometern sind jedoch sichere Aussagen darüber, ob der Betriebsteil noch zum Hauptbetrieb zu zählen ist, oder nicht, auf Grundlage der Rechtsprechung des Bundesarbeitsgerichts kaum möglich. Ursache dafür ist zum einen die Unsicherheit des Kriteriums der „ordnungsgemäßen Betreuung durch den Betriebsrat“. Erschwerend kommt hinzu, dass nicht nur die objektive Distanz, sondern auch die jeweiligen Verkehrsbedingungen in der Wertung zu berücksichtigen sind.[244] Die mangelnde Vorhersehbarkeit gerichtlicher Entscheidungen hat insbesondere *Gamillscheg* aufgezeigt.[245]

---

[242] BAG AP Nr. 2 zu § 4 BetrVG 1972; Richardi BetrVG § 4 Rn 17; vgl. auch Fabricius/Decker SAE 1977, 55.
[243] Vgl. oben § 3, B., III., 2.
[244] Vgl. LAG Köln AiB 1990, 359: Köln-Bonn „wegen ständiger Verkehrsstaus“ weit entfernt.
[245] Gamillscheg ZfA 1975, 357 ff.

Problematisch ist auch das Kriterium der organisatorischen Selbständigkeit im Sinne des § 4 Abs. 1 Nr. 2 BetrVG, da nach der herrschenden Meinung in Rechtsprechung und Literatur der Betrieb gerade durch die *Einheitlichkeit* der Organisation gekennzeichnet wird.[246] In Rechtsprechung und Literatur wird daher – insofern abschwächend – auf die relative Selbständigkeit des Betriebsteils gegenüber der (Gesamt-) Betriebsleitung abgestellt. Dabei geben die Autoren zum Teil selbst zu, dass die Abgrenzung verschwommen ist und in der Praxis zu Schwierigkeiten führt.[247] Die Grenzen zwischen Betrieb und Betriebsteil verschwimmen letztlich, wenn das Bundesarbeitsgericht die „Organisation" in § 4 Abs. 1 Nr. 2 BetrVG dahingehend bestimmt, dass die organisatorische Eigenständigkeit zu bejahen sei, sofern in dem Betriebsteil der wesentliche Kern der der betrieblichen Mitbestimmung unterliegenden Arbeitgeberfunktion ausgeübt wird.[248] Damit benutzt das Bundesarbeitsgericht exakt die gleiche Formel, wie zur Bestimmung des Betriebsbegriffes.

Beispiel:
Die Y-GmbH betreibt auf einem Betriebsgelände in Köln sowohl ein Feinkosthandel (58 Arbeitnehmer) als auch ein Restaurant (15 Arbeitnehmer). Weiterer Unternehmenstätigkeit geht die Y-GmbH nicht nach. Feinkosthandel und Restaurant sind in zwei abgetrennten Gebäudeteilen untergebracht. Bis auf die Lebensmittellieferungen durch den Feinkosthandel an das Restaurant sind die Arbeitsabläufe der Einheiten nicht miteinander verknüpft. Personelle und soziale Angelegenheiten werden jeweils selbständig von der Geschäftsleitung des Feinkosthandels bzw. der Restaurantleitung entschieden. Die Geschäftsführung der Y-GmbH entscheidet lediglich über wirtschaftliche Angelegenheiten. Bei Zugrundlegung des Merkmals der organisatorischen Leitung in personellen und sozialen Angelegenheiten ist nicht klar, ob das Restaurant hier ein eigenständiger Betrieb oder lediglich ein Betriebsteil des einheitlichen Betriebes der Y-GmbH ist.

bb) Enge Auslegung

Die herrschende Meinung in Rechtsprechung und Literatur geht davon aus, dass es sich bei Betriebsteilen um räumlich oder organisatorisch unterscheidbare Betriebsbereiche handelt, die innerhalb des Betriebes eine bestimmte Aufgabe zu erfüllen haben, aber in die Gesamtorganisation des Betriebs eingegliedert sind.[249] Der Betriebsteil hat nach herrschender Meinung in Rechtsprechung und Literatur daher keine selbständige betriebliche Zwecksetzung und keine selbständige, in sich geschlossene Organisation, sondern ist in Zwecksetzung und Organisation in den Betrieb eingegliedert.[250]

Die herrschende Meinung legt die Vorschrift des § 4 BetrVG damit eng aus, d.h. die Einordnung eines Betriebsteils als selbständiger Betrieb stellt die Ausnahme gegen-

---

[246] Diese Schwierigkeiten bejahend GK-Kraft/Franzen BetrVG § 4 Rn 15; diesen Kritikpunkt führt insbesondere Joost (Betrieb und Unternehmen als Grundbegriff im Arbeitsrecht, S. 275 ff.) gegen die herrschende Meinung an.

[247] GK-Kraft/Franzen BetrVG § 4 Rn 15; kritisch auch DKK-Trümner BetrVG § 4 Rn 6.

[248] BAG NZA 1992, 894.

[249] Richardi BetrVG § 4 Rn 4; GK-Kraft/Franzen BetrVG § 4 Rn 16; DKK-Trümner BetrVG § 4 Rn 28; HSWG-Hess § 4 Rn 11.

[250] Schaub, ArbR-Hdb., S. 2031, Rn 11.

über der einheitlichen Vertretung durch den Hauptbetriebsrat dar.[251] Zwar enthalte der Gesetzestext nicht mehr wie die Vorläuferbestimmung des § 3 BetrVG 1952 die Einschränkung, dass „nur dann" ein Betriebsteil als selbständiger Betrieb gelte, wenn er die Selbständigkeitsvoraussetzungen erfülle. Daraus könne jedoch kein Wandel für die Interpretation der Vorschriften begründet werden.[252]

Durch das von der Rechtsprechung und der herrschenden Literatur geforderte Tatbestandsmerkmal der organisatorischen Eingliederung in den Hauptbetrieb wird eine betriebsverfassungsrechtliche Selbständigkeit der Arbeitsstätte in vielen Fällen verhindert. Dies erfolgt aus Sicht der Vertreter der entscheidungsnahen Definition des Betriebsbegriffs aus gutem Grund: Da bei Zugehörigkeit zum selben Unternehmen und Vorliegen der Voraussetzungen des § 4 BetrVG letztlich dahinstehen kann, ob es sich bei dem Unternehmensteil um einen Betrieb oder Betriebsteil handelt,[253] führte eine weite Auslegung bzw. breite Anwendung des § 4 BetrVG im Ergebnis regelmäßig zu einer Abgrenzung der betriebsratsfähigen Einheit unter dem Gesichtspunkt der räumlichen Einheit der Betriebsstätte. Der am betriebsverfassungsrechtlichen Ordnungskriterium der Entscheidungsnähe ausgerichtete Betriebsbegriff der herrschenden Meinung in Rechtsprechung und Literatur liefe somit letztlich leer.

In Abwandlung zu vorangegangenem Beispiel befindet sich das Restaurant der Y-GmbH nicht in Köln, sondern in Düsseldorf. Ferner nimmt die Geschäftsführung der Y-GmbH Köln sämtliche personellen und sozialen Angelegenheiten hinsichtlich aller Arbeitnehmer im Unternehmen wahr. Die Geschäftsleitung des Feinkosthandels bzw. die Restaurantleitung erteilt lediglich arbeitsbezogene Weisungen. Das Restaurant stellt auf Grundlage der Definition des Bundesarbeitsgerichts und der herrschenden Lehre keinen Betriebsteil dar, da es eine selbständige betriebliche Zweckrichtung hat und nicht eine Teilfunktion im Hinblick auf den Feinkosthandel erfüllt. Da aufgrund der einheitlichen Leitung in personellen und sozialen Angelegenheiten durch die Geschäftsführung auch eine Einordnung als selbständiger Betrieb ausscheidet, kommt die Bildung eines eigenständigen Betriebsrats für die Arbeitnehmer in Köln nicht in Betracht.

Durch die enge Auslegung des § 4 BetrVG wird eine betriebsverfassungsrechtliche Selbständigkeit von räumlich bzw. organisatorisch abgrenzbaren Einheiten in vielen Fällen verhindert. Die betriebliche Interessenvertretung erfolgt damit vornehmlich in Entscheidungsnähe.

b) Gegenauffassungen

Der Begriffsbestimmung der herrschenden Meinung in Rechtsprechung und Literatur widerspricht *Joost*. Das Kriterium der räumlichen Abgrenzbarkeit oder relativen Verselbständigung sei nicht zutreffend, da hierdurch die Bestimmung des Begriffs des

[251] BAG DB 1976, 1579 (ausdrücklich enge Auslegung, Grundsatz der Einheit des Betriebes); BAG AP Nr. 2 zu § 4 BetrVG 1972; Richardi BetrVG § 4 Rn 15; Fitting BetrVG § 4 Rn 2; a.A. DKK-Trümner BetrVG § 4 Rn 3; GK-Kraft/Franzen BetrVG § 4 Rn 16; Kohte BB 1992, 137, 141.

[252] Richardi BetrVG § 4 Rn 15.

[253] Mü HdbArbR-Richardi, S. 571.

Betriebsteils selbst mit den besonderen Voraussetzungen des § 4 BetrVG vermengt würden. Nicht der Betriebsteil, sondern der nach dem positiven Recht betriebsratsfähige Betriebsteil sei daher durch räumliche Abgrenzbarkeit bzw. eigenständige Organisation zu bestimmen.[254] Die räumliche bzw. organisatorische Unterscheidbarkeit seien daher nicht Begriffsmerkmale des Betriebsteils, sondern Voraussetzung des betriebsratsfähigen Betriebsteils

Nach Joost sind daher an den Begriff des Betriebsteils im Sinne des § 4 BetrVG „überhaupt keine besonderen Anforderungen zu stellen". Der Betriebsteil sei also unabhängig von Organisation und Zweck, schlicht Teil des Betriebes.[255]

Joost greift den Betriebsbegriff der herrschenden Meinung an, in dem er darauf hinweist, dass das Gesetz mit § 4 S. 1 Nr. 2 BetrVG (a.F.) die organisatorische Verselbständigung des Betriebsteils für möglich hält. Daher könne die Begriffsauffassung der herrschenden Meinung nicht richtig sein, die zur Bestimmung des Betriebsbegriffs auf die Organisation abstellt. Betriebsteile mit eigenständiger Organisation könne es nach der herrschenden Meinung in Rechtsprechung und Literatur aus begrifflichen Gründen überhaupt nicht geben. Sofern hilfsweise auf eine relative Verselbständigung abgestellt wird, sei diese Abgrenzung unklar und insofern ungeeignet.[256] Eine in der Praxis anwendbare Unterscheidung von Betrieb und Betriebsteil sei damit unmöglich. Die herrschende Auffassung zur Bestimmung des Begriffs des Betriebsteils stelle sich daher als Versuch dar, das Gesetz dem Betriebsbegriff der herrschenden Meinung in Rechtsprechung und Literatur anzupassen.

Dabei ist der von *Joost* entwickelte Ansatz ebenso wenig mit § 4 BetrVG vereinbar, wie der der herrschenden Rechtsprechung und Literatur. Genauso wenig, wie der organisatorische Aspekt bestimmend für den Betriebsteil sein kann, wenn er den Betrieb schon bestimmt, kann die räumliche Entfernung zu selbständigen Betriebsteilen führen, wenn die räumliche Einheit betriebskonstituierend sein soll. Hierüber geht Joost mit der Anmerkung hinweg, § 4 BetrVG sei insofern „terminologisch nicht richtig gefasst".[257] Nach Joost ist § 4 BetrVG auf Großbetriebe „mit tausenden von Arbeitnehmern, die in räumlicher Verbindung arbeiten, aber in Gruppen mit unterscheidbaren Wirkungskreisen gegliedert sind, deren Organisationsgrad die Voraussetzungen für die Bildung eines eigenen Betriebsrates darstellt" zugeschnitten. § 4 BetrVG verwirkliche also ebenso wie der anhand der räumlichen Einheit abgegrenzte Betriebsbegriff das Prinzip der arbeitnehmernahen Repräsentation. Der unter dem Aspekt der räumlichen Einheit zu bestimmende Betriebsbegriff könne nicht eine arbeitnehmernahe Repräsentation in vorbezeichneten Großbetrieben gewährleisten.

2. Betriebsabteilung

Als weitere Untergliederung des Betriebs kennt das BetrVG die Betriebsabteilung, deren Arbeitnehmer nach § 42 Abs. 2 BetrVG zu einer Abteilungsversammlung zu-

[254] Betrieb und Unternehmen als Grundbegriffe im Arbeitsrecht, S. 269.
[255] Ebenso Hasford BB 1973, 527.
[256] Joost, Betrieb und Unternehmen als Grundbegriffe im Arbeitsrecht, S. 276.
[257] Joost, Betrieb und Unternehmen als Grundbegriffe im Arbeitsrecht, S. 274.

sammengerufen werden können, wenn dies für die Erörterung der besonderen Belange der Arbeitnehmer erforderlich ist. Dabei wird die Abteilung verstanden als „organisatorisch oder räumlich abgegrenzter Betriebsteil". Hieraus folgt, dass der in § 42 Abs. 2 Satz 1 BetrVG vom Gesetzgeber verwendete Betriff des Betriebsteils weiter als derjenige des Betriebsteils im Sinne des § 4 Abs. 1 BetrVG ist.[258] Ob ein Betriebsteil organisatorisch abgegrenzt ist, bestimmt sich nach der jeweiligen vom Arbeitgeber vorgegebenen Organisationsstruktur. Eine Abgrenzung setzt eine gewisse Eigenständigkeit in Aufgabenstellung und Organisation voraus. Demgegenüber dürfte es nicht möglich sein, bestimmte Kategorien von Arbeitnehmern bzw. Berufsträgern (also beispielsweise die Werkzeugschlosser innerhalb eines Maschinenbaubetriebes) als Abteilung zu begreifen. Dies stünde der grundsätzlichen einheitlichen betriebsverfassungsrechtlichen Vertretung der Arbeitnehmer entgegen.[259] Räumlich abgegrenzte Betriebsteile sind solche, die entweder durch ihre räumliche Lage oder durch die jeweilige bauliche Situation besondere betriebliche Einheiten bilden, z.B. nicht weit entfernte Filialen.[260]

V. Idealfall des Betriebes und Problemfälle

Aus Vorangegangenem wird deutlich, dass die Ansätze in Rechtsprechung und Literatur in unterschiedlichem Maß auf die betriebsverfassungsrechtlichen Ordnungskriterien der Entscheidungs- und Belegschaftsnähe abstellen. Während die Rechtsprechung und die herrschende Lehre bei der Bestimmung des Betriebsbegriffs vornehmlich auf das Merkmal des einheitlichen Leitungsapparats abstellen und damit das Kriterium der Entscheidungsnähe in den Vordergrund stellen, ist nach der Gegenauffassung auf die soziale Verbundenheit der Arbeitnehmer untereinander bzw. auf die räumliche Einheit abzustellen, wodurch das Ordnungskriterium der Belegschaftsnähe in den Mittelpunkt gerückt wird.

Eine Gewichtung der Ordnungskriterien kann jedoch vor dem Hintergrund der Unternehmenswirklichkeit, die eine gleichzeitige Realisierung beider im Betriebsverfassungsgesetz verankerter[261]Ordnungskriterien häufig nicht erlaubt, nicht ausbleiben. Dies soll im Folgenden gezeigt werden.

1. Idealbetrieb

In einer – aus betriebsverfassungsrechtlicher Sicht – idealen Organisation kann eine arbeitnehmernahe Interessenvertretung an Stellen gebildet werden, an denen mitbestimmungspflichtige Entscheidungen gefällt werden. Wenn homogene Arbeitnehmergruppen von mitbestimmungsrelevanten Arbeitgeberentscheidungen einheitlich betroffen sind, so wird Entscheidungs- und Belegschaftsnähe gleichzeitig verwirklicht. Dies ist der Idealfall des Betriebes als Anknüpfungspunkt für die Bildung des Betriebsrats.

---

258 Richardi BetrVG § 42 Rn 61.
259 Vgl. oben § 2, B., II., 2., b).
260 Fitting BetrVG § 42 Rn 67.
261 Die Verankerung beider Ordnungskriterien im BetrVG wurde bereits oben gezeigt, vgl. § 1, C.

Beispiel:
Die Z-GmbH betreibt in Köln eine Filmproduktion und in Bonn eine Casting-Agentur. In Köln, wo auch die Geschäftsführung sitzt, sind 45 Arbeitnehmer beschäftigt, die filmtechnische Aufgaben ausüben. In Bonn sind 20 Arbeitnehmer tätig, die Schauspieler an Filmproduktionsfirmen und Fernsehsendern vermitteln. Die Belegschaften in Köln und Bonn stellen sich jeweils als homogene Arbeitnehmergruppen dar. Personelle und soziale Angelegenheiten bezüglich der Arbeitnehmer der jeweiligen Standorte werden jeweils selbständig von der Filmproduktionsleitung in Köln bzw. der Agenturleitung in Bonn entschieden. Die Geschäftsführung der Z-GmbH nimmt lediglich strategische Funktionen wahr. Betriebsräte sind hier in Köln und Bonn zu bilden, wobei jeweils sowohl Entscheidungs- als auch Belegschaftsnähe gewährleistet ist.

2. Problemfälle

Die Bestimmung des betriebsverfassungsrechtlichen Anknüpfungspunktes unter Zugrundelegung des belegschaftsnahen Ansatzes einerseits bzw. des entscheidungsnahen Ansatzes andererseits führt jedoch (bereits dann) zu unterschiedlichen Ergebnissen, wenn der Arbeitgeber die Leitungsfunktion zentralisiert für mehrere Arbeitsstätten des Unternehmens ausübt. Werden mitbestimmungspflichtige Angelegenheiten im Sinne der § 87 ff. BetrVG einheitlich für verschiedene Arbeitnehmergruppen, die voneinander entfernt arbeiten, ganz verschiedene Tätigkeiten verrichten und untereinander überhaupt keine unmittelbare Beziehung haben, getroffen, so stellt sich die grundlegende Frage: Wird für die Arbeitnehmer aller Arbeitsstätten ein einheitlicher Betriebsrat gebildet und so eine Interessenvertretung in Entscheidungsnähe eingerichtet oder wird ein Betriebsrat für jeden Standort gebildet und so eine Interessenvertretung in Belegschaftsnähe gewährleistet?

In Abwandlung zu vorangegangenem Beispiel werden alle personellen und sozialen Angelegenheiten bezüglich der Arbeitnehmer der Z-GmbH einheitlich von der Geschäftsführung des Unternehmens in Köln entschieden. Wird hier nach der Betriebsdefinition des Bundesarbeitsgerichts und der herrschende Lehre ein Betriebsrat für beide Standorte gebildet, so mangelt es den Interessenvertretern an Belegschaftsnähe bezüglich der Arbeitnehmer an dem andern Standort; werden demgegenüber auf Grundlage des Betriebsbegriff der Gegenauffassung jeweils Betriebsräte in Köln und Bonn gewählt, so mangelt es dem Betriebsrat in Bonn an Entscheidungsnähe.[262]

Werden mit dem Kriterium der Entscheidungsnähe die arbeitgeberseitigen Entscheidungsstrukturen in den Vordergrund gestellt, so kann dies dazu führen, dass die Interessenvertretung nicht dort angesiedelt ist, wo sich eine einheitliche Betriebsgemeinschaft mit homogenen Interessen befindet, sondern dort, wo die zentralen Entscheidungen in mitbestimmungsrechtlichen Angelegenheiten getroffen werden, also die überwiegend betriebswirtschaftlich definierte Leitung des Betriebes lokalisiert ist. Wird die Interessenvertretung demgegenüber nach dem Prinzip der Belegschaftsnähe

---

[262] Weitere Beispiele für das Auseinanderfallen der Ordnungskriterien in modernen Unternehmen unter § 4, A. / B. der Untersuchung.

errichtet, so steht dem Betriebsrat bei zentraler Leitungsstruktur des Unternehmens kein kompetenter Ansprechpartner gegenüber. Eine sachgerechte Beteiligung der Arbeitnehmervertreter an der Willensbildung ist dann nur eingeschränkt möglich.[263] Der Nähe zur Belegschaft und zum einzelnen Arbeitnehmer ist damit in Unternehmen mit zentraler Organisationsstruktur immer eine gewisse Entfernung vom Entscheidungsträger immanent.

Das Verhältnis dieser beiden Leitkriterien macht ihre gleichzeitige absolute Verwirklichung kaum möglich. Damit ein Mitbestimmungsorgan seine Vorstellungen gegenüber dem Arbeitgeber durchsetzen kann, braucht es ein Gegenüber mit Kompetenzen, die spiegelbildlich den Rechten der Interessenvertretung entsprechen. Dies ist im klassischen Fall der Arbeitgeber selbst oder eine mit entsprechenden Befugnissen ausgestattete Leitungsinstanz. Die Arbeitgeberfunktionen werden jedoch zum Teil zentral wahrgenommen. Eine an der Leitungsstruktur des Arbeitgebers orientierte Verortung der betriebsverfassungsrechtlichen Organe führt damit fast zwangsläufig zu einer gewissen Entfremdung der Organmitglieder von den Arbeitnehmern. Betriebsrat, Gesamt- und Konzernbetriebsrat werden so mehr zu Organen des Unternehmens selbst.[264] Darunter leidet auch das Selbstverständnis der Mitbestimmungsorgane als Arbeitnehmerorgane. Will man jedoch der – vom Gesetzgeber intendierten – Struktur der dreistufigen Interessenvertretung keine weitere betriebsverfassungsrechtliche Ebene hinzufügen, wird man diesem Spannungsverhältnis nur eingeschränkt abhelfen können.

3. Kontradiktorisches Spannungsverhältnis

Die genannten Prinzipien, die sich aus der Zielsetzung des Betriebsverfassungsgesetzes ergeben, und deren möglichst weitgehende Verwirklichung der gesetzgeberischen Intention entspricht, stehen damit in einem kontradiktorischen Spannungsverhältnis.[265] Die Beachtung des einen Kriteriums führt oftmals zu einem Ergebnis, welches der Verwirklichung des anderen Kriteriums zuwider läuft. Je weiter man sich von der Idealvorstellung des Betriebes entfernt – eine Einheit von überschaubarer Größe und Organisation mit einer einheitlichen Betriebsgemeinschaft, die einem einheitlichen Lei-

---

263 Preis RdA 2000, 257, 278; Wendeling-Schröder NZA 1999, 1065, 1069; Heither, Betrieb im Betriebsverfassungsrecht – Herausforderung durch neue Organisations- und Umstrukturierungskonzepte, in: JahrbArbR, Bd. 36, 1999, S.37, 41. Der Einwand, der Betriebsrat können sich in Fällen zentraler Entscheidungsinstanzen bei Ausübung seiner Mitbestimmungsrechte doch an die Zentrale wenden, greift zu kurz: Zum einen ist eine Mitwirkung beim Entscheidungs*prozess* erschwert, wenn die Verhandlungspartner nicht auf der gleichen Ebene bzw. in räumlicher Nähe zueinander angesiedelt sind. Zum anderen erschöpft sich die betriebliche Interessenvertretung nicht in den Mitbestimmungstatbeständen, die dem Arbeitgeber eine aktive Einschaltung des Betriebsrats vorschreiben. Das BetrVG enthält vielmehr eine Reihe von Mitwirkungsrechten, die auf Initiative des Betriebsrats ausgeübt werden. In diesen Fällen ist eine Anbindung des Betriebsrats an den Entscheidungsstellen des Arbeitgebers offensichtlich sinnvoll.

264 T. Wißmann, Tarifvertragliche Gestaltung der betriebsverfassungsrechtlichen Organisation, S.118.

265 Preis RdA 2000, 257 ff.; Rancke, Betriebsverfassung und Unternehmenswirklichkeit, S. 256; T. Wißmann, Tarifvertragliche Gestaltung der betriebsverfassungsrechtlichen Organisation, S.91.

tungsapparat des Arbeitgebers gegenüber steht – desto weniger wahrscheinlich ist die gleichzeitige Verwirklichung beider Kriterien. Mit der konsequenten Umsetzung des einen Kriteriums ist daher in der Regel der Verlust oder zumindest die qualitative Reduktion des anderen Kriteriums verbunden.[266] Eine sachgerechte Wahrnehmung der Arbeitnehmerinteressen durch die betriebliche Interessenvertretung wird daher beim einem Abweichen vom Idealbetrieb in Frage gestellt.

Eine betriebsratsfähige Einheit muss jedoch auch dann lokalisiert werden können, wenn Entscheidungs- und Belegschaftsnähe nicht gleichzeitig zu realisieren sind. Da der vorbezeichnete Idealbetrieb in der Unternehmenswirklichkeit jedoch nicht (mehr) die Regel ist,[267] nehmen Rechtsprechung und Literatur eine – zum Teil gegensätzliche – Gewichtung der Kriterien vor. Im Folgenden werden die Argumente der beiden "Lager" dargestellt, um zu untersuchen, inwiefern die Ansätze der sachgerechten Wahrnehmung der Arbeitnehmerinteressen dienen.

4. Zwischenergebnis und Ausblick

Wie gezeigt, steht die Lokalisation der betriebsverfassungsrechtlichen Anknüpfungspunkte zwischen den Maximen der Entscheidungsnähe und der Belegschaftsnähe. In diesem Spannungsverhältnis steht daher die Definition des Betriebsbegriffs, dessen Funktion schließlich in der Findung des Anknüpfungspunktes der primären betriebsverfassungsrechtlichen Vertretungsebene besteht. Da die beiden begriffsbestimmenden Kriterien bei Abweichung von "Idealbetrieb" nicht in Übereinstimmung gebracht werden könne, legen Rechtsprechung und Literatur bei der Bestimmung des Betriebsbegriffs in diesen Fällen unterschiedliches Gewicht auf die Kriterien.

Zwei „Lager“ sind insofern zu unterscheiden: Das Bundesarbeitsgericht und die herrschende Lehre sehen die Nähe zu den Entscheidungsstellen des Arbeitgebers als begriffsbestimmendes Merkmal an. Die Vertreter der Gegenauffassung nehmen eine Abgrenzung des Betriebsbegriffs von der Arbeitnehmerseite her vor, indem sie die betriebsratsfähige Einheit in Arbeitnehmernähe lokalisieren.

Schon jetzt soll jedoch festgestellt werden: Im Rahmen dieser Untersuchung wird keine Entscheidung zwischen den beiden Ordnungskriterien *Entscheidungs-* und *Belegschaftsnähe* getroffen. Beide sind im Betriebsverfassungsgesetz verankert und insofern jeweils für sich nicht in Frage zu stellen.

Auch soll nicht der eine oder andere Ansatz – der auf den einheitlichen Leitungsapparat abstellende und insofern entscheidungsnahe oder der auf die soziale bzw. räumliche Verbundenheit der Arbeitnehmer und insofern belegschaftsnahe – als „falsch“ eingeordnet werden. Beide stellen sich als Ausdruck jeweils eines der beiden betriebsverfassungsrechtlichen Ordnungskriterien dar und sind insofern ebenfalls nicht isoliert in Zweifel zu ziehen. Vielmehr sollen die beiden Ansätze auf ihre Geeignetheit zur Gewährleistung einer sachgerechten Mitbestimmung in der modernen Unternehmenspra-

---

[266] Auf das kontradiktorische Spannungsverhältnis zwischen den betriebsverfassungsrechtlichen Ordnungskriterien Entscheidungs- und Belegschaftsnähe wird im Rahmen der Untersuchung der modernen Unternehmensstrukturen noch vertieft eingegangen (vgl. § 4, B., I.).

[267] Vgl. dazu ausführlich unten, § 4, A.

xis untersucht werden und im Zusammenhang mit der Regelung des § 3 Abs. 1 BetrVG ein Weg gefunden werden, die hinter den Ansätzen stehenden Ordnungskriterien der Entscheidungs- und Belegschaftsnähe so weit als möglich zu realisieren.

Auch wenn eine Entscheidung zwischen "richtig" und "falsch" nicht herbeigeführt werden soll, werden hier jedoch zum besseren Verständnis der weiteren Untersuchung im Nachfolgenden die wesentlichen Argumentationsmuster der h.M. in Rechtsprechung und Literatur und der Vertreter der Gegenauffassung dargestellt.

VI. Entscheidungsnähe contra Belegschaftsnähe - Argumentation

Die wesentlichen Argumentationsmuster der beiden gegensätzlichen Positionen stellen sich wie folgt dar:

1. Argumentation der Vertreter des herrschenden Betriebsbegriffs

a) Interessenvertretung auf Augenhöhe

Die Vertreter des herrschenden Betriebsbegriffs führen zumeist aus, dass die Arbeitnehmer ihre Interessen nur dann sinnvoll wahrnehmen könnten, wenn sie ihre Vertretung da errichteten, wo die Entscheidungen des Arbeitgebers fallen. Nur hier stünde ihnen ein kompetenter Ansprechpartner gegenüber. Die insofern maßgeblichen mitbestimmungsrelevanten Interessen seien diejenigen in personellen und sozialen Angelegenheiten. Der maßgebliche Gesichtspunkt für die Anknüpfung der Mitbestimmungsorgane an den Betrieb innerhalb des Unternehmens liege daher darin, eine Mitbestimmung herzustellen und zu sichern, die auf der Ebene der mitbestimmungsrelevanten Entscheidungen angesiedelt ist. Die betriebsratsfähige Einheit sei somit dort anzunehmen, wo dem Betriebsrat auf Arbeitgeberseite eine der Unternehmensleitung nachgeordnete Ebene gegenübersteht, die gegenüber der betreffenden Arbeitnehmergruppe in sozialen und personellen Angelegenheiten weisungsbefugt ist.[268] Nur so sei eine sachgerechte Wahrnehmung der Arbeitnehmerinteressen durch den Betriebsrat möglich. Die Argumentation der herrschenden Lehre beruht damit im Wesentlichen auf dem Ordnungskriterium der Entscheidungsnähe.

b) Verhinderung einer Partikularisierung

Für eine großzügige Zusammenfassung von Einheiten spreche auch, dass die räumliche Entfernung in der Wirtschaftspraxis stetig an Bedeutung verliere. Durch moderne Kommunikationstechnologien, leistungsstarke Verkehrsmittel etc. seinen Unterneh-

---

[268] Preis RdA 2000, 257, 279; Heither, Betrieb im Betriebsverfassungsrecht – Herausforderung durch neue Organisations- und Umstrukturierungskonzepte, in: JahrbArbR, Bd. 36, 1999, S. 37, 40 f.; Vgl. GK-Kraft/Franzen BetrVG § 4 Rn 5; Richardi BetrVG § 1 Rn 27 ff.; Fitting BetrVG § 1 Rn 71 ff.; HSWG-Hess BetrVG §1 Rn 2; Plander NZA 2002, 483; Richardi, Die neue Betriebsverfassung, S.16; Buchner NZA 2001, 633, 634; Kreßel, Der Betriebsbegriff in der betrieblichen Praxis, in: JahrbArbR, Bd. 36, 1999, S. 49, 50.

men zunehmend in der Lage überörtlich zu agieren. Vielfach finden sich daher einzelne Arbeitsstätten an weit verstreuten Orten. Ein Abstellen auf die räumliche Einheit bzw. auf die Belegschaftszugehörigkeit in diesen Fällen führte zu einer Atomisierung der Betriebsverfassung, was einer sachgerechten Wahrnehmung der Arbeitnehmerinteressen entgegenstehe.[269] Den vielen kleinen Vertretungseinheiten stünde auf Arbeitgeberseite kein Ansprechpartner gegenüber, da die Entscheidungen „weiter oben" gefällt würden.[270] Größere Durchschlagskraft käme hingegen einer Vertretung auf breiter Basis zu, die nur bei Anbindung an Arbeitgeberentscheidungsstelle gewährleistet sei.[271] Diese ermögliche auch schnellere Arbeitgeberentscheidungen, die in der Praxis gefordert würden.[272]

c) Arbeitgeberbezug der Betriebsratsaufgaben

Ein weiteres Argument der Vertreter des herrschenden Betriebsbegriffs ist, dass die Aufgaben des Betriebsrats gegenüber den Arbeitnehmern im Hintergrund stünden; Hauptaufgabe der Interessenvertretung sei es, die Interessen der Arbeitnehmer *gegenüber dem Arbeitgeber* durchzusetzen. Damit eine sachgerechte Wahrnehmung der Betriebsrataufgaben möglich sei, müsse der Betriebsrat daher bei den Entscheidungsstellen des Arbeitgebers, mithin in Entscheidungsnähe, eingerichtet werden.[273] Die erforderliche Belegschaftsnähe könne über § 4 BetrVG erzielt werden.[274]

d) Die Wertung des § 4 BetrVG

Ferner könnten – so die Vertreter des herrschenden Betriebsbegriffs – die kritischen Ansätze aufgrund des § 4 Abs. 1 Nr. 1 BetrVG nicht überzeugen: Dieser zeige, dass ein einheitlicher Betrieb auch bei räumlicher Entfernung vorliegen könne. Sei für räumlich entfernte Standorte demgegenüber stets ein eigenständiger Betriebsrat einzurichten, wäre § 4 Abs. 1 Nr. 1 BetrVG überflüssig.[275] Belegschaftsnähe werde außerdem durch Abstellen auf die räumliche Einheit nicht zwangsläufig erreicht, da insbesondere an Großstandorten der Kontakt zwischen Betriebsrat und Arbeitnehmer verlo-

---

[269] Preis RdA 2000, 257, 278.

[270] Preis RdA 2000, 257, 278 (spricht von mitbestimmungsirrelevanten Kleinsteinheiten); eine entsprechende Organisationspflicht, die den Arbeitgeber verpflichtete einen entscheidungsbefugten Ansprechpartner "vor Ort" zu gewährleisten, besteht nach ganz überwiegender und richtiger Ansicht hingegen nicht (vgl. unten § 4, B., V.).

[271] So einer der Hauptvertreter der belegschaftsnahen Anknüpfung selbst: Gamillscheg ZfA 1975, 357, 362, 380.

[272] Weinmann ZfA 1991, 73 f.

[273] Heither, Betrieb im Betriebsverfassungsrecht – Herausforderung durch neue Organisations- und Umstrukturierungskonzepte, in: JahrbArbR, Bd. 36, 1999, S. 37, 41;

[274] Konzen, Unternehmensaufspaltungen und Organisationsänderungen im Betriebsverfassungsrecht, S. 87.

[275] Vgl. ErfK-Eisemann BetrVG § 1 Rn 11; Fitting BetrVG § 1 Rn 74; Konzen, Unternehmensaufspaltungen und Organisationsänderungen im Betriebsverfassungsrecht, S. 87; Richardi BetrVG § 1 Rn 32 ff.; Hanau ZfA 1990, 115, 118 (Hanau selbst weist jedoch auf die Probleme hin, die § 4 BetrVG auch der h.M. bereitet, s.u.).

ren gehe.[276] Auch ein Abstellen auf eine "lebendige Betriebsgemeinschaft" sei abzulehnen, da das Merkmal zu unbestimmt sei. Rechtssicherheit könne letztlich nicht erzielt werden, da es sich um ein soziologisches Phänomen handele.[277] Auch der Ansatz von *Kohte*, sei insofern unbrauchbar.

2. Argumentation der Vertreter der Gegenauffassung

a) Verhinderung von Mega-Betrieben

Die Vertreter der Gegenauffassung führen demgegenüber an, dass die Entscheidungsstellen in mitbestimmungspflichtigen Angelegenheiten immer häufiger zentral, d.h. überörtlich angesiedelt seien. Eine Anwendung des in Rechtsprechung und Literatur vorherrschenden Ansatzes führe hier zu Mega-Betrieben, die nicht im Sinne des Betriebsverfassungsgesetz seien. Insbesondere zentral geführte Unternehmen mit an der Spitze des Unternehmens angesiedelter Leitungsmacht in mitbestimmungspflichtigen Angelegenheiten, die über mehrere– ggf. bundesweit verstreute – Betriebsstätten verfügten, hätten danach nur noch einen gemeinsamen Betriebsrat bei der Unternehmensleitung.[278] Dies könne nicht sein: Zum einen werde so die Abgrenzung zwischen Gesamtbetriebsrat und Betriebsrats verwischt und die verschiedenen Repräsentationsstufen eingeebnet,[279] zum Anderen gehe die Belegschaftsnähe der Mitbestimmungsorgane verloren.[280]

b) Erforderlichkeit der Belegschaftsnähe

Außerdem habe der Betriebsrat, entgegen der Ansicht des „gegnerischen Lagers“ nicht vornehmlich arbeitgeberbezogene, sondern als Interessenvertretung der Arbeitnehmer in erster Linie unmittelbar auf die Arbeitnehmer bezogene Aufgaben, die an Ort und Stelle zu leisten seien.[281] Bei einer überörtlichen Interessenvertretung sei die Verbundenheit von Interessenvertreter und vertretenen Arbeitnehmern, die Voraussetzung für die Annahme einer betriebsratsfähigen Einheit sei, gefährdet.[282] Fehle es jedoch an Nähe zwischen Belegschaft und Amtsträger, könnten die Wähler kein Vertrauen in die Interessenvertretung haben.[283] Die Arbeitnehmer könnten nicht ohne Schwierigkeiten an den Betriebsrat herantreten.[284] Dadurch werde die Kommunikation zwischen Wäh-

---

[276] T. Wißmann, Tarifvertragliche Gestaltung der betriebsverfassungsrechtlichen Organisation, S. 90 f.; vgl. auch Wank RdA 1985, 1, 11.
[277] Vgl. GK-Kraft/Franzen BetrVG § 4 Rn 18.
[278] DKK-Trümner BetrVG § 1 Rn 46.
[279] Vgl. Kohte BB 1992, 137, 141; Joost, Betrieb und Unternehmen als Grundbegriffe im Arbeitsrecht, S. 242; vgl. auch DKK-Trümner BetrVG § 1 Rn 41.
[280] Gamillscheg Anmerkung zu EZA Nr. 4 und 5 zu § 4 BetrVG 1972, S. 53.
[281] Vgl. DKK-Trümner BetrVG § 1 Rn 46.
[282] Joost, Betrieb und Unternehmen als Grundbegriffe im Arbeitsrecht, S. 274.
[283] Gamillscheg ZfA 1975, 357, 399.
[284] Oehmann DB 1964, 587, 588.

lern und Repräsentationsorganen gestört. Eine authentische Interessenvertretung[285] und eine basisdemokratische Auswahl und Kontrolle der Interessenvertreter sei nicht möglich.[286] Letztlich werde dadurch die Akzeptanz der Betriebsverfassung bei den Arbeitnehmern gefährdet.[287] Die Repräsentativgemeinschaft der Arbeitnehmer müsse daher so abgegrenzt werden, dass gleichförmige Belange einheitlich durchgesetzt werden könnten. Dies gewährleiste der herrschende Betriebsbegriff nicht.[288] Nur eine Interessenvertretung in Belegschaftsnähe könne eine sachgerechte Wahrnehmung der Arbeitnehmerinteressen gewährleisten.

c) Verhinderung arbeitgeberseitiger Organisationsmacht

Gegen den in Rechtsprechung und Literatur herrschenden Betriebsbegriff, der auf einer Anbindung der Interessenvertretung an die Entscheidungsgremien des Arbeitgebers beruht, wird auch eingewandt, dass der Arbeitgeber es danach qua seiner Leitungsmacht in der Hand habe, die betriebsratsfähige Einheit einseitig zu bestimmen. Die Organisationsstruktur der Betriebsverfassung hänge so von der Unternehmensorganisation ab. Ein so weitgehender Einfluss des Arbeitgebers auf die Organisation der Mitbestimmung könne nicht im Sinne einer sachgerechten Arbeitnehmervertretung sein. Der Arbeitgeber hätte sonst die Möglichkeit durch die Organisation (und damit durch die einseitige Verlegung) der Leitungsmacht die Struktur der Betriebsverfassung zu bestimmen (und so ggf. bestehenden Mitbestimmungsorganen den Boden unter den Füßen zu entziehen).[289]

d) Ebenfalls: die Wertung des § 4 BetrVG

Die Abgrenzung müsse ortsnah erfolgen. Dies folge bereits aus der Wertung des § 4 Abs. 1 Nr. 1 BetrVG. Die Norm bedürfe zwar insofern einer Korrektur, als dass räumlich abgrenzbare Arbeitsstätten keine Betriebsteile seien, sondern bereits per definitionem Betriebe.[290] Für den entscheidungsnahen bzw. gegen den arbeitnehmernahen Ansatz könne die Norm indes nicht angeführt werden, da sie ebenso im Widerspruch zum Betriebsbegriff der h.M. in Rechtsprechung und Literatur stehe: § 4 Abs. 1 Nr. 2 BetrVG sehe nämlich als Merkmal des betriebsratsfähigen Betriebsteils die eigenständige Organisation vor – die einheitliche Organisation könne damit bei strenger Be-

---

[285] Kohte BB 1992, 137, 140.
[286] Kohte AuA 1990, 150, 152.
[287] Gamillscheg AuR 1989, 33, 34; ders. AuR 2001, 411, 413.
[288] Joost, Betrieb und Unternehmen als Grundbegriffe im Arbeitsrecht, S. 241.
[289] Vgl. Joost, Betrieb und Unternehmen als Grundbegriffe im Arbeitsrecht, S. 118, 126; Gamillscheg AuR 1989, 33; ders. AuR 2001, 411, 413; Kohte AuR 1990, 150, 152; ders. BB 1992, 137, 141; DKK-Trümner BetrVG § 1 Rn 46; Peter DB 1990, 424, 426; Kleveman AuR 1989, 356, 360; Kittner AuR 1995, 385, 394; Löwisch will deshalb die Interessenvertretung an das Unternehmen anknüpfen (DB 1999, 2209).
[290] Joost, Betrieb und Unternehmen als Grundbegriffe im Arbeitsrecht, S. 272; Dass eine Nichtbeachtung des § 4 BetrVG insofern kein großer Verlust wäre, zeigt Gamillscheg auf: Die Regelung wird in der Praxis ohnehin nicht angenommen.

trachtung ebenso wenig wie die räumliche Einheit Begriffsmerkmal des Betriebs sein.[291]

e) Inhaltslosigkeit der Abgrenzungskriterien der Gegenauffassung

Die Abgrenzung der betriebsratsfähigen Einheit anhand der Leitungsorganisation führe zudem bei dezentral geführten Unternehmen mit stark aufgeteilten Verwaltungs- und Leitungsaufgaben zur Inhaltslosigkeit des Betriebsbegriffs und so zu Rechtsunsicherheit. [292] Eine verlässliche Aussage darüber, was der *Kern der Arbeitgeberfunktionen* sei, werde nicht gegeben. Auch die Lösungsansätze im Schrifttum (insb. von *Ranke* und *Konzen*) könnten insofern nicht überzeugen, da die Differenzierung der einzelnen Mitbestimmungsmaterien, die die betriebsratsfähige Einheit konstituieren sollen, nicht stimmig sei.[293] Außerdem werde keine Aussage darüber getroffen, wie die Entscheidungsbefugnisse im Verhältnis zur Unternehmensleitung ausgestaltet sein müssten.[294] Ein besonderes Problem stelle hier die Installation eines Arbeitsdirektors[295] dar, der

---

[291] So selbst Hanau ZfA 1990, 115, 118; HSWG-Hess BetrVG § 4 Rn 17 („In Wahrheit liegt selbständiger Betrieb vor“).

[292] LAG Niedersachsen LAGE Nr. 3 zu § 1 BetrVG 1972; Joost, Betrieb und Unternehmen als Grundbegriffe im Arbeitsrecht, S. 117 ff.; Ziemann AuR 1990, 55, 60; Gamillscheg ZfA 1975, 357, 399; Dieser Punkt wird im Folgenden – vor dem Hintergrund moderner Unternehmensorganisation – noch eingehend erörtert (vgl. § 4, B., II.).

[293] So überzeuge die Unterscheidung personeller Angelegenheiten, die die Betriebszugehörigkeit betreffen und bei denen die Belegschaftsinteressen zu berücksichtigen seien einerseits und solcher, die das Arbeitsverhältnis betreffen (§§ 102 ff. BetrVG) bei Konzen nicht. Es sei nicht ersichtlich, warum im Bereich der personellen Angelegenheiten zwischen Betriebszugehörigkeit und Vertragsverhältnis unterschieden wird, während dies im Rahmen der Angelegenheiten gem. § 87 bis 91 BetrVG nicht der Fall ist. Auch Angelegenheiten im Sinne des § 87 BetrVG wiesen nämlich deutlichen Arbeitsvertragsbezug auf, da entsprechende Betriebsvereinbarungen unmittelbare und zwingende Wirkung für das einzelne Arbeitsverhältnis hätten. Nicht ersichtlich sei auch, warum der Abschluss bzw. die Beendigung von Arbeitsvorträgen nicht zu den konstituierenden Merkmalen zu rechnen ist, solle es doch auf die konkrete Personalführung ankommen (vgl. Umnuß, Organisation der Betriebsverfassung und Unternehmerautonomie, S. 141).
Tatsächlich ist es unter dem Gesichtspunkt der normzweckorientierten Begriffsbestimmung nicht verständlich, warum Neubegründung und Kündigung von Arbeitsverhältnissen nicht zu den konstituierenden Angelegenheiten zählen soll. Die Mitbestimmung bei Kündigungen zählt zu den wichtigsten Mitbestimmungstatbeständen. Wird diese bei der Bestimmung der betriebsratsfähigen Einheit nicht berücksichtigt, so erbringt der an der Leitungsorganisation des Arbeitgeber orientierte Ansatz keine an dem Ordnungskriterium der Entscheidungsnähe ausgerichtete Abgrenzung des Betriebsbegriffs – vgl. zu diesem Punkt unten § 6, II., 1., a), bb), (2).

[294] DKK-Trümner BetrVG § 1 Rn 68; Klarheit hierüber verschafft weder Hanaus Ansatz (Kompetenz-Kompetenz liegt immer bei Unternehmensleitung), Ranckes (Mitwirkung der Betriebsleitung), Richardis (relative Verselbstständigung), noch der von Konzen (erheblicher Entscheidungsspielraum); zu der Kritik an der Unbestimmtheit der Ansätze unten § 6., II., 1.,a), bb), (3).

[295] Gemäß Vgl. § 33 Abs. 1 Mitbestimmungsgesetz, 13 Abs. 1 Montanmitbestimmungsgesetz und § 13 Satz 1 Mitbestimmungsergänzungsgesetz (vgl. zum Arbeitsdirektor und seinen Aufgaben umfassend: Hammacher RdA 1993, 163 ff.).

kraft Gesetzes eine Kernbereichszuständigkeit in den sozialen und personellen Mitbestimmungsangelegenheiten hat.[296]

Zu erwähnen bleibt, dass die einheitliche Erfassung mehrerer Standorte nun *nicht mehr erforderlich* ist, um in Kleinsteinheiten eine Interessenvertretung zu gewährleisten.[297] § 4 Abs. 2 BetrVG sieht nunmehr vor, dass entsprechende Einheiten dem Hauptbetrieb zuzuordnen sind. Die betriebsverfassungsrechtliche Erfassung räumlich abgelegener Kleinsteinheiten stellte für die Vertretern der belegschaftsnahen Abgrenzung des Betriebsbegriffs als räumliche Einheit noch größte Probleme dar.[298]

3. Stellungnahme zur Argumentation

Wie bereits dargelegt, ist es nicht beabsichtigt, den Nachweis zu führen, dass der entscheidungsnahe oder der belegschaftsnahe Ansatz unrichtig ist. Dies wäre auch nicht möglich, da beide Ansätze auf die Realisierung der betriebsverfassungsrechtlichen Ordnungskriterien abzielen. Während jedoch der eine das Schwergewicht auf den Aspekt der Entscheidungsnähe legt, sehen die Vertreter des anderen die Belegschaftsnähe als vorrangig. Eine Begriffsbestimmung, die beiden Maximen Rechnung trägt, ist aufgrund des Spannungsverhältnisses schwer vorstellbar.

An dieser Stelle sollen dementsprechend nicht die Argumente diskutiert werden, mit denen die Vertreter der jeweiligen Ansicht die betriebsverfassungsrechtliche Richtigkeit des eigenen Ansatzes begründen, sondern lediglich diejenigen, die darauf abzielen, den jeweils anderen Ansatz zu widerlegen.

a) Grundsätzliche Gleichrangigkeit der Ordnungskriterien

Nicht in Zweifel zu ziehen ist daher auf der einen Seite, dass der Betriebsrat seiner Arbeit sinnvollerweise dort nachgeht, wo die Entscheidungen des Arbeitgebers fallen und er direkt auf den kompetenten Entscheidungsträger zugreifen kann. Ebenso wenig kann jedoch bestritten werden, dass die Nähe zwischen Betriebsrat und vertretenen Arbeitnehmern wichtig ist, um eine sachgerechte Interessenvertretung zu gewährleisten. Die betriebsverfassungsgesetzliche Verankerung beider Aspekte wurde eingangs umfassend dargestellt.[299] Soweit die Gewichtigkeit des einen Aspektes über die des anderen gestellt wird, kann die Argumentation daher nicht aus betriebsverfassungsgesetzlichen Wertungen gewonnen werden. Dem Betriebsverfassungsgesetz ist an keiner

---

[296] DKK-Trümner BetrVG § 1 Rn 46a.

[297] Ein weiteres Argument für eine Betriebsbegriffsabgrenzung unter dem räumlichen Aspekt ist, dass Kleinstbetriebe (vorher Nebenbetriebe) alle Wesensmerkmale des Betriebes, lediglich nicht die Voraussetzungen des § 1 BetrVG, erfüllen. Nach dem Betriebsbegriff der h.M. gäbe es solche Kleinstbetriebe praktisch nicht, da für Kleinsteinheiten ein einheitlicher Leitungsapparat in den seltensten Fällen eingerichtet ist. Dies spricht dafür, dass der Betriebsbegriff eher unter dem räumlichen Aspekt abzugrenzen ist und entsprechende Einheiten schlicht abgelegene Standorte sind.

[298] Gamillscheg ZfA 1975, 357 ff.

[299] Vgl. oben § 1, C., I. und II.

Stelle zu entnehmen, dass das eine Kriterium über dem anderen steht. Vielmehr ist der Gesetzgeber – wie oben (A.) gezeigt, davon ausgegangen, dass sich Entscheidungs- und Belegschaftsnähe miteinander vereinbaren lassen. Aus dem Betriebsverfassungsgesetz selbst, lassen sich daher keine Schlüsse hinsichtlich des Rangverhältnisses unter den Ordnungskriterien gewinnen.

b) Weitergehende Argumentation

Beachtlich und insofern hier zu behandeln ist die Diskussion jedoch, soweit Argumente zum Beleg der eigenen bzw. zur Ablehnung der anderen Ansicht herangezogen werden, die sich nicht auf die Berufung auf das eine oder andere betriebsverfassungsrechtliche Ordnungskriterium beschränken.

So ist zunächst der Einwand zu prüfen, der arbeitnehmernahe Betriebsbegriff führe zu einer Atomisierung der betriebsverfassungsrechtlichen Strukturen. Dieses Argument ist durchaus beachtlich. So sehen auch die Vertreter der Betriebsratsanknüpfung in Belegschaftsnähe die Gefahr einer Zerstückelung der Interessenvertretung in betriebsverfassungsrechtliche Kleinsteinheiten bei Kleinbetrieben.[300] Eine Zersplitterung der Interessenvertretung in einzelne Kleinstbetriebsräte steht einer sachgerechten Mitbestimmung jedoch nicht weniger entgegen, als die weiträumige Zusammenfassung der betriebsratsfähigen Einheiten[301] und dadurch entstehende Zentralbetriebsräte ohne hinreichenden Kontakt zu den Arbeitnehmern. Der Bildung von zentralen Betriebsräten steht auch das Leitbild des Betriebsverfassungsgesetzes entgegen, das für die Wahrnehmung unternehmensweit einheitlicher Angelegenheiten den Gesamtbetriebsrat als zuständiges Mitbestimmungsorgan vorsieht.

Auf der anderen Seite dient es einer schlagkräftigen Mitbestimmung, wenn viele Arbeitnehmer zusammengefasst werden und dadurch die Legitimationsbasis verbreitert wird. Diese Verbreiterung wird in der Regel durch eine Anknüpfung der Mitbestimmungsorgane in Entscheidungsnähe erreicht. Die Interessenvertretung insgesamt erhält ein größeres Gewicht, wenn sie eine größere Anzahl an Arbeitnehmern repräsentiert. Die aus der zunehmenden Größe folgende Abnahme der Betriebsratsmitglieder (Degression) stellt demgegenüber keine Schwächung der Interessenvertretung dar, da sie durch die Vereinfachung und Routine der Betriebsratsarbeit in Großbetrieben ausgeglichen wird.[302] In diesen Fällen wird in der Regel ein „gesundes Mittelmaß" die beste Lösung sein.

Hier handelt sich jedoch um ein grundsätzliches Problem einer repräsentativen Vertretung: immer dann, wenn der Authentizität der Interessevertretung ein Übergewicht

---

[300] Vgl. Gamillscheg AuR 2004, 411, 413, der sich auf den Hinweis insofern beschränkt, die Zersplitterung dürfe nicht zu weit gehen.

[301] In der Regel werden Arbeitgeberentscheidungen in mitbestimmungspflichtigen Angelegenheiten für eine oder mehrere Arbeitsstätten einheitlich getroffen. Mehrere Entscheidungsstellen für einen einheitlichen Standort sind demgegenüber die Ausnahme. Die Anbindung der Mitbestimmungsorgane an die Entscheidungsstellen des Arbeitgebers führt daher bei mehreren Arbeitsstätten tendenziell zu einer Vergrößerung der Repräsentationsbasis (vgl. Umnuß, Organisation der Betriebsverfassung und Unternehmerautonomie, S. 115, Fn 29).

[302] A.A. ohne nähere Begründung Gamillscheg ZfA 1975, 357, 380.

zukommt, droht Zersplitterung, leidet die Homogenität der Interessenvertretung und damit die Effizienz der Interessendurchsetzung[303]. Das Betriebsverfassungsgesetz ist auf eine einheitliche Vertretung der Gesamtbelegschaft ausgerichtet. [304] Um eine Zersplitterung in Partikularinteressen zu verhindern und den Ausgleich verschiedener Interessen im Interesse der schwächern Gruppe[305] zu fördern, wird ein Schwergewicht auf den Aspekt der Homogenität der Interessenvertretung gelegt. Dadurch wird auch der Durchsetzungseffizienz gedient. Wenn jedoch auf Interessenschattierungen innerhalb der Belegschaft vergleichsweise wenig Gewicht gelegt wird, so muss die Findung des Betriebsbegriffs ein erstes Grobraster für Interessengemeinsamkeiten sein.[306] Dies spricht für eine Bestimmung des Betriebsbegriffs nach den Vorstellungen von *Gamillscheg* und *Kohte,* die den Betrieb als Repräsentationsbasis für eine homogene Gruppe von Arbeitnehmern mit gleichgerichteten Interessen verstehen und dementsprechend den Betriebsrat dort bilden wollen, wo eine abgrenzbare Interessengemeinschaft besteht.[307]

Unrichtig scheint indes das Argument *Heithers*, der erklärt, der Betriebsrat erfülle gegenüber den Arbeitnehmern nur ergänzende Aufgaben, während er in erster Linie Aufgaben gegenüber dem Arbeitgeber zu erfüllen habe, nämlich die Interessendurchsetzung der Arbeitnehmer.[308] Dagegen ist einzuwenden, dass selbst bei dieser Differenzierung der Aufgaben des Betriebsrats in Haupt- und Nebenaufgaben, eine sachgerechte Wahrnehmung der Interessenvertretung gegenüber dem Arbeitgeber voraussetzt, dass der Betriebsrat die Interessen der Arbeitnehmer zunächst (im Kontakt mit den Arbeitnehmern) sachgerecht ermittelt hat und in der Lage ist, sie authentisch abzubilden. Selbst bei Zugrundelegung einer Priorität der arbeitgeber- gegenüber den arbeitnehmerbezogenen Aufgaben des Betriebsrats, bedarf es insofern eines gewissen Grades an Belegschaftsnähe.

Einen Ausschlag in der Diskussion um den Betriebsbegriff geben kann m.E. auch nicht das Argument, das Vorliegen des Betriebes als Anknüpfungspunkt des Betriebsrates dürfe nicht von der Organisation des Arbeitgebers abhängen. Ein Betriebsbegriff, der sich zur Erreichung von Entscheidungsnähe an der Leitungsorganisation des Arbeitgebers orientiert, führt – bei Beachtung der grundsätzlichen unternehmerischen Organisationsfreiheit [309] – zwangsläufig zu einer Koppelung der Betriebsverfassungs- an die Leitungsstruktur. Da jedoch die Entscheidungsnähe der Mitbestimmungsorgane betriebsverfassungsrechtlich vorgezeichnet ist, ist auch die entsprechende Einflussmöglichkeit des Arbeitgebers auf die Betriebsverfassung nicht geeignet die Unrichtigkeit des entscheidungsnahen Ansatzes zu belegen. Zudem bleibt es – wie *Löwisch*

---

[303] Gamillscheg AuR 2001, 411, 413; vgl. zum ähnlich gelagerten Problem der US-amerikanischen Interessenvertretung Brors, Interessengemeinschaft als Strukturelement funktionsfähiger betrieblicher Interessenvertretung S. 20 f.

[304] Gamillscheg ZfA 1975, 357, 361.

[305] Gamillscheg ZfA 1975, 357, 358.

[306] ähnlich: Gamillscheg AuR 1989, 33, 34.

[307] Vgl. zu den Ansätzen Kohtes und Gamillschegs oben, § 3, B., III., 2., a) bzw. c).

[308] Heither, Betrieb im Betriebsverfassungsrecht – Herausforderung durch neue Organisations- und Umstrukturierungskonzepte, in: JahrbArbR, Bd. 36, 1999, S. 37, 41.

[309] Vgl. unten § 4, B., V.

richtig aufzeigt – auch bei Abstellen auf die räumliche bzw. soziale Verbundenheit der Arbeitnehmer dabei, dass die betriebsratsfähige Einheit letztlich der Organisationsmacht des Arbeitgebers folgt. Auch die räumlichen und sozialen Zusammenhänge kann er, wenn auch mit deutlich mehr organisatorischem Aufwand, herstellen und auflösen.[310]

c) Insbesondere § 4 BetrVG

Auch aus Wertung und Anwendung des § 4 BetrVG ergibt sich keine Richtungsentscheidung: Wie insbesondere *Joost* darlegt, lässt sich der Betriebsbegriff der herrschenden Meinung mit § 4 BetrVG ebenso wenig vereinbaren, wie der belegschaftsnahe (räumliche) Ansatz.[311] Die in § 4 Abs. 1 BetrVG genannten Kriterien der räumlichen Nähe und der organisatorischen Selbständigkeit, die die Norm als konstituierend für den Betriebs*teil*begriff erklärt, sind streng genommen beide für den Betriebsbegriff „verbraucht". Die *Wertung* des § 4 BetrVG kann daher nach richtiger Ansicht weder für den einen noch für den anderen Ansatz herangezogen werden.[312]

Und auch die Möglichkeit der *Anwendung* des § 4 Abs. 1 Nr. 1 BetrVG bringt keine Entscheidung: Der Hinweis *Konzens*, die Belegschaftsnähe der Interessenvertretung könne über § 4 BetrVG erzielt werden, ohne dass es einer Abgrenzung der Betriebes in Belegschaftsnähe bedürfe,[313] geht insofern fehl. § 4 BetrVG *reicht nämlich nicht aus*, um im Rahmen einer zentralisierten, weil nach den Leitungsfunktionen abgegrenzten, Betriebsverfassungsstruktur die erforderliche Belegschaftsnähe herzustellen. Jedenfalls reicht die Norm nicht aus, wenn sie – wie von der h.M. befürwortet – eng ausgelegt wird. Würde sie hingegen nicht eng ausgelegt, liefe der an den Entscheidungsstrukturen orientierte Betriebsbegriff leer. Im Einzelnen:

Zunächst ist festzuhalten, dass wegen des Regel-Ausnahme Verhältnisses *einheitliche betriebliche Interessenvertretung – betriebsratsfähiger Betriebsteil* die Belegschaftsnähe zur Ausnahme wird.[314] Eine räumlich weite Entfernung wird nur dann angenommen, wenn eine ordnungsgemäße Betreuung der Arbeitnehmer des Betriebsteils durch den Betriebsrat des Hauptbetriebes nicht erfolgen kann. Die Rechtsprechung zu dieser Frage ist zum Teil äußerst großzügig mit der Beurteilung der Möglichkeiten einer ordnungsgemäßen Betreuung[315] und sonst geradezu nebulös, wie Gamillscheg bereits 1975 aufzeigte.[316] Darlegungspflichtig ist außerdem der Betriebsrat bzw. Wahlvorstand. Durch die Anwendung des § 4 BetrVG im Sinne der h.M. wird also

---

[310] Löwisch DB 1999, 2209.

[311] Vgl. oben 2., d).

[312] Vgl. Umnuß, Organisation der Betriebsverfassung und Unternehmerautonomie, S. 122. Auch die (haarspalterische) Erklärung einiger Vertreter des herrschenden Betriebsbegriffs, die organisatorische Selbständigkeit müsse lediglich eine *relative* gegenüber der Betriebsleitung sein, vermag nicht vom Gegenteil zu überzeugen, da auch eine *relative weite Entfernung* in Betracht kommt.

[313] Konzen, Unternehmensaufspaltungen und Organisationsänderungen im Betriebsverfassungsrecht, S. 87.

[314] Vgl. oben § 3, B., IV., 1.

[315] Entfernung Köln-Essen (70 km) nicht weit (BAG AP Nr. 9 zu § 3 BetrVG).

[316] Gamillscheg ZfA 1975, 357 ff. Daran hat sich nicht viel geändert: vgl. die Übersicht bei DKK-Trümner BetrVG § 4 Rn 36 ff.

Belegschaftsnähe tendenziell *seltener* erzielt, als auf Grundlage einer Abgrenzung des Betrieb unter dem belegschaftsbezogenen Aspekt. Bereits dieser Gesichtspunkt stellt Konzens Annahme, mangelnder Belegschaftsnähe sei ausreichend mit § 4 BetrVG zu begegnen, in Frage.

Die Anwendung der Norm, wie sie von der h.M. in Rechtsprechung und Literatur befürwortet wird, reicht darüber hinaus nicht aus um eine belegschaftsnahe Interessenvertretung auf breiter Basis zu gewährleisten, da im zentralisierten Unternehmen nur solche Einheiten (Standorte) einen betriebsratsfähigen Betriebsteilbetrieb darstellen, die gegenüber einem Hauptbetrieb einen *Teilzweck* ausüben und *unselbständig* sind.[317] Nicht erfasst und damit nicht durch eine örtliche Interessenvertretung vertreten sind solche Einheiten, die zwar von der in personellen und sozialen Angelegenheiten zuständigen Unternehmensleitung bzw. anderweitigen zentralisierten Instanz geleitet werden, dieser Instanz gegenüber jedoch keinen arbeitstechnischen Teilzweck erfüllen und auch nicht in den „Hauptbetrieb" eingegliedert sind. So ist auf Grundlage der h.M. eine örtliche Interessenvertretung bei einem zentral geführten Unternehmen mit räumlich voneinander entfernten Standorten, die verschiedene arbeitstechnische Zwecke verfolgen (Dienstleistungen, Produktion, Verwaltung), grundsätzlich nicht möglich.[318]

Würde § 4 Abs. 1 Nr. 1 BetrVG hingegen nicht eng ausgelegt, d.h. bildete ein räumlich abgrenzbarer Unternehmensteil eine betriebsratsfähige Einheit, ohne dass die Einheit unter der weitergehenden einschränkenden Voraussetzungen der Eingliederung in den Hauptbetrieb ausgelegt würde, so wäre bei räumlich weiter Entfernung grundsätzlich ein Betriebsrat am Standort zu errichten. Im Ergebnis führte der Ansatz der h.M. dann zu denselben Ergebnissen wie der von *Joost*, da eine überörtliche Zusammenfassung betriebsratsfähiger Einheiten regelmäßig ausschiede.[319]

Daher geht der Einwand Konzens, die Arbeitnehmernähe werde auch beim Begriffsverständnis der h.M. durch § 4 BetrVG hinreichend gewährleistet, fehl.

d) Zwischenfeststellung

Aus der abstrakten rechtlichen Bewertung der Ansätze kann also keine Entscheidung in die eine oder andere Richtung abgeleitet werden. Die weitere Untersuchung wird sich dementsprechend auf die Prüfung der Praktikabilität[320] der Ansätze und deren Einordnung in das betriebsverfassungsrechtliche Gefüge aus §§ 1 und 3 BetrVG beschränken. Dabei wird den Auswirkungen moderner Unternehmensorganisation auf die betriebliche Interessenvertretung besonderes Gewicht zuteil werden.[321]

---

[317] HSWG-Hess BetrVG § 4 Rn 11.

[318] Vgl. insofern den Beispielsfall der Y-GmbH unter § 3, B., IV., 1., a), bb).

[319] Vgl. dazu DKK-Trümner BetrVG § 1 Rn 44 f.

[320] Die Einwände gegen den Ansatz Kohtes, die sich überwiegend auf die mangelnde Praktikabilität beziehen, werden daher erst unten (§ 6, II., 1., b) geprüft.

[321] Insbesondere die Prüfung des an der einheitlichen Leitungsorganisation orientierten Betriebsbegriffs wird hier eine Rolle spielen – vgl. unten § 4, B., II.

4. Politische Bedeutung der Diskussion

Politische Auseinandersetzungen sind bei der Diskussion um Entscheidungs- bzw. Belegschaftsnähe der Interessenvertretung fehl am Platze. Ob die Organisation der Betriebsverfassung nun in Belegschaftsnähe anzusiedeln ist oder die Nähe zur Entstehung der mitbestimmungsrelevanten Tatbestände den Ausschlag für die Bestimmung gibt, ist kein Politikum. Hier handelt es sich nicht, wie sonst so häufig im Arbeitsrecht, um einen grundsätzlichen Konflikt der Interessen der Arbeitnehmer mit denen des Arbeitgebers.[322] Grundsätzlich stellt sowohl eine entscheidungsnahe, als auch eine belegschaftsnahe Mitbestimmung für beide Seiten einen Vorteil dar:

a) Interessenlage aus Sicht der Arbeitnehmer

Die belegschaftsnahe Abgrenzung ist im Interesse der Arbeitnehmer, da sie dem Kontakt zwischen Betriebsratsmitgliedern und Arbeitnehmern dient und eine authentische Interessenvertretung durch Zusammenfassung homogener Arbeitnehmergruppen gewährleistet.[323]

Aber auch eine entscheidungsnahe Mitbestimmung ist "arbeitnehmerfreundlich", da die Betriebsratsarbeit durch die Anbindung an einen einheitlichen Ansprechpartner erleichtert wird und die Durchsetzungskraft des Mitbestimmungsorgans erhöht wird. Außerdem dient es - wie gezeigt[324] - einer schlagkräftigen Mitbestimmung, wenn möglichst viele Arbeitnehmer zusammengefasst werden und so die Legitimationsbasis verbreitert wird. Diese Verbreiterung wird in der Regel durch eine Anknüpfung der Mitbestimmungsorgane in Entscheidungsnähe erreicht.[325]

b) Interessenlage aus Sicht des Arbeitgebers

Auch im Hinblick auf die Arbeitgeberinteressen ergibt sich ein ambivalentes Bild:[326] Auf der einen Seite wird das Bedürfnis des Arbeitgebers nach einheitlichen übergreifenden Regelungen durch eine Anbindung der Interessenvertretung an die Entscheidungsstellen im Unternehmen in der Regel gefördert. Auch kann eine in Entscheidungsnähe installierte, einheitliche Arbeitnehmerinteressenvertretung in der Regel

---

[322] Vgl. Joost, Betrieb und Unternehmen als Grundbegriffe im Arbeitsrecht, S. 240.

[323] Vgl. Joost, Betrieb und Unternehmen als Grundbegriffe im Arbeitsrecht, S. 240.

[324] Vgl. oben § 4, B., VI., 3. b).

[325] In der Regel werden Arbeitgeberentscheidungen in mitbestimmungspflichtigen Angelegenheiten für eine oder mehrere Arbeitsstätten einheitlich getroffen. Mehrere Entscheidungsstellen für einen einheitlichen Standort sind demgegenüber die Ausnahme. Die Anbindung der Mitbestimmungsorgane an die Entscheidungsstellen des Arbeitgebers führt daher bei mehreren Arbeitsstätten tendenziell zu einer Vergrößerung der Repräsentationsbasis (vgl. Umnuß, Organisation der Betriebsverfassung und Unternehmerautonomie, S. 115, Fn 29).

[326] Auch Oehmann sieht die Arbeitgeberinteressen keineswegs als eindeutig in die eine oder andere Richtung weisend an (DB 1964, 587, 588).

schneller unterrichtet werden als eine Vielzahl kleinerer Betriebsräte, wodurch unternehmerische Entscheidungen schneller getroffen werden können.[327]

Eine belegschaftsnahe Betriebsverfassungsstruktur kann jedoch auch im Interesse des Arbeitgebers sein. So besteht häufig das Bedürfnis differenzierende Regelung je nach den konkreten Umständen am Arbeitsort zu treffen. Dabei ist eine Mitsprache ortsfremder Interessenvertreter wenig hilfreich.[328] Für eine – die Repräsentationsbasis in der Regel verkleinernde – Installation der Mitbestimmungsorgane in Belegschaftsnähe sprechen aus Arbeitgebersicht daneben die betriebsverfassungsrechtlichen Schwellenwertregelungen.[329]

Zum Teil wird in der Literatur in diesem Zusammenhang auch die Kostenfrage diskutiert. Dabei gelangen die Autoren jedoch zu unterschiedlichen, teils gegensätzlichen Ergebnissen: So wird teilweise davon ausgegangen, die Errichtung eines einheitlichen Betriebsrats sei aus Kostengründen im Interesse des Arbeitgebers.[330] Dem liegt die Überlegung zugrunde, dass dann nur ein Mitbestimmungsorgan mit den entsprechenden Räumlichkeiten und Arbeitsmitteln auszurüsten ist. Auch die Degression bei der Zahl der Betriebsratsmitglieder und den Freistellungen, die aufgrund der anwachsenden Arbeitnehmerzahl bei entscheidungsnaher Installation der Interessenvertretung zum Tragen kommt, liegt grundsätzlich im (Kosten-)Interesse des Arbeitgebers.[331] Auf der anderen Seite stehen bei einer einheitlichen Interessenvertretung kostenintensive Reisen der Amtsinhaber, um die vertretenen Arbeitnehmer am Arbeitsplatz aufzusuchen[332] und hohe Kosten für Betriebsversammlungen. Welches die kostengünstigere Lösung ist, lässt sich daher wohl einheitlich nicht sagen.[333]

Letztlich fehlen verlässliche Angaben darüber, welche Lösung in der Praxis von den jeweiligen Seiten präferiert wird. Die der Rechtsprechung zugrunde liegenden Sachverhalte ergeben insofern ein widersprüchliches Bild.[334] Aufgrund vorstehender (theoretischer) Überlegungen, kann jedoch davon auszugehen, dass die belegschaftsnahe

---

[327] Stellungnahme zur Betriebsverfassungsreform des BDA (Der Arbeitgeber 2001 Heft 1, S. 21 - "Die Forderungen der BDA").

[328] Joost, Betrieb und Unternehmen als Grundbegriffe im Arbeitsrecht, S. 240.

[329] Während früher hier insbesondere mit Verweis auf die Bestimmungen der §§ 99, 111 BetrVG argumentiert wurde, kann dieser Gedanke jetzt keine Bedeutung mehr entfalten, da bei diesen Regelungen nach neuem Recht auf das Unternehmen abgestellt wird. Es verbleibt insofern insb. die Regelung des § 112a BetrVG.

[330] Vgl. Plander NZA 2002, 483, 485.

[331] Fraglich ist indes, ob die Freistellung aufgrund "hinzugewonnener" Arbeitnehmer bei einheitlicher Betriebsratsbildung eine Mehrbelastung bedeutet, sofern an den in die Gesamtbetrachtung einbezogenen Standorten zuvor keine Freistellung erfolgten. Folgendes Beispiel soll dies verdeutlichen: Wird für zwei Standorte, an denen jeweils 101 Arbeitnehmer beschäftigt und somit keine Freistellungen vorzunehmen sind, ein einheitlicher ("entscheidungsnaher") Betriebsrat beim Hauptstandort gebildet, so ist (erstmals) ein Betriebsratsmitglied freizustellen. Ob diese Freistellung jedoch insgesamt zu einem erhöhten Arbeitsauffall führt, ist nicht abstrakt zu beantworten. Insbesondere ist auch zu beachten, dass die Zahl der Betriebsratsmitglieder insgesamt sinkt (im Beispiel von 14 auf 9).

[332] Gamillscheg ZfA 1975, 357, 382.

[333] Vgl. Gamillscheg ZfA 1975, 357, 382; Vgl. zur Frage, inwiefern das arbeitgeberseitige Interesse an einer kostengünstigen Betriebsverfassungsstruktur geschützt ist oben, § 1, B.

[334] Vgl. insofern Joost, Betrieb und Unternehmen als Grundbegriffe im Arbeitsrecht, S. 240 f.

Anknüpfung der Interessenvertretung weder als ausschließlich arbeitnehmerfreundlich, noch die entscheidungsnahe Anknüpfung der Interessenvertretung als ausschließlich arbeitgeberfreundlich zu qualifizieren ist.[335]

VII. Zum typologischen Ansatz

Nachdem die in Rechtsprechung und Literatur vertretenen Ansätze, die auf der einen Seite die Anknüpfung des Betriebsrats in Entscheidungsnähe, andererseits in Belegschaftsnähe sehen dargestellt wurden, soll nun noch kurz auf den vom LAG Niedersachsen[336] und einstmals vom BAG[337] vertretenen typologischen Ansatz eingegangen werden, der keiner der beiden "Lager" zuzuordnen ist.

Der typologische Ansatz stellt m. E. keine sachgerechte Lösung dar. Mit der Beurteilung aufgrund einer Gesamtschau, ohne dass einzelne Merkmale zwingend vorliegen müssen bzw. generell verzichtbar sind, sind die Betriebspartner in der Regel überfordert. Diese sind es jedoch, die den Betrieb zunächst abstecken müssen. Dazu bedarf es eines greifbaren Betriebsbegriffs, der definitorisch zu erfassen ist. Andernfalls sind Unsicherheit und Streit vorprogrammiert.

Der betriebsverfassungsrechtlich erforderlichen Rechtssicherheit bei der Bestimmung der Organisationsnormen[338] wird auch nicht dadurch genüge getan, dass die Angreifbarkeit der ordnungsgemäßen Betriebsbestimmung auf die Anfechtungsfrist der Betriebsratswahl beschränkt wird. Dieser Kunstgriff stellt eine rechtsdogmatisch "unsaubere" Lösung dar, die m. E. nicht über das Erfordernis einer rechtssicheren Abgrenzung der betriebsverfassungsrechtlichen Organisationsnormen hinwegtäuschen darf. Zudem verhindert die Bestimmung der betriebsratsfähigen Einheit anhand der Merkmalsmethode stabile Verhältnisse, da eine entsprechende Gesamtschau nach Ablauf der Betriebsratsamtszeit neu zu treffen wäre und so die vormalige Bewertung in Frage gestellt werden könnte.

C. Unternehmen, Konzern

Oberhalb der betrieblichen Ebene findet die Vertretung der Arbeitnehmerinteressen auf Unternehmens- bzw. Konzernebene durch den Gesamt- bzw. den Konzernbetriebsrat statt.[339] Vor dem Hintergrund des Untersuchungsgegenstandes stellt sich die Frage, inwiefern diese Mitbestimmungsorgane oberhalb des Betriebsrats eine sachgerechte Wahrnehmung der Arbeitnehmerinteressen ermöglichen, inwiefern also durch sie die Ordnungskriterien Entscheidungs- bzw. Belegschaftsnähe gewährleistet werden und welche Schlüsse sich aus den entsprechenden Normen hinsichtlich der primären Interessenvertretung auf betrieblicher Ebene ziehen lassen.

---

[335] So im Ergebnis auch Preis RdA 2000, 257, 267; Gamillscheg ZfA 1975, 357, 382.
[336] Vgl. oben, § 3, B., III., 2., d).
[337] Vgl. oben § 3, B., III., 1, a).
[338] Vgl. oben § 1, D.
[339] Zu den durch die Betriebsverfassungs-Reform neu eingeführten Interessenvertretungsstrukturen vgl. unten, § 5.

I. Unternehmen

Der Betrieb ist der entscheidende Anknüpfungspunkt für die betriebsverfassungsrechtliche Interessenvertretung der Arbeitnehmer. Er steckt den Rahmen für den Wirkungsbereich des Betriebsrats als primäres betriebsverfassungsrechtliches Organ sowohl in örtlicher als auch qualitativer Hinsicht ab.

Jedoch kommt auch dem Unternehmensbegriff eine eigenständige betriebsverfassungsrechtliche Bedeutung zu: So ist ein Gesamtbetriebsrat gem. § 47 Abs. 1 BetrVG zu errichten, wenn in einem *Unternehmen* mehrere Betriebsräte bestehen. Die Beteiligungsrechte der Interessenvertretungsorgane beziehen sich auf das Unternehmen soweit wirtschaftliche Angelegenheiten betroffen sind (vgl. §§ 106 ff., 111 ff. BetrVG). Das Unternehmen ist insofern die zweite betriebsverfassungsrechtliche Repräsentationsstufe, wobei – dies wird aus § 50 BetrVG deutlich – die zweite Repräsentationsstufe der ersten nicht übergeordnet ist.

Der Gesamtbetriebsrat als Repräsentationsorgan auf Unternehmensebene ist erforderlich, da wichtige Entscheidungen vielfach nicht auf betrieblicher Ebene, sondern durch die Unternehmensleitung getroffen werden. Insbesondere liegt beim Arbeitgeber auf Unternehmensleitungsebene die „Kompetenz-Kompetenz“, das heißt die Entscheidungsgewalt, alle Entscheidungen im Unternehmen an sich zu ziehen. Deshalb steht der Unternehmensleitung auch ein für das gesamte Unternehmen zuständige Vertretungsorgan der Arbeitnehmer gegenüber.[340] Damit setzt die betriebsverfassungsrechtliche Beteiligung auf der Unternehmensebene beim originären und letztlich verantwortlichen Träger der Entscheidungen in allen Angelegenheiten an. Auf Grund dieser Anknüpfung beim kompetenten und verantwortlichen Leitungsorgan sind bei einer funktionalen Betrachtungsweise einem eigenen betriebsverfassungsrechtlichen Unternehmensbegriff Grenzen gesetzt. Vor dem Hintergrund des Zwecks der Anknüpfung beim umfangreich kompetenten und letztlich verantwortlichen Entscheidungsträger scheidet jede andere Definition als die an dem Rechtsubjekt orientierte aus.

Das Unternehmen im Betriebsverfassungsrecht ist daher mit dem Geschäfts- und Tätigkeitsbereich des Unternehmensträgers (Rechtsträgers) gleichzusetzen, in dem dieser die in einem Arbeitsverhältnis zu ihm zustehenden Arbeitnehmer beschäftigt.[341] Dieser Begriff findet eine Bestätigung darin, dass angesichts der Regelung des § 54 BetrVG der Bereich des Unternehmens nicht über die Grenzen des Unternehmensträgers hinausgehen kann, da andernfalls der Konzernbetriebsrat zuständig ist.[342]

Die Begriffe Arbeitgeber und Unternehmer sind insofern deckungsgleich. Daraus folgt, dass mehrere Betriebe eines Unternehmens nur von denselben rechtlich selbständigen Personen betrieben werden können. Dementsprechend enthält das Betriebsverfassungsgesetz auch keine eigene Legaldefinition des Unternehmensbegriffes, sondern setzt ihn voraus. Im Hinblick auf vorgenannten Gesetzeszweck der Anbindung des Gesamtbetriebsrats an den letztlich kompetenten und verantwortlichen Entschei-

---

[340] Vgl. BT-Drucks. VI/1786, S. 42.

[341] Joost, Betrieb und Unternehmen als Grundbegriffe im Arbeitsrecht, S. 400.

[342] Vgl. Joost, Betrieb und Unternehmen als Grundbegriffe im Arbeitsrecht, S. 225.

dungsträger wurde für die Betriebsverfassung auch keine spezielle Definition des Unternehmensbegriffs entwickelt. Die einzelnen Formulierungen gehen hier nur vordergründig auseinander. Im Ergebnis findet zumeist eine Gleichsetzung mit den gesellschaftsrechtlichen Strukturen statt.

II. Konzern

Das BetrVG gibt dem Betriebsrat Beteiligungsrechte an Planungs-, Leitungs- und Organisationsentscheidungen. Gehört das Unternehmen einem Konzern an, können diese Entscheidungen außerhalb des Unternehmens getroffen werden. Daher sieht das BetrVG vor, dass ein Konzernbetriebsrat gewählt werden kann. Die Bildung der dritten betriebsverfassungsrechtlichen Repräsentationsstufe, des Konzernbetriebsrates, ist nicht verbindlich vorgeschrieben, sondern bleibt der Entscheidung der Gesamtbetriebsräte in den abhängigen Unternehmen vorbehalten.[343]

Ebenso wie bei den zuvor behandelten Organisationsbegriffen Betrieb und Unternehmen ergibt das Betriebsverfassungsgesetz für den Konzern keine Legaldefinition. Anders als in vorgenannten Fällen verweist es jedoch mit § 54 Abs. 1 BetrVG auf den aktienrechtlichen Konzernbegriff des § 18 Abs. 1 AktG. Ebenso findet eine Verweisung auf den aktienrechtlichen Begriff im Rahmen des § 8 Abs. 1 BetrVG statt. § 18 AktG unterscheidet zwischen Unterordnungskonzern (Abs. 1) und Gleichordnungskonzern (Abs. 2). Auf Grund der betriebsverfassungsgesetzlichen Verweisung auf § 18 Abs. 1 AktG ist für letzteren die Errichtung eines Konzernbetriebsrats ausgeschlossen.[344]

Es stellt sich jedoch die Frage, was mit dem Begriff des Unterordnungskonzerns gemeint ist. Eine betriebsverfassungsrechtlich eigenständige Definition scheidet jedenfalls wegen der Verweisung auf § 18 Abs. 1 AktG aus.[345] Im Rahmen der Verweisung wird eine teleologische Modifikation zum Teil für zulässig erachtet.[346] Da die in § 18 Abs. 1 AktG verwendeten unbestimmten Rechtsbegriffe ihrerseits einer ergänzenden Auslegung und Interpretation bedürften, sei ein gewisser Auslegungsspielraum eröffnet, der unter Berücksichtigung des Normzwecks der Interessenvertretung der Arbeitnehmer auf Konzernebene auszufüllen sei.

Als Unterordnungskonzern wird die Konstellation bezeichnet, bei der ein oder mehrere Unternehmen zu einem herrschenden Unternehmen in einem Abhängigkeitsverhältnis stehen und unter der einheitlichen Leitung des herrschenden Unternehmens zusammengefasst sind. Der Gleichordnungskonzern besteht dem gegenüber aus Unternehmen, die nicht voneinander abhängig sind. Der entscheidende Gesichtspunkt für die Anerkennung eines Unterordnungskonzerns ist daher nicht die einheitliche Leitung, sondern die Abhängigkeit der beherrschten zum herrschenden Unternehmen.[347]

---

343 § 54 Abs.1 S. 1 BetrVG.
344 Löwisch/Kaiser BetrVG § 54 Rn 2.
345 Vgl. BAG AP Nr. 1 zu § 54 BetrVG 1972.
346 Oetker ZFA 1986, 180 ff.
347 Löwisch/Kaiser BetrVG § 54 Rn 3.

Ein betriebsverfassungsrechtlicher Konzernbegriff, der auf die besondere interessenvertretungsrechtlich relevante Komponente der einheitlichen Leitung abstellt, vermag daher keinen zusätzlichen Erkenntnisgewinn bringen. Insbesondere können daher Überlegungen dahinstehen, die Vergleiche zur Figur des Gemeinschaftsbetriebes[348] ziehen, bei dem die arbeitgeberseitige Leitungsfunktion konstituierend ist.

Ebenfalls unbeachtlich ist, ob für die Bejahung der einheitlichen Leitung als konzernkonstitutives Merkmal auch die Ausübung betriebsverfassungsrechtlich relevanter Angelegenheiten erforderlich ist. Sofern nämlich mitbestimmungsrelevante Angelegenheiten bei der Konzernleitung nicht ausgeübt werden, bedarf es bei normzweckorientierter Betrachtung auch nicht der Einrichtung eines Konzernbetriebsrats. Ein solcher wäre gem. § 58 Abs. 1 BetrVG originär ohnehin nicht zuständig; eine Übertragung gem. § 58 Abs. 2 BetrVG wäre nicht erforderlich.

Entscheidendes Kriterium ist mithin ausschließlich die *Abhängigkeit.* Dieses Kriterium kann durch verschiedene Konstellationen erfüllt sein. Nach der Legaldefinition des § 17 Abs. 1 AktG ist ein Unternehmen dann abhängig, wenn es als rechtlich selbständiges Unternehmen von einem anderen Unternehmen unmittelbar oder mittelbar beherrschbar ist. Die Möglichkeit der Einwirkung muss dabei gesellschaftsrechtlich vermittelt sein. Eine bloße wirtschaftliche Abhängigkeit auf Grund vertraglicher Beziehungen ist nicht ausreichend.[349] Eine Abhängigkeit wird (widerleglich) vermutet, wenn ein Unternehmen an einem anderen Unternehmen mit Mehrheit beteiligt ist (§ 17 Abs. 2 AktG). Liegt eine Abhängigkeit in diesem Sinne vor, wird weiter (widerleglich) vermutet, dass das abhängige Unternehmen mit dem beherrschenden Unternehmen im Konzernverbund steht (§ 18 Abs. 1 S. 3 AktG). Weiterhin sind Unternehmen, zwischen denen ein Beherrschungsvertrag besteht oder von denen das eine in das andere eingegliedert ist als unter einer einheitlichen Leitung zusammengefasst anzusehen, wodurch (unwiderleglich) vermutet wird, dass diese einen Unterordnungskonzern bilden (vgl. §§ 18 Abs. 1 S. 2, 291, 319 AktG). Weiterhin wird vermutet, dass ein Konzern vorliegt, wenn ein Unternehmen auf Grund eines sonstigen Grundes die Fähigkeit besitzt, auf ein anderes Unternehmen mittelbar oder unmittelbar einen beherrschenden Einfluss auszuüben (vgl. § 17 Abs. 1 AktG).

Die Frage, wann eine konzernkonstituierende Abhängigkeit bzw. einheitliche Leitung vorliegt, ist umstritten.[350] Die Auseinandersetzung verliert jedoch letztlich mit Einführung insbesondere des § 3 Abs. 1 Nr. 3 BetrVG an Bedeutung, der die Möglichkeit einer Arbeitnehmerinteressenvertretung über die Unternehmensgrenzen hinweg für eine große Bandbreite unternehmerischer Zusammenarbeit ermöglicht.[351] Dabei ist freilich zu beachten, dass die Vereinbarungslösung gem. § 3 Abs. 1 Nr. 3 BetrVG einen Konsens zwischen den Betriebsparteien voraussetzt, während ein Konzernbetriebsrat gem. § 54 BetrVG allein auf Betreiben der Arbeitnehmer zu errichten ist.

---

[348] Vgl. dazu unten § 3, D.

[349] BGHZ 90, 381, 395.

[350] Vgl. DKK-Trittin BetrVG § 54 Rn 13 ff. m.w.N.

[351] Vgl. dazu unten § 5, I., 3., c).

III. Bewertung

Gesamt- und Konzernbetriebsrat stellen sich sachlogisch als Mitbestimmungsorgane in Entscheidungsnähe dar. Belegschaftsnähe kann auf Unternehmens- bzw. Konzernebene – bis auf den Fall des Kleinunternehmens mit nur einem Standort – nicht erreicht werden. Dies ist hingegen auch nicht erforderlich, da das Mitbestimmungsorgan zur Gewährleistung von Belegschaftsnähe der (Einzel-) Betriebsrat ist.

Bei der Frage nach dem Verhältnis zwischen Entscheidungsnähe einerseits und Belegschaftsnähe andererseits sind die §§ 47 ff. und 54 ff. BetrVG von nicht unerheblicher Bedeutung. Dies wird aus folgender Überlegung deutlich: Das Betriebsverfassungsgesetz weist die Ausübung der betriebsverfassungsrechtlichen Mitbestimmungsrechte nur hilfsweise dem Gesamt- bzw. dem Konzernbetriebsrat zu (vgl. §§ 50, 58 BetrVG). Nur in Fällen, in denen der Regelungsgehalt einer Arbeitgeberentscheidung über den Betrieb hinausreicht, bzw. im Fall einer Delegation ist der Gesamtbetriebsrat bzw. der Konzernbetriebsrat zuständig. Primäres Mitbestimmungsorgan ist daher der Betriebsrat.[352] Diese Kompetenzregelung wird von einigen Autoren in der rechtswissenschaftlichen Literatur[353] – nicht zu Unrecht – als Stütze des belegschaftsnahen Ansatzes herangezogen. Denn mit der Primärzuständigkeit des Betriebsrats wolle der Gesetzgeber das Ordnungskriterium der Belegschaftsnähe durchsetzen.

D. Der gemeinsame Betrieb mehrerer Unternehmen

I. Der Gemeinschaftsbetrieb als betriebsratsfähige Einheit

Das Betriebsverfassungsgesetz 1972 ging von dem Betrieb, als Grundeinheit innerhalb *eines* Unternehmens aus. In der Wirtschaftspraxis treten jedoch Organisationseinheiten auf, bei denen personelle und sachliche Mittel *mehrerer* Unternehmen gemeinsamen eingesetzt werden. Diese Organisationsform weist alle wesenskennzeichnenden Merkmale eines Betrieb i.S.d. des Betriebsverfassungsgesetzes auf, steht aber unter der Führung mehrerer Unternehmen. Im Rahmen dieser Untersuchung ist daher die Frage zu stellen, wie die Arbeitnehmerinteressen in einem solchen Gebilde sachgerecht wahrgenommen werden können und welche Rolle die betriebsverfassungsrechtlichen Ordnungskriterien bei der Findung einer sachgerechten Betriebsverfassungsstruktur spielen.

1. Anwendungsgebiete

Die entsprechenden Organisationsformen entstehen insbesondere durch o.g. Strukturveränderungen der Unternehmensteilung und des Outsourcing.[354] Aber es sind auch originäre Formen zu beobachten: In der Versicherungswirtschaft betreiben Hauptver-

[352] Vgl. auch DKK-Trümner BetrVG § 1 Rn 45.
[353] DKK-Trümner BetrVG § 1 Rn 45; Plander NZA 2002, 483.
[354] Vgl. oben § 4, A., I., 2.

waltung bzw. Filialdirektion die verschiedenen Sparten des Versicherungsgeschäfts aus aufsichtsrechtlichen Gründen getrennt,[355] im Baugewerbe werden von verschiedenen Bauunternehmen Arbeitsgemeinschaften (ARGE) für gemeinsame Projekte gebildet,[356] in der Automobilindustrie kommt es zwischen Zulieferern und Abnehmern zu entsprechenden Strukturen.[357] Aufwendige technische Projekte werden häufig von auf bestimmte Details des Auftrags spezialisierten Unternehmen in Zusammenarbeit realisiert. Im Bereich der Versicherungswirtschaft kommen Gemeinschaftsprojekte zur gegenseitigen Risikoabsicherung zustande.[358] In der Rechtsprechung wurde dieses betriebsverfassungs- und kündigungsschutzrechtliche Problem früh erkannt und die Figur des gemeinsamen Betriebs mehrerer Unternehmen (= Gemeinschaftsbetrieb) entwickelt, um eine sachgerechte Mitbestimmung und entsprechenden Kündigungsschutz in diesen Fällen zu gewährleisten.

Abzugrenzen vom Gemeinschaftsbetrieb sind Konstellationen, in denen mehrere Unternehmen für die Erfüllung bestimmter Arbeitsaufgaben eine Gesellschaft gründen, mit der die Arbeitnehmer den Arbeitsvertrag abschließen. In diesen Fällen liegt kein Gemeinschaftsbetrieb, sondern ein Gemeinschaftsunternehmen vor. Dieses tritt den Arbeitnehmern als eigener Arbeitgeber gegenüber.[359] Ein Gemeinschaftsbetrieb liegt auch nicht vor, wenn ein Unternehmen einem anderen die Erfüllung bestimmter Arbeitsaufgaben überträgt. Der Betriebsbegriff ist nicht dadurch gekennzeichnet, dass Arbeitsaufgaben für den Inhaber ausgeführt werden. Ein Unternehmen kann also durchaus für ein anderes die arbeitstechnische Organisation alleine stellen.[360]

2. Voraussetzungen nach Rechtsprechung und Literatur

a) Rechtsprechung und herrschende Lehre

Das Bundesarbeitsgericht und der überwiegende Teil der Literatur nimmt – insofern in Überseinstimmung mit der Bestimmung des allgemeinen Betriebsbegriffs[361] – einen Gemeinschaftsbetrieb an, „wenn die in einer Betriebsstätte vorhandenen materiellen und immateriellen Betriebsmittel für einen einheitlichen arbeitstechnischen Zweck zusammengefasst, geordnet und gezielt eingesetzt werden und der Einsatz der menschlichen Arbeitskraft von einem *einheitlichen Leitungsapparat* gesteuert wird. Diese einheitliche Leitung muss sich auf die wesentlichen Funktionen eines Arbeitgebers in sozialen und personellen Angelegenheiten erstrecken."[362] Nach der Ansicht des Bun-

[355] Richardi BetrVG §1 Rn 61.
[356] Heither, Betrieb im Betriebsverfassungsrecht – Herausforderung durch neue Organisations- und Umstrukturierungskonzepte, in: JahrbArbR, Bd. 36, 1999, S. 37, 43.
[357] Wendeling-Schröder NZA 1999, 1065, 1066.
[358] Ulrich FA 2001, 137, 139.
[359] Richardi BetrVG § 1 Rn 62.
[360] Richardi BetrVG § 1 Rn 63.
[361] Vgl. oben § 3, B., III., 1.
[362] St. Rspr. BAG, zuletzt DB 2005,1914; Fitting BetrVG § 1 Rn 81; GK-Kraft/Franzen BetrVG § 1 Rn 43; Weiter geht Kreßel (AuA, 1998, 145, 146), der einen Leitungsapparat fordert, der *alle* wesentlichen Entscheidungen in personellen und sozialen Angelegenheiten eigenständig trifft und

desarbeitsgerichts stellt insofern jedoch der Umstand, dass Entscheidungen, die den Bestand des Arbeitsverhältnisses betreffen, beim Vertragsarbeitgeber verbleiben, den einheitlichen Leitungsapparat nicht in Frage.[363]

Eine räumliche Verbindung hält das Bundesarbeitsgericht hingegen – wie bei der Abgrenzung des Betriebes – nicht für erforderlich. Führen zwei oder mehrere Unternehmen einen Betrieb dergestalt, dass sich die Leitung insbesondere in personellen und sozialen Angelegenheiten im Wesentlichen als einheitlich darstellt, so wird ein Gemeinschaftsbetrieb angenommen ohne dass es auf die räumliche Einheit ankomme. Die Argumentation ist bekannt: In Fällen, in denen den Arbeitnehmern des Betriebs eine entscheidungsbefugte Instanz gegenüberstehe, müsse eine betriebsratsfähige Einheit angenommen werden, da dort *mit*entschieden werden müsse, wo entschieden wird.[364] Ausgeschlossen sind damit nach Rechtsprechung und herrschender Lehre Fälle, in denen die Verbindung der Rechtsträger nur auf arbeitstechnische Zusammenarbeit oder wirtschaftliche Verknüpfung der Gesellschaften abzielt.

Nach Rechtsprechung und herrschender Lehre müssen sich die beteiligten Unternehmen ferner, um einen einheitlichen Leitungsapparat zu bilden, zur gemeinsamen Führung des Betriebs rechtlich verbunden haben. Diese sog. *Führungsvereinbarung* muss sich auf die Arbeitgeberstellung in den wesentlichen betriebsverfassungsrechtlichen Angelegenheiten beziehen. Sie kann ausdrücklich oder auch durch konkludentes Handeln zustande kommen.[365] Zur Feststellung der Führungsvereinbarung stellt das Bundesarbeitsgericht wiederum auf das Vorliegen eines gemeinsamen einheitlichen Leitungsapparates ab. Werden also die Arbeitgeberfunktionen in den wesentlichen mitbestimmungsrechtlichen Angelegenheiten einheitlich ausgeübt, so führt dies nach der Rechtsprechung regelmäßig zu dem Schluss, dass eine konkludente Führungsvereinbarung vorliegt.[366]

---

auch individualrechtlich umsetzt. Zustimmend Kort (ZfA 2000, 329, 370 f.), der das Vorliegen eines Gemeinschaftsbetriebs schon bei einem "Letztentscheidungsrecht" der Unternehmensleitung verneinen will. Dieser einschränkenden Ansicht kann jedoch nicht zugestimmt werden, da eine solche Ausgestaltung des Leitungsapparates in der Unternehmenspraxis kaum vorkommen dürfte (und ein Letztentscheidungrecht der Unternehmensleitung immer besteht – man vergegenwärtige sich nur die Position des Arbeitsdirektors). Die Arbeitnehmer kommen bei Anwendung dieser Grundsätze somit nur in Ausnahmefällen in den betriebsverfassungsrechtlichen Schutz des Instituts des Gemeinschaftsbetriebs. Dies ist nicht sachgerecht.
Geringere Anforderungen an das Vorliegen eines Gemeinschaftsbetrieb stellt demgegenüber Hönn (SAE 1985, 130, 132 f.). Ausreichend soll sein, dass das Direktionsrecht von einem einheitlichen Ansprechpartner des Betriebsrats ausgeübt wird, der "ein Mindestmaß an eigenständiger Dispositionsbefugnis im Bereich der personellen und sozialen Angelegenheiten" hat. So käme es zu einer breiteren Anwendung der Mitbestimmung in gemeinschaftlich geführten Betrieben und es könnte der Umgehungsgefahr durch gezielte Gestaltungen der Leitungsorganisation durch den Arbeitgeber zur Verhinderung der Entstehung eines Gemeinschaftsbetriebs begegnet werden.

[363] BAG DB 96, 2131, 2132.

[364] Vgl. zu dieser Argumentation oben § 3, B., III., 1.

[365] BAG DB 1987, 1202.

[366] BAG AP Nr. 9 zu § 1 BetrVG 1972; AP Nr. 3 zu § 5 BetrVG 1972 Rotes Kreuz; AP Nr. 8 zu § 1 BetrVG 1972 Gemeinsamer Betrieb.

b) Gegenauffassungen

In der Literatur wird das von der Rechtsprechung aufgestellte Erfordernis einer rechtlichen Vereinbarung zum Teil kritisiert. In der Unternehmenspraxis komme eine entsprechende Vereinbarung nicht zustande, weshalb die Frage nach deren Vorliegen dahinstehen könne.[367] Zum Teil wird die Voraussetzung daher als unbedeutend bezeichnet, da sie bei Vorliegen der entsprechenden tatsächlichen Umstände regelmäßig angenommen werde.[368] Die Notwendigkeit einer den einheitlichen Leitungsapparat begründenden Führungsvereinbarung wird daher zum Teil wegen mangelnder Bedeutung des Kriteriums gänzlich abgelehnt.[369]

Zum Teil wird das Vorligen eines Gemeinschaftsbetriebes schon in Fällen einer bloßen tatsächlichen Verbindung der Unternehmen bejaht. Insbesondere die Vertreter eines allgemeinen Betriebsbegriffs, der sich an den tatsächlichen Umständen orientiert (insbesondere der räumlichen Nähe),[370] stellen auch bei der Frage des Gemeinschaftsbetriebs die Voraussetzung des einheitlichen Leitungsapparates (und damit die der Führungsvereinbarung) in Frage und wollen auf die tatsächlichen Umstände abstellen.[371] Auch einige Instanzgerichte bejahen den gemeinsamen Betrieb mehrerer Unternehmen schon bei bloß räumlich-arbeitstechnischer Einheit, ohne auf einen einheitlichen Leitungsapparat abzustellen.[372] Diese Ansichten sollen unten im Zusammenhang mit der Diskussion der Tatbestandsmerkmale des Gemeinschaftsbetriebs näher dargestellt werden.

Die Frage nach den rechtlichen Voraussetzungen des Gemeinschaftsbetriebes wird hier zunächst offen gelassen, da m.E. streitentscheidende Argumente der Betriebsverfassungsreform zu entnehmen sind, auf die im Folgenden eingegangen wird.

---

[367] Kohte RdA 1992, 302, 309.

[368] B. Gaul, Gestaltungsmöglichkeiten und Rechtsfolgen bei der Bildung und Auflösung eines gemeinsamen Betriebs mehrerer Unternehmen, 13. Arbeitsrechtliche Jahrestagung, 28./29.09.2001; T. Wißmann, Tarifvertragliche Gestaltung der betriebsverfassungsrechtlichen Organisation, S. 99; Fitting BetrVG § 1 Rn 84; vermittelnd: Küttner, Bildung und Auflösung von Gemeinschaftsbetrieben, FS Hanau, S. 465 ff.; vgl. auch Hanau, Die Reform der Betriebsverfassung, FS Weinspach, S. 87, 88.

[369] Zöllner, Gemeinsame Betriebsnutzung – Kritische Bemerkungen zur Rechtsfigur des gemeinsamen Betriebs, FS Semler, S.995, 1011, 1013; mit umfassender Kritik zur Begriffsbildung der h.M.: Kohte RdA 1992, 302 ff.

[370] Vgl. oben § 3, B., III., 2.

[371] Kohte RdA 1992, 302, 310; Gamillscheg, Anmerkung zu EzA Nr.4,5 zu § 4 BetrVG 1972, S. 35, 42; Ziemann AuR 1990, 55, 58; Kleveman AuR 1989, 356, 360; Joost, Betrieb und Unternehmen als Grundbegriffe im Arbeitsrecht, S. 261 f.

[372] LAG Hamburg LAGE Nr. 4 zu § 1 BetrVG 1972 (22.10.1997, 4 TaBV 9/95 – juris); LAG Niedersachsen LAGE § 1 BetrVG 1972 Nr. 3 (23.4.1990, 3 TaBV 27/90 – juris); ArbG Hamburg, DB 1992, 587, 588.

II. Gesetzliche Normierung des Gemeinschaftsbetriebs

1. Der Gemeinschaftsbetrieb im Umwandlungsgesetz

In § 322 UmwG ist der von mehreren Unternehmen gemeinsam geführte Betrieb gesetzlich anerkannt. Danach besteht im Falle einer Unternehmensspaltung oder eines Unternehmensteilübergangs im Sinne des UmwG die widerlegliche rechtliche Vermutung, dass die Betriebsorganisation von der Veränderung auf der Unternehmensebene nicht berührt ist und der betroffene Betrieb einheitlich fortbesteht, d. h. von den aus der Spaltung hervorgegangenen Rechtsträgern gemeinsam geführt wird. Nun ist der Gemeinschaftsbetrieb auch im Betriebserfassungsgesetz normiert.

2. Anerkennung des Gemeinschaftsbetrieb im Betriebsverfassungsgesetz und gesetzliche Vermutung

Mit Einführung des § 1 Abs. 1 S. 2 BetrVG wird der Gemeinschaftsbetrieb als betriebsratsfähige Einheit nunmehr im Betriebsverfassungsgesetz anerkannt. Wird jedoch damit das einschlägige Richterrecht ohne erkennbare inhaltliche Änderungen zum Gesetzesrecht, wie dies *Hanau* annimmt?[373] Dies gilt es zu untersuchen.

Gemäß § 1 Abs. 2 BetrVG wird das Vorliegen eines Gemeinschaftsbetriebs vermutet, wenn zur Verfolgung arbeitstechnischer Zwecke die Betriebsmittel und die Arbeitnehmer von den Unternehmen gemeinsam eingesetzt werden (Nr.1) oder die Spaltung eines Unternehmens zur Folge hat, dass von einem Betrieb ein oder mehrere Betriebsteile einem an der Spaltung beteiligten anderen Unternehmen zugeordnet werden, ohne dass sich dabei die Organisation des betroffenen Betriebs wesentlich ändert (Nr.2). Während die Vermutungsregel in Nummer 2 im Wesentlichen dem § 322 I UmwG entspricht – mit dem Unterschied, dass nunmehr alle Spaltungsvorgänge, nicht nur solche nach dem UmwG, erfasst werden –, stellt die Nummer 1 ein Novum dar.[374]

---

[373] NJW 2001, 2513; vgl. auch BAG DB 2005, 1914 (1 Abs. 1 S. 2 BetrVG enthält keine eigenständige Definition, sondern normiert „unter Zugrundelegung des von der Rechtsprechung entwickelten Begriffs“ eine widerlegliche Vermutung“).

[374] § 1 Abs. 2 Nr. 1 BetrVG ist in der Literatur kritisch aufgenommen worden: So wird befürchtet, dass viele Betriebe wegen der Vermutungswirkung den wirtschaftlich sinnvollen gemeinsamen Einsatz von Arbeitsmitteln unterlassen (Schiefer/Korte NZA 2001, 71 f.). Hanau (RdA 2001, 65, 67) sieht ein betriebsverfassungsrechtliches Chaos kommen, da der Vermutungstatbestand des § 1 Abs. 2 Nr. 1 BetrVG häufig einschlägig sei und Unternehmen somit ständig der „Widerlegungslast“ ausgesetzt seien. Was früher ein Ausnahmefall gewesen sei, werde jetzt durch die Vermutung in vielen Fällen zur Regel (Rieble ZIP 2001, 133, 138).

Die Regelung des Gemeinschaftsbetriebs nach der Reform lässt im Übrigen viele Fragen offen:

Vergeblich sucht man zunächst nach einem Ausschluss der Vermutungswirkung in Fällen vorübergehender Zusammenarbeit mehrerer Unternehmen. Dass solche Konstellationen nicht sinnvollerweise erfasst werden sollen, liegt auf der Hand. Hanau (NJW 2001, 2513) schlägt insofern eine analoge Anwendung von § 21 a BetrVG vor, der für das Übergangsmandat einen Zeitraum von sechs Monaten vorsieht. Zu der entsprechenden Anwendung führt der Gedanke, dass Organi-

Im Rahmen dieses Untersuchungsgegenstandes bedarf jedoch nur die Tatbestandsvoraussetzung des gemeinsamen Einsatzes der Betriebsmittel und Arbeitnehmer im Rahmen der Regelung des § 1 Abs. 2 Nr. 1 BetrVG einer näheren Betrachtung.

a) Der gemeinsame Einsatz im Rahmen des § 1 Abs. 2 Nr. 1 BetrVG

Zur Bejahung des Vermutungstatbestands (= Vermutungsbasis) des § 1 Abs. 2 Nr. 1 BetrVG müssen die Personal- und Betriebsmittel von den beteiligen Unternehmen *gemeinsam eingesetzt* werden. Es stellt sich daher zunächst die Frage, was "gemeinsamer Einsatz" bedeutet.

aa) Gemeinsamer Einsatz als einheitliche Wahrnehmung wesentlicher Arbeitgeberfunktionen

Ein gemeinsamer Einsatz im Sinne der Vermutungsregel kann auf Grundlage eines einheitlichen Leitungsapparates in den wesentlichen Arbeitgeberfunktionen erfolgen. Ein gemeinsamer Einsatz im Sinne des § 1 Abs. 2 Nr. 1 BetrVG beruht allerdings keineswegs *zwingend* auf einheitlicher Leitung in personellen, sozialen Angelegenheiten, wie sie die Rechtsprechung des Bundesarbeitsgerichts und die h.M. in der Literatur als Voraussetzung eines Gemeinschaftsbetriebs fordert. Unternehmen können, ohne einen solchen speziellen Leitungsapparat begründet zu haben, durchaus in abgestimmter Form Arbeitnehmer und Betriebsmittel einsetzen, wobei jedes Unternehmen selbst Entscheidungsträger hinsichtlich seiner Arbeitnehmer und Betriebsmittel bleibt.[375]

Im Rahmen der Vermutungsregel gilt es jedoch ein Weiteres zu berücksichtigen: Der "gemeinsame Einsatz" *darf keinesfalls* mit einer organisatorischen Leitung in wesentlichen Arbeitgeberfunktionen gleichgesetzt werden. Denn dann wäre das Vorliegen eines Gemeinschaftsbetriebs – nach der in Rechtsprechung und Literatur herrschenden Ansicht – (abschließend) zu bejahen. Die Vermutungsregel wäre dann sinnlos, da die Vermutungsbasis der Vermutungsfolge entspräche.[376]

Eine Auslegung des Tatbestandsmerkmals, die den "gemeinsamen Einsatz" von Betriebsmitteln bzw. Arbeitnehmern als einheitliche Leitung in den wesentlichen Arbeit-

---

sationsmaßnahmen erst nach Ablauf von sechs Monaten betriebsverfassungsrechtliche Konsequenzen zeitigen sollen.

Unklar bleibt darüber hinaus, ob der Betriebsrat des gemeinsamen Betriebs Beteiligungsrechte an den Gesamtbetriebsräten der beteiligten Unternehmen hat (vgl. Hanau RdA 2001, 75; Richardi/Annuß DB 2001, 41). Fraglich bleibt auch, wer bei Überschreitung der Kompetenzen des Gemeinschaftsbetriebsrats zuständig ist. Der Gesamtbetriebsrat beider Unternehmen? (vgl. Konzen RdA 2001, 80; Däubler AuR 2001, 1). Weiterhin ungeklärt ist auch, ob die Arbeitnehmer aus ihrer angestammten Betriebsverfassung herausfallen oder ob sie doppelt vertreten werden und doppeltes Wahlrecht haben. (Hanau RdA 2001, 65, 67; Richardi/Annuß DB 2001, 41).

[375] Vgl. Ulrich FA 2001, 137, 139; DKK-Trümner BetrVG § 1 Rn 88; So im Ergebnis auch schon Zöllner, Gemeinsame Betriebsnutzung – Kritische Bemerkungen zur Rechtsfigur des gemeinsamen Betriebs, FS Semler, S. 995, 1011, 1013; so natürlich auch Joost, Betrieb und Unternehmen als Grundbegriffe im Arbeitsrecht, S. 261.

[376] Vgl. DKK-Trümner § 1 Rn 88.

geberfunktionen versteht, kann daher nicht richtig sein. [377] Der Umfang der Vermutungsbasis muss vielmehr gegenüber der Definition reduziert sein, d.h. das Tatbestandsmerkmal „gemeinsamer Einsatz“ muss ein Minus gegenüber dem des einheitlichen Leitungsapparats darstellen.

bb) Gemeinsamer Einsatz als rein objektives Kriterium

In Betracht kommt daher zunächst ein bloßes Abstellen auf das äußere Erscheinungsbild,[378] ohne auf eine – wie auch immer geartete – Vereinbarung zwischen den beteiligten Unternehmen abzustellen. Eine rein tatsächliche, d.h. auf zeitlich und räumlich eng verbundene Nutzung von Betriebsmitteln abstellende Betrachtung, steht jedoch zum Einen nicht im Einklang mit dem Wortlaut der Norm und führte zudem zu unhaltbaren Ergebnissen. Im Einzelnen:

Zunächst zur Wortanalyse. Ein „gemeinsamer“ Einsatz setzt eine Willensübereinkunft und damit eine entsprechende Vereinbarung zwischen den Beteiligten voraus. Eine Tätigkeit, die zur selben Zeit am selben Ort ohne entsprechende Willensübereinkunft stattfindet, wird nicht als „gemeinsam“ betitelt: „gleichzeitig“, „abwechselnd“ oder „beidseitig“ sind hier die treffenden Bezeichnungen. Auch die Finalität des Wortes „Einsatz“ spricht für eine Willensübereinkunft und damit für eine entsprechende Verabredung zwischen den Unternehmen.[379] Mit „gemeinsamem Einsatz“ ist daher eine gezielte, d.h. auf einer Absprache zwischen den Beteiligten beruhende Nutzung der Betriebsmittel bzw. Verwendung der personellen Arbeitskräfte gemeint. Ein Abstellen auf rein äußerliche Indizien entspräche daher nicht der Intention des Gesetzgebers.

Eine Auslegung, nach der die Vermutungsregel bereits bei einer rein tatsächlichen, zeitlich und räumlich nahen Nutzung von Betriebsmitteln bzw. Arbeitnehmern griffe, ohne dass weitere Voraussetzungen vorliegen müssten, führte zudem zu einer ausufernden Anwendung der Norm und einer Erfassung von Fällen, in denen eine Errichtung eines Gemeinschaftsbetriebs schlicht nicht angezeigt ist.[380] Die Darlegungssituation der Arbeitnehmer bzw. des Betriebsrats wäre "zu einfach".

cc) Gemeinsamer Einsatz nach Trümner

Trümner schlägt vor, die Norm dahingehend auszulegen, dass alle Fälle, in denen die Verfügungsmacht über die betriebliche Infrastruktur weder dem einen noch dem ande-

---

[377] A.A. indes Richardi und Annuß (DB 2001, 41; vgl. auch Richardi NZA 2001, 346, 349), die dementsprechend (d.h. unter Berücksichtigung des in Rechtsprechung und Literatur herrschenden Begriffsverständnisses) zu dem Schluss kommen, dass bei Nachweis eines gemeinsamen Einsatzes von Betriebsmitteln und Arbeitnehmern, die Existenz eines gemeinsamen Betriebs bereits erwiesen sei, obwohl sie selbst die daraus resultierende Sinnentleerung der Vermutungsregelung erkennen.

[378] So Fitting BetrVG § 1 Rn 86; unklar: Richardi BetrVG § 1 Rn 73.

[379] Vgl. Fitting BetrVG § 1 Rn 86, der dementsprechend feststellt, dass es in § 1 Abs. 2 Nr. 1 BetrVG statt "gemeinsam eingesetzt", "gemeinsam genutzt" heißen müsse.

[380] Stege/Weinspach/Schiefer BetrVG § 1 Rn 20.

ren Unternehmen allein zusteht, sondern ein *Betriebsleiter* existiert, der die *Disposition über Personal und Material* trifft, von der Vermutung umfasst werden sollten.[381]

Der Ansatz ist insofern sachgerecht, als dass eine dementsprechende Auslegung des „gemeinsamen Einsatzes" ein *Minus* zu dem Merkmal des „einheitlichen Leitungsapparats" im Sinne der Rechtsprechung des Bundesarbeitsgerichts und ein *Plus* zu vorgenannter, rein objektiver Betrachtung darstellte.

Die Darlegungssituation der Arbeitnehmer bzw. des Betriebsrats würde durch eine Beibehaltung der Darlegungslast hinsichtlich einer *einheitlichen* Führungsinstanz in vorbezeichneten Angelegenheiten gegenüber der vorherigen Rechtslage[382] jedoch nicht verbessert. Dies ist indes die gesetzgeberische Intention gewesen.[383]

dd) Eigener Ansatz

M.E. verlangt jedoch weder der Wortlaut, noch der Zweck des (Vermutungs-)Tatbestands ein Abstellen auf eine gemeinsame Leitung in Form einer institutionalisierten Entscheidungsstelle. Ein gemeinsamer Einsatz im Sinne des § 1 Abs. 2 Nr. 1 BetrVG sollte daher bereits dann anzunehmen sein, wenn Unternehmen in *abgestimmter Zusammenarbeit* materielle und personelle Betriebsmittel des jeweils anderen Unternehmens mitnutzen. Jedes Unternehmen kann jedoch – wie dies in der Praxis zudem durchaus üblich ist[384] – seine Arbeitsmittel und Arbeitnehmer nach wie vor selbst verwalten, ohne dass dies einem "gemeinsamen Einsatz" im Sinne der Norm entgegenstünde.[385]

Eine gemeinsame Wahrnehmung personeller und sozialer Angelegenheiten durch eine einheitliche Stelle, wie dies – in der abgeschwächten Form der Betriebsleitung mit Dispositionsbefugnis über Personal und Material – auch *Trümner* fordert, bedarf es jedenfalls nicht, um von einem gemeinsamen Einsatz im Sinne des § 1 Abs. 2 Nr. 1 BetrVG sprechen zu können. Ein gemeinsamer Einsatz kann hingegen m.E. (schon) dann angenommen werden, wenn eine unternehmensübergreifende *fachliche* Leitung vorliegt bzw., wenn ein Arbeitgeber gegenüber den Arbeitnehmern des anderen Unternehmens Arbeitsanweisungen erteilt.[386] Dies erfordert zwingend eine abgestimmte Zusammenarbeit zwischen den Unternehmen und stellt daher einen "gemeinsamen Einsatzes" im Sinne des § 1 Abs. 2 Nr. 1 BetrVG dar.

Die Darlegung der Vermutungsvoraussetzungen müsste dann zwar über vorgenannte Formen der bloßen zeitlichen/räumlichen Aspekte hinausgehen, müsste also Hinweise auf offenkundig gleichlaufende arbeitstechnische oder unternehmerische Zwe-

---

[381] Trümner AiB 2001, 507, 509; ders. DKK BetrVG § 1 Rn 88.

[382] Das BAG sah einen Gemeinschaftsbetrieb bei Vorliegen einer einheitlichen Leitung in personellen und sozialen Angelegenheiten indiziert.

[383] Vgl. BT-Drucks. 14/5741, S. 33.

[384] Vgl. Ulrich FA 2001, 137, 139.

[385] Vgl auch Jaeger/Röder/Häckelmann-Breitfeld, S. 15: Die Vermutungsregelung des § 1 Abs. 2 BetrVG greift bereits dann, wenn die Unternehmen an demselben arbeitstechnischen Vorhaben arbeiten und dabei arbeitsteilig vorgehen.

[386] Ähnlich auch Stege/Weinspach/Schiefer BetrVG § 1 Rn 17 ff.; vgl. auch Hanau, Die Reform der Betriebsverfassung, FS Weinspach, S.87, 88.

cke beinhalten, bräuchte hingegen nicht auf Führungsfragen in personellen und sozialen Angelegenheiten abzustellen. Fragen der fachlichen Führung bzw. die Weisungsgebundenheit der Arbeitnehmer an die arbeitstechnischen Entscheidungen des Fremd-Arbeitgebers ist demgegenüber von den Arbeitnehmern weitaus einfacher darzulegen, als die oft undurchsichtigen Fragen der Personal- / Materialverantwortung.

Folge der weiten Vermutung ist freilich die Erfassung schlichter Unternehmenskooperationen, die letztlich nicht zur Annahme eines Gemeinschaftsbetriebes führen. Dies muss aufgrund der Betriebsverfassungsreform jedoch hingenommen werden.[387]

b) Bedeutung der Norm als Vermutungsregel

Aus der Tatsache, dass der Reformgesetzgeber den gemeinsamen Einsatzes von Betriebsmitteln bzw. Arbeitnehmern als *Vermutungsregel* normiert kann ein entscheidendes Argument in oben aufgezeigtem Streit[388] um die grundsätzlichen Voraussetzungen des Gemeinschaftsbetrieb gewonnen werden.[389] Im Einzelnen:

Mit § 1 Abs. 2 Nr. 1 BetrVG ist keine Legaldefinition des Gemeinschaftsbetriebs normiert worden, sondern eine *Vermutungsregel.* § 1 Abs. 2 Nr. 1 BetrVG stellt die *Vermutung* auf, dass bei einem gemeinsamen Einsatz von Betriebsmitteln und Arbeitnehmern ein Gemeinschaftsbetrieb vorliegt.

Die Vermutung des § 1 Abs. 2 Nr. 1 BetrVG ist mangels anderer gesetzlicher Regelung widerlegbar (vgl. § 292 Zivilprozessordnung). Die Widerlegung erfordert entweder den Nachweis, dass die Tatbestandsmerkmale der Vermutungsbasis nicht vorliegen oder den Gegenbeweis. Die Vermutung kann also durch den Nachweis widerlegt werden, dass die beteiligten Unternehmen die Betriebsmittel / Arbeitnehmer *nicht* gemeinsam einsetzen oder durch den Beweis von *Tatsachen,* aus denen sich ergibt, dass der vermutete Rechtszustand „Gemeinschaftsbetrieb" nicht besteht.[390] Letzteres kann indes nur durch den Beweis des Nichtvorliegens von Tatbestandsmerkmalen erfolgen, die nicht bereits im Rahmen des § 1 Abs. 2 Nr. 1 BetrVG verankert sind. Auch bei Vorliegen aller Merkmale des Vermutungstatbestandes muss somit die Möglichkeit bestehen, dass ein gemeinsamer Betrieb nicht vorliegt.

Es muss daher Fälle geben, in denen *trotz gemeinsamen Einsatzes von Betriebsmitteln und Arbeitnehmern* das Vorliegen eines Gemeinschaftsbetriebs zu *verneinen* ist.[391] Andernfalls ergäbe die Vermutungsregel keinen Sinn.

---

[387] Vgl. Trümner AiB 2001, 507, 509.

[388] Wie oben gezeigt, setzt die Rechtsprechung den gemeinsamen Einsatz von Betriebsmitteln und Arbeitnehmern zur Bejahung eines Gemeinschaftsbetriebs voraus, sieht in dem Merkmal jedoch lediglich ein Indiz für das Vorliegen eines Gemeinschaftsbetriebs. Teile der Literatur wollen demgegenüber bereits den gemeinsamen Einsatz von Betriebsmitteln bzw. Arbeitnehmern (in räumlicher Nähe) im Rahmen einer rein tatsächlichen Zusammenarbeit mehrerer Unternehmen ausreichen lassen, um das Vorliegen eines Gemeinschaftsbetriebs abschließend zu bejahen.

[389] Beachte: Hier geht es nicht um die Voraussetzungen der Vermutungsregel, sondern um die Voraussetzungen des Gemeinschaftsbetriebs selbst.

[390] Trümner AiB 2001, 507, 511.

[391] Im Ergebnis so auch Däubler AuR 2001, f.

3. Schlussfolgerungen: Voraussetzungen der Gemeinschaftsbetriebs

Es wurde gezeigt, dass die Eigenschaft des § 1 Abs. 2 Nr. 1 BetrVG als gesetzliche Vermutungsregel dafür spricht, dass der *gemeinsame Einsatz materieller und personeller Mittel* in keinem Fall ausreicht, das Vorliegen eines Gemeinschaftsbetriebs tatbestandlich anzunehmen. Zur Bejahung des gemeinsamen Betriebs bedarf es daher weiterer Tatbestandsmerkmale, die über die des § 1 Abs. 2 Nr. 1 BetrVG hinausgehen. Doch welche Tatbestandsmerkmale sind die Fehlenden?

a) Räumlicher Aspekt

Zunächst ist also festzuhalten, dass als über den Tatbestand der Vermutungsbasis hinausgehende Merkmale nicht rein tatsächliche Umstände in Frage kommen, die im Vermutungstatbestand bereits impliziert sind, da die Vermutungsbasis nicht zum Gegenstand haben kann, was erst Vermutungsfolge ist.

Als weitergehendes und damit definitionsabschließendes Tatbestandsmerkmal scheidet daher das insbesondere von *Joost* und einigen Instanzgerichten aufgestellte Kriterium der *räumlichen Nähe* aus.[392] Räumliche Nähe wird bei dem gemeinsamen Einsatz von Arbeitnehmern und Betriebsmitteln grundsätzlich vorliegen, so dass das Kriterium bereits im Vermutungstatbestand enthalten wäre.

Zwar kommen auch entferne Standorte in Betracht; in diesen Fällen könnte dem räumlichen Aspekt tatsächlich weitergehende Bedeutung zukommen. Dies bedeutete jedoch, dass immer dann, wenn mehrere Unternehmen Betriebsmittel und Arbeitnehmer im obigen Sinne gemeinsam einsetzen, ein gemeinsamer Betrieb vermutet würde und gleichzeitig fast immer ein Gemeinschaftsbetrieb abschließend zu bejahen wäre – bis auf die Fälle, in denen die Arbeitgeber die Vermutung durch Darlegung räumlicher Entfernung widerlegten. Es kann jedoch nicht davon ausgegangen werden, dass der Gesetzgeber eine Vermutungsregel normieren wollte, die in der Hauptzahl der Fälle zur Annahme der Vermutungsfolge führte und nur in Ausnahmefällen der räumlichen Entfernung eine Widerlegung zuließ. Eine solche Konstruktion ist offenkundig nicht sachgerecht: Zum einen wäre eine solche Vermutung weitestgehend sinnlos, zum anderen würde dadurch die Darlegungssituation der Arbeitnehmer nicht verbessert, worauf der Gesetzgeber jedoch gerade abzielte.

Daraus wird deutlich, dass die räumliche Verbundenheit den Gemeinschaftsbetrieb nach Ansicht des Gesetzgebers nicht abschließend definiert. Ein Abstellen auf die räumliche Nähe als abschließendes definitorisches Merkmal des Gemeinschaftsbetriebs scheidet daher aus.

b) Betriebsgemeinschaft

Aufgrund dieser Überlegung dürfte ebenso wenig der Ansatz, der auf das Vorliegen einer Betriebsgemeinschaft als konstituierendes Merkmal abstellt[393] in Betracht kom-

---

[392] Joost, Betrieb und Unternehmen als Grundbegriffe im Arbeitsrecht, S. 260; ArbG Hamburg, DB 1992, 588; LAG Hamburg AiB 1998, 378.

men. Wie bereits oben festgestellt wurde,[394] stellt das Merkmal der Betriebsgemeinschaft für sich genommen kein hilfreiches Kriterium zur Abgrenzung der betriebsratsfähigen Einheit dar.

Eine Betriebsgemeinschaft, d.h. eine Gruppe von Arbeitnehmern als homogene Interessengemeinschaft, ist in der Regel zu bejahen, wenn entsprechende objektive Umstände (insbesondere räumliche Nähe, Verzahnung der Produktionsprozesse, etc.) bzw. eine einheitliche Beaufsichtigung vorliegen. Darüber hinaus ist sie durch nichts feststellbar bzw. widerlegbar.[395] Da die aufgezeigten objektiven Umstände bzw. die einheitliche Beaufsichtigung jedoch bereits voll in der Vermutung enthalten sind, scheidet die Betriebsgemeinschaft als weitergehendes und insofern abschließendes Tatbestandsmerkmal bei der Bestimmung des Gemeinschaftsbetriebs aus.

Den vorgenannten Ansätzen ist daher nicht zu folgen. Ein Abstellen auf die Organisation des Arbeitgebers scheint vor dem Hintergrund der Betriebsverfassungsreform unumgänglich.

c) Gemeinsamer Einsatz

Aufgrund der Normierung des "gemeinsamen Einsatzes" als Tatbestandsmerkmal der Vermutungsbasis kann freilich auch nicht davon ausgegangen werden, dass der gemeinsame Einsatz von Betriebsmitteln und Arbeitnehmern ausreicht, um das Vorliegen eines Gemeinschaftsbetriebs (abschließend) zu bejahen.[396] Auch dann wäre der Gegenstand der Vermutungsbasis und der Vermutungsfolge deckungsgleich, was nicht sein kann.

Damit scheiden als abschließende Tatbestandsmerkmale die oben[397] entwickelten Kriterien zur Bestimmung des "gemeinsamen Einsatzes" im Sinne des § 1 Abs. 2 Nr. 1 BetrVG, also die abgestimmte Unternehmenszusammenarbeit und die einheitliche fachliche Leitung aus.

d) Einheitliche Leitung in personellen und sozialen Angelegenheiten

aa) Über die Vermutungsbasis hinausgehendes Tatbestandsmerkmal

Als weiteres Tatbestandsmerkmal des Gemeinschaftsbetriebs kommt die einheitliche Leitung in den wesentlichen personellen und sozialen Angelegenheiten in Frage, wie sie das Bundesarbeitsgericht und die herrschende Lehre zur Feststellung des Gemein-

---

393 Gamillscheg Anmerkung zu EzA Nr.4, 5 zu § 4 BetrVG 1972, S. 35, 42; Kohte RdA 1992, 140; Ziemann AuR 1990, 55, 58.

394 Vgl. oben § 3, B., III., 3.

395 Auch Autoren, die die Betriebsgemeinschaft bei der Abgrenzung des Betriebsbegriffs in den Vordergrund stellen, sind neben den genannten objektiven Kriterien keine weiteren Merkmale zu entnehmen, die auf ein Betriebsgemeinschaft schließen ließen, vgl. Kohte AuA 1990, 150, 152, ders. BB 1992, 140; Gamillscheg ZfA 1975, 357, 399 (ausdrücklich: "...räumliche Grundlage [..] *und damit* [..] Verbindung ihrer [der Arbeitnehmer] Interessen.."); ders. AuR 2001, 411, 414; ders. AuR 1989, 33, 34.

396 Diesen Schluss zieht auch Richardi BetrVG § 1 Rn 73.

397 Vgl. den hier entwickelten Ansatz oben 2., a), dd).

schaftsbetriebs fordert. Ein einheitlicher Leitungsapparat in den wesentlichen Arbeitgeberfunktionen ginge über den Tatbestand der Vermutungsregel des § 1 Abs. 2 Nr. 1 BetrVG hinaus und kommt somit grundsätzlich als weitere und damit abschließende Voraussetzung des Gemeinschaftsbetriebs in Betracht.

Tatsächlich geht die h.M. in der Literatur davon aus, dass mit Normierung der Vermutungsregel des § 1 Abs. 2 Nr. 1 BetrVG die den einheitlichen Leitungsapparat in den wesentlichen personellen und sozialen Angelegenheiten begründende Führungsvereinbarung i.S.d. Rechtsprechung des Bundesarbeitsgerichts als Voraussetzung des Gemeinschaftsbetriebs festgeschrieben würde.[398] Dieser Schuss ist jedoch m.E. *nicht zwingend.* Es reicht auch ein "Weniger" als die umfassende Leitung in mitbestimmungspflichtigen Tatsachen aus, um über den Umfang der Vermutungsregel hinauszugelangen. Zur Verdeutlichung:

Wie gezeigt, erfordert es der Charakter des § 1 Abs. 2 Nr. 1 BetrVG als Vermutungsregel, den Gemeinschaftsbetrieb definitorisch so zu bestimmen, dass die abschließenden Tatbestandsmerkmale nicht im Umfang der Vermutungsbasis, also dem *gemeinsamen Einsatz von materiellen und personellen Betriebsmitteln*, enthalten sind. Es sind also Merkmale erforderlich, die über den Vermutungstatbestand hinausreichen. In Betracht dürften insofern jedenfalls nicht Merkmale kommen, die sich aus dem äußeren Erscheinungsbild ergeben. Ein Abstellen auf eine – wie auch immer geartete – Leitungsstruktur scheint erforderlich. Die einheitliche *fachliche* Leitung dürfte als weitergehendes und insofern abschließendes Tatbestandsmerkmal indes nicht ausreichen, da diese im Vermutungstatbestand ("Einsatz") regelmäßig enthalten sein dürfte.[399]

Demgegenüber scheint ein Abstellen auf einheitliche Leitung in den wesentlichen personellen und sozialen Angelegenheiten als *nicht erforderlich,* um den Tatbestandsumfang der Vermutungsregel zu überschreiten – und damit der Schluss der o.g. Literaturansicht nicht zwingend: Ausreichend ist vielmehr, dass bspw. eine gemeinsame Personaleinsatzplanung besteht,[400] auch wenn diese nur Entscheidungen im Rahmen vorgegebener Richtlinien trifft. Im Bereich der Personalplanung wäre sicherlich die Bedarfsplanung ausreichend. Eine Leitungsinstanz, die Urlaubsgrundsätze und Urlaubspläne aufstellt und betriebsspezifische Zulagen wie Schmutzzulagen, Akkordsätze regelt, wäre genug, um den Tatbestandsumfang des § 1 Abs. 2 Nr. 1 BetrVG zu überschreiten. Auch ausreichend wäre ein gemeinsamer Betrieb von Sozialeinrichtungen bzw. die gemeinsame Wahrnehmung von Ordnungsfragen im Betrieb (Arbeitszeitlage, Kontrollen, Arbeitsschutz). Nicht erforderlich ist, dass eine Mehrzahl dieser Materien einheitlich behandelt wird. Hier kommt eine Berücksichtigung der von *Trümner* im Rahmen der Auslegung des Tatbestandsmerkmals "gemeinsamer Einsatz" gemachten Vorschläge[401] in Betracht. Diese waren m.E. bei der Bestimmung des gemeinsamen Einsatzes umfassender als erforderlich, hier indes wären sie sachgerecht.

---

[398] Hanau NJW 2001, 2513; Löwisch BB 01, 1734; Reichold NZA 2001, 857, 858; Richardi, Die neue Betriebsverfassung, 2001 S. 23 f.; Dies sehen auch die insoweit kritischen Autoren so: vgl. Trümner AiB 2001, 507, 511; Däubler AuR 2001, 1 f.

[399] Vgl. den hier entwickelten Ansatz oben 2., a), dd).

[400] so im Ergebnis auch Ulrich FA 2001, 137, 139.

[401] Vgl. Trümners Ansatz oben 2., a), cc).

bb) Aussagekraft des Abgrenzungskriteriums

Dass die gemeinsame Führung also die *Einheitlichkeit der Leitung* in betriebsverfassungsrechtlichen Angelegenheiten umfassen muss, lässt sich aus der Wertung der Betriebsverfassungsreform nicht schließen.

Das Kriterium der einheitlichen organisatorischen Leitung in mitbestimmungspflichtigen Angelegenheiten ist im Falle des Gemeinschaftsbetriebs auch wenig sachgerecht.[402] Neben den grundsätzlichen Schwierigkeiten bei der Anwendung des Abgrenzungskriteriums der einheitlichen organisatorischen Leitung,[403] stößt das Kriterium der einheitlichen Leitung insbesondere in der Konstellation des Gemeinschaftsbetriebs an seine Grenzen, da hier das Problem der mehrfachen Arbeitgeberstellung besteht.[404] Danach sind die Entscheidungsträger nach Vertrags- und Betriebsarbeitgeber zu unterscheiden. Je nach dem, ob sich die Mitbestimmungsrechte auf das Vertragsverhältnis oder auf die Betriebszugehörigkeit beziehen, ist – unabhängig davon wer tatsächlicher Entscheidungsträger ist – entweder der Vertragsarbeitgeber oder der Betriebsarbeitgeber „richtiger" Ansprechpartner im Sinne des Betriebsverfassungsgesetzes. Dies soll an folgenden Beispielen verdeutlich werden:

Einstellungen werden nur in den seltensten Fällen von der (einheitlichen organisatorischen) Leitung des Betriebs vorgenommen, sondern in der Regel vom Unternehmen als Rechtsträger und damit Vertragspartner. Selbst bei engster Abstimmung im technischen Bereich wird in der Praxis die Personalverwaltung von jedem Unternehmen selbst durchgeführt.[405] Die Mitbestimmung bei Einstellungen ist daher beim Vertragsarbeitgeber als Entscheidungsträger auszuüben. Ein Abstellen auf die einheitliche organisatorische Leitungsinstanz als konstitutives Merkmal führt damit nicht zu dem von den Vertretern dieser Ansicht intendierten Ergebnis der Gegenüberstellung von Entscheidungsträger und Interessenvertretung „auf Augenhöhe". Das Abstellen auf den organisatorischen Aspekt verliert damit seine Begründung.

Jedoch auch, wenn der einheitlichen organisatorischen Betriebsleitung umfangreiche Weisungsbefugnisse eingeräumt werden, ist es wegen der notwendigen mitbestimmungsrechtlichen Differenzierung zwischen Vertragsverhältnis und betrieblicher Zugehörigkeit zum Teil erforderlich, die Mitbestimmung gegenüber dem Vertragsarbeitgeber auszuüben.[406] Im Einzelnen:

Zur Gewährung der innerbetrieblichen Lohngerechtigkeit werden beispielsweise Eingruppierungen häufig von der (einheitlichen organisatorischen) Betriebsleitung vorgenommen. Eine sachgerechte Mitbestimmung richtet sich dennoch gegen den Ver-

---

[402] so auch LAG Hamburg LAGE Nr. 4 zu § 1 BetrVG 1972.

[403] Vgl. zur Aussagekraft des Kriteriums bei der Bestimmung des allgemeinen Betriebsbegriffs unten § 4, B., II.; Vgl. zur Kritik an dem Kriterium beim Gemeinschaftsbetrieb auch Zöllner, Gemeinsame Betriebsnutzung – Kritische Bemerkungen zur Rechtsfigur des gemeinsamen Betriebs, FS Semler, S. 995, 1004.

[404] Vgl. hierzu die einführenden Erläuterungen oben § 2, A., I., 6.; vgl. auch Kort ZfA 2000, 329, 369.

[405] Vgl. Ulrich FA 2001, 137, 139.

[406] Vgl. auch Konzen, Unternehmensaufspaltungen und Organisationsänderungen im Betriebsverfassungsrecht, S. 116.

tragsarbeitgeber, da primäres Ziel der Mitbestimmung bei Eingruppierungen gem. § 99 BetrVG nicht die Wahrung der innerbetrieblichen Lohngerechtigkeit ist, sondern die Richtigkeit der Eingruppierung innerhalb eines gestuften Vergütungssystems nach Maßgabe der einschlägigen tariflichen, betrieblichen oder vertraglichen Regelungen.[407] Die Ermittlung des "richtigen" Entgelts betrifft daher ausschließlich die vom Vertragsarbeitgeber geschuldete Leistung. Danach ist dieser auch, im Gemeinschaftsbetrieb allein Adressat des Mitbestimmungsrechts gem. § 99 BetrVG.[408]

Ähnlich stellt sich die Situation bei allgemeinen Fragen der betrieblichen Lohngestaltung dar. Soweit der Betriebsleiter Fragen der Angemessenheit und Durchsichtigkeit des innerbetrieblichen Lohngefüges sowie der Wahrung der innerbetrieblichen Lohngerechtigkeit behandelt (die Höhe des Entgelts wird in der Regel vom Vertragsarbeitgeber bestimmt),[409] wird der Betriebsrat bei diesem das Mitbestimmungsrecht gem. § 87 Abs. 1 Nr. 10 BetrVG ausüben. Sofern jedoch Fragen der innerbetrieblichen Lohngestaltung die Entgelthöhe berühren, ist der Vertragsarbeitgeber der richtige Ansprechpartner.[410]

Und auch die Ordnung des Betriebes ist keineswegs immer eindeutig dem Bereich der Betriebsorganisation zuzuordnen: Die nach dem Bundesarbeitsgericht diesem Mitbestimmungstatbestand unterfallene Anweisung des Arbeitgebers nach § 5 Abs. 1 S. 3 Entgeltfortzahlungsgesetz, Zeiten der Arbeitsunfähigkeit generell vor Ablauf von drei Tagen durch eine ärztliche Bescheinigung zu belegen,[411] hat ebenso starken Vertragsbezug, so dass eine sachgerechte Mitbestimmung *zumindest auch* dem Vertragsarbeitgeber gegenüber auszuüben ist.[412]

Eine einheitliche organisatorische Leitung, gegenüber der der Betriebsrat die Mitbestimmungsrechte „auf Augenhöhe“ ausüben könnte, besteht daher wegen der notwendigen mitbestimmungsrechtlichen Differenzierung zwischen Vertragsverhältnis und betrieblicher Zugehörigkeit selbst in den Fällen nicht, in denen der Betriebsleitung umfangreiche Weisungsbefugnisse eingeräumt werden. Das Abgrenzungskriterium der einheitlichen organisatorischen Leitung in den wesentlichen personellen und sozialen Angelegenheiten kann daher aufgrund der Besonderheiten des Gemeinschaftsbetriebes den von den Vertretern des entscheidungsnahen Ansatzes intendierten Zweck, nämlich die betriebliche Interessenvertretung dem arbeitgeberseitigen Entscheidungsträger „auf Augenhöhe“ gegenüberzustellen, nicht erreichen.

---

[407] Vgl. H. Wißmann NZA 2001, 409, 411; BAG NZA 1999, 52.
[408] H. Wißmann NZA 2001, 409, 411.
[409] Ullrich FA 2001, 137, 139.
[410] Im Rahmen der Mitbestimmung gem. § 87 Abs. 1 Nr. 10 BetrVG kann der Betriebsrat zwar nicht über die Höhe des Entgelts mitbestimmen, ein Mitbestimmungsrecht besteht jedoch bezüglich der Verteilung von Mitteln, deren Höhe dem Arbeitgeber – insbesondere durch Tarifvertrag – vorgegeben ist. Da dieser Tatbestand das Vertragsverhältnis betrifft, ist hier „richtiger“ Ansprechpartner für den Betriebsrat der Vertragsarbeitgeber.
[411] BAG NZA 2000, 665.
[412] H. Wißmann NZA 2001, 409, 413.

cc) Ergebnis

Der Betriebsverfassungsreform ist entgegen der h.M. in der Literatur keine Aussage darüber zu entnehmen, ob ein Gemeinschaftsbetrieb nur dann vorliegt, wenn eine gemeinsame Führung der Unternehmen den Kernbereich der betriebsverfassungsrechtlichen Angelegenheiten entscheidet. Das Abgrenzungskriterium der herrschenden Rechtsprechung und Literatur ist vielmehr im Rahmen der gemeinsamen Betriebsführung zweier Unternehmen nicht zweckgerecht, da es selbst bei einer Installation einer einheitlichen, entsprechend weisungsbefugten Leitung zum Teil erforderlich ist, dass Mitbestimmungsrechte gegenüber dem Vertragsarbeitgeber ausgeübt werden; die von den Vertretern der Ansicht bezweckte Entscheidungsnähe kann daher nicht realisiert werden.

Ein Abstellen auf Führungsfragen ist jedoch erforderlich, da die Definition des Gemeinschaftsbetriebs über den Vermutungstatbestand des § 1 Abs. 2 Nr. 1 BetrVG hinausreichen muss.[413] Andere als Führungsfragen kommen nicht in Betracht, wobei die *fachliche* Leitung als abschließendes Tatbestandsmerkmal ausscheidet, da dies im Vermutungstatbestand bereits enthalten ist.

Voraussetzung für die Annahme eines Gemeinschaftsbetriebs ist daher lediglich, dass für die Betriebsstätte eine einheitliche Leitung installiert ist, die sich *auch* auf einzelne personelle bzw. soziale Angelegenheiten mit betrieblichem Bezug erstreckt.[414] Ein – wie auch immer gearteter – "Kern" an mitbestimmungspflichtigen Angelegenheiten kann wegen der notwendigen Unterscheidung zwischen Betriebsleiter und Vertragsarbeitgerber nicht identifiziert werden und muss daher auch für die Annahme eines Gemeinschaftsbetriebs nicht bejaht werden.

Der Betriebsverfassungsreform kann ferner keine Aussage darüber entnommen werden, ob sich die einheitliche Leitungsstruktur auf Grund einer *rechtlichen* Vereinbarung zwischen den beteiligten Unternehmen – in Form einer Führungsvereinbarung – ergeben muss. Diese Frage bedarf indes keiner weiteren Vertiefung: In der obergerichtlichen Rechtsprechungspraxis sind keine Gestaltungen nachweisbar, in denen zwischen den beteiligten Unternehmen eine ausdrücklich geschlossene Führungsvereinbarung vorlag. Vielmehr leitet das Bundesarbeitsgericht das Vorliegen der Vereinbarung regelmäßig aus den tatsächlichen Umständen her, die für die einheitliche Leitung maßgeblich sind und somit ohnehin festgestellt werden müssten. Da der Streit insofern kaum praktische Bedeutung hat,[415] wird die Frage hier nicht näher behandelt.[416]

Wegen der zwangsläufig unterschiedlichen Ansprechpartner des Betriebsrats bei der Ausübung der Mitbestimmungsrechte, sollten die beteiligten Unternehmen verpflichtet sein, entsprechende Führungsfragen gegenüber dem Betriebsrat offen zu legen und

---

[413] Ein Abstellen auf Führungsfragen ist im Rahmen der Betrachtung des Gemeinschaftsbetriebs auch sachgerecht, wie sich im Anschluss zeigen wird.

[414] Im Einzelnen vgl. oben aa) am Ende; vgl. auch den Ansatz von Hönn SAE 1985, 130, 132 f.

[415] Fitting BetrVG § 1 Rn 80 (auch er hält Suche nach rechtlicher Verbindung für eine Suche nach einer Fiktion); Vgl. auch T. Wißmann, Tarifvertragliche Gestaltung der betriebsverfassungsrechtlichen Organisation, S. 99; LAG Hamburg LAGE Nr. 4 zu § 1 BetrVG 1972.

[416] Zudem hat die Frage keine Relevanz auf den hiesigen Untersuchungsgegenstand.

einen Ansprechpartner für den Betriebsrat zu benennen.[417] Die Benennung eines Ansprechpartners für den Betriebsrat sollte jedoch in Abstimmung mit der Interessenvertretung der Arbeitnehmer erfolgen, da andernfalls dem Betriebsrat ein Ansprechpartner aufgezwungen werden könnte.[418]

4. Bewertung

Im Rahmen der Bestimmung des Gemeinschaftsbetriebs als betriebsratsfähige Einheit ist daher auf die arbeitgeberseitigen Leitungsstrukturen abzustellen. Dieser Ansatz entspricht letztlich – wenn auch in abgeschwächter Form hinsichtlich der Anforderung, die an die organisatorische Leitung gestellt werden – dem der herrschenden Rechtsprechung und Literatur zum allgemeinen Betriebsbegriff.[419]

Da die Leitungsmacht des Arbeitgebers im Rahmen dieser Untersuchung als sachgerechtes Abgrenzungskriterium bei der Bestimmung des *allgemeinen Betriebsbegriffs* durchaus angezweifelt wird,[420] und im weiteren Verlauf eine kritische Auseinandersetzung mit der Praxistauglichkeit des Betriebsbegriffs der Rechtsprechung des Bundesarbeitsgerichts und der h.M. in der Literatur nicht ausbleiben wird, stellt sich die Frage, ob ein Abstellen auf das Kriterium der Leitungsorganisation als Voraussetzung des *Gemeinschaftsbetriebs* konsequent sein kann. Mit anderen Worten: Kann ein Kriterium, das für die Betriebsabgrenzung innerhalb des Unternehmens angezweifelt wird, für den gemeinsamen Betrieb mehrerer Unternehmen konstitutiv sein? [421] M.E. ist die Frage zu bejahen. Die unterschiedliche Interessenlage, die weitergehende Wertung des § 3 Abs. 1 BetrVG, sowie die Ausnahmeerscheinung des Gemeinschaftsbetriebs erfordert eine differenzierte Behandlung der Fälle.

Die Rechtsfigur des einheitlichen Betriebes bei mehreren Unternehmen als Ableitung aus dem allgemeinen Betriebsbegriff des Betriebsverfassungsgesetzes stellt zwar in erster Linie eine Reaktion auf eine mögliche Verkürzung von Beteiligungsrechten der Arbeitnehmer durch Verfehlung der Schwellenwerte dar, die aus Betriebs- oder Unternehmensaufspaltungen resultiert.[422] Die betriebsverfassungsrechtliche Bedeutung des Gemeinschaftsbetriebs geht jedoch darüber hinaus: Mit der Anerkennung des Gemeinschaftsbetriebes als betriebsratsfähige Einheit wird die Mitbestimmung *über die Unternehmensgrenzen* hinweg ermöglicht. Ein Abstellen auf Führungsstrukturen dient hier also – anders als beim betrieblichen Normalfall – nicht "lediglich" einer Installation der Vertretungsorgane an den Entscheidungsstellen des Arbeitgebers ("auf-Augenhöhe") zur Verbesserung der betrieblichen Mitbestimmungspraxis, sondern der Begründung einer unternehmensübergreifenden Zuständigkeit der Interessenvertretung.

---

[417] Vgl. den entsprechenden Vorschlag bei H. Wißmann NZA 2001, 409, 414; DKK-Trümner BetrVG § 1 Rn 69.

[418] So richtig Kort ZfA 2000, 329, 369.

[419] Vgl. oben § 3, B., III., 1.

[420] Vgl. oben § 3, B., VI., 3. und (insbesondere) unten 4, B., II.

[421] Bejahend Richardi, der die Fälle auch differenziert betrachtet (BetrVG § 1 Rn 30).

[422] Küttner, Bildung und Auflösung von Gemeinschaftsbetrieben, FS Hanau, S. 465, 466.

Joost ist insofern zuzustimmen, als dass es sich bei der Rechtsfigur des Gemeinschaftsbetriebs weniger um ein Problem des Betriebsbegriffs, sondern des betriebsverfassungsrechtlichen Arbeitgeberbegriffs handelt.[423] Im Vordergrund steht nicht, eine entscheidungsnahe Interessenvertretung einzurichten, sondern eine mitbestimmungsrechtliche Erreichung des außerhalb der Unternehmensgrenzen stehenden Entscheidungsträgers zu gewährleisten. Vor diesem Hintergrund ist es sachgerecht bei der Prüfung der Voraussetzungen des Gemeinschaftsbetriebs auf die Entscheidungsstruktur als "arbeitgeberdefinitorisches Merkmal" abzustellen.

Der entscheidende Unterschied liegt also in der sachgerechten Erfassung des *Arbeitgebers*. Seinetwegen bedarf es der Figur des Gemeinschaftsbetriebs. Würde auf der gemeinsamen Arbeitsstätte hingegen nichts von außerhalb der Unternehmensgrenzen stehenden Dritten entschieden, bräuchte es keinen Gemeinschaftsbetriebsrat. Jeder Arbeitnehmer könnte sich an den "eigenen" Betriebsrat wenden, der die Mitbestimmungsrechte beim Vertragsarbeitgeber als Entscheidungsträger durchsetzt.[424] Ein Abstellen auf die organisatorische Leitungsmacht ist daher im Rahmen der Prüfung der Voraussetzungen des Gemeinschaftsbetriebs sachgerecht.

Ein Abstellen auf die arbeitgeberseitigen Entscheidungsstrukturen ist auch mit Blick auf die Wertung der Betriebsverfassungsreform erforderlich. Diese sieht für Fälle des kooperativen Einsatzes von Betriebsmitteln und Arbeitnehmern (just-in-time / Industrieparks / Shopping-malls / Netzwerke), in denen zwar eine faktische Fremdsteuerung der Arbeitnehmer,[425] jedoch keine direkte Entscheidungsbetroffenheit vorliegt, die Regelung des § 3 Abs. 1 Nr. 3 BetrVG[426] vor. Daraus wird deutlich, dass der Gesetzgeber diese Fälle nicht von der Rechtsfigur des Gemeinschaftsbetriebs erfasst sieht. Die Ausklammerung dieser Fälle gelingt indes nur über ein Abstellen auf die arbeitgeberseitige Leitungsstruktur.

Auch aus rechtspolitischer Sicht ist eine Berücksichtigung organisatorischer Aspekte gerechtfertigt. Eine Bejahung des Gemeinschaftsbetriebs schon bei einem gemeinsamen Einsatz von Betriebsmitteln bzw. Arbeitnehmer, ohne dass der Frage nach einer organisatorischen Verbindung der Unternehmen nachgegangen würde, führte nämlich zu einer ausufernden Errichtung von Gemeinschaftsbetriebsräten. Dabei sind auch die weit reichenden (u.a. kostenintensiven) Folgen der Etablierung eines Gemeinschaftsbetriebsrats zu beachten.

---

[423] Joost, Betrieb und Unternehmen als Grundbegriffe im Arbeitsrecht, S. 260 f.

[424] Der möglichen Verkürzung der Beteiligungsrechte durch Verfehlung der Schwellenwerte könnte indes auch anders als durch Anerkennung der Figur des Gemeinschaftsbetriebs – etwa durch Herabsetzung des Schwellenwertes in den entsprechenden Fällen – begegnet werden.

[425] Vgl. zu den Konstellationen in der Unternehmenspraxis oben § 4, A., I., 1.,c) und zur rechtlichen Einordnung § 4, B., II., 3.

[426] § 5, I., 3., c).

§ 4 Mangelnde Umsetzbarkeit der betriebsverfassungsrechtlichen Ordnungskriterien in der modernen Unternehmenspraxis

Im Folgenden wird die Schwäche der gesetzlichen Arbeitnehmervertretungsstrukturen und des herrschenden Betriebsbegriffs bei der Gestaltung der Arbeitnehmerinteressenvertretung in Unternehmen beleuchtet, die sich durch andere Organisationsformen auszeichnen, als diejenigen, von denen das Betriebsverfassungsgesetz 1972 ausgegangen ist.[427]

Hier wird zunächst die Umsetzung der in § 2 der Untersuchung vorgestellten theoretischen Organisationsformen in der modernen Unternehmenspraxis dargestellt (A.). Anschließend wird aufgezeigt, welche Auswirkungen diese organisatorischen und rechtlichen Veränderungen auf die betriebliche Mitbestimmung haben. Schlussfolgerung wird sein, dass in modernen Unternehmen die gesetzliche Mitbestimmungsstruktur auf den Ebenen Betrieb, Unternehmen und Konzern eine sachgerechte Wahrnehmung der Arbeitnehmerinteressen nicht (mehr) gewährleisten kann, da Entscheidungen in mitbestimmungspflichtigen Angelegenheiten häufig nicht (mehr) einheitlich auf „betrieblicher" Ebene gefällt werden. Belegschaftsnähe und Entscheidungsnähe sind so immer seltener in Übereinstimmung zu bringen. Letztere ist angesichts der dezentralen Unternehmensstrukturen kaum noch zu gewährleisten. Unternehmensorganisatorische Prozesse stellen die Betriebsverfassung zudem auf die Probe (B.). Im Anschluss wird in § 5 der Untersuchung aufgezeigt, welche Möglichkeiten das Betriebsverfassungsgesetz nach der Reform im Jahre 2001 bietet, die Umsetzung der betriebsverfassungsrechtlichen Ordnungskriterien der Entscheidung- und Belegschaftsnähe in modernen Unternehmen zu gewährleisten.

A. Neue Erscheinungsformen der Unternehmensorganisation

In § 3 wurde die Organisation des Unternehmens aufgezeigt, von der der Gesetzgeber bei der Normierung des Betriebsverfassungsgesetzes 1972 ausgegangen ist. Hier wird sich jedoch zeigen, dass diese Organisationsstruktur in weiten Teilen der Unternehmenslandschaft keineswegs mehr der Wirklichkeit entspricht. Es stellt sich daher die Frage, inwiefern diese gewandelten tatsächlichen Umstände bei der Bestimmung der betriebsverfassungsrechtlichen Anknüpfungspunkte in den Unternehmen zu berücksichtigen sind. Dabei ist auf *Larenz* zu verweisen:[428] Die rechtswissenschaftliche Begriffsbestimmung erfolge zwar nicht primär durch die Erforschung von Tatsachen. Sie bediene sich vielmehr normativ Geltendem indem sie rechtliche Zusammenhänge deutlich mache und weitergreifende Regelungsinhalte in ein logisch und wertungsmäßig widerspruchfreies System integriere. Dabei sei jedoch eine Berücksichtigung von Lebenssachverhalten erforderlich, soweit eine Modifikation des Tatsächlichen, die der Begriffsbestimmung zugrunde liegenden rechtlichen Zusammenhänge berühre.

---

[427] Die Installation unternehmerischer Entscheidungsstellen an anderen Stellen als auf den Ebenen Betrieb, Unternehmen und Konzern wird hier auch als „moderne" Unternehmensorganisation bezeichnet.

[428] Larenz, Methodenlehre der Rechtswissenschaft, S. 434.

Nach dieser Maßgabe ist eine Berücksichtigung der Lebenssachverhalte geboten, da die strukturellen Veränderungen in der Unternehmenspraxis die Realisierung der betriebsverfassungsrechtlichen Ordnungskriterien gefährden.

I. Entscheidungsstrukturen

In jüngerer Vergangenheit – insbesondere in den neunziger Jahren – hat in Deutschland ein tief greifender wirtschaftlicher Strukturwandel stattgefunden.[429] Mit dem Strukturwandel reagierte und reagiert die Wirtschaft vor allem auf den wachsenden Kostendruck auf den internationalen Güter- und Dienstleistungsmärkten. Unternehmen, die bei kostengünstiger Produktion Innovationsfähigkeit erhalten wollen, waren und sind auf Steigerung ihrer Produktivität angewiesen. Die Unternehmen müssen auf Veränderungen des Marktes frühzeitig reagieren können, um wettbewerbsfähig zu bleiben. Als Mittel hierzu rückten immer mehr Organisationsmaßnahmen in den Vordergrund.

Konzerne, Unternehmen und Betriebe gruppieren sich zu neuen Organisationseinheiten um. In diesem Prozess der Reorganisation werden integrierte Wertschöpfungsketten der ehemals einlinienförmig aufgebauten Unternehmen aufgespaltet und jene Funktions-, Arbeitsprozesse und Erzeugnisgruppen herausgenommen, welche auf Grund speziellen Wissens bzw. vorangetriebener Produktspezialisierung standardisiert werden können. Die Organisation eines Unternehmens ist daher in stetem Wandel und bringt Veränderungen mit sich, denen sich die Rechtswissenschaft und Rechtsprechung stellen muss.[430]

Ziel der Restrukturierung von Struktur- und Führungsorganisationen in den Unternehmen ist vor allem die Erhöhung der Anpassungsfähigkeit der Unternehmen an die Erfordernisse des Marktes. Vor allem in großen Unternehmen ist es dazu erforderlich die zum Teil stark hierarchischen Strukturen durch Ausgliederungen und rechtliche Verselbständigungen der operativen Bereiche übersichtlich zu strukturieren und Verantwortungsbereiche klar zu definieren. Dadurch sollen kürzere Entscheidungswege und eine größere Nähe zum Markt erreicht werden.

Dabei treten neben internen Veränderungen der Unternehmensorganisationen durch Bildung von Spartenunternehmen, Matrix- und Stabsorganisationen auch verstärkt Formen der Zusammenarbeit rechtlich selbständiger Unternehmen in den Vordergrund.[431] Allgemeiner Trend scheint zu sein, geschäftsbezogene, operative Funktionen zu dezentralisieren,[432] während bei der Zentrale nurmehr Richtlinienkompetenzen und strategische Funktionen verbleiben.[433] Zwischen den beiden Extremen der Zentralisa-

---

[429] Vgl. zu diesen Tendenzen insb.: Bericht der Kommission Mitbestimmung, S. 113 ff.; aus Arbeitgebersicht in der Praxis: Kreßel AuA 1998, 145 ff.; ders. Der Betriebsbegriff in der betrieblichen Praxis, in: JahrbArbR, Bd. 36, 1999, S. 49, 51 ff.

[430] Weinmann ZfA 1991, 73, 75.

[431] Vgl. Umnuß, Organisation der Betriebsverfassung und Unternehmerautonomie, S. 157 ff.

[432] D.h. Entscheidungsbefugnisse werden auf verschiedene Entscheidungsstellen verteilt

[433] Krüger, Organisation der Unternehmung, S. 109.

tion bzw. Dezentralisation, die in reiner Form kaum vorkommen, gibt es in der Unternehmenspraxis jedoch eine Vielzahl von Zwischenformen.[434]

Sowohl der gegenwärtig zu verzeichnende interne Umstrukturierungsprozess in den Unternehmen, als auch die neuartige Form der Zusammenarbeit von Unternehmen führt zunehmend zu einer Entfernung von den nach dem Betriebsverfassungsgesetz 1972 bekannten Organisationsmodellen.[435] Dabei ist keinesfalls zu konstatieren und auch nicht zu prognostizieren, dass diese Entwicklung ein Ende findet. Vielmehr ist offenkundig, dass stets neue Wege gegangen werden, den Arbeitsablauf betriebswirtschaftlich so effizient wie möglich zu nutzen und an die Erfordernisse des Marktes anzupassen.[436]

Im Folgenden soll eine Übersicht über diese Tendenzen gegeben werden, wobei eine abschließende Darstellung auf Grund der Vielgestaltigkeit des wirtschaftlichen Lebens von vornherein ausscheidet.

1. Moderne Organisationsformen

a) Verteilung der Leitungsmacht

Während sich die Unternehmensorganisation, von der das Betriebsverfassungsrecht 1972 ausgegangen ist, weitestgehend durch die Einlinienkonzeption,[437] d.h. durch das Prinzip der Einfachunterstellung, bei genauer Festlegung des Dienstweges und der Abgrenzung von Weisungsbefugnissen, auszeichnet, findet sich in der heutigen Unternehmenswirklichkeit zunehmend das Mehrliniensystem, bei dem die „Einheitlichkeit" der Leitung durch Mehrfachunterstellungen nach Funktionsbereichen aufgehoben wird.[438] Leitung findet dabei auf derselben Ebene durch verschiedene Stellen statt. Gleiches gilt für das Stabsliniensystem,[439] bei dem bestimmte Funktionsbereiche aus dem Liniensystem ausgegliedert und besonderen Stellen dergestalt zugewiesen werden, dass nunmehr die Linieninstanz und die Stabsstelle gemeinsam entscheiden. Bei der Einstellung eines Arbeitnehmers entscheidet beispielsweise der Produktionsleiter gemeinsam mit dem Chef einer Stabsstelle „Recruting" gemeinsam. Könnten sich beide nicht einigen, so müsste eine übergeordnete Stelle entscheiden. Eine einheitliche Leitung fände hier weder auf der unteren Ebene statt, da mehrere Stellen zusammen wirken, noch auf höherer Ebene, da diese nur bei fehlender Einigung zuständig wäre.

Auch die Aufteilung des einzelnen Entscheidungsgegenstandes in verschiedene Teilaspekte stellt hier die Einheitlichkeit der Leitung in Frage.[440] Stäbe nehmen häufig beratende Funktionen ein. Die durch den Stab vorbereiteten Entscheidungsvorschläge

---

434 Schmidt, Grundlagen der Aufbauorganisation, S. 147.
435 Vgl. dazu im Folgenden insb. § 4, B.
436 T. Wißmann, Tarifvertragliche Gestaltung der betriebsverfassungsrechtlichen Organisation, S. 122.
437 Zur Einlinienorganisation vgl. oben § 2, A., II, 2., a).
438 Joost, Betrieb und Unternehmen als Grundbegriffe im Arbeitsrecht, S. 121.
439 Zur Stabsorganisation vgl. oben § 2, A., II, 2., c).
440 Joost, Betrieb und Unternehmen als Grundbegriffe im Arbeitsrecht, S. 116.

können von dem Entscheidungsträger faktisch häufig nicht abgeändert werden. Wäre hier die Einheitlichkeit der Leitung nur nach dem formalen Entscheidungsträger zu beurteilen, so könnte eine sachgerechte Mitwirkung im Entscheidungsprozess nicht stattfinden, da der formale Entscheidungsträger faktisch nicht entscheidet.

Ein vollends uneinheitliches Bild bietet sich bei der Matrixorganisation.[441] Wie eingangs gezeigt, zeichnet sich die Matrixorganisation im Wesentlichen durch die Zusammenarbeit verschiedener teils funktionsorientierter, teils objektorientierter Stellen mit jeweils eigenen Entscheidungsbefugnissen aus. Um innovative, zeitlich begrenzte, komplexe Aufgaben wahrzunehmen führen Unternehmen häufig ein Projektmanagement ein.[442] Die Projekt-Manager haben dabei unterschiedlich unfangreiche Weisungsmacht. Unternehmen mit starkem Marketingbedarf und breiter Produktpalette bilden demgegenüber ein Produktmanagement, das – ebenfalls nach dem Objektprinzip[443] – für Herstellung und Vertrieb eines bestimmten Produktes bzw. einer bestimmten Produktgruppe verantwortlich zeichnet und ergebnisbezogen verantwortlich ist.[444] Zwischen Projekt- bzw. Produkt- und Funktionsmanager als Instanzen (sog. Matrixstellen) werden in der Regel Weisungskompetenzen und Verantwortung so geteilt, dass der erstere für Planung, Koordination und Kontrolle (Was/Wann) und der andere für die Ressourcenbereitstellung (Wer/Wie) verantwortlich zeichnet.[445] In Personalangelegenheiten findet sich häufig die Aufteilung, dass Einstellungen vom jeweiligen Projektleiter, der ggfs. die Qualifikation des Bewerbers besser prüfen kann, wahrgenommen, während Entlassungen vom Personalverantwortlichen, der entsprechende Rationalisierungsvorhaben umzusetzen hat, ausgeführt werden.

Daneben finden sich Organisationsformen nach dem Bild der Tensororganisation:[446] In der modernen Unternehmenspraxis wird nach den organisationstheoretischen Grundsätzen der Tensorsystematik zur Verbesserung der Kundenbeziehungen häufig eine Strukturierung der Organisation unter Kundenbezugsgesichtspunkten vorgenommen.[447] Während bei der Produktmanagement-Organisation die Angebotsleistung (Objektprinzip) im Vordergrund steht, bildet bei der Kundenmanagement-Organisation der Abnehmer den Mittelpunkt (Feldkomponente)[448]. Die sog. Kundenmanager sind (in unterschiedlich starker Ausprägung) für alle Entscheidungen verantwortlich, die seine Kunden / Abnehmer betreffen. Die Diversifikation der Entscheidungsstellen ist dabei gegenüber der Matrixorganisation noch gesteigert.

Neben dem Problem der Verschiedenartigkeit der Entscheidungsstellen, die dazu führt dass eine Mehrzahl mitwirkungspflichtiger Entscheidungen selten an einer Stelle lokalisierbar ist, findet in modernen Unternehmen häufig auch eine Überschneidung der einzelnen Leitungsbefugnisse statt. So werden beispielsweise personelle Maßnahmen häufig sowohl von dem Produktionsverantwortlichen (im Geschäftsbereich) als

---

[441] Zur Matrixorganisation vgl. oben § 2, A., II, 2., d).
[442] Staehle, Management, S. 769.
[443] Vgl. zum Objektprinzip vgl. oben § 2 A. III. 1. b).
[444] Vgl. Schmidt, Grundlagen der Aufbauorganisation, S. 178.
[445] Vgl. Staehle, Management, S. 710.
[446] Zur Tensororganisation vgl. oben § 2, A., II, 2., e).
[447] Staehle, Management, S. 764.
[448] Vgl. zur Feldkomponente vgl. oben § 2 A. III. 1. c).

auch vom Personalverantwortlichen (im Funktionsbereich) getroffen. Sowohl aufgrund der Diversifikation der Entscheidungsmacht, als auch bedingt durch die Überlagerung der einzelnen Verantwortlichkeiten sind einheitliche Leitungsebenen, bei der die Beteiligungsrechte des Betriebsrats auszuüben wären, in Unternehmen mit diversifizierter Organisationsstruktur kaum festzustellen.

Ein Extrembeispiel der organisatorischen Leitungsstruktur stellt die Unternehmensorganisation von Roland Berger & Partner (Stand 1993) dar:[449] Die Organisation ist in einem Matrix-System nach Produktbereichen (Strategische Planung, Organisation, Technologie Beratung, Informatik) und Absatzmärkten (Banken, Handel, Industrie) und einer zusätzlichen temporären Projekt-Organisation zur Kunden- und Auftragsorientierung strukturiert, wobei die Projektleiter vollen Zugriff und umfangreiche Weisungsbefugnis bezüglich aller Mitarbeiter hatten.

b) Ausgestaltung grundlegender Organisationsformen in der modernen Unternehmenspraxis

In § 2 (A. II. und III.) der Untersuchung wurden grundlegende Erkenntnisse der betriebswirtschaftlichen Organisationstheorie aufgezeigt. Die dort gezeigten Organisationsformen sind jedoch idealtypische Konzeptionen, die in der Unternehmenspraxis zahlreiche Modifikationen und Mischformen aufweisen. Mit der „Vorgabe“[450] des BetrVG lässt sich die moderne Unternehmenspraxis nicht in Übereinstimmung bringen. Dazu soll hier ein Überblick gegeben werden und gleichzeitig die Auswirkungen auf die betriebsverfassungsrechtliche Situation in den Unternehmen hergestellt werden.

aa) Funktionsorientierte Organisation

Wie gezeigt, werden bei der funktionalen Organisation unterhalb der Unternehmensleitung auf der zweiten Hierarchieebene Funktionseinheiten nach möglichst gleicher Tätigkeit gebildet.[451] Der Entscheidungsspielraum der jeweiligen Bereichsleiter beschränkt sich auf die operativen, mit den spezifischen Funktionen verbundenen Unternehmensziele.

Diese Zusammenfassung nach homogenen Tätigkeiten führt zu einer unterschiedlichen Zuordnung der mitbestimmungspflichtigen Entscheidungstatbestände im Sinne der §§ 87 ff. BetrVG. So entscheidet z.B. der Bereichsleiter Produktion über die Auslastung der Produktionsanlagen, über Arbeitsgeschwindigkeit und Sortenfolgen. Damit trifft er autonome Entscheidungen zur Einführung von Überstunden, Kurzarbeit, Feierschichten, also zu Gegenständen, die von den §§ 87 Abs. 1 Nr. 2,3; 90 Abs. 1 Nr. 3,4; 91; 99; 100 BetrVG erfasst werden. Der Bereichsleiter „Personal“ bestimmt demge-

---

[449] Beispiel nach Krüger, Organisation der Unternehmung, S. 115.

[450] Eine zwingende Vorgabe für die Unternehmensorganisation enthält das BetrVG freilich nicht, vgl. § 4, B., IV. Vielmehr handelt es sich um Vorstellungen, die der Betriebsverfassungsreformgeber 1972 von der typischen Unternehmensorganisation hatte.

[451] Zur funktionalen Organisationsform vgl. oben § 2, A., IV., 1.

genüber in der Regel über die unter den § 87 Abs. 1, Nr. 5, 7, 8, 9; 92 bis 98 BetrVG normierten Angelegenheiten. Im Bereich Finanzen werden Entscheidungen gem. § 87 Abs. 1 Nr. 4 BetrVG getroffen. Bei der Unternehmensleitung verbleiben zumeist Entscheidungen zu den § 87 Abs. 1 Nr. 6, 10; 90 Abs. 1 Nr. 1, 2 BetrVG.[452]

Daneben bestehen natürlich auch ausgeprägte Abhängigkeiten unter den einzelnen Bereichen. So wird z. B. der Bereichsleiter Produktion mit dem Bereichsleiter Absatz über Fertigungstermine oder Produktionsqualitäten gemeinsam bestimmten. Eine Koordination dieser Fragen ist Grundvoraussetzung für einen reibungslosen Ablauf des Produktions- und Vertriebsprozesses. Zur Bewältigung dieser Probleme werden in größeren Unternehmen und Konzernen Koordinationsausschüsse, Stäbe etc. gebildet, die bei der laufenden Koordination sowie bei der kurz- und mittelfristigen Planung mitwirken.

Soweit es sich um Unternehmen mit nur einer Produktionsstätte handelt, folgen aus der funktionalen Organisation keine gravierenden Probleme für die betriebsverfassungsrechtliche Mitbestimmung. In den Funktionalbereichen werden dann lediglich geringe Entscheidungskompetenzen angesiedelt sein, so dass alle maßgeblichen Entscheidungen von der Unternehmensleitung getroffen werden. Der Betriebsrat steht dann der Unternehmensleitung und damit der allein entscheidenden Stelle gegenüber.[453] Die Nähe zwischen Betriebsrat und Arbeitnehmer ist gewahrt.

Probleme ergeben sich jedoch dann, wenn sich das Unternehmen auf mehrere Standorte erstreckt und diese auch nicht in räumlicher Nähe zueinander liegen, wie dies heutzutage häufig der Fall ist. Entsprechend der organisatorischen Grundstruktur stellen die Funktionsbereiche (insbesondere Einkauf / Produktion / Absatz) eigene, von der Unternehmensleitung abgetrennte "Unternehmensteile" dar mit folgenden betriebsverfassungsrechtlichen Konsequenzen:

- Die Installierung einer Arbeitnehmervertretung bei der Unternehmensleitung führt zu dem Problem, dass die Interessenvertretung der Arbeitnehmer einer weitgehend unzuständigen Stelle gegenübersteht, da wesentliche mitbestimmungspflichtige Entscheidungsinhalte auf die Funktionsbereiche übertragen sind und die Unternehmensleitung selbst in vielen Materien nicht entscheidet. Zudem mangelt es in dieser Konstellation an Belegschaftsnähe der Arbeitnehmervertretung.

- Wird die Interessenvertretung hingegen bei den einzelnen Funktionsbereichen gebildet, so ist zwar die Nähe zu den Arbeitnehmern gewährleistet, es stehen der Interessenvertretung jedoch Bereichsleiter als Ansprechpartner gegenüber, die autonome Entscheidungsbefugnisse nur für die Verwirklichung der ihnen übertragenen Aufgaben / Funktionen und den damit zusammenhängenden Fragen haben. Bei der funktionsorientierten Organisation werden davon jedoch – wie oben gezeigt – nur eine Minderheit an Fragen berührt, in denen der Betriebsrat ein Mitbestimmungsrecht hat. Daneben besteht oftmals das Problem, dass die Funktionsbereichsleiter an die Vorgaben der Unternehmensleitung gebunden sind. Eine sachgerechte Mitwirkung des Betriebsrats im Entscheidungsprozess wird dadurch freilich erschwert, da der unmittelbare Ansprechpartner des Betriebsrats nicht entscheidungsbefugt ist und eine effektive, insbesondere gestalterische, Mitwirkung des

[452] Vgl. Umnuß, Organisation der Betriebsverfassung und Unternehmerautonomie, S. 96.
[453] Vgl. Umnuß, Organisation der Betriebsverfassung und Unternehmerautonomie, S. 97.

Einzelbetriebsrates bei Entscheidungen der Unternehmensleitung aufgrund der organisatorischen bzw. räumlichen Entfernung häufig nicht möglich sein wird.[454] Als Lösung bleibt häufig nur die Übertragung von Aufgaben auf den – nach der gesetzlichen Konzeption nur subsidiär zuständigen[455] – Gesamtbetriebsrat, der bei der Unternehmensleitung gebildet wird und dem die Mitwirkungsrechte, soweit Entscheidungen nicht an die Funktionsbereichsleiter delegiert wurden, übertragen werden.

bb) Divisionale Struktur

Die Divisionalisierung,[456] d.h. die Organisation in Geschäfts- oder Spartenbereiche nach dem Objektprinzip,[457] hat die bis in die 60er Jahre bei Unternehmen vorherrschende Gliederung in Funktionsbereiche weitgehend abgelöst. Anlass dafür waren die Schwerfälligkeit und die schlechte Steuerbarkeit großer Unternehmen, der durch eine stärkere Ausrichtung am Objekt begegnet werden sollte.

Die Unternehmenspraxis setzt heute auf Spartenbildung wegen der Motivationswirkung des Konzepts. Durch die Spartengliederung entstehen selbstständige Wirtschaftseinheiten mit Spartenleitern, die sich in einer mit einem selbstständig handelnden Unternehmer vergleichbaren Position befinden.[458] Die Spartenleitung hat in der Regel eine umfassende unternehmerische Entscheidungsmacht und damit einhergehend entsprechende (Umsatz-)Verantwortung. Bei den Spartenleitungen können dabei neben operativen, also geschäftsbezogenen Entscheidungskompetenzen auch solche betriebsverfassungsrechtlich relevanten Kompetenzen angesiedelt sein.

In der Regel wird jedoch die Arbeitnehmervertretung durch Betriebsrat, Gesamt- bzw. Konzernbetriebsrat, wie sie die Betriebsverfassung 1972 vorsieht, der im Zuge der Divisionalisierung auftretenden Reorganisation der Unternehmen nicht gerecht. Im Einzelnen:

(1) Systemimmanente Probleme divisionaler Struktur beim Einliniensystem

Wie eingangs gezeigt, entstehen durch die Spartenbildung auf der zweiten Hierarchieebene des Unternehmens Entscheidungseinheiten, in denen alle für den Geschäftsbereich wesentlichen Leitungsfunktionen zusammengefasst sind. Die Spartenbildung

---

[454] Vgl. zu dieser Argumentation oben, § 3, B., V., 2. (Fn 263).

[455] Vgl. Konzen, Unternehmensaufspaltungen und Organisationsänderungen im Betriebsverfassungsrecht, S. 140.

[456] Zur divisionalen Organisationsform vgl. oben § 2, A., IV., 2.; aus betriebsverfassungsrechtlicher Sicht setzen sich insb. Joost (Betrieb und Unternehmen als Grundbegriffe im Arbeitsrecht, S. 121 ff.), Konzen (Unternehmensaufspaltungen und Organisationsänderungen im Betriebsverfassungsrecht, S. 43 ff.), Kort (ZfA 2000, 329, 359 f.), Wendeling-Schröder (Divisionalisierung, Mitbestimmung und Tarifvertrag; dies., Unternehmensorganisation und Betriebsverfassung, in Arbeit, Personal und Mitbestimmung in Unternehmensnetzwerken, S. 277) und Kreßel (AuA 1998, 145, 147 f.) mit der Divisionalisierung auseinander. Vgl. auch Heither, Betrieb im Betriebsverfassungsrecht – Herausforderung durch neue Organisations- und Umstrukturierungskonzepte, in: JahrbArbR, Bd. 36, 1999, S. 37, 40; zuletzt Friese RdA 2003, 92 ff.

[457] Zum Objektprinzip vgl. § 2, A., III., 1., b).

[458] Frese, Grundlagen der Organisation, S. 447.

findet in der Regel nicht entlang den Strukturen statt, die das Arbeits- oder das Gesellschaftsrecht vorgibt, sondern wird entsprechend wirtschaftlichen bzw. technologischen Sachzusammenhängen konzipiert.[459] Sofern diese Sparten als (weitere) Einheit im Gesamtkonzept Konzern, Unternehmen, Betrieb hinzutreten, d.h. unter Wahrung des Einliniensystems installiert sind, ergeben sich bei der Mitbestimmung auf Konzern-, Unternehmens- und Betriebsebene meist Schwierigkeiten, da mit der Sparteneinteilung eine Entscheidungsebene geschaffen wird mit der (nach BetrVG 1972) keine Mitbestimmungsstelle korrespondiert.[460]

- Ist das Unternehmen dergestalt organisiert, dass die Sparten mehre Unternehmen zusammenfassen, d.h. zwischen Konzern und Unternehmen angeordnet sind, so ist für die mitbestimmungspflichtigen Angelegenheiten der Gesamtbetriebsrat nicht zuständig. Werden die gesellschaftsrechtlichen Grenzen durch die Divisionalisierung überschritten, bleibt nur die Interessenvertretung durch den Konzernbetriebsrat[461] bzw. den Spartenbetriebsrat.[462] Problematisch hierbei ist, dass der Konzernbetriebsrat hier für die Sparte als „einen Konzernteil“ handelt, jedoch aus Mitgliedern aller Gesamtbetriebsräte zusammengesetzt ist. Die Praxis hat von der Möglichkeit der Errichtung eines Konzernbetriebsrats in diesen Fällen wenig Gebrauch gemacht. Weit häufiger ist die Errichtung von im Betriebsverfassungsgesetz 1972 nicht normierten Institutionen gewesen.[463]

- Sind die Sparten demgegenüber zwischen Unternehmens- und Betriebsebene angesiedelt, d.h. bei Zusammenfassung mehrerer Betriebe in einer Sparte unterhalb der Unternehmensebene, so ist für die mitbestimmungspflichtigen Entscheidungen der Spartenleitung der Gesamtbetriebsrat gem. § 50 Abs. 1 BetrVG zuständig. Der Gesamtbetriebsrat kann jedoch nur dann auf die Spartenleitung als Regelungspartner zurückgreifen, solange sich der Spartenbereich nicht über die gesellschaftsrechtlich definierte Grenze des Unternehmens hinaus erstreckt. Hier stellt sich das Problem, dass die Gesamtbetriebsratszuständigkeit gem. § 50 BetrVG subsidiär ist.[464] Werden Entscheidungen regelmäßig durch die Spartenleitung gefällt, ist diese mitbestimmungsrechtlich normierte subsidiäre Mitbestimmung fehl am Platze. Insbesondere für die Materien gem. §§ 87 ff. BetrVG ist nach bisherigen Verhältnissen und gesetzlicher Regelung der Einzelbetriebsrat zuständig. Die grundsätzliche Zuständigkeit des Gesamtbetriebsrats in diesen Fragen widerspricht damit der grundsätzlichen Wertung des Gesetzes.

  Bei dieser Konstellation zu beachten ist außerdem die betriebsverfassungsrechtliche Konsequenz, die sich aus dem Betriebsbegriff der herrschenden Meinung in Rechtsprechung und Literatur ergibt: Sofern auf Spartenebene der Kern der mitbestimmungspflichtigen Angelegenheiten entschie-

---

[459] Schon Säcker, Die Wahlordnungen zum Mitbestimmungsgesetz, S. 78.
[460] Säcker, Die Wahlordnungen zum Mitbestimmungsgesetz, S. 78; Kreßel AuA 1998, 145, 147; ders., Der Betriebsbegriff in der betrieblichen Praxis, in: JahrbArbR, Bd. 36, 1999, S. 49, 53
[461] Kreßel AuA 1998, 145, 147.
[462] Vgl. unten § 5, I., 3., b).
[463] Vgl. Klinkhammer, S.129; Umnuß, Organisation der Betriebsverfassung und Unternehmerautonomie, S. 106; Bachner NZA 1996, 400.
[464] Vgl. Konzen, Unternehmensaufspaltungen und Organisationsänderungen im Betriebsverfassungsrecht, S. 140.

den wird, ist die Sparte selbst als Betrieb zu definieren.[465] Der Betriebsrat ist dann auf Spartenebene mitwirkungsberechtigt. Aus mitbestimmungsrechtlicher Hinsicht kann es hier – insbesondere bei relativ weit entfernten Standorten[466] mit unterschiedlicher Belegschaftsstruktur – zu einem Auseinanderfallen von Entscheidungs- und Belegschaftsnähe kommen.[467] Wird nämlich für weit auseinander liegende Produktionsstätten ein Betriebsrat eingerichtet, fehlt es in der Regel an der Nähe der Interessensvertreter zu den vertretenden Arbeitnehmern und es liegt keine homogene Repräsentationsbasis vor.

Hingegen sehen sich Betriebsräte bei einer „starken" Spartenleitung, die – auf Grundlage des belegschaftsnahen Ansatzes[468] – an die einzelnen, der Sparte unterstehenden, räumlich getrennten Einheiten anknüpfen, weitestgehend kompetenzlosen Werksleitern gegenüber, die nur eine für den ihnen zugeteilten Funktionsbereich eingeschränkte eigene Entscheidungsmacht haben.[469]

- Keine Probleme ergeben sich in der Regel, wenn eine Division (=Sparte) aus nur einer Produktionsstätte besteht: Hier steht dem Spartenleiter der Betriebsrat als Mitbestimmungsorgan gegenüber. Entscheidungsnähe und Belegschaftsnähe ist hier gewährleistet.[470]

- Ist ein Standort (=Betrieb) in mehrere Sparten aufgegliedert,[471] besteht – sofern es sich um einen relativ großen Standort (=Betrieb) handelt und in den Sparten jeweils eine einheitliche Belegschaft vorliegt – die Gefahr, dass durch eine Repräsentation der Arbeitnehmer bei der Standort-/Betriebsleitung die Belegschaftsnähe der Interessenvertretung nicht gewährleistet ist. Dieser Fall ist mit der in § 4 Nr. 2 BetrVG gemeinten Konstellation vergleichbar.[472] Ob hier Spartenbetriebsräte gemäß § 3 Abs. 1 Nr. 2 BetrVG in Betracht kommen, wird sich unten zeigen.[473]

(2) Organisatorische Mischformen, insb. Mehrliniensysteme

Die Divisionalisierung findet sich in der Unternehmenswirklichkeit selten in reiner Form. Modifizierungen gibt es insbesondere dahingehend, dass bestimmte Bereiche aus den Sparten ausgegliedert und diese Kompetenzen so genannten Zentralbereichen übertragen werden. Die Zentralbereiche wirken sowohl bei der Entscheidungsfindung der Unternehmensleitung, als auch bei der der einzelnen Spartenleitungen mit. Ebenso

---

[465] Vgl. Konzen RdA 2001, 76, 86; Hanau NJW 2001, 2513 f.; Joost, Betrieb und Unternehmen als Grundbegriffe im Arbeitsrecht, S. 124.
[466] In der von Joost als „schlimmsten Fall" bezeichneter Konstellation sogar bei Sparten mit bundesweit verteilten Standorten (vgl. Joost, Betrieb und Unternehmen als Grundbegriffe im Arbeitsrecht, S. 124).
[467] Vgl. oben § 3, B.,V.
[468] Vgl. oben § 3, B., III., 2.
[469] Die Probleme, die aus einer Anknüpfung der Mitbestimmungsorgane an kompetenzlose Stellen resultieren, wurden oben dargestellt, vgl. § 3, B., V., 2. (Fn 263).
[470] Friese RdA 2003, 92, 97.
[471] Zu dieser Konstellation: Friese RdA 2003, 92, 97.
[472] Vgl. oben § 3, B., IV.
[473] Vgl. unten § 5, I., 3., b).

kommt es vor, dass die Zentralbereiche Kontrollbefugnisse gegenüber den Spartenleitungen ausüben.[474] Hier ist häufig eine Richtlinienkompetenz eingeräumt.[475]

In Durchbrechung der strikten Divisionalisierung werden zudem häufig Bereiche eingerichtet, die nach dem Verrichtungsprinzip bestimmte unternehmenseinheitliche Funktionen wahrnehmen.[476] So werden – entsprechend der funktionalen Unternehmensorganisation – zentrale Funktionsbereiche eingerichtet, um etwa Größenvorteile auszunutzen (Macht beim Einkauf), Koordinationsvorteile zu erreichen (Personalwesen) oder unternehmensweit unteilbaren Aufgaben zu begegnen (Finanzen). Auch werden – nach der Feldorientierung[477]– zusätzliche Bereiche eingerichtet, die für bestimmte Regionen bzw. Märkte verantwortlich zeichnen. Diese marktorientierten Teilbereiche treten häufig in Form von regional gegliederten Verkaufsorganisationen auf.

Werden den Sparten zentrale, d.h. unternehmenseinheitlich geführte Bereiche gegenübergestellt, deren Kompetenz aus den Geschäftsbereichen ausgegliedert ist, so wird dadurch die Entscheidungsautonomie der Sparten eingeschränkt. Der Gegenstand der Zentralbereiche ist in der Unternehmenswirklichkeit unterschiedlich. Regelmäßig werden die Bereiche Finanzen und Personalwesen zentral geführt. Es gibt jedoch zahlreiche, den Besonderheiten der einzelnen Unternehmen angepasste Mischformen.

Insbesondere in großen, stark diversifizierten Unternehmen und Konzernen existieren neben der Spartenleitung auf gleicher Ebene einflussreiche Stabsstellen mit beratender Dienstleistungsfunktion, die neben den Zentralbereichen koordinierende Aufgaben übernehmen. Aus dieser Organisation mit Zentral- und Stabsstellen ergeben sich die vorgenannten betriebsverfassungsrechtlichen Probleme der Mehrlinienstruktur.[478] Die dem Mitbestimmungsrecht des Betriebsrats unterliegenden Entscheidungen fallen nicht nur in den Geschäftsbereichen, sondern auch in den anderen Bereichen. Bei Zentralbereichen ist insbesondere das Personalwesen betroffen (insbesondere § 92 BetrVG).

(3) Spartenleitung und Standortleitung

Es können auch die verschiedene Sparten bzw. Divisionen an einem einheitlichen Standort tätig sein. An dem Standort wird dann für verschiedene Sparten gearbeitet. Dabei können die Entscheidungsbefugnisse in unterschiedlicher Ausprägung auf Spartenleitung bzw. Standortleitung übertragen sein. In der Praxis ist die Entscheidungskompetenz häufig aufgesplittet.[479] In dieser Konstellation kann es auch zu einer Aufteilung der relevanten mitbestimmungspflichtigen Entscheidungskompetenzen zwischen Standortleitung und Spartenleitung kommen. Während soziale Angelegenheiten, die in der Produktionsstätte nur sinnvoll einheitlich entschieden werden können, häufig bei der Standortleitung entschieden werden, sind personelle Entscheidungskompe-

---

[474] Weinmann ZfA 1991, 73, 75 f.

[475] Umnuß, Organisation der Betriebsverfassung und Unternehmerautonomie, S. 86 ff.

[476] Staehle, Management, S. 742; Schmidt, Organisation der Unternehmung, S. 106 f.; Joost, Betrieb und Unternehmen als Grundbegriffe im Arbeitsrecht, S. 124.

[477] Zur Feldorientierung vgl. oben § 2, A., III., 1., c).

[478] Zur Mehrlinienstruktur vgl. oben § 2, A., III., 2., c).

[479] Vgl. Joost, Betrieb und Unternehmen als Grundbegriffe im Arbeitsrecht, S. 124 (Fn 267).

tenzen, die stärker mit der Geschäftspolitik der Division verknüpft sind, häufig bei der Spartenleitung angesiedelt.

Zudem ist Entscheidungs- und Belegschaftsnähe oft schwer miteinander zu vereinen: Wird die Interessenvertretung auf Ebene der umfangreich entscheidungsbefugten Standortleitung angesiedelt, so kommt es ggf. zu einer „Entfernung" des Interessenvertreters zu den von ihm vertretenen Arbeitnehmern, soweit sich die Arbeitnehmer in dem Werk aufgrund der Einteilung in verschiedene Sparten und weiterer Umstände nicht als einheitliche Belegschaft darstellen.

Wird die Interessenvertretung hingegen bei den Spartenleitern angesiedelt, so wird die Arbeitnehmernähe - sofern sich die Sparte nicht auf mehrere Standorte erstreckt - in der Regel zu bejahen sein, die Entscheidungsnähe jedoch nur dann, wenn die Spartenleiter innerhalb der Produktionsstätte gegenüber der Standortleitung umfangreich entscheidungsbefugt sind. Gerade in den mitbestimmungspflichtigen Angelegenheiten gem. § 87 BetrVG werden die Spartenleiter gegenüber den Werksleitern jedoch häufig nicht umfangreich entscheidungsbefugt sein.

(4) Interne Organisation der Sparte

Die Spartenleiter zeichnen zwar grundsätzlich für die funktionalen Teilbereiche, die jeweils partiell auf die jeweiligen Produkte oder Produktgruppen ausgerichtet sind, verantwortlich. Jedoch kommt es auch hier zur weiteren Delegation von Leitungsmacht nach funktionalen bzw. marktorientierten Kriterien: In Durchbrechung des Spartenkonzepts werden dabei unterhalb der Spartenleitung funktionale Gliederungen geschaffen (Produktion / Personal / Rechnungswesen etc.), die nach dem Verrichtungsprinzip bestimmte Funktionen wahrnehmen.[480] Auch werden – nach der Feldorientierung[481] – zusätzliche Bereiche gebildet, die für bestimmte Regionen bzw. Märkte verantwortlich zeichnen. Anders als die Funktionsbereichleiter üben die Spartenleiter jedoch gegenüber den untergeordneten Funktionsleitern eine spartenspezifische Konkretisierung nach an dem Spartenzweck orientierten Zielvorgaben aus. Sie werden dabei bezüglich der Entscheidungsinhalte quasi wie eine selbständige Unternehmensleitung tätig. Auch hierdurch ergeben sich Probleme der mehrfachen Entscheidungszuständigkeit.

(5) Zusammenfassung: Vielzahl von Entscheidungsebenen

Aus dieser Vielzahl von Entscheidungsebenen ergibt sich zwangsläufig Koordinationsbedarf. Probleme bestehen somit zwischen Unternehmensleitung, Spartenleitung, Zentralbereichen und Stäben. Auch die einzelnen Standortleitungen sind bei entsprechender Größe häufig umfangreich entscheidungsbefugt. In diesem Gebilde bestehen Entscheidungsinstanzen auf unterschiedlichsten Ebenen. Alle Bereiche können sich mit Materien befassen, die auf die Durchführung in den untersten Ebenen (z.B. den

---

[480] Staehle, Management, S. 742; Schmidt, Organisation der Unternehmung, S. 106 f.; Joost, Betrieb und Unternehmen als Grundbegriffe im Arbeitsrecht, S. 124.

[481] Zur Feldorientierung vgl. oben, § 2, A., III., 1., c).

Produktionsstätten) gerichtet sind.[482] Der am Standort für diese Sachgebiete zuständige Leiter kann dann ggf. von mehreren Stellen angewiesen werden, und auch im Standort selbst müssten einzelne Maßnahmen nicht einheitlich für alle dort beschäftigten Arbeitnehmer entschieden werden, da sie ggf. unterschiedlichen Sparten angehören.

(6) Veränderungen in der Personalleitungsfunktion

Neben vorgenannten Organisationsentwicklungen, die vor allem zu einer Vielzahl von Entscheidungsstellen in den Unternehmen führen, zeichnet sich in produktbezogenen Unternehmensorganisationen z.T. eine gegenläufige, aus mitbestimmungsrechtlicher Sicht jedoch nicht minder problematische Tendenz ab, auf die *Kreßel* [483] hinweist: Arbeitstechnische Prozesse könnten nur dann optimal gestaltet werden, wenn die Personalleitung auf die Produktions- und Dienstleistungsvorgänge im Unternehmen zugeschnitten ist. Teilweise werden daher Personalleitungsfunktionen in den Unternehmen gar nicht mehr – wie insbesondere bei der funktionsorientierten Organisation – isoliert wahrgenommen, sondern im System der arbeitstechnischen Entscheidungsstrukturen integriert. Dies führe dazu, dass dabei die Personalleitungsfunktion in Gänze aufgelöst wird und die Aufgaben auf andere Funktionsträger, insbesondere den arbeitstechnischen Vorgesetzten übertragen werden.[484] *Kreßel* spricht insofern von einer Akzessorietät der betriebsverfassungsrechtlich relevanten Regelungsgebiete zu den arbeitstechnischen und wirtschaftlichen Zielsetzungen der Sparte.[485]

Betriebsverfassungsrechtliche Konsequenz einer Betreuung des einzelnen Vorgesetzten mit umfangreicher Leitungsbefugnis in personellen Angelegenheiten ist, dass – auf Grundlage des in Rechtsprechung und Literatur herrschenden Betriebsbegriffs – die betriebsratsfähige Einheit auf Abteilungsebene zu bilden ist.[486] Eine solche Anbindung der betriebsverfassungsrechtlichen Mitbestimmungsorgane führt tatsächlich zu einer Atomisierung der Interessenvertretung in betriebsverfassungsrechtliche Kleinsteinheiten.

cc) Marktorientierte Organisationsstrukturen

Die marktorientierte Organisationsstruktur [487] beruht auf der Abgrenzung von Entscheidungszuständigkeiten nach Kriterien, die sich aus dem Bereich der Abnehmer / Kunden ergeben. Häufig ist dabei die regionale Aufteilung (sog. Filialstruktur). In der Reinform werden dabei sämtliche Funktionen, die den Vertrieb aller Produkte in dieser Region betreffen in der marktorientierten Einheit zusammengefasst. So kann auf die Marktdynamik und die entsprechend sich verändernden Marktdaten optimal reagiert werden. In der Praxis tritt durch diese Ausrichtung an der Marktdynamik ein permanenter Reorganisationsprozess auf. Die marktorientierte Struktur findet sich vor allem

---

[482] Vgl. auch Friese RdA 2003, 92, 93.
[483] Kreßel, Der Betriebsbegriff in der betrieblichen Praxis, in: JahrbArbR, Bd. 36, 1999, S. 49 ff.
[484] Kreßel AuA 1998, 145, 147.
[485] Kreßel AuA 1998, 145, 147.
[486] Kreßel, Der Betriebsbegriff in der betrieblichen Praxis, in: JahrbArbR, Bd. 36, 1999, S. 49 ff.
[487] Zur marktorientierte Organisationsform vgl. oben § 2, A., IV., 3.

im Bereich Handel, Banken, Versicherungen und Dienstleistungen. Dabei ist das Management häufig zentralisiert. Dies folgt aus verbesserten Möglichkeiten der zentralen Datenerfassung, Marktbeobachtung und Unternehmenssteuerung sowie verbesserter Kommunikation und Infrastruktur.

Die örtlich und regional durchzuführenden Entscheidungen werden von der zentralen Leitungsebene häufig koordiniert, die inhaltliche Konkretisierung der Entscheidungsvorgänge verbleibt zumeist in der Zuständigkeit der Regionalleitung. Der einzelnen Filiale oder Zweigstelle sind Entscheidungskompetenzen weitestgehend entzogen. Der Leiter des organisatorischen Bereichs (Verkaufsdirektor) ist mit der Leitung eines Verkaufsgebietes zur Erreichung der von der Unternehmensleitung vorgegebenen Eckdaten betraut. Er plant die personelle Besetzung der Verkaufsorganisation in seinem Gebiet und trifft Entscheidungen über die anfallenden personellen Maßnahmen, insbesondere Einstellungen und Entlassungen. Daneben ist er zuständig für Weiterbildung, Gehaltsfindung und soziale Angelegenheiten. Die Anzahl der zu besetzenden Arbeitsplätze ist ihm in der Regel von der Unternehmensleitung vorgegeben. So fällt der Bereich der Personalplanung (§ 92 BetrVG) aus dem Zuständigkeitsbereich des Regionalleiters heraus. Die Organisationsform hat folgende betriebsverfassungsrechtliche Konsequenzen:

- Für die betriebsverfassungsrechtliche Vertretungsstruktur besteht zum einen die Möglichkeit, die Interessenvertretung bei der Hauptverwaltung anzusiedeln, die Entscheidungen in mitbestimmungspflichtigen Angelegenheiten weitestgehend zentral wahrnimmt. Dadurch wird der Kontakt zwischen Betriebsrat und Arbeitnehmern jedoch unterbrochen. In Folge der hohen Arbeitnehmerzahlen des Zweigstellen-/Filialbereichs kommt es im Betriebsrat zu einer „Überfremdung“ der Arbeitnehmer der Hauptverwaltung.[488]

- Daneben bietet sich die Möglichkeit für alle Filialen/Zweigstellen Einzelbetriebsräte zu errichten. Weitestgehend müssten diese als betriebsratsfähige Betriebsteile gem. § 4 BetrVG gelten, da sie vom Hauptbetrieb "weit entfernt" liegen. Die Nähe zwischen Betriebsrat und Arbeitnehmern ist damit gewährleistet. Da jedoch die überwiegende Anzahl der mitbestimmungspflichtigen Entscheidungen zentral in der Hauptverwaltung entschieden wird, verbleibt bei den Filialen-/Zweigstellenleitern wenig Entscheidungskompetenz, so dass den Betriebsräten inkompetente Ansprechpartner gegenüberstehen.[489] Aufgrund der restriktiven Auslegung des § 4 BetrVG[490] wurde der Betriebsrat in der Praxis meist am Hauptsitz zur Hauptinstanz der betriebsverfassungsrechtlichen Interessenvertretung gebildet.[491]

Auch bei der marktorientierten Organisationsstruktur treten Mischformen und Modifizierungen auf. Insbesondere wird damit dem Spannungsverhältnis zwischen Mark- und Produktorientierung Rechung zu tragen. Dazu dienen Koordinationsstellen in Form von Stabseinheiten, koordinierende Zentraleinheiten, und die Ausgliederung von Produkt und Funktionsbereichen. Häufig anzutreffen ist hier die Matrix- bzw. Tensoror-

---

[488] Umnuß, Organisation der Betriebsverfassung und Unternehmerautonomie, S. 103.
[489] Vgl. zu dieser Argumentation oben, § 3, B., V., 2. (Fn 263).
[490] Vgl. oben § 3, B., IV.
[491] Rancke, Betriebsverfassung und Unternehmenswirklichkeit, S. 188.

ganisation.[492] Wie oben gezeigt, stehen diese Organisationsmuster der Einheitlichkeit der Arbeitgeberentscheidungen zumeist entgegen.

Daneben besteht die Struktur Hauptverwaltung/Regionalleitung/Zweigstelle. In der Praxis wurden dazu häufig zusätzliche betriebsverfassungsrechtliche Vertretungsstellen eingerichtet.

c) Andere Organisationsformen

Neben den oben aufgezeigten grundlegenden Organisationsformen finden sich in der modernen Unternehmenslandschaft zunehmend folgende Strukturen, die von dem betriebsverfassungsrechtlichen System, das das Betriebsverfassungsgesetz 1972 normiert, und insbesondere von dem Betriebsbegriff der herrschenden Rechtsprechung und Literatur nicht ausreichend erfasst werden können.

aa) Holding-Organisation

Im Bereich der Konzernorganisation finden sich strukturelle Ansätze, die das Prinzip der föderativen Dezentralisierung umsetzen.[493] Dabei werden einzelne Bereiche mit bestimmten Aufgaben und eigener Erfolgsrechnung betraut. Ein derartiger Ansatz ist die Management Holding. Diese besteht aus einer Mehrzahl rechtlich selbständiger, kapitalmäßig aber eng verflochtener Unternehmen, bei denen es sich um ehemalige Sparten, aber auch um akquirierte Unternehmen handeln kann. Die typischerweise "schlanke" Zentrale übernimmt in der Regel nur die strategische Ausrichtung. Es werden aber teilweise auch andere Funktionen wahrgenommen, die in den mitbestimmungspflichtigen Raum hineinreichen, so etwa die Personalpolitik. Die Holding Organisation ist eine Sonderform der Geschäftsbereichsorganisation, bei der auf der zweiten Ebene rechtlich selbständige Unternehmen (Geschäftsbereiche) gebildet werden, die entweder gleiche oder verschiedene Wertschöpfungsprozesse haben. Grundsätzlich lassen sich zwei Formen unterscheiden: Die Management-Holding gibt strategische Vorgaben an die rechtlich selbständigen Geschäftsbereiche (Tochterunternehmen). Bei der Finanzholding besteht nur ein finanzieller Zusammenhang zwischen Holding-Mutter und dem Geschäftsbereich (Unternehmen). Ein Zentralbereich, wie er bei der Management-Holding gebildet wird, der strategische Vorgaben- und Kooperationsparameter bestimmt, existiert hier nicht.

Betriebsverfassungsrechtliche Problemgestaltungen treten insbesondere bei der Management-Holding auf, bei der von einem Zentralbereich strategische Planungen vorgegeben werden. Werden vom Mutterunternehmen mitbestimmungsrechtlich relevante Angelegenheiten in erheblichem Umfang bestimmt, insbesondere allgemeine personelle Angelegenheiten (Personalplanung, Auswahlrichtlinien) und wirtschaftliche Angelegenheiten der Tochtergesellschaften, werden die betriebsverfassungsrechtlichen Mitbestimmungsrechte im Sinne der §§ 92 ff. und 106 ff. BetrVG ausgelöst. Betriebsver-

[492] Zur Tensorstruktur vgl. oben § 2, A., III., 2., e).
[493] Vgl. Staehle, Management, S. 745 f.

fassungsrechtlich sind die Angelegenheiten in diesen Fällen auf Konzernebene angesiedelt, weshalb der Konzernbetriebsrat zuständig ist. Die übrigen, insbesondere sozialen Angelegenheiten und personelle Einzelmaßnahmen bleiben auf Unternehmens- bzw. Betriebsebene.

bb) Prozessorganisation

In den letzten Jahren hat die Prozessorganisation bzw. das Prozessmanagement große Aufmerksamkeit in der Unternehmenspraxis gefunden.[494] Dabei wird das klassische organisatorische Verständnis der Aufgabenbildung umgekehrt. Teilaufgaben werden nicht länger deduktiv aus der Gesamtaufgabe (von oben nach unten) abgeleitet, sondern von vornherein nach einer durch die Produktion vorgegebenen Prozessnotwendigkeit (von unten nach oben) gebildet. Aufgaben werden nicht länger nach der schon vorher bestehenden abstrakten Notwendigkeit verteilt, sondern es werden Einzelaktivitäten nach funktionaler Ähnlichkeit unter dem Gesichtspunkt der Prozessoptimierung zusammengefasst.[495]

Auch wenn von dieser Organisation weitestgehend Arbeitsanweisungen betroffen sind, die sich dem mitbestimmungsrechtlichen Bereich entziehen, so werden doch eine Vielzahl von mitbestimmungspflichtigen Angelegenheiten auf unterer Ebene mit wahrgenommen bzw. bleiben dem einzelnen Mitarbeiter selbst überlassen.[496] Beispiele hierfür sind insbesondere soziale Angelegenheiten im Sinne des § 87 BetrVG. Strategische Planung, personelle Maßnahmen und wirtschaftliche Angelegenheiten bleiben demgegenüber zumeist bei der „klassischen" Leitungsstelle.

cc) Hybride Organisationsformen

Daneben zeichnet sich in jüngerer Vergangenheit zunehmend eine Entwicklung ab, bei der sich rechtlich selbständige, kleine Unternehmen, intensiv zur gemeinsamen Aufgabenbewältigung zusammentun, um kurze Produktionszyklen, gesteigerte Reaktionsschnelligkeit am Markt auf eine zunehmend individualisierte Nachfrage zu gewährleisten.[497] Bei dieser Organisationsform wird den einzelnen Einheiten die Abwicklung integrierter Prozesse übertragen. Jedes Unternehmen konzentriert sich auf den Teilprozess, in dessen Abwicklung seine Internkompetenzen liegen.[498] Neben der Zusammenfassung originär autonomer Unternehmen ist die Segmentierung oder Auflösung von Großunternehmen zu beobachten.[499]

Mit der Segmentierung der Produktion wird zwangsläufig die Ablauforganisation verändert. Auch wenn hier die wesentlichen mitbestimmungsrechtlichen Entscheidungen im einzelnen Unternehmen verbleiben, so bildet sich in der Praxis jedoch eine Vielzahl von Problemkreisen heraus, die sachgerecht nur über die Unternehmensgren-

---

[494] Vgl. Staehle, Management, S. 751 f.
[495] Vgl. Lange BB 1998, 1165 f.
[496] Vgl. Lange BB 1998, 1165 f.
[497] Vgl. Lange BB 1998, 1165.
[498] Vgl. Windbichler ZfA 1996, 1, 3 ff.
[499] Vgl. Lange BB 1998, 1165.

zen hinweg wahrgenommen werden können. Deutlich wird dies insbesondere im Rahmen der sog. "Inhouse-Produktion", bei der die Zulieferer ihre Teile selbst am Fließband des Herstellers montieren.[500] Die gesetzliche Interessenvertretung durch Betriebsrat, Gesamtbetriebsrat und Konzernbetriebsrat droht hierbei – sofern kein Gemeinschaftsbetrieb anzunehmen ist – zu kurz zu greifen.[501]

dd) Fraktale Organisation

Kennzeichnend für die fraktale Organisation ist, dass die Untereinheiten eines Unternehmens jeweils wie selbständige Unternehmen autonom am Markt operieren, ohne dabei – wie im Modell der hybriden Organisation[502] – tatsächlich rechtlich selbständig zu sein.[503] Die Vorteile entsprechen dabei weitgehend denen der hybriden Struktur.

In den einzelnen Organisationseinheiten finden sich Entscheidungsträger, die für die Organisationseinheit umfassend geschäftsführungs- und weisungsbefugt sind. Dieses Strukturierungsprinzip reduziert die Komplexität großer organisatorischer Strukturgebilde auf ein Minimum. Gleichzeitig verhindert die Schachtelung das entstehen hierarchischer Ebenen,[504] die in modernen Unternehmen (vornehmlich in sogenannten „Start-Up's“) zum Teil nicht erwünscht sind.

Jede Organisationseinheit hat ein eigenes Zielsystem und steuert sich unter Berücksichtigung des Unternehmensgesamtzwecks eigenverantwortlich selbst.[505] Leitung wird in diesen Strukturen nicht über hierarchische Strukturen sondern über gemeinsame Problemlösung ausgeübt. Idealerweise sollen dabei schnelle Entscheidungen direkt vor Ort fallen.[506] Wesentliche mitbestimmungspflichtige Angelegenheiten werden hier – ähnlich wie bei der Prozessorganisation – auf unterster Ebene wahrgenommen. Häufig findet sich dabei kein einzelner Entscheidungsträger, sondern die Fragen sind der Gruppe als Ganzes überlassen. Strategische Entscheidungen und übergreifende Leitungsaufgaben werden – sofern vorhanden – in den Kompetenzcentern oder Geschäftsbereichen entschieden. Einzelne Projekte, die zum Teil weltweit realisiert werden, werden häufig von wenigen Mitarbeitern gesteuert.[507]

ee) Franchising

Bei den sich hinter dem Begriff „Franchising“ verbergenden Formen der Absatzkooperation verschiedener Unternehmen handelt es sich um vertikal-kooperativ organisierte Absatzsysteme, innerhalb derer rechtlich selbständige Unternehmen auf der Basis ei-

---

[500] So bei der Bus-Produktion des Volkswagen-Konzerns in Resende/Brasilien (Bsp. nach Lange BB 1998, 1165). Diese Formen der Zusammenarbeit von Unternehmen werden auch als "Fabrik in der Fabrik" bezeichnet.
[501] Vgl. Konzen RdA 2001, 76, 78.
[502] Vgl. oben, cc).
[503] Vgl. Kort AG 2003, 13, 22.
[504] Vgl. Giesen BB 2002, 1480, 1481.
[505] Vgl. Kort AG 2003, 13, 22.
[506] Vgl. Giesen BB 2002, 1480, 1481.
[507] Vgl. Lange BB 1998, 1165, 1167.

nes vertraglichen Dauerschuldverhältnisses gemeinsam am Markt auftreten. Der Franchisegeber gibt dabei ein Beschaffungs- und Organisationskonzept, Nutzungsrechte an Schutzrechten, und Know-How an den Franchisenehmer weiter. Der Franchisegeber ist verpflichtet den Franchisenehmer aktiv und laufend zu unterstützen und das Konzept ständig weiter zu entwickeln. Der Franchisenehmer wird im eigenen Namen und für eigene Rechnung tätig und darf dabei die vorbezeichneten Rechte gegen Entgelt nutzen. Als Leistungsbeitrag liefert er Arbeit, Kapital und Informationen.[508]

Das Franchising tritt insbesondere in Form des Subordinations-, Koalitions-, Konföderations-, und Koordinations-Franchising auf. Lediglich im Rahmen des Subordinations-Franchisings zeigt sich bei Aufdeckung von Abhängigkeitsbeziehungen und Interessenstrukturen eine dem Unterordnungskonzern vergleichbare Situation auf, die eine analoge Anwendung der Vorschriften zur Bildung eines Konzernbetriebsrats im Unterordnungskonzern rechtfertigen.[509]

Die Eingliederung des Franchisenehmers in das vom Franchisegeber vorgegebene Absatzsystem bewirkt, dass bestimmte betriebsverfassungsrechtlich relevante Fragen nicht mehr vom einzelnen Franchisenehmer, sondern vom Franchisegeber entschieden werden. Der einzelne Franchisenehmer hat dann in Angelegenheiten, die einer franchise-einheitlichen Regelung unterliegen, de facto keine eigene Entscheidungskompetenz. Dies können insbesondere Fragen der sozialen Mitbestimmung (Arbeitskleidung, Lage der Arbeitszeit, etc.) sein. Aber auch allgemeine personelle Angelegenheiten werden zum Teil von der Systemzentrale entschieden. Die betriebliche Interessenvertretung kann zwar die Mitbestimmung in sozialen und personellen Angelegenheiten gegenüber dem Franchisenehmer als Arbeitgeber wahrnehmen, jedoch stünde sie damit dem tatsächlichen Entscheidungsträger nicht gegenüber. Eine Mitwirkung im Entscheidungsprozess kann damit nicht stattfinden. Sofern kein Unterordnungskonzern vorliegt, können die Angelegenheiten auch nicht an den Konzernbetriebsrat delegiert werden.

ff) Just-in-Time Verfahren

Die sogenannte Just-in-Time Produktion stellt eine informationstechnisch-logistische Verknüpfung verschiedener Fertigungsprozesse im Rahmen des Managements der Lean-Produktion,[510] insbesondere im Verhältnis Lieferant - Produzent dar.[511] Das Verfahren bezweckt, das richtige Fertigungsteil zum richtigen Zeitpunkt in der richtigen Qualität am richtigen Ort zur Verfügung zu stellen, und so Lagerkosten zu sparen, Flexibilisierung und Qualitätsoptimierung zu ermöglichen. Bei der Just-in-Time Produktion besteht zumeist ein intensives Beziehungsgeflecht zwischen Lieferanten und Herstellern, welches zum Teil als Netzwerk zu qualifizieren ist. Dabei bleiben die einzelnen Zulieferer rechtlich selbständig, stehen jedoch durch langfristige Verträge in gesicherten Geschäftsbeziehungen zueinander und zum Hersteller.

---

[508] Deutscher Franchise-Verband e.V. (Skaupy BB 1990, 134).
[509] Umnuß, Organisation der Betriebsverfassung und Unternehmerautonomie, S. 203.
[510] Kort AG 2003, 13, 22.
[511] Vgl. grundlegend Wagner AuR 1990, 123 ff.; ders. AuR 1990, 245 ff.

Die Just-in-Time Produktion führt dazu, dass die Lieferanten in vielfältiger Hinsicht von der Gesamtproduktion bzw. Gesamtfertigung gesteuert werden und zu dieser in einem Abhängigkeitsverhältnis stehen. Andererseits gerät auch der Endproduzent in eine Abhängigkeit zu den Lieferanten, da Störungen bei der Lieferung die gesamte Endproduktion zum Erliegen bringen können.

Durch diese Interdependenzen in beide Richtungen kann es zu erheblichen betriebsverfassungsrechtlichen Mitbestimmungsdefiziten kommen. Diese werden durch die veränderten Entscheidungsstrukturen in den Netzwerken bedingt. Der Entscheidungsspielraum des Lieferanten wird zum Teil erheblich durch das Abhängigkeitsverhältnis zum Produzent beschränkt. Insbesondere in sozialen Angelegenheiten können Lieferanten häufig de facto nicht selbständig entscheiden.[512] Dies betrifft insbesondere Lage und Dauer der Arbeitszeit, auftragsbedingte Mehrarbeit, Schicht- und Urlaubspläne, Einführung von EDV-gestützten Informations- und Kommunikationssystemen, Weiterbildung und Richtlinien über die personale Auswahl.[513] Die Betriebsräte können zwar – wie beim Franchising – nach wie vor in sozialen und personellen Angelegenheiten ihre erzwingbare Mitbestimmung gegenüber dem eigenen Arbeitgeber ausüben. Der Arbeitgeber gerät dadurch jedoch in eine Zwangslage angesichts möglicher widersprechender Vorstellungen von Betriebsrat einerseits und Abnehmerunternehmen andererseits, die sich aus seiner Einbindung in das Just-in-Time System ergibt. Die betriebliche Mitbestimmung wird dadurch zwar grundsätzlich nicht eingeschränkt. Die Interessenvertretung kann jedoch nicht auf den tatsächlichen Entscheidungsträger einwirken. Da in der Regel kein (Unterordnungs-)Konzern vorliegt, können die Angelegenheiten auch nicht nach oben, an einen Konzernbetriebsrat weiter gegeben werden.[514]

gg) Betriebsführungsgesellschaften

Daneben finden sich in der Unternehmenspraxis Vertragsgestaltungen, bei denen ein Eigentümerunternehmen einem Betriebsführungsunternehmen die Befugnis einräumt, einen Betrieb im Namen und für Rechnung des Eigentümerunternehmens zu führen.[515] Dies kann sich auf den gesamten Tätigkeitsbereich beziehen, es können aber auch nur Teilbereiche des Eigentümerunternehmens in Gestalt von Divisionen betroffen sein.[516]

Betriebsverfassungsrechtliche Probleme ergeben sich insbesondere bei konzernexternen Betriebsführungsverträgen, d.h. in Fällen, in denen zwischen Eigentümerunternehmen und Betriebsführungsunternehmen keine Konzernverbindung besteht. Führt

---

512 Vgl. Wagner AuR 1990, 245, 248 ff.

513 Vgl. H. Wißmann NZA 2001, 409, 410.

514 Kort AG 2003, 13, 22.

515 Vgl. Umnuß, Organisation der Betriebsverfassung und Unternehmerautonomie, S. 187 ff.

516 Zu unterscheiden sind Formen des echten und des unechten Betriebsführungsvertrages. Beim echten Betriebsführungsvertrag handelt der Betriebsführer im fremden Namen und für fremde Rechnung, Arbeitgeber im betriebsverfassungsrechtlichen Sinn bleibt also das Eigentümerunternehmen. Demgegenüber wird beim unechten Betriebsführungsvertrag das Betriebsführungsunternehmen im eigenen Namen tätig, weshalb nach h.M. ein Betriebsübergang gemäß § 613 a BGB anzunehmen ist.

das Betriebsführungsunternehmen den übernommenen Tätigkeitsbereich mit den Arbeitnehmern des Eigentümerunternehmens fort, so handelt es ihnen gegenüber in rechtsgeschäftlich übertragener Handlungsvollmacht und übt auf dieser Grundlage das Weisungsrecht des Arbeitgebers aus. In der Regel werden alle wirtschaftlichen, organisatorischen und produktionstechnischen Entscheidungen vom Betriebsführungsunternehmen getroffen. Damit wird das Betriebsführungsunternehmen zum eigentlichen sachlich kompetenten betriebsverfassungsrechtlichen Ansprechpartner des Betriebsrats. Wegen der Bevollmächtigung kann das Betriebsführungsunternehmen aber nur als beauftragter betriebsverfassungsrechtlicher Ansprechpartner betrachtet werden; die Zuständigkeit des Betriebsrats stößt hier an die Unternehmensgrenzen. Zwar können die bestehenden betriebsverfassungsrechtlichen Arbeitnehmervertretungen auch weiterhin ihre Rechte gegenüber dem Eigentümerunternehmen als Arbeitgeber durchsetzten, jedoch ist dieses faktisch nicht leitungsbefugt. Zwischen Eigentümer und Betriebsführer muss eine Abstimmung erfolgen. Eine sachgerechte Mitbestimmung schon im Entscheidungsprozess scheidet – wie bei der Franchise– bzw. Just-in-Time Organisation – daher in der Regel aus.

hh) Personalführungsgesellschaften

In Organisationskonzepten, in denen Zentralbereiche eine große Rolle spielen, werden zum Teil zentrale Funktionsbereiche auch rechtlich verselbständigt. Auf diesem Weg werden dann – beispielsweise alle Personalangelegenheiten – von dem Personalführungsunternehmen wahrgenommen.[517] Dies schließt häufig auch die Vornahme von Einzelangelegenheiten, wie auch die umfassende Personalpolitik des Unternehmens ein. Die Folge ist, dass in anderen Konzernunternehmen derartige funktionale Bereiche – etwa für personelle Angelegenheiten – nicht mehr angesiedelt sind bzw. faktisch nur noch der entsprechenden verselbstständigten Gesellschaft zuarbeiten. Selbständige Entscheidungen werden in diesen Unternehmen in den relevanten Gebieten dann gar nicht mehr getroffen.

Zu unterscheiden ist zwischen Personalunternehmen, die Arbeitnehmer im eigenen Namen einstellen und dann den einzelnen Konzernunternehmen zuweisen, und der Konstellation, dass das Personalführungsunternehmen im Namen und im Auftrag eines einzelnen Konzernunternehmens tätig wird und Arbeitsverhältnisse für diese abschließt. Erstere Variante bedeutet in arbeitsrechtlicher Hinsicht die Schaffung eines zentralen Vertragsarbeitgebers im Konzern bei gleichzeitigem Vorliegen eines Beschäftigungsarbeitgebers. Das Problem ist hier, dass der Betriebsrat stets nur gegenüber dem Vertragsarbeitnehmer, d.h. gegenüber dem Personalführungsunternehmen tätig werden kann, auf die tatsächlichen Begebenheiten des Arbeitgebers am Arbeitsplatz jedoch wenig Einfluss ausüben kann. Der Betriebsrat ist dann darauf angewiesen, dass das Personalführungsunternehmen seinerseits die entsprechenden Regelungen bei den Konzernunternehmen durchsetzt.

---

[517] Konzen, Unternehmensaufspaltungen und Organisationsänderungen im Betriebsverfassungsrecht, S. 54.

Bei der Konstellation, dass die Arbeitnehmer vom Personalführungsunternehmen lediglich für ein anderes Konzernunternehmen eingestellt werden, kommt es nicht zu einem Auseinanderfallen der Vertragsarbeitgeberstellung und der Beschäftigungsarbeitgeberstellung. Die entsprechenden betriebsverfassungsrechtlichen Vertretungsinstitutionen sind bei den einzelnen Konzernunternehmen zu errichten. Als problematisch erweist sich hier jedoch, dass in Folge der Zentralisation der Personal- bzw. Sozialangelegenheiten Entscheidungen in den betriebsverfassungsrechtlichen Angelegenheiten zum Teil nur noch bei den Personalführungsunternehmen liegen. Die einzelnen Konzernunternehmen verfügen insofern nicht über die volle Verhandlungs- und Entscheidungsmacht. Eine sachgerechte Mitbestimmung im Entscheidungsprozess kann nicht stattfinden.

ii) Marktorientierte Tendenzen

In der betriebswirtschaftlichen Organisationstheorie findet das Thema „Markt“ in jüngster Zeit zunehmend Beachtung. Dabei ist jedoch nicht bloß der Markt als Umfeld, in dem sich das Unternehmen bewegt gemeint. Auch die Organisation des Unternehmens wird durch den Markt bestimmt. In den Vordergrund tritt dabei der Faktor „Wissen“, der zu einem "Wissensmarkt" im Unternehmen führt. In diesem Zusammenhang wird in der Betriebswirtschaftslehre seit neuerem ein Konzept des „gefilterten Marktes“ diskutiert. Diese neue Organisationsform für Unternehmen im Wissenszeitalter ist dadurch gekennzeichnet, dass ein anreizorientiertes Steuerungskonzept zur Realisierung firmeninternen Wissens installiert wird. Ziel dieses Systems ist die effektive und effiziente Bereitstellung und anschließende Verteilung von Wissen im Unternehmen. Durch das Anreizsystem Markt sind Mitarbeiter bestrebt, ihre Fähigkeiten und Erfahrungen selbständig zu identifizieren, um sie auf dem „Wissensmark Unternehmen“ anzubieten.[518] Durch ein gezieltes Abstellen auf Wissenspotentiale wird die klassische hierarchische Steuerung in Unternehmen durchbrochen. Langfristig werden sich Unternehmen aufgrund des Steuerungsmediums "operatives Wissen" erneut ausdifferenzieren. Entscheidungen werden dabei vermehrt von Wissensträgern getroffen bzw. vorbereitet, die neben der hierarchischen Struktur stehen.

jj) Shop-in-Shop

Bei dem Shop-in-Shop System überlassen Einzelhändler Herstellern oder Großhändlern Verkaufsflächen zur eigenständigen Präsentation ihrer Waren oder zum Betrieb von Verkaufsständen. Die auf diese Weise zusammenarbeitenden Arbeitnehmer des Einzelhändlers einerseits und des Herstellers / Großhändlers andererseits bilden dabei zum Teil eine belegschaftsähnliche Gemeinschaft.[519] Hier besteht – wie bei der Just-in-Time Organisation und dem Franchising – das mitbestimmungsrechtliche Problem der faktischen Entscheidungsmacht Dritter über das Arbeitsverhältnis des in die frem-

---

[518] Barth/Kiefel/Wille, Frankfurter Allgemeine Zeitung vom 29.07.2002, S. 22.

[519] Kort AG 2003, 13, 23.

de Organisation eingebundenen Arbeitnehmers und der eingeschränkten Lokalisierbarkeit einer einheitlichen Entscheidungsstelle.

kk) Projektorganisation

Die Projektorganisation zeichnet sich durch eine zeitlich befristete Strukturierung bestimmter Unternehmensbereiche zur Wahrnehmung einmaliger, befristeter Projekte aus.[520] Einheitliche Leitungsstrukturen bestehen hier nur zeitlich befristet.

2. Organisationsprozesse in der modernen Unternehmenslandschaft

Doch es sind nicht nur die modernen Organisationsstrukturen als solche, die die Schwäche der gesetzlichen Arbeitnehmervertretungsstrukturen in der modernen Wirtschaftspraxis deutlich machen. Es sind auch betriebs- und unternehmensorganisatorische Prozesse, die einer sachgerechten Wahrnehmung der Arbeitnehmerinteressen auf den Ebenen Betrieb, Unternehmen und Konzern entgegenstehen. Im Einzelnen:

In der Unternehmenspraxis treten sämtliche Organisationsprozesse auf, die auf eine Änderung der bisherigen Organisationsstruktur hin zu den vorgenannten Organisationsformen abzielen. Bei einer Änderung der Unternehmensorganisation beispielsweise vom funktionalen zum divisionalen Aufbau durch eine Modifikation der Leitungsstrukturen, die zu einer Verlagerung von Entscheidungskompetenzen von der einen Stelle zu der anderen führt, verändern sich die Gegebenheiten für die Interessenvertretung in oben aufgezeigtem Sinne.[521] Insbesondere kann jedoch bestehenden Interessenvertretungsstrukturen (Betriebsräten), deren Abgrenzung sich (nach h.M.) an der arbeitgeberseitigen Leitungsmacht orientiert, durch diese Maßnahmen der Boden unter den Füssen entzogen werden.[522]

Neben solchen Organisationsprozessen, die sich auf die Modifikation der Leitungsstruktur beschränken, treten in der Wirtschaftspraxis jedoch eine Vielzahl anderweitiger Gestaltungen auf, die auf den Bestand der betrieblichen Mitbestimmungsorgane Einfluss haben. Zur Veranschaulichung der Auswirkungen solcher strukturellen Unternehmensveränderungen auf die betriebliche Mitbestimmung werden einige Beispiele aufgezeigt, wobei aufgrund der Vielgestaltigkeit der modernen Unternehmenslandschaft eine enumerative Darstellung der möglichen Fallgestaltungen von vornherein ausscheidet und im Rahmen der vorliegenden Untersuchung auch nicht geboten ist. Insofern bleibt es auch bei einer summarischen Darstellung der Materie.

---

520 Friese RdA 2003, 92, 93.

521 Vgl. § 4, A., I., 1., b), aa) / bb)

522 Gamillscheg AuR 1989, 33; ders. AuR 2001, 411, 413; Kohte AuR 1990, 150, 152; vgl. hierzu auch Hanau ZfA 1990, 115, 123; Freilich berühren nicht alle Organisationsänderungen im vorgenannten Sinne den Bestand überkommener Betriebseinheiten. Soweit die Einführung die betrieblichen Leitungsstrukturen nicht betreffen, bleiben bestehende Betriebseinheiten unberührt (vgl. Konzen, Unternehmensaufspaltungen und Organisationsänderungen im Betriebsverfassungsrecht, S. 128). Kritisch: Kleveman AuR 1989, 356, 359.

a) Unternehmensteilung, Betriebsaufspaltung

Bei der Unternehmensteilung oder -aufspaltung wird ein Betrieb oder Betriebsteil aus einem Unternehmen ausgegliedert und in Form eines neuen Unternehmens rechtlich verselbständigt.[523] Meist wird dabei der Betrieb auf eine (ggfs. noch zu gründende) Betriebsgesellschaft übertragen, während bei dem ursprünglichen Unternehmen nur das Anlagevermögen bleibt. Hier spricht man auch von Ausgründungen.[524] Auch kommt es vor, dass mehrere Teile aus mehreren Unternehmen ausgegliedert und zu einem neuen Unternehmen zusammengefasst werden. Die Gründe hierfür liegen in einer möglichen Steuerersparnis durch eine Kombination von Kapital- und Personengesellschaften, die unterschiedlich besteuert werden bzw. durch die Nutzung von Gewinn- und Verlusttransfers zwischen den Unternehmen. Auch werden häufig Haftungsbeschränkungen aufgrund der, auf das Vermögen der juristischen Person beschränkten Einstandspflicht erzielt. Schließlich wird häufig schlicht eine Reduktion der Gehaltskosten durch Ausnutzung eines Tarifgefälles bzw. die Flucht aus einem Tarifvertrag bezweckt. [525]

Bei der Betriebsaufspaltung (im engeren Sinne) wird der Betriebsteil nicht wie vorbezeichnet auf einen anderen Unternehmensträger übertragen, sondern verbleibt im Unternehmen.[526] Hier steht oft die Hoffnung auf eine Verbesserung des Marktzugangs durch kleine flexible Einheiten, die sich den Gegebenheiten des Marktes schneller anpassen können, im Vordergrund.

Die betriebsverfassungsrechtliche Konsequenz der Unternehmensteilung im vorbeschriebenen Sinn und der Betriebsaufspaltung liegt darin, dass der Bezugspunkt „Betrieb" – soweit kein Gemeinschaftsbetrieb anzunehmen ist[527] – und somit die Betriebsratsstruktur zerteilt wird. Das Mandat des Betriebsrats endet mit sofortiger Wirkung. Bei gegebenen Voraussetzungen verbleibt jedoch ein Restmandat (vgl. § 21 b BetrVG).[528]

b) Outsourcing

Das Outsourcing tritt in der Wirtschaft in zwei Fallkonstellationen in Erscheinung. Durch die *Ausgründung von Unternehmen* zur Erfüllung bestimmter, bisher unternehmensintern bearbeiteter Aufgaben wird erreicht, dass sich das ausgründende Unternehmen auf sein Kerngeschäft konzentrieren kann. Organisatorisch entspricht diese Maßnahme in wesentlichen der o.g. Unternehmensteilung; betriebsverfassungsrechtlich kommt es daher – sofern kein Gemeinschaftsbetrieb anzunehmen ist – zum Problem der Zersplitterung der Betriebsratsstrukturen. Bei der *Fremdvergabe* zuvor unter-

---

[523] Anders ist die Sachlage freilich bei der reinen Vermögensaufspaltung zu beurteilen. Hier findet kein Betriebsbezug statt, so dass die Interessenvertretungsstrukturen nicht betroffen sind.

[524] Vgl. Bork BB 1989, 2181.

[525] Vgl. Wendeling-Schröder NZA 1999, 1065, 1066 f.

[526] Die Terminologie ist hier uneinheitlich (vgl. Belling/Collas NJW 1991, 1919; Bork BB 1989, 2181; Engels DB 1979, 2227).

[527] Vgl. zum Gemeinschaftsbetrieb oben, § 3, D.

[528] Hanau ZfA 1990, 115, 123; a.A. Kleveman AuR 1989, 356, 359.

nehmensintern erledigter Aufgaben zur Kostenreduzierung stellen sich zwei betriebsverfassungsrechtliche Probleme. Zum einen wird durch die Verringerung der Betriebsgröße die Stärke und Aufgabenvielfalt des Betriebsrats reduziert, zum anderen stellt sich die Frage der Mitbestimmung der externen Arbeitnehmer, die zum Teil in erheblichem Maße in die Arbeitsabläufe der Unternehmen eingebunden werden.[529]

c) Betriebszusammenschluss

Von unternehmerischem Interesse kann jedoch auch der gegenteilige Fall sein, nämlich die Zusammenfassung zweier oder mehrerer Betriebe zu einem einheitlichen Betrieb. In der Konstruktion ist teilweise eine Rationalisierungsmöglichkeit zu sehen.[530] Die Verschmelzung zweier Betriebe kann dabei in verschiedener Weise geschehen. Entweder findet die Neubildung eines (dritten) Betriebs statt oder ein bestehender Betrieb nimmt den anderen in sich auf, der seine bisherige Selbständigkeit aufgibt. Ersteres ist anzunehmen, wenn insgesamt eine neue Betriebsorganisation aufgebaut wird, die sich von den bisherigen Organisationsstrukturen der beteiligten Betriebe mehr oder weniger deutlich unterscheidet.[531] Von einer Aufnahme bzw. Eingliederung eines Betriebes in den anderen ist demgegenüber auszugehen, wenn die bestehende Organisationsstruktur des aufnehmenden Betriebes im Wesentlichen unangetastet bleibt, jedoch aufgrund der hinzugewonnenen Einheit erweitert wird.[532] Die beiden Alternativen führen – bei gegebenen Unterschieden im Detail[533] – im Ergebnis grundsätzlich zur selben betriebsverfassungsrechtlichen Konsequenz, nämlich zur Beendigung bestehender Betriebsratsstrukturen.[534]

3. Arbeitsorganisation

Eine weitere Veränderung hat die unternehmerische Entscheidungsorganisation durch die gewandelte Betriebsablauforganisation gefunden. Zunehmend werden Produktions- und Administrationsaufgaben aufgeteilt und in verschiedene betriebliche Untereinheiten verlagert. In diesen Untereinheiten werden Mitarbeiter ablauforientiert zusammengefasst, deren Aufgaben- und Verantwortungsbereich sich gegenüber konservativen Organisationsstrukturen deutlich gewandelt hat. Namentlich unter dem Stichwort „Gruppenarbeit" haben sich Organisationsstrukturen entwickelt, in denen Mitarbeiter in einer teilweisen Gesamtverantwortung für ein bestimmtes Arbeitsergebnis umfassend verantwortlich sind [535] und unter Abbau ganzer Hierarchieebenen administ-

---

[529] Vgl. Wendeling-Schröder NZA 1999, 1065, 1066 f.
[530] Kreßel DB 1989, 1623.
[531] Die personelle Besetzung der Strukturen ist dabei unerheblich.
[532] Kreßel DB 1989, 1623.
[533] Vgl. hierzu Umnuß, Organisation der Betriebsverfassung und Unternehmerautonomie, S. 183 ff.
[534] Vgl. LAG Hamburg LAGE Nr. 4 zu § 1 BetrVG 1972.
[535] Kreßel, Der Betriebsbegriff in der betrieblichen Praxis, in: JahrbArbR, Bd. 36, 1999, S. 49, 52

rative und leitende Funktionen selbst wahrnehmen. Insbesondere werden Regelungen zu Arbeitszeiten, Mehrarbeit und Urlaub im Rahmend der Gruppe vorgenommen.[536]

Durch diese Organisationsform ergeben sich daher für die einzelnen Arbeitsgruppen spezifische Anliegen der Arbeitnehmer, die mitbestimmungsrelevant sind.[537] Teilweise lassen sich diese Gruppen als Betriebsteil im Sinne des § 4 Abs. 1 BetrVG subsumieren, soweit jedoch die dortigen Voraussetzungen nicht vorliegen (räumliche Entfernung, relative organisatorische Eigenständigkeit) sind sie integraler Bestandteil des Betriebes, weshalb ihre spezifischen Interessen nicht repräsentiert werden.[538]

II. Belegschaften

In modernen Unternehmensstrukturen kommt es nicht zwangsläufig zur spezifischen Herausbildung von homogenen Arbeitnehmergruppen. Ausschlaggebend für entsprechende Interessengemeinsamkeit bleiben oben aufgezeigte Kriterien.[539] Insbesondere die Arbeitsbedingungen können jedoch innerhalb einer Sparte gleich sein. Daraus kann ein "Spartengemeinschafts-Wir-Gefühl" resultieren und für eine spartenmäßige Aufteilung insbesondere im Großbetrieb sprechen.[540] Belegschaften mit homogenem Interesse entstehen auch über die Unternehmensgrenzen hinweg im Rahmen moderner unternehmerischer Zusammenarbeit. So kommt es z.B. in shop-in-shop- bzw. Just-in-Time - Konstellationen zu ähnlichen Arbeitsbedingungen und insofern zu einer unternehmensübergreifenden Belegschaftsstruktur.[541] Arbeitnehmer in einer Just-in-Time-Produktionskette oder in großen Einkaufszentren haben z.B. in der Regel weitgehend homogene Interessen hinsichtlich der formellen Arbeitsbedingungen im Sinne des § 87 BetrVG. Durch die Normierung der Möglichkeiten des § 3 Abs. 1 BetrVG können diesen Interessenlagen entsprechend Mitbestimmungsorgane errichtet werden.[542]

B. Schlussfolgerungen – Schwäche der gesetzlichen Arbeitnehmervertretungsstrukturen und des (herrschenden) Betriebsbegriffs bei der Erfassung abweichender Organisationsformen

Die vorangegangene Darstellung kann wegen der Vielzahl der möglichen Organisationsformen in der Unternehmenspraxis selbstverständlich nicht abschließend sein. Jedoch zeigt sie, wie stark sich das Bild des Unternehmens seit Inkrafttreten des Betriebsverfassungsgesetzes 1972 geändert hat. Die Rufe in der arbeitsrechtlichen Literatur, die eine mangelnde Passform der Betriebsverfassung auf moderne Organisations-

---

[536] Preis/Elert NZA 2001, 373.

[537] Vgl. dazu Preis/Elert NZA 2001, 373.

[538] Kreßel, Der Betriebsbegriff in der betrieblichen Praxis, in: JahrbArbR, Bd. 36, 1999, S. 49, 52

[539] Vgl. oben § 2, B., II.

[540] Vgl. Kort ZfA 2000, 329, 360.

[541] A.A. Giesen BB 2002, 1480, 1482 mit dem wenig überzeugenden Argument, bei einer Beendigung der Vertragsbeziehungen zwischen den Arbeitgebern stünden die Interesse der jeweiligen Arbeitnehmer gegeneinander: Auf der einen Seite die, die den Vertrag fortsetzen wollten, auf der anderen Seite die, denen der Vertrag nicht entgegenkomme. Hier ist zu beachten, dass mitbestimmungsrechtlich eine solche Arbeitgeberentscheidung ohnehin kaum beeinflusst werden kann.

[542] Vgl. dazu unten § 5

formen in der Unternehmenslandschaft beklagten, [543] wurden jedoch vor der Reform des Betriebsverfassungsgesetzes so laut, dass mit *Heither* darauf hinzuweisen ist:[544] Trotz aller moderner Organisationsformen gibt es auch weiterhin den Betrieb im Sinne des Gesetzgebers von 1972, in dem auf einem zusammenhängenden Betriebsgelände eine einheitliche Belegschaft unter Leitung eines (sichtbaren) Arbeitgeber beschäftigt wird. In den Fällen, in denen eine einheitliche Arbeitnehmerschaft einem einheitlichen Arbeitgeber gegenübersteht, ist die gesetzliche Interessenvertretung und der auf Grundlage des herrschenden Betriebsbegriffs in Rechtsprechung und Literatur gebildete Betriebsrat durchaus geeignet, die Interessen der Arbeitnehmer wirksam und sachgerecht gegenüber dem Arbeitgeber zu vertreten. Dass dieser Fall jedoch immer seltener wird, haben vorangegangene Beobachtungen gezeigt. Eines haben die Organisationserscheinungen der modernen Wirtschaftspraxis dabei gemeinsam: Sie stützen sich nicht auf allgemeine wissenschaftlich fundierte und damit im Einzelfall subsumierbare und somit vorhersehbare Grundsätze. Sie fußen vielmehr zum großen Teil auf gegensätzlichen Modellen. So ist insbesondere eine Tendenz zur Zentralisierung, ebenso wie zur Dezentralisierung bestimmter Aufgaben zur verzeichnen, [545] Administrationsaufgaben werden auf unterster Ebene (z.T. in Arbeitsgruppen)[546] wahrgenommen, wie auch in Zentraleinheiten unternehmensweit vereinheitlicht, [547] etc.

Auf die Defizite der gesetzlichen Interessenvertretung bei der Erfassung der vorgenannten strukturellen Änderungen in der Unternehmenslandschaft hat der Gesetzgeber mit der Reform des Betriebsverfassungsgesetzes im Jahre 2001 reagiert, durch die insbesondere Verhandlungslösungen ermöglicht werden, mit denen die (organisatorischen) Besonderheiten des Einzelfalls berücksichtigen werden können (dazu unten C.). Die Möglichkeit, auf organisatorische Entwicklungen in der Unternehmenslandschaft im Einzelfall durch Anpassung der Arbeitnehmervertretungsstrukturen reagieren zu können, macht jedoch eine Auseinandersetzung mit der "Leistungsfähigkeit" der gesetzlichen Strukturen – insbesondere mit dem Betriebsbegriff – nicht obsolet. Werden die Möglichkeiten des § 3 Abs. 1 Nr. 1-5 BetrVG von den Beteiligten vor Ort nicht genutzt, so bleibt es bei der gesetzlichen Interessenvertretung. Diese muss deshalb auch weiterhin auf ihre Sachgerechtigkeit hin überprüft werden.

In § 6 der Untersuchung wird sich zeigen, dass die Vereinbarungslösungen des § 3 Abs. 1 Nr. 1-5 BetrVG es gerade ermöglichen, auf die strukturelle Schwäche des herrschenden Betriebsbegriffs bei der Erfassung moderner Organisationsstrukturen zu reagieren, und den Weg frei machen für eine Neubestimmung der betriebsratsfähigen Einheit. Doch zunächst zur Schwäche der gesetzlichen Vertretungsstrukturen in der modernen Unternehmenslandschaft:

---

[543] Vgl. Bauer NZA 1997, 233 ff.; Hanau AuA 1999, 203 f.; Gamillscheg, Tarifverträge über die Organisation der Betriebsverfassung, FS Molitor, S. 133, 156 f.; Wendeling-Schröder NZA 1999, 1065, 1071; Fischer NZA 2000, 169 f.; Spinner, Die vereinbarte Betriebsverfassung, S. 205 ff.

[544] Vgl. Heither, Betrieb im Betriebsverfassungsrecht – Herausforderung durch neue Organisations- und Umstrukturierungskonzepte, in: JahrbArbR, Bd. 36, 1999, S. 37, 40.

[545] Preis RdA 2000, 257, 278.

[546] Preis/Elert NZA 2001, 373.

[547] Kreßel AuA 1998, 145, 147.

I. Unvereinbarkeit der betriebsverfassungsrechtlichen Ordnungskriterien bei Abweichung vom "Idealbetrieb"

Wie oben gezeigt, hat der Gesetzgeber die Betriebsverfassung einerseits „entscheidungsnah“, andererseits aber auch „arbeitnehmernah“ organisieren wollen.[548] Auch gezeigt wurde, dass bei Abweichung vom Idealfall des Betriebes eine Vereinbarkeit der Kriterien schwer zu erreichen ist.[549] Während in Unternehmen „herkömmlicher“ Organisationsstruktur, d.h. einer Unternehmensorganisation, von der der Gesetzgeber 1972 ausging,[550] die Kriterien Entscheidungs- und Belegschaftsnähe jedoch zumeist in Übereinstimmung zu bringen sind, wird das Auseinanderfallen der Kriterien in Unternehmen moderner Organisationsform zum Regelfall.[551]

Bei der funktionsorientierten Organisationsform verbleiben umfassende Entscheidungskompetenzen in mitbestimmungsrechtlichen Angelegenheiten oftmals zentral bei der Unternehmensleitung, während in den Funktionsbereichen nur funktionsspezifische Angelegenheiten entschieden werden.[552] Auf Grundlage des in Rechtsprechung und Literatur herrschenden Betriebsbegriffs, der sich nach dem Kern der Entscheidungsmacht in personellen und sozialen Angelegenheiten richtet,[553] ist dann die betriebsratsfähige Einheit bei der Unternehmensleitung zu lokalisieren.[554] Dies führt insbesondere bei Unternehmen, deren Funktionsbereiche an räumlich entfernt voneinander liegenden Standorten angesiedelt sind, zu einem Kontaktverlust zwischen Betriebsrat und Arbeitnehmern und damit zum Verlust an Belegschaftsnähe des Mitbestimmungsorgans.

Im Rahmen des produktbezogenen Organisationsaufbaus werden mitbestimmungsrelevante Entscheidungen häufig von den Spartenleitungen getroffen. Umfassen diese Funktions- bzw. Geschäftsbereiche mehrere Betriebe, ist bei Zugrundelegung des in Rechtsprechung und Literatur herrschenden Betriebsbegriffs für den gesamten Geschäftsbereich ein Betriebsrat zu bilden, da hier die einheitliche organisatorische Leitung installiert ist.[555] Die Interessenvertretung befände sich zwar in Entscheidungsnähe; da sie jedoch für mehrere Standorte verantwortlich zeichnete, fehlte es ihr an Belegschaftsnähe.[556]

Entsprechende Probleme bestehen im Rahmen der marktorientierten Organisationsform. Wird für einen Regionalbereich eine einheitliche Leitung im Hinblick auf die mitbestimmungspflichtigen sozialen und personellen Angelegenheiten installiert und

---

[548] Vgl. oben § 1, C.; Plander NZA 2002, 483; Joost, Betrieb und Unternehmen als Grundbegriffe im Arbeitsrecht, S. 232 ff.

[549] Vgl. oben § 3, B., V.

[550] Vgl. oben § 3, A., I.

[551] Vgl. auch Rancke, Betriebsverfassung und Unternehmenswirklichkeit, S. 256.

[552] Vgl. die beispielhafte Aufstellung der einzelnen Entscheidungskompetenzen der Funktionsbereichsleiter oben § 4, A., I., 1., b), aa).

[553] Vgl. oben § 3, B., III., 1.

[554] Vgl. Richardi, Die neue Betriebsverfassung, S. 16; Peter DB 1990, 425, 426.

[555] Vgl. Konzen RdA 2001, 76, 86; Hanau NJW 2001, 2513 f.

[556] Die geschäftsbereichsorientierte Divisionalisierung eines einheitlichen Betriebes und damit die Verlagerung von Entscheidungen "nach unten" stellt demgegenüber ein geringeres Problem dar; vgl. oben § 4, A., I., 1., b), bb), (1), letzter Spiegelstrich.

dort eine Interessenvertretung eingerichtet, so fehlt es – bei Bildung einer Interessenvertretung auf Grundlage des Betriebsbegriffs der h.M. in Rechtsprechung und Literatur – an Nähe zwischen Mitbestimmungsorgan und Arbeitnehmern.

Daneben hat die vorausgegangene Untersuchung gezeigt, dass in der modernen Unternehmenspraxis zunehmend bestimmte Angelegenheiten zentral wahrgenommen werden. Diese Tendenz, die insbesondere durch Einrichtung so genannter Zentralbereiche in Erscheinung tritt, zieht sich durch alle Formen betriebswirtschaftlicher Organisationsmodelle.[557] Dabei ist zum Teil zu beobachten, dass die Entscheidungsmacht in betriebsverfassungsrechtlichen Angelegenheiten umfassend auf Zentralbereiche verlagert wird. Wird der Kern der sozialen und personellen Angelegenheiten hier entschieden, so wäre – bei konsequenter Anwendung des Betriebsbegriffs der Rechtsprechung des Bundesarbeitsgerichts und der herrschenden Lehre – der Betriebsrat auf der Ebene der (unternehmenseinheitlich gebildeten) Zentralbereiche zu installieren. Auch hier wäre die betriebsverfassungsgesetzlich intendierte Belegschaftsnähe der Interessenvertretung nicht gewährleistet.

Die betriebsverfassungsrechtlichen Ordnungskriterien der Entscheidungs- und Belegschaftsnähe lassen sich ferner in den Fallgestaltungen nicht in Übereinstimmung bringen, in denen außerhalb der Unternehmensorganisation des Arbeitgebers stehende Dritte (faktisch) Entscheidungen mit Auswirkung auf die Arbeitnehmer des (fremden) Betriebes fällen. Dies ist insbesondere in Fällen der hybriden Organisationsformen, des Franchising, der Just-in-Time-produktion und bei Einschaltung von Betriebs- bzw. Personalführungsgesellschaften der Fall.[558] Diese Formen der Unternehmenszusammenarbeit stehen der Verwirklichung des Ordnungskriteriums der Belegschaftsnähe zwar nicht entgegen. Eine Anbindung der gesetzlichen Interessenvertretung an die *tatsächlichen* Entscheidungsträger ist jedoch wegen der Unternehmensgrenzen zumeist nicht zu erreichen.

Die Zentralisationstendenzen in der modernen Unternehmenspraxis verschärfen damit das Spannungsverhältnis zwischen arbeitnehmer- und entscheidungsnaher Interessenvertretung. Der Idealtypus der primären Mitbestimmungsebene Betrieb, in dem eine Arbeitgeberfunktionen an dem Ort wahrgenommen werden, an denen sie auch ihre Resultate finden, nämlich bei der betroffenen Belegschaft, ist damit zunehmend die Ausnahme. Die gleichzeitige Verwirklichung der beiden betriebsverfassungsgesetzlichen Zielsetzungen ist daher im Rahmen moderner Unternehmensstrukturen selten möglich.

II. Auflösung des Abgrenzungskriteriums „einheitlicher Entscheidungsapparat“

1. Unterschiedliche Leitungsstellen

Wie die vorangegangene Untersuchung der Verteilung der Leitungsmacht[559] und der modernen Formen der Unternehmensorganisation[560] gezeigt hat, stellt sich als weiteres

---

[557] Vgl. oben § 4, A., I., 1., b).
[558] Vgl. oben § 4, A., I., 1., c).
[559] Vgl. zur Mehrlinien-, Matrix und Tensorkonzeption, oben § 4, A., I., 1., a).

Problem moderner Unternehmenspraxis dar, dass betriebsverfassungsrechtlich relevante Entscheidungsmaterien häufig verschiedenen Entscheidungsstellen auf Arbeitgeberseite zugeordnet sind.[561] In der arbeitsrechtlichen Literatur hat sich hierzu das Schlagwort der Dezentralisation von Entscheidungen durchgesetzt. Für den Betriebsrat gibt es deshalb immer problemspezifische Gesprächs- und Verhandlungspartner. Demgegenüber kommt eine umfassend zuständige Leitungsstelle in den Unternehmen immer seltener vor.[562]

Auch ist zu beachten, dass nicht nur die einzelnen mitbestimmungspflichtigen Angelegenheiten, also personelle, soziale und wirtschaftliche, von verschiedenen Stellen behandelt werden. Die Unternehmen, die an betriebsverfassungsrechtliche Parameter nicht gebunden sind, unterteilen weiter: So können verschiedene Stellen Entscheidungen in den sozialen Angelegenheiten des § 87 BetrVG-Katalogs zu treffen haben, die Entscheidungskompetenz in personellen Angelegenheiten kann danach aufgeteilt sein, ob es sich bei der Maßnahme um das Ersetzen von Abgängen oder um zusätzliche Einstellungen handelt, die Entscheidung, ob überhaupt personelle Maßnahmen zu treffen sind, kann als mitbestimmungspflichtige Maßnahme (§ 111 BetrVG) auf einer anderen Ebene fallen als die ebenfalls mitbestimmungspflichtige Maßnahme im Sinne des § 102 BetrVG, betreffend der Entscheidung über die Art und Weise der Durchführung. Dementsprechend wird die Entscheidung über eine Massenentlassung zumeist von der Unternehmensleitung beschlossen werden, bei der den einzelnen Unterinstanzen nur noch die Zahl der im Betrieb zu entlassenden Mitarbeiter vorgegeben werden.[563]

Joost[564] stellt insofern fest, dass weder Rechtssprechung noch Lehre bisher den Versuch unternommen haben, die Tatbestandsvoraussetzung der einheitlichen organisatorischen Leitung anhand der in der Unternehmenspraxis anzutreffenden betriebswirtschaftlichen Organisationsmodelle zu überprüfen. Und tatsächlich hat die vorangegangene Untersuchung gezeigt, dass die Konzeption der Rechtsprechung und herrschenden Lehre, die Bestimmung des Betriebsbegriffs an Hand der Prüfung einheitlicher Organisationsstrukturen vorzunehmen, im Rahmen moderner Unternehmensstrukturen an ihre Grenzen stößt. Durch diese Vielzahl von Entscheidungsstellen in den Unternehmen wird das Abgrenzungskriterium des einheitlichen organisatorischen Leitungsapparates entwertet.[565] Die in der Unternehmenspraxis anzutreffenden Mehrlinien-, Matrix- und Tensororganisationsformen, die Einrichtung von Stabs- und Zentralbereichen mit Entscheidungsbefugnissen in betriebsverfassungsrechtlich relevanten Angelegenheiten, die Verlagerung von Leitungskompetenzen in mitbestimmungs-

---

[560] Vgl. die Darstellung der funktionalen-, divisionalen und marktorientierten Organisation und der weiteren Organisationsformen, oben § 4, A., I., 1., b) und c).

[561] So auch LAG Hamburg LAGE Nr. 4 zu § 1 BetrVG 1972.

[562] So auch Ziemann AuR 1990, 58, 60; Kohte, BB 1992, 141; T. Wißmann, Tarifvertragliche Gestaltung der betriebsverfassungsrechtlichen Organisation, S. 20; Joost, Betrieb und Unternehmen als Grundbegriffe im Arbeitsrecht, S. 117 f.

[563] Joost, Betrieb und Unternehmen als Grundbegriffe im Arbeitsrecht, S. 118.

[564] Joost, Betrieb und Unternehmen als Grundbegriffe im Arbeitsrecht, S. 121.

[565] Zu diesem Ergebnis kommt auch Kreßel (AuR 1998, 145, 147), der den Anknüpfungspunkt des Betriebes auf Grundlage der herrschenden Meinung in einer Veränderungsphase sieht und prognostiziert, dass in Zukunft keine Strukturen mehr aufzufinden seien, an denen die Rechtssprechung den Betriebsbegriff anlehnen könne.

pflichtigen Angelegenheiten auf Funktionsbereichs-, Sparten- bzw. Regionalleiter, aber auch Organisationsformen wie die Management-Holding und die Einschaltung von Personalführungsgesellschaften machen die Lokalisierung einer Leitungsinstanz, die den Kern der Arbeitgeberentscheidungen in den maßgeblichen betriebsverfassungsrechtlichen Angelegenheiten trifft und damit die Bestimmung des Betriebs auf Grundlage herrschenden Betriebsbegriffs unmöglich.[566]

2. Mitbestimmungsirrelevante Organisationseinheiten

Neben vorgenanntem Problem der Entstehung einer Vielzahl von Entscheidungsstellen in den Unternehmen, die die Lokalisation eines einheitlichen organisatorischen Leitungsapparates erschweren bzw. unmöglich machen, stellt die moderne Unternehmenspraxis den organisatorischen Leitungsapparat als betriebskonstituierendes Merkmal dadurch in Frage, dass eine umfassende Wahrnehmung von Leitungsfunktionen aufgegeben wird.

So sind Leitungsfunktionen in personellen Angelegenheiten, die für den (in Rechtsprechung und Lehre herrschenden) Betriebsbegriff konstitutiv sind, oftmals an Stellen installiert, die aus mitbestimmungsrechtlicher Sicht zur Bestimmung der betriebsratsfähigen Einheit schlicht ungeeignet sind. Wie oben gezeigt[567] werden insbesondere im Rahmen produktbezogener Organisationsstrukturen Personalleitungsfunktionen im System der arbeitstechnischen Entscheidungsstrukturen integriert, so dass bspw. Personalleitungsfunktionen auf den arbeitstechnischen Vorgesetzten übertragen werden. Auf Grundlage des herrschenden Betriebsbegriffs ist die betriebsratsfähige Einheit dementsprechend auf der entsprechenden Abteilungsebene auszumachen. Eine solche Anbindung der betriebsverfassungsrechtlichen Mitbestimmungsorgane stünde zwar im Zeichen der Belegschaftsnähe; die daraus resultierende Atomisierung der Interessenvertretung in betriebsverfassungsrechtliche Kleinsteinheiten führte jedoch in die Bedeutungslosigkeit der einzelnen Mitbestimmungsorgane und damit zur Schwächung der Arbeitnehmervertretung insgesamt.[568]

Eine sachgerechte Abgrenzung der betriebsratsfähigen Einheit anhand der Leitungsstrukturen des Arbeitgebers ist auch in den oben gezeigten Fällen[569] der Prozessorganisation und der fraktalen Organisation schwierig: Hier finden Leitungsfunktionen nicht in hierarchischen Strukturen statt, sondern in den Kleinsteinheiten selbst.

In Unternehmen, die die umfassende, d.h. relativ weitgreifende Wahrnehmung wesentlicher personeller bzw. sozialer Leitungsfunktionen aufgeben, führt eine Bestimmung der betriebsratsfähigen Einheit anhand der Lokalisation eines einheitlichen organisatorischen Leitungsapparates in betriebsverfassungsrechtlich relevanten Angele-

---

[566] Vgl. auch Ziemann AuR 1990, 58, 60.
[567] Vgl. oben § 4, A., I., 1., b), bb), (6).
[568] Vgl. dazu oben § 3, B., IV., 3., b).
[569] Vgl. oben § 4, A., I., 1., c).

genheiten demnach nicht zu sachgerechten Ergebnissen.[570] Das Abgrenzungskriterium der Rechtsprechung des Bundesarbeitsgerichts und der herrschenden Lehre schlägt also auch insofern fehl.[571]

3. Faktische Entscheidungsmacht Dritter

Die Bestimmung des Betriebsbegriffs anhand der Entscheidungsbefugnisse in mitbestimmungspflichtigen Angelegenheiten führt neben den, in den vorgenannten Fallkonstellationen aufgezeigten Schwierigkeiten, auch dann zu Problemen, wenn außerhalb der Unternehmens- bzw. Konzernstruktur stehende Dritte (faktische) Entscheidungsmacht in den besagten Angelegenheiten besitzen.[572] Namentlich in oben aufgezeigten Fällen der hybriden Organisation, des Franchising, der Just-in-Time Produktion und bei Einschaltung von Betriebsführungsgesellschaften,[573] in denen die Arbeitnehmer eines Unternehmens in den Organisationsprozess eines anderen eingebunden sind, kommt es zu einer Fremdsteuerung der Arbeitsumstände.[574] Ein einheitlicher Leitungsapparat, der in der überwiegenden Zahl der mitbestimmungspflichtigen Angelegenheiten entscheidet, ist hier häufig nicht auszumachen,[575] da Entscheidungen zum Teil vom (Vertrags-)Arbeitgeber, zum Teil vom Fremdunternehmen getroffen werden.[576] Die Bestimmung des Betriebs auf Grundlage des in Rechtsprechung und Lehre herrschenden Betriebsbegriffs ist daher auch hier problematisch.

Ungeachtet der Schwierigkeiten bei der Bestimmung des Betriebsbegriffs in diesen Fällen, droht jede gesetzliche Interessenvertretung – d.h. gleich welcher Definition folgend – im "fremdgesteuerten" Betrieb die tatsächlichen Entscheidungsstellen zu verfehlen.[577] Die Anbindung der Vertretungsorgane an die (tatsächlichen) Entscheidungsstellen des Arbeitgebers im Rahmen der vom Betriebsverfassungsgesetz 1972

---

[570] Kreßel schlägt insofern vor, den Betriebsbegriff – ergebnisorientiert – an andere Leitungsfunktionen zu binden, um auf diesem Weg zur Abgrenzung sachgerechter betriebsratsfähiger Einheiten zu gelangen (Kreßel, Der Betriebsbegriff in der betrieblichen Praxis, in: JahrbArbR, Bd. 36, 1999, S.49, 52, 54). Die Bestimmung der Organisationseinheit, die für den Betriebsbegriffs nach h.M. konstituierend ist, könnte, so Kreßel, an § 147 SGB V angelehnt werden, der nicht auf Personalentscheidungsbefugnisse, sondern auf die Leitungsmacht in technischen und kaufmännischen Angelegenheiten abstellt. Er selbst sieht indes, dass dies zu relativ großen Einheiten führen würde. Da an den entsprechenden Orten außerdem nicht die Leitungsmacht in personellen und sozialen Angelegenheiten ausgeübt wird, kann dort auch nicht in den Fragen der §§ 87 ff. BetrVG *mit*bestimmt werden. Entscheidungsnähe im Sinne des Betriebsverfassungsgesetzes würde also nicht erreicht. Die Anbindung der arbeitstechnische Leitungsfunktionen würde außerdem zu relativ instabilen Vertretungsstrukturen führen, da sich diese betrieblichen Strukturen den Markterfordernissen entsprechend sehr häufig ändern.

[571] Vgl. LAG Hamburg LAGE Nr. 4 zu § 1 BetrVG 1972.

[572] Zur Ausübung der arbeitgeberseitigen Entscheidungsmacht durch Dritte vgl. oben § 2, I., 5.

[573] Vgl. die Darstellung einzelner Fallkonstellationen oben § 4, A., I., 1., c).

[574] Konzen RdA 2001,76,78; Kreßel, Der Betriebsbegriff in der betrieblichen Praxis, in: JahrbArbR, Bd. 36, 1999, S. 49, 53.

[575] Ein Gemeinschaftsbetrieb kann in vorgenannten Fällen zumeist nicht angenommen werden.

[576] Vgl. LAG Hamburg LAGE Nr. 4 zu § 1 BetrVG 1972.

[577] Vgl. auch Konzen RdA 2001, 76, 78.

vorgesehenen Mitbestimmungsebenen Betrieb, Unternehmen, Konzern ist häufig nicht möglich: Die Zuständigkeit des Betriebsrats und des Gesamtbetriebsrats wird durch die Unternehmensgrenzen beschränkt. Eine Einschaltung des Konzernbetriebsrats scheidet aus, da der Entscheidungsträger zumeist außerhalb der Konzernorganisation im Sinne des § 54 BetrVG steht.[578] Zwar können die Vertretungsorgane die betriebsverfassungsrechtlichen Mitwirkungs- und Mitbestimmungsrechte in vorgenannten Fällen in der Regel beim (Vertrags-)Arbeitgeber durchsetzen. Gegen diesen richten sich die Ansprüche des Betriebsrats, mit ihm ist erforderlichenfalls die Einigungsstelle zu besetzen und er ist Beteiligter eines arbeitsgerichtlichen Beschlussverfahrens. Die Unternehmenstätigkeit des Arbeitgebers, die ihn gegebenenfalls in rechtliche oder auch nur tatsächliche Zwänge gegenüber den beteiligten Unternehmen bringt, führt insofern zu keinerlei Beschränkung der Mitbestimmung in betriebsverfassungsrechtlicher Hinsicht. Da der (Vertrags-)Arbeitgeber jedoch letztlich selbst nicht die Entscheidungen trifft, sondern nur Vorgaben erhält, können die Mitbestimmungsorgane nicht im Entscheidungsprozess integriert werden. Entscheidungsnähe im Sinne des Betriebsverfassungsgesetzes, d.h. eine Anbindung der betriebsverfassungsrechtlichen Vertretungsorgane an die *tatsächlichen* Entscheidungsstellen, kann in diesen Fällen daher auf Grundlage der vom Betriebsverfassungsgesetz 1972 konzipierten Vertretungsstruktur nicht erreicht werden. Das Abgrenzungskriterium des einheitlichen Leitungsapparates wird hier einer normzweckorientierten Auslegung nicht gerecht.

Darüber hinaus treten schließlich immer wieder Fallgestaltungen in der obergerichtlichen Rechtsprechung auf, in denen sich ein Entscheidungsträger gar nicht ausmachen lässt. Die Mitbestimmung stößt in diesen Extremfällen an ihre Grenzen, da der eigene Arbeitgeber nicht nur an Vorgaben gebunden ist, sondern die Entscheidung tatsächlich (und rechtlich) nicht trifft. So lag einer Entscheidung des Bundesarbeitsgerichts ein Fall[579] zugrunde, in dem mehrere Krankenhäuser die Berufsbildung gemeinsam organisiert haben. Zu diesem Zweck schlossen sie einen Kooperationsvertrag, mit dem entsprechende Leitungsgremien eingerichtet werden. Der Betriebsrat eines Krankenhauses, der bei der Durchführung und Ausgestaltung der betrieblichen Ausbildungsmaßnahmen gemäß § 98 BetrVG mitbestimmen wollte, sah sich nun mit dem Problem konfrontiert, dass "sein" Arbeitgeber gar nichts zu entscheiden hatte, da das eingerichtete Leitungsgremium Entscheidungsträger war.[580] In einem anderen Fall[581] hatte sich das Bundesarbeitsgericht mit der Frage nach der Mitbestimmung bei der Änderung der Unterstützungsrichtlinien einer Unterstützungskasse zur betrieblichen Altersversorgung auseinander zusetzen, die von mehreren Unternehmen gemeinsam eingerichtet

[578] In den genannten Fällen liegt eine (Unterordnungs-)Konzernverbindung zumeist nicht vor (vgl. Windbichler ZfA 1996, 1, 16 ff.).

[579] BAG AP 8 zu § 98 BetrVG 1972 NZA 2001, 167.

[580] Das BAG sah in der Konstellation eine planwidrige Gesetzeslücke und verlegte die Mitbestimmung auf den Abschluss des Kooperationsvertrages vor. Die Interessenvertretung hatte daher bei der konkreten Ausgestaltung des Steuerungssystems ein Mitspracherecht, um dieses auf die Mitbestimmung anzupassen. Diese Einflussnahme auf das unternehmerische Handeln auf dem Markt stellt m.E. jedoch einen unzulässigen Eingriff in die Unternehmerfreiheit dar (vgl. dazu unten V.).

[581] BAG AP 18 zu § 87 BetrVG 1972 Altersversorgung.

worden war. Die Maßnahme ist grundsätzlich als Frage der betrieblichen Lohngestaltung mitbestimmungspflichtig (§ 87 Abs. 1 Nr. 10 BetrVG). Jedoch auch hier hatte der einzelne Arbeitgeber nicht zu entscheiden, sondern die Organe der Kasse.[582]

Die betriebsverfassungsgesetzliche Interessenvertretungsstruktur kommt mit diesen Erscheinungen nicht zurecht.[583] Zur Erfassung dieser Fälle steht nun der § 3 Abs. 1 Nr. 4 BetrVG bereit. Diese Regelung wird weiter unten näher betrachtet.[584]

4. Komplexität der Entscheidungsvorgänge

Daneben ist in der modernen Unternehmensführung festzustellen, dass ein einheitlicher Leitungsbegriff nicht zu finden ist. Leiten besteht aus Entscheidung und Anordnung, wobei der Entscheidung ein Entscheidungsprozess vorausgeht.[585] In modernen Unternehmen sind die Stellen, die die Entscheidung vorbereiten, die für den Entscheidungsprozess verantwortlich zeichnen und die, die Anordnung letztendlich treffen, häufig verschieden.[586] Vor allem komplexe Materien werden im Rahmen arbeitsteiliger Entscheidungsprozesse entschieden, bei denen verschiedene Stellen im Unternehmen jeweils voneinander abgetrennte Teilentscheidungen treffen. Dabei kommt es auch vor, dass die Entscheidung letztlich von einer Stelle umgesetzt wird, die am Entscheidungsprozess nicht teilgenommen hat.[587] Entsprechende Fallgestaltung treten insbesondere bei der Einschaltung von Stabs- und Zentralstellen auf.[588]

Der Betriebsrat hat jedoch einerseits Mitwirkungsrechte im Entscheidungsprozess (z.B. § 90 BetrVG), andererseits auch Mitbestimmungsrechte im Anordnungsvollzug (z.B. § 91 BetrVG). Decken sich die Bereiche im tatsächlichen Handlungsablauf nicht, was bei arbeitsteiligen Entscheidungsprozessen die Regel ist, so ist eine Leitungsinstanz als Anknüpfungspunkt für den Betriebsbegriff schlechthin nicht vorhanden. Werden etwa Fragen der betrieblichen Ordnung oder ähnlicher Mitbestimmungsmaterien im Sinne des § 87 BetrVG von einer zentralen Einheit / Stabsstelle umfangreich vorbereitet und so letztlich eine Entscheidung vorgegeben, die der Werksleiter umsetzt, so stellt sich die Frage, ob hier nicht Mitbestimmung sinnvollerweise bereits im Vorbereitungsprozess stattfinden sollte und nicht erst als Reaktion auf die Anordnung. Auch hier stößt also eine Definition des Betriebsbegriffs, die auf die Leitungsfunktion abstellt, an ihre Grenzen.[589]

---

582 Das BAG nahm ein Mitbestimmungsrecht bei der Abstimmung der einzelnen Arbeitgeber in den Organen der Kasse an. Auch dies stellt jedoch m.E. einen nicht unproblematischen Eingriff in die Unternehmerfreiheit dar (vgl. dazu unten V.).

583 Vgl. H. Wißmann NZA 2001, 409, 414.

584 Vgl. § 5, I., 3., d).

585 Ziemann AuR 1990, 58, 60; vgl. auch LAG Hamburg LAGE Nr. 4 zu § 1 BetrVG 1972.

586 Kosiol, Die Organisation des Entscheidungsprozesses, S.66.

587 Umnuß, Organisation der Betriebsverfassung und Unternehmerautonomie, S. 57.

588 Vgl. oben § 2, A., III., 2., b).

589 So auch Joost, Betrieb und Unternehmen als Grundbegriffe im Arbeitsrecht, S. 116 ff.

5. Temporäre Strukturen

Abgesehen von diesen nicht unerheblichen Unklarheiten, die der Begriff der einheitlichen Leitung mit sich bringt, ist in der Unternehmenspraxis, die Leitungsmacht in Bezug auf die Angelegenheiten der §§ 87 ff. BetrVG häufig nur zeitweilig an bestimmten Stellen im Unternehmen angesiedelt. Hierbei wird eine Verlagerung von Leitungsbefugnissen bezogen auf den Einzelfall, auf untere Ebenen vorgenommen. In Abweichung von einem etwaigen Organisationsplan wird damit zeitweilig eine Stelle eingerichtet, die nach Ihrer Funktion Stabsstelle ist. Diese Form der Dezentralisation ist durch den Begriff der einheitlichen Leitung offenkundig nicht erfassbar, da man andernfalls zur Annahme „vorübergehender Betriebe" gelangen würde, die jeweils dort bestünden, wo im Einzelfall die Leitungsbefugnis besteht.[590]

6. Zunehmende Eigenverantwortlichkeit der Arbeitnehmer

Das Abgrenzungskriterium des einheitlichen organisatorischen Leitungsapparates wird zudem durch die zunehmende Eigenverantwortlichkeit der Arbeitnehmer in Frage gestellt. Die Arbeit im Informationszeitalter ist gegenüber der Arbeit im Industriezeitalter vor allem durch das Element der Selbstständigkeit geprägt. Der Grad der Selbstständigkeit hängt von der Art der Organisation der Arbeit ab. Er ist am höchsten bei externen Mitarbeitern (Telearbeit) und nimmt graduell über die verschiedenen Formen der Team- und Gruppenarbeit[591] ab. Der Arbeitgeber verzichtet zunehmend auf einen wesentlichen Teil seiner formalen Rechtsposition, wodurch das Weisungsrecht gegenüber der Selbststeuerung in den Hintergrund tritt. [592] Das "Wissensmanagement" wird zu der entscheidenden Größe, [593] die die überkommenen Organisationsstrukturen in Frage stellt.[594] Insbesondere im Rahmen moderner Unternehmensformen, wie der Prozessorientierung und der fraktalen Organisationsformen gestalten die Mitarbeiter ihr Arbeitsumfeld weitgehend selbst und arbeiten ergebnisorientiert.[595] Dabei ist der einzelne Arbeitnehmer weniger Anweisungen eines Vorgesetzten unterworfen, sondern steuert sich selbst, um seine Arbeitsproduktivität den Erfordernissen des Unternehmens anzupassen.[596] Die arbeitgeberseitige Entscheidungsbefugnis als betriebskonstituierendes Merkmal ist hier nicht sachgerecht.

III. Probleme bei der Erfassung organisatorischer Prozesse

Dem Arbeitgeber ist es möglich, allein durch eine Modifikation der Leitungsstrukturen, also durch Verlagerung von Entscheidungskompetenzen von der einen Stelle im

---

[590] Joost, Betrieb und Unternehmen als Grundbegriffe im Arbeitsrecht, S. 118
[591] Vgl. oben § 4, A., I., 3.
[592] Linnenkohl BB 2001, 42, 44.
[593] Barth/Kiefel/Wille, Frankfurter Allgemeine Zeitung vom 29.07.2002, S. 22.
[594] Linnenkohl BB 2001, 42, 44.
[595] Vgl. zu diesen Organisationsformen oben § 4, A., I., 1., c).
[596] Linnenkohl BB 2001, 42, 44; ders. BB 1998, 45, 48.

Unternehmen zu der anderen, den bestehenden Mitbestimmungsorganen den Boden unter den Füßen zu entziehen.[597] Die Aufspaltung der betriebskonstituierenden Personalleitung führt nach h.M. zur Betriebsaufspaltung.[598] Der Arbeitgeber hat es also – bei Abgrenzung der betriebsratsfähigen Einheit anhand der arbeitgeberseitigen Leitungsstruktur – in der Hand, einseitig durch organisatorische Veränderungen einen unliebsamen Betriebsrat zu eliminieren.[599]

Eine gesetzliche Interessenvertretung kann zudem bei der Erfassung unternehmensorganisatorischer Gestaltungsprozesse nie die sich aus dem Einzelfall ergebenden Probleme erfassen und sachgerecht regeln, da den Mitbestimmungsorganen bei Unternehmens- bzw. Betriebsaufspaltungen, Betriebszusammenschlüssen und ähnlichen Organisationsmaßnahmen die Repräsentationsbasis entzogen wird. Hier bieten Vereinbarungslösungen im Sinne des § 3 Abs. 1 BetrVG den großen Vorteil, dass die Beteiligten bereits im Vorfeld möglicher Organisationsänderungen interessengerechte Lösungen vereinbaren können.[600]

IV. Definitorische Grenzen

Vorgenannte Probleme haben dazu geführt, dass in der rechtswissenschaftlichen Literatur die Frage gestellt wurde, ob der Betriebsbegriff im Hinblick auf den Strukturwandel in der Unternehmenspraxis noch in der Lage sei, die neuen Organisationsstrukturen zu erfassen.[601] Teilweise wurde dabei vertreten, den Betriebsbegriffs weiter zu fassen.[602] Die Frage nach der Leistungsfähigkeit des Betriebsbegriffs geht jedoch in die falsche Richtung, da unter dem Dach einer einheitlichen Betriebsdefinition m.E. eine sachgerechte Arbeitnehmerinteressenvertretung häufig nicht gewährleistet werden kann. Vielmehr bedarf es einzelfallbezogener Lösungen. Dies wird § 6 der Untersuchung zeigen.

1. Spannungsverhältnis der betriebsverfassungsrechtlichen Ordnungskriterien

Die Untersuchung hat gezeigt, dass eine vermittelnde Position zwischen den beiden Ordnungskriterien der Entscheidung- und Belegschaftsnähe unter dem Dach einer einheitlichen Definition des Betriebsbegriffs heute weitestgehend unmöglich ist.[603] Entscheidungen müssen daher in die eine oder in die andere Richtung erfolgen. Wie die Begriffsbildung der h.M. in Rechtsprechung und Literatur zeigt, führt diese Unverein-

---

[597] Gamillscheg AuR 1989, 33; ders. AuR 2001, 411, 413; Kohte AuR 1990, 150, 152.
[598] Hanau ZfA 1990, 115, 123.
[599] Kleveman AuR 1989, 356, 357.
[600] Vgl. unten § 6, I., 3.
[601] Preis RdA 2000, 257, 278; Heither, Betrieb im Betriebsverfassungsrecht – Herausforderung durch neue Organisations- und Umstrukturierungskonzepte, in: JahrbArbR, Bd. 36, 1999, S. 37, 39; Kort ZfA 2000, 329, 360.
[602] Preis RdA 2000, 257, 278.
[603] Vgl. oben § 4, B., I.; vgl. auch Kreßel, Der Betriebsbegriff in der betrieblichen Praxis, in: JahrbArbR, Bd. 36, 1999, S. 49, 55; Umnuß, Organisation der Betriebsverfassung und Unternehmerautonomie S. 135.

barkeit der Ordnungskriterien im Ergebnis dazu, dass immer mehr auf den Aspekt der Belegschaftsnähe verzichtet wird.[604] Diese Entwicklung steht offensichtlich nicht im Einklang mit der Betriebsverfassung.

2. Keine einheitliche Erfassung der Leitungsstrukturen

Doch der Betriebsbegriff muss nicht nur eine arbeitnehmer- und gleichzeitig entscheidungsnahe Interessenvertretung realisieren, er muss (zur Gewährleistung des letzteren Aspekts) auch die Leitungs- und Entscheidungsstrukturen des Kleinunternehmens und des Großunternehmens unter dem Dach einer einheitlichen Definition in sich vereinigen. Der begrifflich notwendigerweise einheitlich gefasste betriebsverfassungsrechtliche Betriebsbegriff trifft in der Praxis auf unterschiedlichste Organisationsformen. Eine abstrakte Feststellung des Begriffsinhaltes des Betriebsbegriffs kann jedoch – wie gezeigt[605] – den unterschiedlichen Ausformen der Organisationsstrukturen in den Unternehmen nicht gerecht werden. Er leidet – wie *T. Wißmann*[606] anschaulich feststellt – unter dem Zwang, die Entscheidungsstrukturen des "Tante-Emma-Ladens" gleichermaßen normativ erfassen zu müssen, wie die eines diversifizierten Großkonzerns. Dieses Problem ist begrifflich nicht zu bewältigen.

Eine Ausdehnung des vorherrschenden Betriebsbegriffs bzw. eine weitere Verwässerung des Kriteriums des einheitlichen Leitungsapparats führte indes dazu, dass die Bestimmung der betriebsratsfähigen Einheit zunehmend zur Disposition gestellt würde.[607] Letztlich bestünde die Folge in der Auflösung des Betriebsbegriffs.[608]

3. Schlussfolgerung

Eine weitere Beschäftigung mit dem Anspruch der Entwicklung einer normzweckorientierten, d. h. beide Ordnungskriterien beachtenden Abgrenzung des Betriebsbegriffs ist daher nicht Erfolg versprechend.[609] Da jedoch mit den – bisherigen – begrifflichen Instrumentarien die veränderte Wirklichkeit der Unternehmenslandschaft nicht hinreichend erfasst werden kann und insbesondere die Abgrenzung der Entscheidungsnähe als wesentliches Ordnungskriterium der Betriebsverfassung wegen der zunehmend diversifizierten Weisungs- und Leitungsorganisation in modernen Unternehmen nahezu unmöglich wird, stellt sich die Frage, wie eine sachgerechte Interessenvertretung

[604] Vgl. oben § 3, B., III., 2.; Rancke weist im Rahmen seiner empirischen Untersuchung nach, dass in der Unternehmenspraxis i.d.R. eine Ankopplung der Vertretungsstrukturen an diese Entscheidungsstruktur stattfindet (Betriebsverfassung und Unternehmenswirklichkeit, S. 265).

[605] Vgl. oben § 4, B., II.

[606] Vgl. T. Wißmann, Tarifvertragliche Gestaltung der betriebsverfassungsrechtlichen Organisation, S. 118 f.

[607] Vgl. auch Wendeling-Schröder NZA 1999, 1065, 1071.

[608] In diesem Sinne auch Kreßel (AuA 1998, 145, 147).

[609] So auch T. Wißmann, Tarifvertragliche Gestaltung der betriebsverfassungsrechtlichen Organisation, S. 230; Löwisch stellt sogar die Anknüpfung der Interessenvertretung auf betrieblicher Ebene gänzlich in Frage und plädiert für einen Unternehmensbetriebsrat (DB 1999, 2209).

auf primärer Repräsentationsebene außerhalb der definitorischen Grenzen des Betriebsbegriffs gebildet werden kann. Dabei ist zunächst zu erwägen, typische Gegebenheiten und Fallkonstellationen (z. B. für Filialunternehmen, Hauptverwaltung/Zentralbereiche, Stabsstellen, Sparten, Matrix-Organisationen etc.) als Anknüpfungspunkte der betrieblichen Interessenvertretung gesetzlich vorzuzeichnen. Die Vielgestaltigkeit der betriebswirtschaftlichen Organisationsformen wird sich jedoch weder zum jetzigen Zeitpunkt noch in Zukunft umfassend regeln lassen, ohne eine unüberschaubare Menge von Einzelvorschriften zu schaffen.[610] Auch wegen der Unterschiedlichkeit der aus wirtschaftswissenschaftlicher Sicht möglichen Antworten auf sich verändernde Marktgegebenheiten – nicht selten finden sich in der Wirtschaftspraxis absolut gegensätzliche Reaktionen, die das gleiche Ziel bewirken sollen[611] – scheinen gesetzlich fixierte Fallgestaltungen bedenklich.

Der Gesetzgeber geht mit der Betriebsverfassungsreform 2001 einen Mittelweg. Zwar werden einzelne typische Fallgestaltungen vorgezeichnet, jedoch bleibt ein weiter Gestaltungsspielraum bei den Tarifparteien bzw. Betriebspartnern (vgl. insbesondere § 3 Abs. 1 Nr. 3 BetrVG) und die Gestaltungen sind vom (konsensualen) Willen der Betriebspartner abhängig. Gesetzliche Anknüpfung der Mitbestimmungsorgane bleiben mithin der Betrieb, das Unternehmen und der Konzern. Richtig ist es jedoch, das Augenmerk verstärkt auf mögliche Vereinbarungslösungen zu richten, die es den Beteiligten erlauben die vorgegebenen Strukturen sachgerecht zu erfassen. Die Untersuchung wird zeigen, dass vorgenannte Probleme durch individuelle Lösungen zwischen den Beteiligten angegangen werden können.[612]

V. Betriebsverfassungsrechtliche Vorgaben für Unternehmensorganisation?

Wie in § 3 der Untersuchung (A.) gezeigt, geht das Betriebsverfassungsgesetz von bestimmten Entscheidungsstrukturen beim Arbeitgeber und somit von bestimmten Unternehmensformen aus. Darüber hinaus hat § 4 der Untersuchung ergeben, dass die Entscheidungsstrukturen, die der Betriebsverfassungsgesetzgeber im Jahre 1972 vor Augen hatte, in der Unternehmenslandschaft gegenwärtig auf dem Rückmarsch sind und von neuen Formen der Unternehmensorganisation abgelöst werden. Es hat sich auch herausgestellt, dass dadurch die Gefahr einer nachhaltigen Störung des betriebsverfassungsrechtlichen Organisationsgefüges besteht: Die moderne Unternehmenspraxis führt zu einer Unvereinbarkeit der betriebsverfassungsrechtlichen Ordnungskriterien der Belegschaftsnähe und der Entscheidungsnähe, wobei letztere durch die zu-

---

[610] Spinner, Die vereinbarte Betriebsverfassung, S.205

[611] Insbesondere Bachner (NZA 1996, 40 ff.) zeigt einen Fall auf, bei dem durch Outsourcing-Maßnahmen die Umstrukturierung eines Konzern in rechtlich selbständige Geschäftsbereiche vorgenommen wird, während – ebenfalls unter Effektivitätsgesichtspunkten – in einem anderen Fall durch Insourcing rechtlich selbständige Geschäftsbereiche in ein Unternehmen eingegliedert werden. Geben jedoch Wirtschaftspraxis und -wissenschaft zu ein und dem selben Problem so offensichtlich gegensätzliche Antworten, so dürfte es erst recht dem Gesetzgeber unmöglich sein, mit abstrakt generalisierenden Normen die betriebsverfassungsrechtliche Struktur den veränderten Marktgegebenheiten anzupassen.

[612] Vgl. unten § 6, I.

nehmende Dezentralisierung von Entscheidungen häufig gar nicht mehr realisiert werden kann. Organisatorische Prozesse tun ein Übriges. Unter dem Dach des in Rechtsprechung und Literatur herrschenden Betriebsbegriffs kann eine sinnvolle Mitbestimmung nicht realisiert werden.

Dies wirft die Frage auf, ob entsprechende Organisationsformen, die die betriebsverfassungsrechtliche Interessenvertretung der Arbeitnehmer beeinträchtigen, zulässig sind. Mit anderen Worten: hat der Betriebsverfassungsgesetzgeber mit den Organisationsnormen des Betriebsverfassungsgesetzes Gestaltungsregeln aufgestellt, die von Arbeitgeber-/Unternehmerseite zwingend zu beachten sind?

Ein weiterer Aspekt der modernen Unternehmensorganisation wirft die Frage nach der Zulässigkeit unternehmerischer Organisationsentscheidungen ohne Berücksichtigung möglicher Folgen für die betriebliche Mitbestimmung auf: In Unternehmen mit zentralisierten Entscheidungsstrukturen *auf überbetrieblicher Ebene*, wie dies sowohl im Rahmen der funktionalen, der divisionalen, als auch der marktorientierten Organisationsformen bzw. bei Einschaltung von entscheidungsbefugten Zentralstellen heute zunehmend der Fall ist, entscheidet häufig ein, aus betriebsverfassungsrechtlicher Sicht "falscher" Entscheidungsträger, da die betriebsverfassungsrechtlichen Mitbestimmungsrechte häufig auf die betriebliche Situation abstellen: Stellt beispielsweise ein Unternehmen einen Arbeitnehmer ein, so handelt es sich hierbei um eine personelle Maßnahme, bei der der Betriebsrat gemäß § 99 BetrVG zu beteiligen ist. Wird die Entscheidung von der zentralen Personalabteilung getroffen, so muss sich der Betriebsrat an den zentralen Personalleiter, als denjenigen, der für die Einstellung verantwortlich zeichnet, wenden. Das Mitbestimmungsrecht bei Einstellungen knüpft jedoch an den Betrieb an: eine Zustimmungsverweigerung kommt in erster Linie wegen Benachteiligung Betriebsangehöriger bzw. wegen Gefährdung des Betriebsfriedens in Betracht (vgl. § 99 Abs. 2 Nr. 3 und Nr. 6 BetrVG). Insofern wäre es aus mitbestimmungsrechtlicher Sicht "besser", die Entscheidungsbefugnis auf Betriebsebene anzusiedeln, um so zu ermöglichen, dass die Beteiligten vor Ort auf die konkreten Umstände im Betrieb reflektieren.

Diese Problemstellung macht es unumgänglich zu untersuchen, ob es eine "betriebsverfassungsrechtliche Unzulässigkeit" bestimmter Unternehmensstrukturen gibt, die einer sachgerechten Wahrnehmung der Arbeitnehmerinteressen entgegensteht.

1. Ausgangspunkt

Bei der Frage, ob es eine Pflicht des Arbeitgebers gibt, die "Vorgaben" des Betriebsverfassungsgesetzes bei der Unternehmensorganisation zu berücksichtigen, handelt es sich um das grundsätzliche Problem, inwieweit die betriebsverfassungsrechtliche Mitbestimmung in die verfassungsrechtlich geschützte Organisationsfreiheit des Unternehmers (Art. 14, 12, 2 GG) eingreifen darf. Im Mittelpunkt der Aufmerksamkeit stand dabei jedoch bislang vornehmlich die Frage, inwiefern die *Ausübung* der Mitbestimmungsrechte durch die unternehmerische Entscheidungsfreiheit begrenzt wird. Eine intensive Untersuchung mit der Frage nach dem Verhältnis von betriebsverfassungsrechtlicher Organisationsgestaltung und unternehmerischer Entscheidungsfreiheit liegt bislang nicht vor.

Einige Anmerkungen finden sich dennoch: So sieht *Wendeling-Schröder* in der Betriebsverfassung bindende Vorgaben für die Konzernorganisation begründet.[613] Auch *Konzen* scheint Bedenken gegen eine unbegrenzte Organisationsfreiheit zu haben, wenn er von einer "betriebsverfassungsrechtlich Zulässigkeit" eines Unternehmens spricht.[614] (Konkrete) Hinweise auf eine betriebsverfassungsrechtliche Notwendigkeit bestimmter Entscheidungsstrukturen auf Arbeitgeberseite zur sachgerechten Anbindung der Arbeitnehmervertretung finden sich bei den Autoren jedoch nicht. *Rancke* indes ist der Ansicht, aus den Normen der Betriebsverfassung ergäben sich organisationsrechtlich vorgegebene Daten, die der Arbeitgeber zu beachten habe: Der Arbeitgeber sei verpflichtet, dem in Belegschaftsnähe zu bildenden Betriebsrat auf dessen Ebene einen umfassend zuständigen Entscheidungsträger gegenüber zu stellen.[615] Die Lösung der im Laufe der Untersuchung aufgezeigten Probleme könnte also darin liegen, dass statt einer Neugestaltung der Betriebsverfassungsstruktur entsprechend der Veränderungen in der Unternehmenspraxis, der Arbeitgeber verpflichtet wird, seine Organisation so zu gestalten, dass eine sachgerechte Interessenvertretung der Arbeitnehmer im Sinne des Betriebsverfassungsgesetzes möglich ist. Einer ähnlichen Ansicht ist auch *Joost.*[616] Er hält eine Gestaltung, in der dem Betriebsrat kein entscheidungsbefugter Ansprechpartner zur Verfügung steht ebenso wie *Rancke* für betriebsverfassungsrechtlich unzulässig, da Verhandlungen nur Sinn machten, wenn der Arbeitgeber-Vertreter Entscheidungen auch selbst treffen könne.[617] Er sieht dadurch jedoch (nur) Konsequenzen für das Vertretungsrecht begründet, keine Organisationsvorgaben.[618] Dementsprechend geht er davon aus, dass der Arbeitgeber verpflichtet sei, seinen Vertretern vor Ort Entscheidungsbefugnis für Verhandlungen mit dem Betriebsrat einzuräumen[619] – einen umfassend kompetenten Entscheidungsträger muss der Arbeitgeber seiner Meinung nach jedoch nicht installieren. Eine effektive Mitwirkung im Entscheidungsprozess kann so in der Regel freilich nicht stattfinden.[620] Demgegenüber sieht *Gamillscheg* zwar die Vorzüge eines Gesprächspartners auf Ebene des Betriebsrats, wodurch sich der Arbeitgeber der Last vieler Reisen entziehen könne, jedoch keine Notwendigkeit diesem Entscheidungskompetenz zu geben.[621]

---

[613] Wendeling-Schröder, Divisionalisierung, Mitbestimmung und Tarifvertrag, S. 95 f.

[614] Vgl. Konzen AuR 1985, 349.

[615] Rancke, Betriebsverfassung und Unternehmenswirklichkeit, S. 256.

[616] Joost, Betrieb und Unternehmen als Grundbegriffe im Arbeitsrecht, S. 247 f.

[617] Vgl. Joost, Betrieb und Unternehmen als Grundbegriffe im Arbeitsrecht S. 248, Fn 83.

[618] So ausdrücklich S. 242, Fn 58.

[619] So auch Kittner AuR 1995, 385, 394: Dem (örtlichen) Betriebsrat muss Kooperationspartner mit Verhandlungskompetenz gegenüber gestellt werden, um einen Zustand zu verhindern, bei dem aus zentraler Abteilung Entscheidung kommen, die ein Bevollmächtigter gegenüber dem Betriebsrat durchsetzen soll ohne selbst Entscheidungsspielraum zu haben.

[620] Vgl. zu dieser Argumentation oben, § 3, B., V., 2. (Fn 263).

[621] Gamillscheg Anm. zu EzA Nr. 4, 5 zu § 4 BetrVG 1972, S. 58, ders. AuR 2001, 411, 414.

2. Unternehmerfreiheit und Mitbestimmungsrechte

Da bislang vornehmlich das Verhältnis von unternehmerischer Entscheidungsfreiheit zur Ausübung der Mitbestimmungsrechte im Vordergrund stand und hier einige Ansätze entwickelt wurden, wird im Folgenden versucht, bei dieser Argumentation Anleihen zu nehmen.

Art. 14, 12, 2 GG garantieren grundsätzlich einen Kernbereich unternehmerischer Entscheidungsfreiheit, der mitbestimmungsfrei ist. Das *Bundesverfassungsgericht* hat dies mehrfach festgestellt,[622] wobei es jedoch eine verlässliche Abgrenzung bzw. Kennzeichnung dessen, was unter diesem Kernbereich zu verstehen ist, nicht liefert.[623] Das *Bundesarbeitsgericht* macht deutlich: "Die Beantwortung der Frage, wann die unternehmerische Freiheit in ihrem Kernbereich berührt wird (...) lässt sich verlässlich nicht beantworten".[624] Diese Problematik ist in der Vielgestaltigkeit der die Unternehmerfreiheit beschränkenden Gesetze begründet. Eine große Anzahl von Gesetzen und Verordnungen gibt dem Unternehmer Pflichten auf und beschränkt das Direktionsrecht des Arbeitgebers, weshalb es sich schwerlich ermitteln lässt, welche Gesamtwirkung die verschiedenen die Unternehmerautonomie belastenden Regelungen haben.[625] Der Schutzbereich der Art. 14, 12, 2 GG muss deshalb durch eine für den konkreten Einzelfall zu erfolgende Interessenabwägung eingegrenzt werden. Diese sieht etwa bei der Betrachtung des Ladenschutzgesetzes anders aus, als im Kündigungsschutzrecht.

Daher muss hier das Betriebsverfassungsgesetz betrachtet werden. In den Materialien zur BetrVG-Novelle 1972 kommt die grundsätzliche gesetzgeberische Wertentscheidung zum Ausdruck, dass durch die Mitbestimmungs- und Mitwirkungsrechte nicht in die "eigentlichen unternehmerischen Entscheidungen, insbesondere auf wirtschaftlichen Gebiet" eingegriffen werden soll.[626] Auch damit ist indes noch nicht allzu viel gesagt. Insbesondere, ob es sich bei der Organisationsgestaltung um eine "eigentliche" unternehmerische Entscheidung im Gegensatz zu unternehmerischen Entscheidungen im mitbestimmungspflichtigen Bereich handelt, kann nicht zweifelsfrei beantwortet werden. An anderer Stelle findet sich die Prämisse, dass im Betriebsverfassungsrecht zwischen der arbeitsrechtlichen Direktions- und Weisungsgewalt des Arbeitgebers, als Konkretisierung der arbeitsvertraglichen Pflicht des Arbeitnehmers und der Planungs-, Richtlinien- und Organisationsgewalt des Unternehmers, bei der es nicht um unmittelbar personenbezogene Entscheidung geht, unterschieden werden

---

[622] BVerfGE 4, 7; 25, 371, 470; 29, 260, 267; 50, 290, 366.

[623] Beuthien ZfA 1988, 1 f.

[624] BAG SAE 1983, 137.

[625] Dies erkennt auch Beuthien (ZfA 1988, 1, 6) versucht jedoch anschließend doch eine umfassende Bestimmung des mitbestimmungsfreien Kernbereichs, indem er zwischen dem Gütermarkt des Arbeitgebers und Arbeitsmarkt des Arbeitnehmers trennt. Nur Entscheidungen die ersteren betreffen, fielen in den Kernbereich der Unternehmerautonomie und seine deshalb mitbestimmungsfrei. Bei Überschneidungen der Bereiche stellt er auf die wirtschaftliche Vertretbarkeit ab – dieses Kriterium vermag indes nicht zu überzeugen, da es der Rechtsprechung weitestgehend entzogen ist.

[626] BR-Drucks. 715/70.

muss.[627] Auch dem Kriterium kommt aber keine inhaltliche Konturwirkung zu, da es auf der einen Seite mitbestimmungsfreie Direktionsentscheidungen des Arbeitgebers gibt und auf der anderen Seite auch die Planungs- und Richtlinienkompetenz von der Mitbestimmung berührt wird (vgl. §§ 106 ff BetrVG). Daneben greift der Betriebsrat in die grundsätzlich freie Unternehmerentscheidung mittelbar ein, wenn sich eine unternehmerische Sachentscheidung nicht in einen mitbestimmungsfreien und einen mitbestimmungspflichtigen Teil trennen lässt.[628] Eine verlässliche Abgrenzung durch die Unterscheidung von wirtschaftlich-unternehmerischen gegenüber betrieblichen Belangen kann daher nicht gelingen.

Die Grenze der unternehmerischen Entscheidungsfreiheit muss vielmehr aus den einschlägigen Mitbestimmungsrechten selbst[629] bzw. aus deren Sinnzusammenhang und Systematik geschlossen werden.[630] Allerdings: Der Gesetzgeber hat mit Festschreibung der Mitbestimmungstatbestände im Betriebsverfassungsgesetz nur einen Teil des Konfliktes zwischen unternehmerischer Entscheidungsfreiheit und Interessenvertretung der Arbeitnehmer geregelt, da sich die Reichweite und Tiefe der Mitbestimmungsrechte nicht ohne weiteres aus dem Wortlaut der Mitbestimmungstatbestände selbst ergibt. Daher muss für jeden Mitbestimmungstatbestand gesondert gefragt werden, welche Arbeitnehmerinteressen er inwiefern schützen will[631] und wie weit diesem Ergebnis unternehmerische Belange entgegenstehen, in die ohne Verletzung der Art. 14, 12, 2 GG nicht eingegriffen kann.[632]

3. Unternehmerfreiheit und Betriebsverfassungsstruktur

Diese Betrachtung, die für die Auslegung der Mitbestimmungsrechte entwickelt wurde, soll nun auf die hier zu diskutierende Frage, inwieweit die betriebsverfassungsrechtlichen Organisationsnormen die verfassungsrechtlich geschützte Organisationsfreiheit des Unternehmers einschränken, übertragen werden. Dazu ist in einem ersten Schritt zu fragen, inwieweit durch die Betriebsverfassungsstruktur Arbeitnehmerinteressen geschützt werden sollen und danach, ob eine Beschränkung der Organisationsfreiheit des Unternehmers mit Art. 14,12,2 GG in Einklang gebracht werden kann.

---

[627] Vgl. Bericht der Kommission Mitbestimmung, S. 59 f.

[628] Beuthien ZfA 1984,1,14

[629] BAG BB 1977, 1199; Farthmann RdA 1974, 66; Klinkhammer AuR 1977, 364.

[630] BAG, SAE 1983, 137.

[631] Umnuß, Organisation der Betriebsverfassung und Unternehmerautonomie, S. 228.

[632] Der Einwand von Joost (Betrieb und Unternehmen als Grundbegriffe im Arbeitsrecht, S. 197), dass die Mitbestimmungstatbestände als gesetzgeberische Einschränkung der Unternehmerfreiheit nicht ihrerseits durch die Unternehmerfreiheit eingeschränkt werden könnten, ist nicht berechtigt, da es sich hierbei um eine verfassungsrechtliche anerkannte Methodik handelt.

a) Betriebsverfassungsstruktur als Arbeitnehmerschutz

Wie in § 1 der Untersuchung (B.) gezeigt wurde, sind die betriebsverfassungsrechtlichen Organisationsnormen und Beteiligungsrechte einheitlich unter Berücksichtigung des Ordnungskriteriums der sachgerechten Wahrnehmung der Arbeitnehmerinteressen auszulegen. Es wurde auch dargelegt (C.), dass die sachgerechte Wahrnehmung von Arbeitnehmerinteressen es gebietet, dass die Mitbestimmungsorgane einerseits an Stellen im Unternehmen angesiedelt werden, wo mitbestimmungspflichtigen Tatbestände entstehen (Entscheidungsnähe), andererseits aber auch ein enger Kontakt zu den vertretenen Arbeitnehmern gewährleistet ist und gemeinsame Interessenlagen vorhanden sind (Belegschaftsnähe). Eine Unternehmensorganisation, die eine Interessenvertretung in diesem Sinne nicht ermöglicht, scheint somit im Widerspruch zur Betriebsverfassung zu stehen. Doch sind damit Entscheidungsstrukturen, die eine Interessenvertretung in Entscheidungsnähe und Belegschaftsnähe nicht gewährleisten, unzulässig? Diese Frage ist, wie sich im Folgenden zeigen wird, zu verneinen.

b) Eingriff in Unternehmerautonomie

Die betriebsverfassungsrechtliche Unzulässigkeit bestimmter Entscheidungsstrukturen und damit ein Gebot zur Einrichtung bestimmter Entscheidungsstrukturen im Unternehmen stehen im Widerspruch zum Grundgesetz. Die Integration eines Unternehmens vollzieht sich über den Markt. Dessen Dynamik fordert den Unternehmen Reaktionsfähigkeit und Flexibilität ab.[633] Die Unternehmen müssen auf Veränderungen des Marktes reagieren können, um wettbewerbsfähig zu bleiben. Derartige Reaktionen sind in der Regel mit Umgestaltungen des Binnensystems des Unternehmens verbunden,[634] also der Organisationsstruktur. Die Organisation eines Unternehmens ist daher entsprechend den Veränderungen des Marktes in stetem Wandel[635] und wird nach Sachzwängen ausgerichtet, die aus der Prämisse der wirtschaftlichen Bewältigung der Marktaufgabe resultieren. Dementsprechend steht die Installation optimaler Unternehmensstrukturen unter dem Gebot marktlicher Effizienzgesichtspunkte.[636]

Betriebswirtschaftlich optimale Unternehmensstrukturen orientieren sich an der Produkt- bzw. Dienstleistungspalette des Unternehmens. Die betriebsverfassungsrechtlich relevante Leitung (insbesondere in sozialen und personellen Angelegenheiten) kann aber nicht losgelöst von Produktions- und Dienstleistungsfunktionen im Unternehmen betrachtet werden. Die Personalleitung hat immer akzessorische Funktion und unterstützt den arbeitstechnischen und wirtschaftlichen Zweck im Unternehmen.[637] Unternehmerische Entscheidungen stehen damit umfassend im Zeichen der marktlichen Effizienz.[638] Der Betrieb als arbeitstechnische Einheit ist dabei nicht Selbst-

---

633 Vgl. zu Organisationsformen und -prozesse in der modernen Wirtschaftspraxis oben § 4, A., I.
634 FAZ vom 29.7.2002, S. 22.
635 Weinmann ZfA 1991, 73, 75.
636 FAZ vom 29.7.2002, S. 22.
637 Kreßel AuA, 1998, 147.
638 Frese, Organisationstheorie S. 1 ff.; vgl. auch Windbichler ZfA 1991, 35 ff.

zweck, sondern auf die Verwirklichung der unternehmerischen Erfolges angelegt.[639] Daneben finden andere Determinanten, insbesondere die Vereinbarkeit der Unternehmensorganisation mit der Betriebsverfassung keine Beachtung.[640] Die Prämissen, an denen sich Organisationsmodelle der Betriebsverfassung und der Betriebswirtschaftslehre orientieren sind also grundverschieden:[641] Während die Betriebsverfassung eine optimale Interessenvertretung für die Arbeitnehmer zu installieren sucht, ist der Ökonom um eine Ausrichtung des Unternehmens nach den Anforderungen des Marktes bemüht.[642]

Wegen der Grundentscheidung für eine marktwirtschaftliche Ordnung kann der Arbeitgeber jedoch nicht verpflichtet sein, die Organisation des Unternehmens nach betriebsverfassungsrechtlicher Zweckrichtung zu gestalten, die marktwirtschaftlichen Gesichtspunkten ggfs. diametral entgegengesetzt ist. Eine solche Vorgabe griffe in unzulässiger Weise in die Unternehmerfreiheit ein, deren grundlegende Aufgabe es ist, dem Unternehmer die Möglichkeit zu geben, die Existenz des Unternehmens zu sichern. Notwendige Bedingung für die Sicherung der Existenz des Unternehmens ist die Erfüllung der Marktaufgabe.[643] Dies kann nur gelingen, wenn dem Unternehmer die Möglichkeit verbleibt, auf veränderte und sich verändernde Marktanforderungen zu reagieren und die Unternehmensorganisation entsprechend den Markterfordernissen anzupassen.

4. Schlussfolgerung

Die Anpassung der Unternehmensstrukturen an die Erfordernisse des Marktes ist insofern von der unternehmerischen Freiheit aus Art. 14,12,2 GG gedeckt. Deshalb hat der Unternehmer die Freiheit, sein Unternehmen *nicht* so zu gestalten, wie der Betriebsverfassungsgesetzgeber 1972 im Sinn hatte.[644] Der Unternehmer ist insbesondere nicht gezwungen Leitungsgremien zu schaffen, denen problemlos homogene Repräsentati-

---

[639] Reuter ZfA 1981, 165, 202 ff.

[640] So finden betriebsverfassungsrechtliche Gesichtspunkte in den einschlägigen Schriften zur betriebswirtschaftlichen Organisationstheorie mit keinem Wort Erwähnung, vgl. Frese, Grundlagen der Organisation; ders., Organisationstheorie; Schmidt, Grundlagen der Aufbauorganisation; Staehle, Management.; Krüger, Organisation der Unternehmung.

[641] Kohte BB 1992, 137, 141.

[642] Die Grenze findet sich bei Missbrauch und Willkür. Insbesondere, wenn der Arbeitgeber versuchte durch Umgehung der Betriebsverfassungsvorgaben sich einen Vorteil zu verschaffen, ohne dass die Maßnahme einen betriebswirtschaftlichen Grund hat. Vgl. BAG AuR 1978, 254, 256.

[643] Frese, Grundlagen der Organisation, S. 9.

[644] Vgl. Loritz ZfA 1991, 1, 24 ff.; Beuthien ZfA 1988, 1 f., 29; Kohte BB 1992, 137, 141; Konzen, Unternehmensaufspaltungen und Organisationsänderungen im Betriebsverfassungsrecht, S. 114; Kreßel ist der Ansicht, der Arbeitgeber müsse Leitungsstellen in personellen und sozialen Angelegenheiten einrichte, sei jedoch in Fragen der Zuständigkeit und des Zuschnitts der Leitungsstellen frei (AuA 1998, 145 f.); Heither, Betrieb im Betriebsverfassungsrecht – Herausforderung durch neue Organisations- und Umstrukturierungskonzepte, in: JahrbArbR, Bd. 36, 1999, S. 37, 42; in diesem Sinne auch Martens RdA 1989, 164; Reuter ZfA 1981, 165.

onsbasen für die Mitbestimmungsorgane zugeordnet werden können, [645] bzw. Entscheidungen in mitbestimmungspflichtigen Angelegenheiten tatsächlich auf "betrieblicher" Ebene zu treffen.[646]

VI. Fazit

Vorangegangene Untersuchung zeigt, dass die für die betriebliche Interessenvertretung geltenden betriebsverfassungsrechtlichen Maximen der Belegschafts- und der Entscheidungsnähe angesichts moderner Unternehmensorganisation häufig nicht miteinander zu vereinbaren sind (I.). Durch die zunehmende Dezentralisierung, die zu einer Vielzahl von Entscheidungsstellen in den Unternehmen führt, kann die Arbeitnehmervertretung einem umfassend befugten (dauerhaften) Entscheidungsträger häufig gar nicht mehr gegenüber gestellt werden. Die Lokalisierung eines einheitlichen Leitungsapparates in mitbestimmungspflichtigen Angelegenheiten stellt sich in derartig organisierten Unternehmen als unmöglich heraus und eine deutliche Mehrheit an Entscheidungstatbeständen ist nicht abgrenzbar, weshalb der in Rechtsprechung und Literatur herrschende Betriebsbegriff überdacht werden muss (II.). Zudem stößt die gesetzliche Vertretungsstruktur bei unternehmensorganisatorischen Prozessen an ihre Grenzen (III.). Unter dem Dach eines einheitlichen Betriebsbegriffs kann eine sinnvolle Mitbestimmung daher nicht realisiert werden (IV.). Da der Arbeitgeber nicht gezwungen ist, die Organisation seines Unternehmen auf die betriebsverfassungsrechtlichen Organisationsvorschriften hin auszurichten (V.), müssen sich Gesetzgebung, Rechtswissenschaft und Rechtsprechung den neuen Organisationsformen, dem stetem Wandel und den Veränderungen in der Unternehmenslandschaft stellen.[647]

Der Gesetzgeber hat mit der Betriebsverfassungsreform einen ersten Schritt in die richtiger Richtung getan, wie sich im Folgenden (C.) zeigen wird. Angesichts der lediglich fakultativen Lösungen, die die Reform gebracht hat, sind die gesetzlichen Betriebsverfassungsstrukturen jedoch nicht überholt.[648] Insbesondere der Betrieb als mitbestimmungsrechtliche Einheit bleibt unabdingbar, da die Errichtung flexibler Modelle im Ermessen der Tarif- bzw. Betriebsparteien steht und auf Arbeitnehmerseite ein Tätigwerden einer Interessenvertretung voraussetzt. Vor dem Hintergrund der modernen Unternehmenspraxis ist daher eine kritische Auseinandersetzung mit dem in Rechtsprechung und Lehre herrschenden Betriebsbegriff nach wie vor dringend geboten. Die Betriebsverfassungsreform bietet dabei – wie sich zeigen wird – die Möglichkeit einer sachgerechten Neubestimmung des Betriebsbegriffs.[649]

---

[645] GK-Kraft/Franzen BetrVG § 4 Rn 6.

[646] Allerdings darf der Arbeitgeber den Betriebsrat auch nicht an Personen verweisen, die *keine* Entscheidungskompetenzen haben. Eine derartige aktive Verhinderung der Einwirkungsmöglichkeiten durch den Betriebsrat ist verfassungswidrig (vgl. DKK-Trümner BetrVG § 1 Rn 69).

[647] Weinmann ZfA 1991, 73, 75.

[648] A.A. Giesen (BB 2002, 1480, 1481), der davon ausgeht, der Betrieb habe angesichts des § 3 BetrVG n.F. als "Einheit, für die und aus der heraus die Betriebsvertretungen zu schaffen sind, ausgedient".

[649] Vgl. unten § 6, II.

§ 5 Entscheidungs- bzw. belegschaftsnahe Anknüpfung aufgrund autonomer Regelungen

In der Literatur wurden angesichts des Wandels in den Unternehmensstrukturen flexible Betriebsverfassungsstrukturen schon lange gefordert.[650] Bereits 1978 hatte *Säcker*[651] auf eine Vielzahl von Interessenvertretungsstrukturen in der Praxis hingewiesen, die sich außerhalb des damals rechtlich Möglichen bewegten. Eine empirische Untersuchung *Rancke*[652] aus dem Jahre 1982 beschreibt umfassend einen Prozess der Abwendung von Entscheidungsstrukturen in den Unternehmen, die dem Leitbild des Betriebsverfassungsgesetzes Jahre 1972 entsprechen.[653] Er kommt dabei zu dem Ergebnis, dass die betriebsverfassungsrechtliche Praxis Organisationsformen aufweist, die vom Betriebsverfassungsgesetz 1972 nicht vorgesehen sind.[654] Dies begründet er mit der Unsicherheit der Betriebspartner bei der Umsetzung der organisatorischen Vorschriften und damit, dass die betriebsverfassungsgesetzlichen Organisationsnormen sich als zu starr zur Erfassung der Unternehmenswirklichkeit erwiesen haben. Vielfach führe dies zu Einzelfalllösungen, die mit dem Betriebsverfassungsgesetz nicht vereinbar seien.[655] 1998 legte die von der Bertelsmann Stiftung und der Hans-Böckler-Stiftung eingerichtete „*Kommission Mitbestimmung*" einen Bericht vor, der eine kritische Bestandsaufnahme der Mitbestimmungspraxis in Betrieb und Unternehmen lieferte. Die Kommission identifizierte in den Unternehmen einen tief greifenden Strukturwandel.[656] Dabei wurden Dezentralisierungstendenzen und deren Folgen für die Betriebsverfassung aufgedeckt: Während die Mitbestimmung, die als repräsentatives System der Arbeitnehmerbeteiligung eine Zentralisierung der Entscheidungsprozesse in Betrieb und Unternehmen auf der Ebene des gewählten Repräsentativorgans voraussetze, diese Voraussetzungen in der Unternehmenslandschaft der sechziger und siebziger Jahre vorfand, stoße die Mitbestimmung zunehmend auf eine Dezentralisierung

---

[650] Gamillscheg, Tarifverträge über die Organisation der Betriebsverfassung, FS Molitor, S. 133, 156 f.; Wendeling-Schröder NZA 1999, 1065, 1071; Hanau AuA 1999, 203 f.; Fischer NZA 2000, 169 f.; Spinner, Die vereinbarte Betriebsverfassung, S. 205 ff. (seine Vorschläge kommen der jetzigen Rechtslage zum Teil sehr nah); T. Wißmann, Tarifvertragliche Gestaltung der betriebsverfassungsrechtlichen Organisation, S. 129; Wissmann AiB 2000, 320 ff.; mit umfassender Kritik: Bauer NZA 1997, 233 ff.; vgl. auch Franzen ZfA 2000, 285 ff.; *Heither* vertraute hingegen auf die Rechtsprechung, die auch bisher in der Lage gewesen sei, "neue Tatbestände zu erfassen und vernünftig einzuordnen", wobei er auf die richterliche Anerkennung des Gemeinschaftsbetriebs und des Übergangsmandats verweist (vgl. Heither, Betrieb im Betriebsverfassungsrecht – Herausforderung durch neue Organisations- - und Umstrukturierungskonzepte, in: JahrbArbR, Bd. 36, 1999, S. 37, 43).

[651] Säcker (Die Wahlordnungen zum Mitbestimmungsgesetz, S.80 f.) berichtet von Spartenbetriebsräten, von Hallen- und Produkt-Betriebsräten in Großbetrieben und von Regional- statt Einzelbetriebsräten, die Arbeitnehmer eines bestimmten Gebietes zusammenfassten.

[652] Rancke, Betriebsverfassung und Unternehmenswirklichkeit.

[653] Vgl. oben § 4, A.

[654] Rancke, Betriebsverfassung und Unternehmenswirklichkeit, S. 336.

[655] Rancke, Betriebsverfassung und Unternehmenswirklichkeit, S. 267.

[656] Bericht der Kommission Mitbestimmung, S.37.

von Entscheidungsprozessen.[657] Auch von Gewerkschaftsseite wurde Reformbedarf angemeldet. Entsprechende Gesetzesvorschläge[658] legten *DGB* und *DAG* im Jahre 1998 vor, die unter anderem eine gesetzliche Definition des Betriebsbegriffs – dieser sollte sich an der räumlichen, sozialen und arbeitsprozessualen Verbindung der Arbeitnehmer orientieren – vorsahen.[659]

Den Rufen nach einer Flexibilisierung der Betriebsverfassung folgend, fand ein Reformvorhaben durch eine Novelle des Betriebsverfassungsgesetzes auch Eingang in die Koalitionsvereinbarung zwischen der SPD und Bündnis 90 / Die Grünen.[660] "Eine Modernisierung der Betriebsverfassung durch eine Verbesserung der Anpassungsfähigkeit der Betriebsverfassung an neue, veränderte Organisationsstrukturen moderner Unternehmen" sollte ermöglicht werden.[661] Die Koalition hatte dabei nicht nur im Auge, die Mitbestimmung an die Veränderungen in der Arbeitswelt anzupassen, sondern auch insgesamt zu stärken.[662] Am 6.12.2000 wurde ein entsprechender Referentenentwurf aus dem Bundesministerium für Arbeit und Soziales veröffentlicht, der in der

---

[657] Bericht der Kommission Mitbestimmung, S. 37; Der Bericht beschreibt einen erheblichen Gestaltungsbedarf. Insgesamt geht die Kommission jedoch davon aus, dass die gesetzlichen Mitbestimmungsstrukturen an die sich verändernden Unternehmensstrukturen und -Strategien angepasst werden könnten. Die Wirtschaft zeige, dass durch maßgeschneiderte Lösungen sachgerechte Ergebnisse erzielt werden könnten (S. 78 f.). Ob diese Praxis freilich immer im Rahmen des § 3 BetrVG a.F. zulässig war, ist zu bezweifeln (vgl. Bachner NZA 1996, 400, 403 ff.).

[658] Vgl. zu den Entwürfen im Einzelnen: Fischer NZA 2000, 167 ff.; Zum DGB Entwurf: Engelen-Kefer AuR 1999, 369 ff.; dabei stand jedoch weniger die Flexibilisierung der betriebsverfassungsrechtlichen Organisationsstrukturen, als vielmehr der Ausbau und die Stärkung der betrieblichen Mitbestimmung insgesamt im Vordergrund (Kritisch insb. Bauer FA 1999, 221 f.; zurückhaltender Hanau AuA 1999, 203 f).

[659] Vgl. insofern die Ansätze von Kohte, Joost und Gamillscheg, oben § 3, B., III., 2.

[660] Vgl. Koalitionsvertrag zwischen SPD und Bündnis 90 / Grüne vom 20.10.1998, Aufbruch und Erneuerung – Deutschlands Weg ins 21. Jahrhundert, unter I 8.

[661] Damaliger Bundesarbeitsminister Walter Riester anlässlich der 1. Lesung des Gesetzentwurfes im Bundestag am 5.4.2001.

[662] Vgl. Koalitionsvertrag zwischen SPD und Bündnis 90 / Grüne vom 20.10.1998, Aufbruch und Erneuerung - Deutschlands Weg ins 21. Jahrhundert, unter I 8. Die Koalition sieht die Veränderungen von Unternehmensstrukturen als Ursache einer "Aushöhlung der Mitbestimmung" und einer Zunahme "mitbestimmungsfreier Zonen" in den Unternehmen an. Tatsächlich werden eine steigende Anzahl von Arbeitnehmern nicht mehr von einem Betriebsrat repräsentiert werden. So wurden im Jahre 1981 noch 50,6% und im Jahr 1994 39,5% der Arbeitnehmer von einem Betriebsrat vertreten, während im Jahr 2000 die Betriebsratsquote nur noch 18% betrug (vgl. Bericht der Kommission Mitbestimmung, S. 51; Rieble ZIP 01, 135).
Es sei jedoch bemerkt, dass die „Erosion" der Betriebsverfassung als Reformargument auf – nicht unbegründeten – Widerstand gestoßen ist. Andere Ursachen für die Abnahme der Betriebsratsquote seien nicht ausreichend hinterfragt worden: So sei heute gegenüber der Situation 1972 von einem schwindenden Schutzbedürfnis zunehmend selbstbewusster Arbeitnehmer auszugehen, die ihre individuellen Interessen persönlich wahrnehmen; auch dürfe nicht übersehen werden, dass das Interesse an dem repräsentativen System der betrieblichen Mitbestimmung schlichtweg abgenommen habe. Zum Teil wurde das Betriebsverfassungsreformgesetz in der Literatur deshalb als "staatlicher Paternalismus" bzw. "Zwangsbeglückung" abgetan (vgl. Rieble ZIP 01, 133, 136; Blanke/Rose RdA 2001, 92; A.A. Schmidt, die die abnehmende Betriebsratsquote vornehmlich als Folge des Strukturwandels in der Unternehmenslandschaft sieht (NZA 2000, 17, 18).

rechtswissenschaftlichen Literatur äußerst kontrovers diskutiert wurde.[663] Nach zähen Auseinandersetzungen zwischen Arbeitsminister *Riester* und Wirtschaftsminister *Müller*, wurde am 14.2.2001 ein Regierungsentwurf vorgelegt, der ebenfalls Kritik erfuhr.[664] Schließlich trat das Gesetz zur Reform der Betriebsverfassung am 28.7.2001 in Kraft. Es ändert vornehmlich den organisatorischen Teil des Betriebsverfassungsgesetzes, enthält aber auch eine Reihe von Erweiterungen der Mitbestimmungsrechte des Betriebsrats. Daneben erfolgen Änderungen im Bereich des Wahlverfahrens. Wie schon die Entwürfe, so blieb freilich auch das (weitgehend inhaltsgleiche) Gesetz nicht unumstritten.[665]

I. Vertretungsorgane nach § 3 Betriebsverfassungsgesetz

1. Tarifvertragliche Gestaltung der Betriebsverfassungsstrukturen

a) Alte Regelung

§ 3 Abs. 1 BetrVG a.F. erlaubte die tarifautonome Normierung und somit die individuelle Anpassung der Arbeitnehmervertretung an die Unternehmensstruktur in engen Grenzen.[666] Durch Tarifvertrag konnten zusätzliche betriebsverfassungsrechtliche Vertretungen für Arbeitnehmer bestimmter Beschäftigungsarten oder Arbeitsbereiche (Nr. 1) bzw. andere Arbeitnehmervertretungen für Betriebe, deren Eigenart die Errichtung von Betriebsräten besonders erschwerte (Nr. 2), geschaffen werden; außerdem waren die Tarifparteien ermächtigt, die Zuordnung von Betriebsteilen und Nebenbetrieben abweichend vom Gesetz zu regeln, soweit dadurch die Bildung von Vertretungen der Arbeitnehmer erleichtert wurden (Nr. 3). Obwohl den Tarifparteien damit nur geringe Einflussmöglichkeiten auf die Betriebsverfassung an die Hand gegeben wurden, bedurften derartige Regelungen der Zustimmung der obersten Bundesbehörde des Landes bzw. bei Tarifverträgen, die Geltung in mehreren Ländern hatten, der Zustimmung des Bundesministers für Arbeit und Sozialordnung (§ 3 Abs.2 BetrVG a.F.).

§ 3 BetrVG n.F. eröffnet die Möglichkeit, die Betriebsverfassung durch Tarifvertrag bzw. (subsidiär) durch Betriebsvereinbarung in größerem Maße als zuvor zu gestalten, ohne dass die Tarif- bzw. Betriebspartner auf eine staatliche Mitwirkung angewiesen

---

[663] Vgl. Däubler AuR 2001, 1 ff.; Rieble ZIP 2001, 133 ff.; Richardi/Annuß DB 2001, 41 ff.; Blanke/Rose RdA 2001, 92 ff.; Vgl aus Arbeitgebersicht: Schiefer/Korte NZA 2001, 71 ff.; aus Gewerkschaftssicht: Bundesvorstand des DGB NZA 2001, 135 ff.

[664] Richardi NZA 2000, 346 ff.; Hanau RdA 2001, 65 ff.; Buchner NZA 2001, 633 ff.; Trümner FA 2001, 133 ff.; Gamillscheg AuR 2001, 411 ff.; Konzen RdA 2001, 76 ff.; Picker RdA 2001, 259 ff.; Wendeling-Schröder NZA 2001, 357 ff.; Neef NZA 2001, 361 ff.; Preis/Elert NZA 2001, 371 ff.; Bauer NZA 2001, 375 ff.

[665] Vgl. Löwisch BB 2001, 1734 ff.; Däubler AuR 2001, 285 ff.; Hanau NJW 2001, 2513 ff.; Trümner AiB 2001, 507 ff.; Plander NZA 2002, 483 ff.; Annuß NZA 2002, 290 ff.; Friese RdA 2003, 92 ff.; Reichold NZA 2001, 857 ff.; Richardi, Die neue Betriebsverfassung; Kort AG 2003, 13 ff.; die wohl ausführlichste Darstellung der organisationsrechtlichen Neuerungen findet sich bei DKK-Trümner BetrVG.

[666] Vgl. zur alten Rechtslage ausführlich T. Wißmann, Tarifvertragliche Gestaltung der betriebsverfassungsrechtlichen Organisation.

sind.[667] Insbesondere ermöglicht die Norm eine Lösung der Anbindung der Arbeitnehmervertretung an den Betrieb als ausschließliche organisatorische Basis, von der bis dahin nur unter vorbezeichneten (eng gefassten) Voraussetzungen abgewichen werden konnte. Der Reformgesetzgeber bezweckte damit eine Verbesserung der Anpassungsfähigkeit der Betriebsverfassung an die Organisationsstrukturen moderner Unternehmen.[668] Eine entsprechende Regelung war von weiten Teilen der Literatur lange gefordert worden.[669]

Die nähre Ausgestaltung des § 3 BetrVG wurde indes bereits während des Gesetzgebungsverfahrens heftig kritisiert. Im Mittelpunkt der Diskussionen standen vor allem tarifliche Fragen, insbesondere die Legitimation der Tarifvertragsparteien gegenüber den Außenseitern, die Erstreikbarkeit von Tarifverträgen nach § 3 BetrVG, und das Verhältnis konkurrierender Tarifverträge (dazu im Folgenden). Auf den Inhalt der einzelnen Regelungstatbestände wird dem gegenüber verhältnismäßig wenig reflektiert.[670] Der Inhalt der Regelung, der interessante Möglichkeiten nicht nur bezüglich der optionalen Ausgestaltung der Interessenvertretung, sondern auch hinsichtlich einer Neubestimmung der gesetzlichen Betriebsverfassungsstruktur erlaubt, soll hier näher betrachtet werden.

b) Tarifvertragliche Regelung der Betriebsverfassung

Im Zuge der Neufassung des § 3 BetrVG ist — insbesondere wegen des Wegfalls des staatlichen Zustimmungserfordernisses[671] erneut Streit um die Frage entbrannt, ob die Tarifparteien zur Normsetzung betriebsverfassungsrechtlicher Normen legitimiert sind.[672] Dies ist nach h.M. in der Literatur grundsätzlich zu bejahen.[673]

Wie sich im Rahmen der Auseinandersetzung mit der Bestimmung des § 3 Abs. 1 Nr. 3 BetrVG zeigen wird, ist die Regelungsbefugnis der Tarifparteien dabei jedoch auf bestimmte Tatbestände beschränkt.[674] Die Zulässigkeit dieser Beschränkung ergibt sich aus dem Erfordernis eines Mindestmaßes an Mitbestimmung in den Betrieben, das

---

[667] Zum Übergangsstadium vgl. Däubler DB 2001, 1669, 1671.
[668] BT Drucks. 14/5741 S. 33.
[669] Vgl. Picker RdA 2001, 259, 277 (Fn 149 m.w.N.), Bachner NZA 1996, 400, 405, Wendeling-Schröder NZA 1999, 1065, 1071; Kreßel AuA 1998, 145 ff.; Heither, Betrieb im Betriebsverfassungsrecht – Herausforderung durch neue Organisations- und Umstrukturierungskonzepte, in: JahrbArbR, Bd. 36, 1999, S. 37, 46; Schmidt NZA 2000, 17, 18; Hanau, Schlankere Betriebs- und Unternehmensverfassung, FS Kissel, S.347, 357 f.; vgl. auch Gamillscheg ZfA 1975, 357, 384, der schon früh verlangte, dass die Beteiligten vor Ort Einfluss auf die Bestimmung der betriebsratsfähigen Einheit haben sollten.
[670] Dies konstatiert auch Friese RdA 2003, 92.
[671] Vgl. Dazu unten, c).
[672] Eine verfassungsrechtliche Analyse findet hier nicht statt. Im Rahmen dieses Untersuchungsgegenstandes erfolgt nur ein kurzer Hinweis auf die Problemstellung. Vgl. weiterführend: Hessler ZfA 1998, 1, 3; Schwarze, Der Betriebsrat im Dienst der Tarifvertragsparteien S. 90 f.; Giesen BB 2002, 1480, 1485.
[673] Thüsing ZIP 2003, 693; vgl. Henssler ZfA 1998, 1 ff. m.w.N.; umfassend: Schmidt-Eriksen, Tarifvertragliche Betriebsnormen, S. 109 ff.; a.A. Forsthoff BB 1965, 381, 385; kritisch hinsichtlich der Einbeziehung der Außenseiter: Zöllner RdA 1962, 452, 457.
[674] Vgl. § 5, I., 3., c).

das Eingreifen des Gesetzgebers in Form einer näheren Ausgestaltung der Eingriffsbefugnis legitimiert.[675] Die Betriebsverfassung ist daher nicht unbeschränkt tarifdispositiv,[676] sondern kann durch die Tarifparteien nur im Rahmen der durch § 3 Abs. 1 BetrVG vorgezeichneten Möglichkeiten modifiziert werden, der die Sachgerechtigkeit der Arbeitnehmerinteressenvertretung sicherstellen soll.[677]

c) Wegfall des staatlichen Zustimmungserfordernisses

§ 3 BetrVG n.F. eröffnet die Möglichkeit, die Betriebsverfassung durch Tarifvertrag bzw. Betriebsvereinbarung zu gestalten, ohne dass die Tarif- bzw. Betriebspartner auf eine staatliche Mitwirkung angewiesen sind.[678]

Der Reformgesetzgeber nennt als Grund für den Wegfall des Zustimmungserfordernisses die Aussicht auf schnellere und sachnähere Entscheidungen.[679] Diese Begründung stößt indes auf Bedenken. Bemerkenswert ist vor allem, dass § 3 BetrVG n.F. erweiterte Regelungsmöglichkeiten bei gleichzeitigem Wegfall des staatlichen Zustimmungserfordernisses vorsieht.[680] Die Aufgabe des staatlichen Zustimmungserfordernisses führt zum Verlust der behördlichen Kontrollmöglichkeit. Regelungen, die den Ordnungskriterien des Betriebsverfassungsgesetzes widersprechen, können nun (zumindest exekutiv) nicht verhindert werden.[681] Letztlich bleibt auch offen, ob die Tarifparteien nicht auch auf Grundlage abstrakt-genereller behördlicher Vorgaben auf sich wandelnde betriebsverfassungsrechtliche Rahmenbedingungen hätten schnell genug reagieren können.[682]

d) Zuständigkeit

Weitere Probleme ergeben sich bei der Frage nach der Zuständigkeit zum Abschluss von Tarifverträgen i.S.v. § 3 BetrVG,[683] insbesondere die Frage, welche Gewerkschaft

---

[675] Schwarze, Der Betriebsrat im Dienste der Tarifvertragsparteien, S. 104 f.; T. Wißmann, Tarifvertragliche Gestaltung der betriebsverfassungsrechtlichen Organisation, S. 57; vgl. Henssler ZfA 1998, 1, 18 f.; grundlegend zum Verhältnis tarifautonomer zu staatlicher Normsetzung: Biedenkopf, Grenzen der Tarifautonomie, S. 187

[676] Vgl. insofern die Ausführungen zu § 3 Abs. 1 Nr. 3 BetrVG, der als "weiteste" Norm im Rahmen der Gestaltungsnormen dennoch nur eingeschränkte Möglichkeiten zur Gestaltung der betriebsverfassungsrechtlichen Struktur durch die Tarifparteien zulässt – oben § 5, I., 3., c).

[677] Dabei wird sich im weiteren Verlauf der Untersuchung zeigen, dass § 3 BetrVG vornehmlich auf das Ordnungskriterium der Entscheidungsnähe abstellt. Daraus lässt sich ein Rückschluss bezüglich des gesetzlichen Betriebsbegriffs ziehen (vgl. § 6, II., 2).

[678] Der Wegfall des Zustimmungserfordernisses stellt sich im Rahmen der – hier nicht vertretenen – Delegationstheorie freilich als problematisch dar, da zukünftig mit der behördlichen Zustimmung ein (zumindest nach außen sichtbarer) Delegationsakt fehlt (vgl. umfassend zu diesem Gesichtspunkt: Picker RdA 2001, 259, 282 ff.). Die Mängel der Delegationstheorie wurden oben erläutert, vgl. § 5, I., 1., b), aa), (4).

[679] BT Drucks. 14/5741 S. 33.

[680] Hanau RdA 2001, 65, 66.

[681] Richardi/Annuß DB 2001, 41; zur richterlichen Inhaltskontrolle siehe unten § 5, I., 4.

[682] So der Vorschlag von Hanau (RdA 2001, 65, 66).

[683] Vgl. dazu insb. Richardi/Annuß DB 2001, 41, 42; Richardi NZA 2001, 346, 350.

bei Tarifkonkurrenz im Unternehmen zuständig ist, ist von größter praktischer Relevanz.[684] Die Konkurrenzproblematik ist mit Hilfe der sonst in Betracht kommenden Instrumente der Spezialität oder Günstigkeit nicht zu bewältigen.[685] Die Spezialität kommt hier als Lösung nicht in Frage, da sämtliche konkurrierende Tarifverträge die Bildung sachgerechter Interessenvertretungsstrukturen zum Inhalt haben – sonst sind sie bereits unwirksam[686] – und nach fachlichen, persönlichen bzw. räumlichen Aspekten darüber hinaus nicht zu vergleichen sind.[687] Das Günstigkeitsprinzip stößt an seine Grenzen, da die Betriebsverfassungsstruktur objektiv interessenneutral ist.[688]

Man wird deshalb hier zu dem Ergebnis kommen müssen, dass die Gewerkschaft mit den meisten Mitgliedern zuständig ist.[689] Andernfalls droht die Betriebsratsstruktur zum Handelsobjekt zu werden, indem kleine Organisationen aus machtpolitischem Kalkül mit bereitwilligen Arbeitgebern Tarifverträge abschließen.[690]

Unpraktikabel dürfte demgegenüber *Annuß'* Lösung sein, der bei Konkurrenz zwischen Tarifverträgen verschiedener Tarifparteien im Bereich betriebsverfassungsrechtlicher Normen von einer Unwirksamkeit der sich widersprechenden Regelungen ausgeht,[691] denn so könnte der Arbeitgeber durch Abschluss weiterer (abweichender) Tarifverträge die alten Regelungen kurzerhand beseitigen.[692]

Fraglich ist auch, wer auf Arbeitgeberseite zuständig ist. § 2 Abs. 1 TVG ermöglicht eine Zuständigkeit der Arbeitgeberverbände. Ob dies zweckmäßig ist, muss bezweifelt werden, da diese – noch weniger als die Gewerkschaften – als "Beteiligte vor Ort" gelten können und die Sachgerechtigkeit einer individuellen Anpassung für eine Reihe von Unternehmen die Ausnahme darstellen dürfte.[693] Hier wird man daher von

---

684 Thüsing ZIP 2003, 693; Däubler AuR 2001, 1, 3.

685 Plander NZA 2002, 483, 486; in diesem Sinne auch Annuß (NZA 2002, 290, 293); dazu eingehend Friese ZfA 2003, 237, 270 ff.

686 Vgl. unten § 5, I., 4.

687 Eich, Tarifverträge nach § 3 BetrVG, FS Weinspach, S. 17, 22 f.; Friese ZfA 2003, 237, 273.

688 Vgl. oben § 5, I., 1., b), bb), (2), (c).

689 Däubler AuR 2001, 1, 3; Hohenstatt/Dizda DB 2001, 2498, 2500; Plander NZA 2002, 483, 486; Offen ist indes, was für Tarifverträge gilt, die neben Regelungen im Sinne des § 3 BetrVG auch andere Bestimmungen treffen.
Gegen "das Gesetz der größten Zahl" spricht sich Eich aus, da die Geltung der Tarifverträge dann von den schwankenden Mitgliederzahlen im Betrieb abhinge und so Zufälligkeiten unterliege. Außerdem sei zu befürchten, dass die Konflikte zwischen den Gewerkschaften "in die Belegschaftsvertretung hineingetragen" würden (vgl. Eich, Tarifverträge nach § 3 BetrVG, FS Weinspach, S. 17, 23).

690 Däubler AuR 01, 1, 2; dieser Gesichtspunkt dürfte Pickers Befürchtung des machtpolitischen Missbrauchs, indem vorherrschende Gewerkschaften über § 3 I Nr. 1 a BetrVG einen unternehmenseinheitlichen Betriebsrat bilden, um so unerwünschte Mehrheiten anderer Gewerkschaften in den Betriebsräten auszuschalten (vgl. RdA 01, 259, 278), ausreichend gewichtig entgegenstehen, zumal auch Picker keine Lösung anbietet.

691 Annuß NZA 2002, 290, 293; Entsprechend auch Eich (Tarifverträge nach § 3 BetrVG, FS Weinspach, S. 17, 23), der die Gewerkschaften für verpflichtet hält sich im Vorfeld zu einigen. Komme eine Einigung nicht zustande, könne kein Tarifvertrag gelten.

692 Friese ZfA 2003, 237, 275; Friese ihrerseits will nur die Regelung mit der Gewerkschaft, die die größte Sachnähe zu Betrieb / Unternehmen aufweist, gelten lassen.

693 Hohenstatt/Dizda DB 2001, 2498, 2500; Richardi NZA 2001, 346, 350.

einer vorrangigen Zuständigkeit des einzelnen Arbeitgebers ausgehen müssen. Arbeitgeberverbände dürften immer dann auf den Plan treten, wenn die Unternehmen einer ganzen Branche ähnliche Organisationsstrukturen aufweisen, denen die betriebsverfassungsgesetzliche Struktur nicht gerecht wird.[694]

e) Erkämpfbarkeit durch Streik

Eine weitere im Zusammenhang mit § 3 Abs. 1 BetrVG offene Frage ist, ob die Regelungen gem. § 3 Abs. 1 Nr. 1–5 BetrVG erstreikt werden können.[695] Der Gesetzesbegründung ist in dieser Hinsicht nichts zu entnehmen. Dass die Tarifvertragsparteien zur abweichenden Vereinbarung der betriebsverfassungsrechtlichen Organisationseinheiten befugt sind, reicht für die Begründung der Erkämpfbarkeit entsprechender Regelungen nicht aus. Im Einzelnen:

Das Recht, Tarifverträge mit den Mitteln des Arbeitskampfes durchzusetzen, folgt ebenso wie das Recht zur normativen Gestaltung der Arbeits- und Wirtschaftsbedingungen mittelbar aus Art. 9 Abs. 3 GG. Der Schutzbereich des Grundrechts der Koalitionsfreiheit, erfordert, dass den Arbeitnehmer- und Arbeitgebervereinigungen geeignete Mittel zur sinnvollen Wahrnehmung und Förderung der Arbeits- und Wirtschaftsbedingungen ihrer Mitglieder zur Verfügung stehen.[696] Zu diesen Mitteln gehört das Tarifvertragssystem, das auch das Arbeitskampfrecht umfasst.[697] Die Koalitionen sind zwar zur Wahrnehmung ihres aus Art. 9 Abs. 3 GG folgenden Arbeitskampfrechts auf keine einfach-gesetzliche Ausgestaltung angewiesen – insofern stehen ihnen die Kampfmittel des Streiks, des Boykotts oder der Aussperrung ohne weiteres zur Verfügung. Da Inhalt und Umfang des Arbeitskampfes jedoch gesetzlich nicht normiert ist, bedarf es richterlicher Maßstäbe, um eine Ausuferung des Arbeitskampfrechts zu verhindern.[698] Das Streikrecht bestimmt sich insofern nach richterrechtlich entwickelten Grundsätzen.[699] Es stellt sich daher die Frage, ob die Rechtsprechung das Streikrecht zur Durchsetzung von Tarifverträgen nach § 3 Abs. 1 Nr. 1 – 5 BetrVG anzuerkennen bzw. abzulehnen hat.

Dabei ist zu beachten, dass die Frage, ob die Erstreikbarkeit einer Regelung rechtspolitisch zweckmäßig ist, keine Frage ist, die die tarifautonome Rechtssetzungsbefugnis beschränken kann. Die Koalition bewegen sich bei der Ausübung der Normsetzung in dem von Art. 9 Abs. 3 GG geschützten Freiheitsbereich. Ziel des Arbeitkampfes kann deshalb grundsätzlich jede nach dem Tarifvertragsgesetz regelbare Materie sein.

---

[694] Plander NZA 2002, 483, 486.

[695] Für eine Erstreikbarkeit: Fitting BetrVG § 3 Rn 20; Richardi BetrVG § 3 Rn 59; Thüsing ZIP 2003, 693; DKK-Trümner BetrVG § 3 Rn 6; Gegen das Streikrecht: GK-Kraft/Franzen BetrVG § 3 Rn 31; Buchner NZA 2001, 633, 635; Reichold NZA 2001, 857, 859; Eich, Tarifverträge nach § 3 BetrVG, FS Weinspach, S. 17, 23 ff.; Hohenstatt/Dizda DB 2001, 2498, 2501 (jedoch weil Vereinbarungen gem. § 3 BetrVG nicht von der Tarifautonomie gedeckt seien); vgl. auch Konzen RdA 2001, 76, 86, Däubler AuR 2001, 288; Rieble ZIP 2001, 133, 138 f.; Richardi NZA 2001, 346, 350; Brunhöber, Das bringt das neue Betriebsverfassungsgesetz, S. 55.

[696] BVerfG E 50, 290, 368; Maunz/Düring-Scholz GG Art. 9 Rn 398.

[697] Henssler ZfA 1998, 1, 13.

[698] Frese ZfA 2003, 237, 266.

[699] Frese ZfA 2003, 237, 267.

Eine richterliche Beschränkung des Rechts, die Durchsetzung von Tarifnormen zu erkämpfen, kommt nur dort in Betracht, wo dies aus rechtlichen, nicht aber bloß rechtspolitischen Gründen erforderlich ist.[700]

Die in der neueren Literatur zur Erstreikbarkeit der Regelungen gem. § 3 Abs. 1 Nr. 1 – 5 BetrVG geäußerten Ansichten sind insofern nur bedingt überzeugend: So sieht *Reichold*[701] eine Einschränkung des Arbeitskampfrechts als geboten an, weil es bei § 3 Abs. 1 BetrVG nicht um bessere materielle Arbeitsbedingungen gehe, sondern um eine lediglich "spezifischere Betriebsverfassungsstruktur". Auch *Konzens*[702] Ansatz ist rechtspolitischen Ursprungs. Er schlägt einen Mittelweg zwischen Arbeitskampf und Freiwilligkeit vor, der auf eine (de lege ferenda einzurichtende) Schlichtungsstelle abstellt, die inhaltlich am Modell des § 76 Abs. 8 BetrVG zu orientieren sei und sich den Regelungen der Einigungsstelle annähern könne. Die tarifvertragliche Regelung der betriebsverfassungsrechtlichen Organisationseinheiten wird vor allem Gegenstand von Firmentarifverträgen sein. Die von den gewerkschaftlichen Forderungen betroffenen Unternehmen seien deshalb einem extremen Droh- und Druckpotenzial der Gewerkschaften ausgesetzt. Da Konzens jedoch nicht ein generelles Arbeitskampfverbot zu Lasten der Gewerkschaften annehmen möchte, bleibe zur Abwehr dieses einseitigen Drucks nur die Schlichtungslösung[703]. Auch der von *Umnuß*[704] aufgeworfene Aspekt, dass eine erkämpfte betriebsverfassungsrechtliche Organisation ohnehin auf geringe Akzeptanz bei den Betriebsparteien stieße, vermag – da lediglich rechtspolitisch begründet – ein Arbeitskampfverbot nicht zu begründen. Ebenso unbeachtlich ist weiterhin daher das Argument, dass die Kampfparität zu Lasten des Arbeitgebers verschoben würde, da die Gewerkschaften durch einen – dem Streikziel entsprechenden – auf den einzelnen Betrieb beschränkten Streik mit einer Minimaltaktik große Wirkung erzielen könnten.[705] Auch *Richardis* Ansatz,[706] nach dem eine kampfweise Durchsetzung der tarifvertraglichen Regelungen nach § 3 Abs. 1 Nr. 1 – 5 BetrVG nicht erforderlich sei, da letztlich die gesetzliche Regelung zur Verfügung stehe, die Streikvoraussetzung „ultima ratio" daher nicht vorliege, beruht auf – hier unbeachtlichen - rechtspolitischen Erwägungen. Außerdem werden die Tarifvertragsparteien letztlich auf ein Modell verwiesen, dessen Sachgerechtigkeit vom Betriebsverfassungsreformgesetzgeber mit Normierung der § 3 Abs. 1 Nr. 1 – 5 BetrVG angesichts der Vielgestaltigkeit der unternehmensspezifischen Organisationsmodelle selbst in Frage gestellt wird. Auch dieser Ansatz vermag daher nicht zu überzeugen.

Letztlich werden die Gerichte ein Streikrecht in Bezug auf die Regelungen des § 3 Abs. 1 Nr. 1 – 5 BetrVG anerkennen müssen, da keine *rechtlichen* Einschränkungen ersichtlich sind. Zunächst ist der von *Buchner*[707] vertretene Standpunkt unbeachtlich, die Organisation der Betriebsverfassung könne nicht zwangsweise durchgesetzt wer-

[700] Frese ZfA 2003, 237, 268.
[701] NZA 2001, 867.
[702] RdA 2001, 76, 86.
[703] Gegen Konzens Lösung Picker: RdA 2001, 259, 278.
[704] Organisation der Betriebsverfassung und Unternehmensautonomie, S. 272.
[705] Picker RdA 2001, 259, 278.
[706] Richardi BetrVG, § 3 Rn 59.
[707] NZA 2001, 633, 635.

den, da sie im unmittelbaren Zusammenhang mit der Unternehmensstruktur stehe, deren Gestaltung ihrerseits grundgesetzlich geschützt sei. Die Frage, welche Belegschaftsgruppen im Unternehmen zu betriebsverfassungsrechtlichen Organisationseinheiten zusammengefasst werden, lässt jedoch die Unternehmensstruktur unberührt. Wie oben gezeigt[708] ist der Unternehmer zudem nicht verpflichtet, die Entscheidungsstrukturen an die betriebsverfassungsrechtlichen Vertretungsstrukturen anzupassen.

Auch die Friedenspflicht aus § 74 Abs. 2 BetrVG steht einer kampfweisen Durchsetzung der Regelungen gem. § 3 Abs. 1 Nr. 1 –5 BetrVG nicht entgegen. Entgegen *Biedenkopf,*[709] der die Tarifvertragsparteien als vom Gesetzgeber ermächtigt sieht, betriebsverfassungsrechtliche Zuständigkeiten statt der Betriebsparteien wahrzunehmen und so auch für diese das Arbeitskampfverbot aus § 74 Abs. 2 BetrVG in betriebsverfassungsrechtlichen Fragen gelten lassen will, beruht die Normsetzungsbefugnis der Tarifvertragsparteien nicht auf einer Ermächtigung durch den Gesetzgeber, sondern folgt aus der grundgesetzlichen Tarifautonomie gem. Art. 9 Abs. 3 GG. Da die Tarifvertragsparteien insofern nicht zur Regelung betriebsverfassungsrechtlicher Fragen *in Dienst* genommen werden, scheidet eine Bindung an § 74 Abs. 2 BetrVG aus.

Einen anderen Weg zur Begründung des Streitverbots geht *Frese.*[710] Sie sieht die Streikfreiheit dadurch eingeschränkt, dass es sich bei der Regelung der Betriebsverfassungsstruktur nicht um einen Gegenstand handele, der den Koalitionen zur autonomen Wahrnehmung der Mitgliederinteressen obliege. Vielmehr bediene sich der Gesetzgeber der Sachkompetenz der Tarifvertragsparteien zur näheren Ausgestaltung der Betriebsverfassung, wodurch auch außerverbandliche Interessen (der nichtorganisierten Arbeitnehmer) berührt würden. Da die Interessen der Gewerkschaft jedoch nicht zwangsläufig mit denen der betrieblichen Arbeitnehmerrepräsentation übereinstimmten, seien die Mittel zur Durchsetzung tariflicher Normen mit Wirkung für die Gesamtbelegschaft beschränkt. Dementsprechend lässt sich *Freses* Ansatz wie folgt zusammenfassen: Wo die Gewerkschaften vom Gesetzgeber in Dienst genommen werden, verbietet sich eine streikweise Durchsetzung von tariflichen Regelungen über den Kreis der Mitglieder hinaus. Entgegen *Freses* Ansatz fußt die Normsetzungsbefugnis der Tarifvertragsparteien jedoch nicht auf einer Delegation, sondern unmittelbar auf Art. 9 Abs. 3 GG,[711] der die Normsetzungsbefugnis im Bereich betriebsverfassungsrechtlicher Fragen auch auf die Außenseiter erstreckt. Eine Einschränkung der Kampfmittel der Gewerkschaften ist auch nicht vor dem Hintergrund der ggf. auseinander fallenden Interessen von Belegschaft und Gewerkschaft zu rechtfertigen, da die Regelungen des § 3 Abs. 1 Nr. 1 – 5 BetrVG objektiv interessenneutral sind.[712] Der Niederschlag verbindlicher Interessen in der Betriebsverfassungsorganisation steht also nicht zu befürchten. Auch der Argumentation *Freses* ist insofern nicht zu folgen.

Die in der Literatur bislang gegen eine kampfweise Durchsetzung von Tarifverträgen nach § 3 BetrVG entwickelten Ansätze überzeugen daher nicht. Auch anderweitige Argumente sind nicht ersichtlich. Letztlich auch zu beachten ist, dass das Zustande-

---

[708] § 4, B., VI.
[709] Grenzen der Tarifautonomie, S. 310.
[710] ZfA 2003, 237, 268 ff.
[711] Vgl. oben § 5, I., 1., b), aa).
[712] wie vor.

kommen von Reglungen gem. § 3 Abs. 1 BetrVG nicht allein vom Willen des Arbeitgebers abhängen darf. Tarifverträge nach § 3 Abs. 1 Nr. 1 – 5 BetrVG sind daher mit den Mitteln des Arbeitskampfes zu erkämpfen. Die Brisanz der Frage ist letztlich ohnehin zu relativieren: *Trümner* weist m.E. zurecht daraufhin, dass es sich bei betriebsverfassungsrechtlichen Organisationsfragen ohnehin nicht um Kampfziele handele, für die die Arbeitnehmer bereit sind, in den Ausstand treten.[713]

2. Subsidiäre Betriebsvereinbarung

§ 3 Abs. 2 BetrVG normiert den Vorrang tarifvertraglicher Vereinbarungslösungen und lässt in den Fällen des Abs. 1 Nr. 1, 2, 4 und 5 erst dann Betriebsvereinbarungen zu, wenn eine tarifliche Regelung nicht besteht und auch kein anderer Tarifvertrag gilt.[714] Bezüglich Regelungen gem. § 3 Abs. 1 Nr. 3 BetrVG ist eine Betriebsvereinbarungslösung von vornherein ausgeschlossen. Das bedeutet: Wenn und solange auch nur ein Tarifvertrag Anwendung findet – beispielsweise über Entgelt oder sonstige Arbeitsbedingungen – ist allein der Tarifvertrag das maßgebliche Regelungsinstrument für Vereinbarungen über betriebsverfassungsrechtliche Organisationsstrukturen.

In der rechtswissenschaftlichen Literatur und auf Arbeitgeberseite ist der Vorrang des Tarifvertrages gegenüber betrieblichen Regelungen auf breite Ablehnung gestoßen. [715] Insbesondere ist dabei zu bedenken gegeben worden, dass die Gewerkschaften als überbetriebliche Organisationen selten über bessere Kenntnisse der betrieblichen Situation als der Betriebsrat vor Ort verfügen.[716] *Kreßel*[717] sieht in den Tarifvertragsparteien keine kompetenten Verhandlungspartner, da diese normalerweise nicht auf die konkreten Besonderheiten des Unternehmens im Einzelfall eingehen könnten. Er empfiehlt insofern eine dezentrale Verhandlungskompetenz außerhalb der Tarifverträge. *Hanau*[718] bezeichnete es gar als systemwidrig, entsprechende Materien, die sich auf konkrete Verhältnisse in den Unternehmen bzw. Betrieben beziehen, in die Hände der

---

[713] Trümner, Anwendungs- und Umsetzungsprobleme bei Tarifverträgen über betriebsverfassungsrechtliche Fragen (§3 BetrVG), in: JahrbArbR, Bd. 36, 1999, S. 59, 72; Auch Gamillscheg sieht insofern kein Streikpotential (Tarifverträge über die Organisation der Betriebsverfassung, Festschrift Molitor, S. 133, 156).

[714] Beachtlich insofern: sowohl der Vorschlag des DGB, als auch der der DAG sieht vor, dass Änderungen der betriebsverfassungsrechtlichen Strukturen nicht durch Betriebsvereinbarungen, sondern nur durch Tarifverträge zulässig sein sollen (vgl. Fischer, NZA 2000, 167, 168 f.).

[715] Eich, Tarifverträge nach § 3 BetrVG, FS Weinspach, S. 17, 18.

[716] Hanau RdA 2001, 65 f.; Picker RdA 2001, 259, 281; Kreßel AuA 1998, 145, 147; Eich, Tarifverträge nach § 3 BetrVG, FS Weinspach, S. 17, 25; Aus der Sicht kleiner und mittlerer Unternehmen nimmt Schmidt Stellung gegen den Vorrang des Tarifvertrages: Gerade hier komme es auf eine profunde Kenntnis der Gegebenheiten an, die die Gewerkschaften wegen des – gegenüber der Situation in Großunternehmen – deutlich geringeren Organisationsgrades nicht hätten. Wirkliche Flexibilisierung könne nur durch Betriebsvereinbarungen erreicht werden (Schmidt, Das novellierte Betriebsverfassungsgesetz und seine Bedeutung für kleine und mittlere Unternehmen, FS Weinspach, S. 131, 134); Löwisch DB 1999, 2209; Kort ZfA 2000, 371.

[717] AuA 1998, 145, 148.

[718] Hanau, Schlankere Betriebs- und Unternehmensverfassung, FS Kissel, S. 347.

Tarifparteien zu geben. *Plander* sagt, die Gewerkschaften seien „nicht die geborenen Sachwalter der betrieblichen Interessen“, da sie eine ordnungspolitische Funktion hätten und soziale Belange berücksichtigen müssten, die über die Betriebsgrenzen hinausgehen. Probleme in Fällen, in denen betriebliche und überbetriebliche Interessen im Widerspruch zueinander stehen, seien insofern vorprogrammiert. Im direkten Widerspruch zu dem erklärten Ziel des Gesetzes, wirksame und zweckmäßige Interessenvertretungen zu schaffen, wird die Entscheidung über betriebsverfassungsrechtliche Strukturen nicht vor Ort getroffen.[719] Bemerkenswert ist in diesem Zusammenhang, dass selbst die DAG die originäre Zuständigkeit für die Maßschneiderung der Betriebsverfassung bei Betriebsräten sehen wollte.[720]

Gegen die Zuständigkeit des Betriebsrats wird demgegenüber vorgebracht, dass Tarifparteien eher als die Betriebsräte in der Lage seien, „im Gewand der Modernisierung kaschierte Verschlechterung der Mitbestimmungsmöglichkeiten zu erkennen und abzuwehren und der Tarifvertrag gegenüber der Betriebsvereinbarung grundsätzlich vorgehe.“ Der Frage nach der Sinn- und Zweckmäßigkeit tariflicher oder betrieblicher Regelungen kann jedoch wegen der eindeutigen gesetzgeberischen Entscheidung dahinstehen.[721]

Unklar bleibt die Ungleichgewichtung gegenüber § 77 Abs. 3 BetrVG. Schon bei bloßer Existenz eines Tarifvertrages (gleich welchen Inhaltes) soll die Möglichkeit einer Gestaltung der Betriebsverfassung per Betriebsvereinbarung ausgeschlossen sein. Insofern ist zumindest unverständlich, warum § 3 Abs. 2 BetrVG keine Identität der Regelungsmaterie verlangt.[722] Der Gesetzesbegründung ist zu entnehmen, dass dadurch versucht werde, Arbeitgeber die in verschiedenen Bereichen Tarifverträge schließen, auch zu einer tariflichen Regelung der Betriebsverfassung zu bewegen.[723]

Die Regelung des § 3 II BetrVG schießt jedoch über diesen Zweck hinaus. Jedenfalls sollte bei einer Geltung im Betrieb kraft Allgemeinverbindlichkeitserklärung eine entsprechende Betriebsvereinbarung möglich sein, da in diesen Fällen (in denen der Arbeitgeber selbst keinerlei Tarifverträge schließt) die gesetzgeberisch bezweckte Wirkung auf den Arbeitgeber ins Leere geht.[724] Zu fragen ist ferner, ob eine Sperre des Arbeitnehmerrechts, seine Angelegenheiten selbst (durch Betriebsvereinbarung) zu gestalten, durch einen Tarifvertrag, der keine Organisationsregelung enthält, gerechtfertigt ist.[725] Eine entsprechende teleologische Reduktion dürfte daher angebracht sein.

3. Die einzelnen Regelungen des § 3 BetrVG

Mit dem Betriebsverfassungs-Reformgesetz hat sich der Gesetzgeber für eine Abkopplung des Betriebsrats an den Betrieb als ausschließliche organisatorische Basis ent-

---

719 Picker RdA 2001, 259, 281.
720 DAG-Entwurf § 1 IV, V.
721 Wendeling-Schröder NZA 1999, 1065, 1070; dies. NZA 2001, 357 f.
722 Hanau NJW 2001, 2513, 2514.
723 Gesetzesbegründung BT-Drucks. 14/5741, S. 34; vgl. auch Löwisch BB 2001, 1734, 1737
724 Richardi/Annuß DB 2001, 41, 42.
725 Löwisch BB 2001, 1734, 1736.

schieden. Er hat den Beteiligten vor Ort, insbesondere den Tarifvertragsparteien, weit reichende und flexible Gestaltungsmöglichkeiten eingeräumt, damit sie mit Hilfe von Vereinbarungslösungen Arbeitnehmervertretungsstrukturen schaffen, die auf die besondere Struktur des jeweiligen Betriebs, Unternehmens oder Konzerns zugeschnitten sind.[726] Der Gesetzgeber wollte damit den strukturellen Änderungen in den Unternehmen seit Inkrafttreten des BetrVG 1972 Rechnung tragen und „moderne und anpassungsfähige Betriebsratsstrukturen“ ermöglichen.[727]

Das Gesetz nimmt damit Abschied von der Tradition, den Betriebsrat an den Betrieb zu knüpfen, die seit der Gestaltung des Betriebsrätewesens im Betriebsrätegesetz durch *Flatow* eingeführt worden war. Aufgegeben wurde damit die bisher zwingende Anknüpfung der Mitbestimmungsordnung an den Betrieb, von der zuvor nur unter engen Voraussetzungen abgewichen werden konnte (vgl. § 3 Abs. 1 Nr. 2 BetrVG a.F.). Zu den neuen Möglichkeiten im Einzelnen:

a) Bildung unternehmenseinheitlicher Betriebsräte/Zusammenfassung von Betrieben

Für Unternehmen mit mehreren Betrieben können die Bildung eines unternehmenseinheitlichen Betriebsrates und die Zusammenfassung von Betrieben bestimmt werden. Wird für ein Unternehmen ein einheitlicher Betriebsrat gebildet, so handelt es sich um eine einstufige Vertretungsorganisation. Ein Gesamtbetriebsrat ist dann nicht zu bilden.[728] Beschränkt sich demgegenüber die Regelung auf die Zusammenfassung von Betrieben, können innerhalb des Unternehmens mehrere Betriebsräte bestehen, so dass ein Gesamtbetriebsrat gem. § 47 Abs. 1 BetrVG zu errichten ist.

In den betriebsübergreifenden betriebsverfassungsrechtlichen Organisationseinheiten innerhalb eines Unternehmens, die dann als Betriebe im Sinne des Gesetzes gelten (§ 3 Abs. 5 S. 1 BetrVG) können Mitbestimmungsorgane nur dann gewählt werden, wenn sie die Voraussetzungen des § 1 Abs. 1 S. 1 BetrVG erfüllen. Durch die Möglichkeit der Zusammenfassung eigenständiger Betriebe nach § 3 Abs. 1 Nr. 1 BetrVG kommt es nicht mehr auf die Eingangsqualifikation einer Organisationseinheit als Betriebsteil bzw. als Nebenbetrieb an, um mehrere Organisationseinheiten betriebsverfassungsrechtlich zusammenzufassen (so jedoch noch nach § 3 Abs. 1 Nr. 3 BetrVG a.F.).

Zulässig ist eine Regelung nach § 3 Abs. 1 Nr. 1 BetrVG nur, wenn sie die Bildung von Betriebsräten erleichtert oder wenn sie der sachgerechten Wahrnehmung der Interessen der Arbeitnehmer dient. Liegt keiner der beiden Voraussetzungen vor, ist die Regelung unwirksam.[729]

Die Regelung soll sich nach der Begründung des Reformgesetzgebers insbesondere anbieten „wenn die Entscheidungskompetenzen in beteiligungspflichtigen Angelegen-

---

[726] Vgl. Gesetzesbegründung BT-Drucks. 14/5741, S. 33.

[727] Gesetzesbegründung BT-Drucks. 14/5741, S. 26.

[728] DKK-Trümner BetrVG § 3, Rn 23.

[729] Das Tatbestandsmerkmal der Sachgerechtigkeit der vereinbarten Betriebsverfassungsstruktur wird unten (3.) näher besprochen, da es nicht nur Nr. 1, sondern auch Nr. 2 und 3 des § 3 Abs. 1 BetrVG zugrunde liegt.

heiten zentral angesiedelt sind".[730] Mit dieser Begründung stellt der Reformgesetzgeber das Ordnungskriterium der Entscheidungsnähe in den Vordergrund.[731] Sind dementsprechend die Entscheidungen – insbesondere in personellen und sozialen Angelegenheiten – auf Unternehmensebene angesiedelt, kommt die Errichtung eines unternehmenseinheitlichen Betriebsrats in Betracht. Die Zusammenfassung von Betrieben kommt unter regionalen Gesichtspunkten, z.B. bei Filialunternehmen[732] in Betracht, aber auch bei unterschiedlichen Aufgabenbereichen, so etwa bei der einheitlichen Zusammenfassung mehrerer operativer Einheiten neben dem Betriebsrat der Hauptverwaltung, wenn in den Einheiten wesentliche mitbestimmungspflichtige Dinge einheitlich entschieden werden.

Die Zusammenfassung von Betrieben gem. § 3 Abs. 1 Nr. 1 b BetrVG ist überall dort sinnvoll, wo ein in sich abgeschlossener Hauptverwaltungsbetrieb existiert und die Zusammenfassung mit operativen Einheiten untunlich erscheint, während u. U. gerade die Zusammenfassung dieser operativen Einheiten sachgerecht ist. Auch eine Gliederung nach geografischen Gesichtspunkten kann sinnvoll sein (Regionalbetriebsräte). Die nach dieser Vorschrift mögliche Zusammenfassung von Betrieben soll vor allem bei Unternehmen mit ausgeprägter Filialstruktur und meist dreigliedrigem Organisationsaufbau eine erleichterte Betriebsratsbildung ermöglichen, durch die alle Arbeitnehmer des Unternehmens eine Repräsentation durch den Betriebsrat erhalten.[733]

§ 3 Abs. 1 Nr. 1 BetrVG enthält demgegenüber keine Anhaltspunkte dafür, dass es den Regelungspartnern erlaubt sein soll, Betriebe bzw. betriebsratsfähige Einheiten und damit Betriebsräte zu teilen.[734] Der Gesetzgeber bezweckt mit Einführung der Neuregelung eine entscheidungsnahe Anbindung der Mitbestimmungsorgane; einzig Gremien nach § 3 Abs. 1 Nr. 5 BetrVG dienen der Belegschaftsnähe. Eine Zergliederung der betriebsratsfähigen Einheiten stünde dem Zweck des § 3 Abs. 1 Nr. 1 BetrVG diametral entgegen. *Trümners* Verweis auf § 3 Abs. 1 Nr. 2 BetrVG, der auch eine Zergliederung der Organisationseinheit Betrieb erlaube, geht insofern fehl, als dass dort unterhalb des Betriebes eine Organisationseinheit in Form der Spartenleitung besteht, an die die Interessenvertretung – zur Herbeiführung von Entscheidungsnähe – anknüpfen kann. Durch Zergliederung betriebsratsfähiger Einheiten ist eine solche entscheidungsnahe Anknüpfung jedoch in der Regel nicht realisierbar, da unterhalb des Betriebs zumeist keine organisatorische Einheit besteht. Insbesondere die von Trümner vorgeschlagenen Hallenbetriebsräte können in der Regel nicht an mitbestimmungsrechtlich relevante Entscheidungsebenen des Arbeitgebers anknüpfen.

b) Spartenbetriebsräte

§ 3 Abs. 1 Nr. 2 BetrVG regelt die Voraussetzungen für die Errichtung von Spartenbetriebsräten. Soweit ein Unternehmen nach produkt- oder projektbezogenen Geschäftsbereichen (Sparten) organisiert ist und die Spartenleitung auch in Angelegenheiten

[730] BT-Drucks. 14/5741, S. 34.
[731] Zum Kriterium der Entscheidungsnähe vgl. insb. oben § 1, C., I.
[732] so die Gesetzesbegründung ausdrücklich (BT-Drucks. 14/5741, S. 34).
[733] BT-Drucks. 14/5741, S. 34.
[734] Kort AG 2003, 13, 19; a.A. DKK-Trümner BetrVG § 3 Rn 34 ff.

entscheidet, in denen der Betriebsrat zu beteiligen ist, können in den Sparten Betriebsräte gebildet werden.

Fraglich ist zunächst, wann von einer entsprechenden Spartenorganisation ausgegangen werden kann. Wie oben gezeigt, [735] liegt – vereinfacht gesagt – eine solche Organisation vor, wenn ein Unternehmen die anfallenden Aufgaben nach dem Objektprinzip[736] in Geschäftsbereiche aufgeteilt hat. Dies entspricht der gesetzgeberischen Voraussetzung der produkt- oder *projekt*bezogenen Geschäftsbereichsorganisation jedoch nicht. Die Projektorganisation zeichnet sich durch eine zeitlich befristete Strukturierung bestimmter Unternehmensbereiche zur Wahrnehmung einmaliger, befristeter Projekte aus.[737] Da der vorbezeichnete Begriff "Sparte" indes der Wirtschaftswissenschaft entstammt und im Übrigen nicht näher rechtswissenschaftlich definiert ist, ist anzunehmen, dass mit der Gegenüberstellung von "produkt- oder projektbezogenen Geschäftsbereichen" lediglich verdeutlicht werden sollte, dass nicht nur in Unternehmen, deren operative Tätigkeit in der Herstellung von Produkten liegt, eine Regelung gemäß § 3 Abs. 1 Nr. 2 BetrVG möglich ist.[738] Gemeint dürfte damit der Dienstleistungssektor sein.[739]

Problematisch ist auch, dass wie ebenfalls gezeigt, die divisionale Struktur in der Praxis häufig in so genannten Mehrliniensystemen durchbrochen wird. [740] Sofern Zentralbereiche nach dem Verrichtungsprinzip gebildet werden, die für mehrere Sparten zuständig sind, kann auf diese § 3 Abs. 1 Nr. 2 BetrVG nicht angewendet werden. Hier sind – sofern die Bereiche betriebsratsfähige Einheiten darstellen – Betriebsräte zu bilden, bzw. eine Zuständigkeit des Gesamtbetriebsrats anzunehmen.[741]

§ 3 Abs. 1 Nr. 2 BetrVG enthält als Voraussetzung für die Bildung von Spartenbetriebsräten, dass der sachgerechten *Aufgabenerfüllung durch den Betriebsrat* gedient wird.[742] Nach § 3 Abs. 1 Nr. 2 BetrVG ist es beispielsweise möglich, einen Betriebsrat je Sparte,[743] betriebsübergreifende Spartenbetriebsräte oder mehrere Spartenbetriebsräte für ein als Betrieb anzusehendes Werk zu errichten.[744] Gehört eine Sparte mehreren

[735] Zur Spartenorganisation vgl. oben § 2, A., IV., 2.
[736] Zum Objektprinzip oben § 2, A., III., 1., b).
[737] Vgl. oben § 4, A., I., 1., c), jj).
[738] Vgl. zu dieser Auslegung Friese RdA 2003,92,93. Ihr weitergehender Schluss, auch eine Orientierung nach Kundengruppen oder Regionen könne den Anwendungsbereich des § 3 Abs. 1 Nr. 2 BetrVG eröffnen, geht jedoch m.E. fehl. Diese Organisationsformen lassen sich auch bei einem weiten Begriffsverständnis nicht unter den Begriff der Sparte subsumieren. Außerdem liegt ihnen nicht das betriebswirtschaftliche Objektprinzip zugrunde. Sie resultieren vielmehr auf dem wirtschaftswissenschaftlichen Grundsatz der Feldorientierung - vgl. dazu oben § 2, A., III., 1., c).
[739] So auch HSWG-Hess BetrVG § 3 Rn 21.
[740] Vgl. oben § 4, A., I., 1., b), bb), (2).
[741] Friese RdA 2003, 92, 99; vgl. auch Kort AG 2003, 13, 19.
[742] Das Tatbestandsmerkmal der Sachgerechtigkeit der vereinbarten Betriebsverfassungsstruktur wird unten (4.) näher besprochen, da es § 3 Abs. 1 Nr. 1, 2 und 3 BetrVG zugrunde liegt.
[743] Die Einführung von mehreren Spartenbetriebsräten je Sparte (Spartenteilbetriebsrat) dürfte dagegen von § 3 Abs. 1 Nr. 2 BetrVG nicht gedeckt sein (so aber Friese RdA 2003, 92, 97).
[744] Gegen letztere Möglichkeit spricht sich Löwisch aus (BetrVG § 3 Rn 10). Dessen Ansicht steht zwar im Einklang mit der Regelungssystematik des § 3 Abs.1 BetrVG, der in Nr. 3 abweichende Vertretungsstrukturen erlaubt, „soweit dies (...) aufgrund der *Betriebs-*, Unternehmens-, oder Konzernorganisation“ der Mitbestimmung dienlich ist, während in Nr. 2 der Norm die Bil-

Unternehmen an, können auch unternehmensübergreifende Spartenbetriebsräte gebildet werden.[745] Entsprechendes gilt für einen nach Geschäftsbereichen organisierten Konzern.[746]

Umfasst in einem divisional organisierten Unternehmen demgegenüber eine Sparte jeweils nur einen Betrieb, so ist für die Anwendung des § 3 Abs. 1 Nr. 2 BetrVG kein Platz, da die Sparten- mit der Betriebsleitung identisch ist und der Betriebsrat eine sachgerechte Interessenvertretung gewährleistet.

aa) Entscheidungskompetenz der Spartenleitung

Auch mit Einführung der Spartenbetriebsräte rückt der Reformgesetzgeber das Ordnungskriterium der Entscheidungsnähe[747] in den Mittelpunkt.[748] Eine Bildung von Spartenbetriebsräten soll nur dann zulässig sein, wenn die Spartenleitung in Angelegenheiten entscheidet, in denen der Betriebsrat zu beteiligen ist. Offen ist jedoch, welche Anforderungen an die Entscheidungsbefugnis der Spartenleitung in mitbestimmungspflichtigen Angelegenheiten zu stellen sind. Zu beachten ist insofern zunächst der Wortlaut der Norm, die "*auch* Entscheidungen in beteiligungspflichtigen Angelegenheiten" bei der Spartenleitung verlangt. Die gewählte Formulierung ("auch") könnte darauf hindeuten, dass eine Minderheit an Entscheidungskompetenzen bei der Spartenleitung (da *auch* Entscheidungskompetenzen bei anderen Stellen verbleiben) als Errichtungsvoraussetzung ausreichend ist.[749] Nicht ausreichend dürfte jedoch ein unbedeutendes Mindestmaß an Entscheidungsmacht sein. So dürfte beispielsweise die Ansiedelung von lediglich einzelnen Entscheidungskompetenzen des § 87 BetrVG-Kataloges die Errichtung eines Spartenbetriebsrats nicht rechtfertigen, da hierdurch dem betriebsverfassungsrechtlichen Ordnungskriterium der Entscheidungsnähe nicht gedient wäre. Erforderlich dürfte vielmehr eine relativ „starke" Spartenleitung sein.[750]

---

dung von Spartenbetriebsräten lediglich „für Unternehmen und Konzerne" gestattet wird. Die überwiegende Literaturmeinung sieht hingegen richtigerweise vor dem Hintergrund der Gesetzesbegründung in dem unterschiedlichen Wortlaut der Bestimmungen des § 3 Abs. 1 BetrVG keinen Hinweis auf einen entsprechenden Willen des Gesetzgebers und lässt Spartenbetriebsräte auch in den Betrieben zu, soweit sie divisionalisiert sind (vgl. Fitting BetrVG § 3 Rn 45).

[745] Spartengesamtbetriebsräte sind entgegen einer zum Teil in der Literatur vertretenen Meinung (vgl. Friese RdA 2003, 92, 95) nicht vom Anwendungsbereich des § 3 Abs. 1 Nr. 2 BetrVG gedeckt, vgl. Kort AG 2003, 13, 20, DKK-Trümner BetrVG § 3 Rn 51. Gegen diese Möglichkeit steht der Wortlaut, der die Bildung von Betriebsräten "in den Sparten" vorsieht. Die insofern weitergehende Gesetzesbegründung (vgl. BT-Drucks. 14/5741 S. 34) ist hier zu vernachlässigen.

[746] Nicht möglich ist aufgrund der Regelung des § 3 Abs. 1 Nr. 2 BetrVG die Bildung von Spartenbetriebsräten im Gleichordnungskonzern. Der Reglung liegt der allgemeine betriebsverfassungsrechtlich Konzernbegriff des § 54 BetrVG zugrunde, der auf § 18 AktG verweist (Richardi/Annuß DB 2001, 41, 42; Kort AG 2003, 13, 16; a.A. ohne stichhaltige Begründung Friese RdA 2003, 92, 94, DKK-Trümner BetrVG § 3 Rn 42). Entsprechende Regelungen sind jedoch auf Grundlage des § 3 Abs. 1 Nr. 3 BetrVG möglich.

[747] Zum Kriterium der Entscheidungsnähe vgl. oben § 1, C., I.

[748] Plander NZA 2002, 483; Friese RdA 2003, 92, 100.

[749] So Friese RdA 2003, 92, 93 f.; vgl. auch Buchner NZA 2002, 633, 644.

[750] Vgl. DKK-Trümner BetrVG §3 Rn 45, 49.

Der Wortlaut der Bestimmung („..und die Leitung der Sparte *auch* Entscheidungen in beteiligungspflichtigen Angelegenheiten trifft") deutet m.E. nicht zwingend darauf hin, dass eine Minderheit an betriebsverfassungsrechtlich relevanten Entscheidungsbefugnissen ausreicht. Das "*auch*" bezieht sich keineswegs zwingend auf die neben den Entscheidungskompetenzen des Spartenleiters bestehenden Entscheidungskompetenzen anderer Stellen (Betriebsleiter); ebenso in eine Bezugnahme auf die Entscheidungskompetenzen der Spartenleitung in betriebswirtschaftlichen Dingen möglich. Dementsprechend wäre nur dann, wenn der bspw. produktionstechnische Spartenleiter *auch* in beteiligungspflichtigen Angelegenheiten zu entscheiden hat, eine Installation eines Spartenbetriebsrates möglich. Der Wortlaut steht also einer Auslegung der Norm, die eine umfassende Entscheidungsmacht verlangt, nicht entgegen.

Ob es hingegen Tatbestandsvoraussetzung ist, dass der wesentliche Kern der sozialen und personellen Angelegenheiten bei der Spartenleitung entschieden werden muss, ist äußerst fraglich. Durch die Schaffung der Regelungstatbestände des § 3 Abs. 1 BetrVG besteht erstmals die Möglichkeit, dass die Schwierigkeiten bei der Bestimmung der Repräsentationseinheit der Arbeitnehmer vermieden werden. Die Parteien sollen eine Lösung finden, die einer sachgerechten Vertretung der Arbeitnehmerinteressen dient. § 3 Abs. 1 BetrVG kommt somit neben dem Flexibilisierungsvorteil Befriedungswirkung zu.[751] Wäre eine umfassende Entscheidungskompetenz bei der Spartenleitung erforderlich, so führte dies zwangsläufig zu den altbekannten Abgrenzungsschwierigkeiten.

Gegen eine tatbestandliche Voraussetzung einer umfassenden Entscheidungsmacht spricht auch folgender Gedankengang: Sofern die Spartenleitung tatsächlich den Kern der mitbestimmungsrechtlich relevanten Angelegenheiten vorgibt, wäre die Regelung des § 3 Abs. 1 Nr. 2 BetrVG grundsätzlich obsolet, worauf *Konzen*[752] hinweist. Denn auf Grundlage der Rechtsprechung des BAG sowie der herrschenden Meinung in der Literatur wäre in diesem Fall zumeist bereits eine betriebsratsfähige Einheit im Sinne des § 1 BetrVG anzunehmen. Einer Regelung im Sinne des § 3 Abs. 1 Nr. 2 BetrVG hätte es dann folgerichtig gar nicht bedürft.

Doch welches Maß an Entscheidungsmacht erforderlich ist, soll hier zunächst offen beleiben. Zunächst gilt es zu klären, ob der Spartenbetriebsrat den gesetzlichen Betriebsrat verdrängt, oder beide nebeneinander bestehen. Sollte ein kumulatives Verhältnis bestehen, so dürfte eine weit reichende Entscheidungsbefugnis der Spartenleitung in mitbestimmungspflichtigen Angelegenheiten nicht zwingend erforderlich sein, da eine Vielzahl von Entscheidungen hier in der Regel bei der Betriebsleitung bestehen bleiben dürfte, bei der ihrerseits eine entscheidungsnahe Interessenvertretung eingerichtet wäre. Anders hingegen bei einem alternativen Verhältnis. Eine Ablösung des gesetzlichen Betriebsrats durch eine Spartenvertretung, die wegen mangelnder Entscheidungskompetenz der Spartenleitung nicht in Entscheidungsnähe installiert ist, stünde nicht im Einklang mit der Intention des Betriebsverfassungsgesetzes.

---

[751] Friese RdA 2003, 92.

[752] RdA 2001, 76, 86; vgl. auch Hanau NJW 2001, 2513 f.; Friese RdA 2003, 92, 93 f.

bb) Alternativ oder kumulativ

Die Frage ist demnach, ob die Spartenbetriebsräte gemäß § 3 Abs. 1 Nr. 2 BetrVG ergänzend neben oder funktional an die Stelle der gesetzlichen Betriebsräte treten.[753] Diese Frage ist von außerordentlicher Bedeutung für die Betriebsverfassung.

Die Frage ist dementsprechend in der Literatur umstritten. Während zum Einen mit Hinweis auf die unterschiedliche Sprachgebung innerhalb des § 3 Abs. 1 BetrVG ein alternatives Verhältnis angenommen wird – lediglich Nr. 3 - 5 sehen „andere" bzw. „zusätzliche" Strukturen vor –,[754] wird andererseits davon ausgegangen, dass die Spartenvertretungsorgane im Rahmen dezentraler Unternehmensstrukturen neben die gesetzliche Interessenvertretung treten.[755] Die Vertreter letzterer Ansicht argumentieren, dass der Sinn des Gesetzes darauf schließen lasse, dass die Vertretungen nebeneinander stehen, da *jeweils* dort mitbestimmt werden solle, wo entschieden wird, also bei Betriebsleiter und beim Spartenleiter.[756] Bei der Fassung des Wortlautes des § 3 Abs. 1 BetrVG handele es sich insofern um ein Redaktionsversehen. Eine Kumulation soll insbesondere in Betracht kommen, wenn die Spartenleitung nicht alle mitbestimmungspflichtigen Angelegenheiten entscheidet.

Oben aufgezeigtes Problem des Kompetenzumfangs der Spartenleitung tritt hier wieder in den Vordergrund: Eine Installation eines Spartenbetriebsrats bei einer nur in marginalen Bereichen zuständigen Spartenleitung ist offenkundig nicht sinnvoll. Dem Ordnungskriterium der Entscheidungsnähe würde eine solche Lösung nur gerecht, wenn zusätzliche Vertretungsorgane (Betriebsräte) bei den sonstigen zuständigen Entscheidungsstellen des Arbeitgebers installiert wären. Dementsprechend – also im Umkehrschluss – sieht *Buchner*[757] in der Formulierung des § 3 Abs. 1 Nr. 2 BetrVG ("*auch* Entscheidungen in beteiligungspflichtigen Angelegenheiten"),[758] die seiner Ansicht nach ein Mindestmaß an Entscheidungsbefugnis der Spartenleiter für die Errichtung des Spartenbetriebsrates ausreichen lässt, die Argumentationsgrundlage für die Möglichkeit der Kumulation der Mitbestimmungsorgane. Zuständigkeitskonflikte auf Grund dieses Nebeneinanders von Mitbestimmungsorganen müssten dabei nach seiner Ansicht in Kauf genommen werden.

Fraglich ist indes, ob eine Aufteilung der bestehenden betriebsverfassungsrechtlichen Mitbestimmungsrechte auf verschiedene Interessenvertretungsorgane sinnvoll ist. Das Nebeneinander selbständiger Organe innerhalb desselben Repräsentationsbereichs ist der Betriebsverfassung aus gutem Grund fremd. Mit der Entscheidung für einen

---

[753] Vgl. insb. die Diskussion bei Hanau (RdA 2001, 66) und Däubler (AuR 2001, 1, 2).

[754] Thüsing ZIP 2003, 693; Fitting BetrVG § 3 Rn 46; Buchner NZA 2001, 633, 634, die jedoch beide einschränken, dass nur eine starke Spartenleitung die Standortbetriebsräte ersetzen kann; in diesem Sinne auch Hanau RdA 2001, 65, 75.

[755] Däubler AuR 2001, 285, 288; Friese RdA 2003, 92, 96; Plander NZA 2002, 483, 485; Löwisch BetrVG § 3, Rn 8; DKK-Trümner BetrVG § 3 Rn 40a, 49, 54 ff., 61.

[756] Däubler AuR 2001,1,2; so grundsätzlich auch Friese RdA 2003, 92, 96.

[757] NZA 2002, 633, 644.

[758] Vgl. zu diesem Argument vorstehend aa), 1. Absatz.

einheitlichen Betriebsrat wollte der Gesetzgeber Überschneidungen durch ein Nebeneinander mehrfach faktisch und rechtlicher Zuständigkeiten ausschließen.[759]

Treten Mitbestimmungsorgane innerhalb desselben Repräsentationsbereichs nebeneinander auf oder überschneiden sich die Repräsentationsbereiche, treten zwangsläufig Zuständigkeitskonflikte auf.[760] Die Schwierigkeiten der Kompetenzabgrenzung zwischen Mitbestimmungsorganen im vertikalen Verhältnis (insb. zwischen Betriebsrat und Gesamtbetriebsrat) lassen erahnen, welche Probleme erst bei einem Nebeneinader mehrerer Mitbestimmungsorgane im horizontalen Verhältnis zu erwarten sind.[761] Dabei ist zu beachten, dass ersterer Konflikt durch die §§ 50, 56 BetrVG weitgehend reglementiert ist – bei einem Nebeneinader auf gleicher Stufe ist eine entsprechende Regelung hingegen nicht ersichtlich (dazu unten).

Insbesondere bei einer horizontalen Kumulation von Spartenbetriebsrat und Betriebsrat, deren Kompetenzumfang sich entspricht (vgl. § 3 Abs. 5 BetrVG) besteht daher die Gefahr, dass es zu schwerwiegenden Kompetenzüberschneidungen kommt.[762] Problematisch ist vor allem, dass es so zu sich widersprechenden Betriebsvereinbarungen kommt.[763] Bei ersetzenden Lösungen wäre das Auftreten von Zuständigkeits- und Kompetenzkonflikten demgegenüber ausgeschlossen.

Gegen ein Nebeneinander der Mitbestimmungsorgane spricht zunächst die Kompetenzproblematik im Rahmen der ausdrücklich normierten Mitwirkungstatbestände. Diese ließe sich auch nicht – wie *Eich* [764] vorschlägt – dadurch lösen, dass sich die Zuständigkeit jeweils nach der Ausübung der die Mitbestimmung auslösenden Entscheidung richtet. Die Kompetenz des einzelnen Mitbestimmungsorgans ergibt sich nämlich zwingend aus § 3 Abs. 5 BetrVG. Dieser gewährt sowohl dem gesetzlichen Betriebsrat als auch dem Spartenbetriebsrat die Betriebsratsrechte *vollumfänglich*.[765]

Gegen eine Kumulation spricht aber auch die Aufgabenüberschneidung im Rahmen der nicht normierten Mitwirkungstatbestände. Betriebsräte nehmen neben diesen Bereichen vielfältige Aufgaben im Betrieb war. Zu denken ist hier nicht nur an die vielfältigen Beratungsaufgaben gegenüber den Arbeitnehmern, sondern auch die betriebsalltägliche Zusammenarbeit zwischen Betriebsrat und Arbeitgeber. Bei einer Doppelstruktur käme es zu einer Beeinträchtigung der Position der Arbeitnehmerinteressen-

---

[759] BAG AP Nr. 5 zu § 3 BetrVG 1952; Diringer, Der Arbeitgeber 2001 Heft 4, S. 12; Kort ZfA 2000, 329, 352; in diesem Sinne auch Gamillscheg ZfA 1975, 357, 363; Rancke, Betriebsverfassung und Unternehmenswirklichkeit, S. 257; T. Wißmann, Tarifvertragliche Gestaltung der betriebsverfassungsrechtlichen Organisation, S. 118.

[760] Im Übrigen bestehen gegen eine Bildung von Spartenbetriebsräten neben den gesetzlichen Betriebsräten natürlich keine Bedenken. Eine Kumulation ist also immer dann möglich, wenn es sich um verschiedene Repräsentationsbereiche handelt, bzw. sich die Repräsentationsbereiche nicht überschneiden.

[761] Vgl. Kort ZfA 2000, 329, 352.

[762] Vgl. auch T. Wißmann, Tarifvertragliche Gestaltung der betriebsverfassungsrechtlichen Organisation, S. 97; Kort ZfA 2000, 329, 352; so kommt auch Friese zu dem Schluss, dass ein Nebeneinander auf der primären Repräsentationsebene nicht sachgerecht ist (RdA 2003, 92).

[763] Picker RdA 2001, 259, 278.

[764] Eich, Tarifverträge nach § 3 BetrVG, FS Weinspach, S. 17, 27.

[765] Friese ZfA 2003, 237, 251.

vertretung insgesamt durch Spaltung der primären Interessenvertretung in einzelne Mitbestimmungsorgane.

Zudem ist offen, welches Organ im Bereich der §§ 111 ff. BetrVG zuständig wäre. Ist bei der Schließung eines Betriebes innerhalb einer Sparte der Betriebsrat oder der Spartenbetriebsrat wegen einer (Sparten-) Betriebs-Teilschließung zuständig? Insofern ist auch eine Bewältigung des Kompetenzproblems durch eine ausdrückliche Kompetenzzuweisung durch die Tarif- bzw. Betriebsparteien nicht als Lösung geeignet;[766] bei einer Schwächung der primären Interessenvertretung der Arbeitnehmer würde es nämlich bleiben. Außerdem ist es angesichts der Aufgabenfülle des gesetzlichen Betriebsrats aus Praxissicht schlichtweg unrealistisch, dass die Tarif- bzw. Betriebsparteinen die betriebsverfassungsrechtlichen Mitbestimmungsrechte umfassend unter den Primärvertretungsorganen verteilen. Eine entsprechende Aufgabenverteilung zwischen Betriebsrat und Spartenbetriebsrat durch die Tarif- bzw. Betriebspartner führte zudem in den seltensten Fällen zu dauerhaft sachgerechten Ergebnissen: Wie oben gezeigt, sind die Entscheidungsstrukturen in modernen Unternehmen, die flexibel am Markt operieren müssen, selten langfristig angelegt. Eine explizite Festschreibung der Mitbestimmungszuständigkeiten, die sich unter dem zu beachtenden Gesichtspunkt der Entscheidungsnähe immer an den arbeitgeberseitigen Entscheidungsbefugnissen zu orientieren hätte, wäre schnell überholt, wenn die einzelnen Entscheidungsbefugnisse neu verteilt werden. Will der Arbeitgeber hingegen die Interessenvertretungsstruktur nicht beeinträchtigen, so findet er sich in einem Konflikt zwischen Beachtung der verhandelten Mitbestimmungsordnung und den Markterfordernissen.[767]

Gegen die Verteilung der Zuständigkeiten zwischen Betriebsrat und Spartenbetriebsrat durch die Tarifvertragsparteien spricht m.E. auch, dass es nicht Arbeitgebern und Gewerkschaften überlassen sein darf, die Kompetenz der bestehenden Betriebsräte im Einzelnen zu bestimmen.[768] Dadurch wären zum einen die Gewerkschaften in der Lage, bei Konflikten - insbesondere bei einer vermeintlich nicht ausreichenden Öffnung der betrieblichen Interessenvertretung für die Gewerkschaften[769] – die Betriebsräte abzustrafen. Zum anderen könnte der Arbeitgeber den unliebsamen Betriebsrat entmachten und Zuständigkeiten auf den ggfs. ihm gewogeneren Spartenbetriebsrat verlagern.[770] Auch wenn demgegenüber die hier vertretene *Ersetzung* der bestehenden Betriebsräte durch die Spartenbetriebsräte als schwererer Knüppel scheint, so ist die Gefahr einer Maßregelung der betrieblichen Interessenvertretung durch die Vereinbarung der Ersetzung der gesetzlichen Struktur ungleich geringer: Eine Ersetzung der Betriebsräte wird in der Praxis nämlich nicht ohne die grundsätzliche Zustimmung der betrieblichen Interessenvertreter verhandelt werden können.[771] Weder der Arbeitgeber,

---

[766] A.A. Hanau NJW 2001, 2513 f.; Friese RdA 2003, 92, 97.

[767] Eine Fixierung der arbeitgeberseitigen Strukturen durch die Vereinbarung im Sinne des § 3 Abs. 1 BetrVG hingegen scheidet aufgrund der Unternehmerfreiheit aus (vgl. oben § 4, B., V.).

[768] So auch Kort ZfA 2000, 329, 352.

[769] Dazu Friese ZfA 2003, 237, 256.

[770] Vgl. Giesen BB 2002, 1480, 1482.

[771] Die Mitglieder des Betriebsrats, die sich im Zweifel in den neuen Strukturen der Spartenbetriebsräte wieder finden werden, dürften zumindest aus machtpolitischen Gründen nicht gegen die Errichtung von Spartenbetriebsräten stimmen.

noch die Gewerkschaften werden dies wagen. Die "leise Ausdünnung" der Befugnisse des Betriebsrats hingegen durch Neuverteilung einzelner Kompetenzen ließe sich viel eher am Verhandlungstisch betreiben.

Letztlich ist eine Vereinbarung über die Kompetenzen von gesetzlichem und Spartenbetriebsrat zwischen den Verhandlungspartnern auch nicht mit dem Gesetz zu vereinbaren: § 3 Abs. 5 BetrVG bestimmt, dass auf die gebildeten Spartenbetriebsräte die Vorschriften über die Rechte und Pflichten der Betriebsräte anwendbar sind. Die Regelungsparteien sind dementsprechend nicht ermächtigt die Mitwirkungsbefugnisse zu modifizieren.[772] Regelungen über die einzelnen Kompetenzbereiche der kumulativ errichteten Mitbestimmungsorgane verbieten sich daher bereits nach der Wertung des Betriebsverfassungsgesetzes.

Der Zuständigkeitskonflikt kann auch nicht – wie teilweise vertreten wird[773] – über die (analoge) Anwendung der §§ 50, 56 BetrVG sachgerecht gelöst werden. Diese Vorschriften dienen der Kompetenzverteilung innerhalb eines gestuften Interessenvertretungssystems. Die Kompetenzabgrenzung zwischen Mitbestimmungsorganen auf derselben Stufe kann damit nicht gelöst werden.

Die Interessenvertretung der Arbeitnehmer auf primärer Repräsentationsebene darf daher nicht gespalten werden, sondern muss einheitlich bleiben.[774] Insgesamt ist deshalb ein Nebeneinander primärer betriebsverfassungsrechtlicher Mitbestimmungsorgane mit entsprechendem Kompetenzumfang und damit ein Nebeneinander von gesetzlichem und Spartenbetriebsrat nicht sinnvoll.[775]

Für eine Ersetzung der gesetzlichen Betriebsräte durch die vereinbarten Spartenbetriebsräte spricht auch und insbesondere § 3 Abs. 4 S. 2 BetrVG, der das „Entfallen" der Betriebsräte durch Einführung von Regelungen nach § 3 Abs. 1 Nr. 1-3 BetrVG vorsieht.[776] Die entgegenstehende Ansicht *Frieses*[777], die davon ausgeht, die Norm regele nur den Zeitpunkt des Entfallens, schreibe das Entfallen jedoch nicht vor, kann nicht überzeugen, da es nicht nachvollziehbar ist, warum den mit weit reichenden Regelungsbefugnissen ausgestatteten Verhandlungspartnern, die nach *Frieses* Ansicht

---

[772] Annuß NZA 2002, 290, 292; Friese ZfA 2003, 237, 251.

[773] Kort möchte eine Festschreibung der Zuständigkeit des Spartenbetriebsrats, wenn die Angelegenheiten über den Bereich des Betriebsrats hinausgehen (AG 2003, 13, 21). Dies verkennt zum einen, dass mehrere Spartenbetriebsräte auch für einen Betrieb gebildet werden können und damit unterhalb des Betriebsrats stehen. Zum anderen führt dieser Ansatz nicht zu einer normzweckorientierten Lösung des Problems der mitbestimmungsrechtlichen Erfassung dezentralisierter Arbeitgeberentscheidungsstrukturen. Durch die vorgeschlagene Analogie ist eine Mitbestimmung am Ort der Entscheidung gerade nicht gewährleistet.

[774] Eine Ausnahme vom Grundsatz der einheitlichen primären Interessenvertretung besteht jetzt durch § 28a BetrVG. Hier ist jedoch zu beachten, dass der Arbeitsgruppe keine originären Beteiligungsreche zustehen, sondern diese nur durch Delegation vom Betriebsrat auf die Arbeitsgruppe übergehen. Kompetenzkonflikte werden zudem durch die obligatorische Festlegung der Aufgabenübertragung durch eine Rahmenvereinbarung zwischen Betriebsrat und Arbeitgeber von vornherein ausgeschlossen. Da der Betriebsrat federführend ist, tragen vorgenannte Zweifel hinsichtlich einer vereinbarten Kompetenzabgrenzung hier nicht.

[775] So im Ergebnis auch Friese, die die Kumulation zwar für zulässig hält, diese jedoch als nicht sachgerecht einstuft (RdA 2003, 92, 100).

[776] DKK-Trümner BetrVG § 3 Rn 56, der letztlich ein „Nebeneinander" aber nicht ausschließt.

[777] RdA 2003, 92, 96.

eine Kumulation von Spartenbetriebsrat und gesetzlicher Struktur, wie auch eine Ersetzung der gesetzlichen Betriebsräte vereinbaren können, explizit vorgeschrieben werden sollte, wann im Falle der Ersetzung die gesetzliche Struktur entfallen solle.

Friese[778] hält die Möglichkeit der Kumulation von Spartenbetriebsrat und Betriebsrat für erforderlich, da sonst das Problem der stark dezentralisierten Entscheidungsstrukturen in modernen Unternehmen nicht bewältigt werden könne. Doch die Absicht, alle Entscheidungsstellen mitbestimmungsrechtlich zu belegen, ist von vornherein zum Scheitern verurteilt. Vor dem Hintergrund der oben aufgezeigten, zum Teil erheblichen Komplexität der Entscheidungsstrukturen in größeren Unternehmen,[779] führte diese Ansicht bei konsequenter Umsetzung zu einer abstrusen Häufung von Interessenvertretungen.[780] Das Betriebsverfassungsreformgesetz bezweckt eine Flexibilisierung der Mitbestimmung, keine inflationäre Errichtung von Mitbestimmungsorganen.

Den Parteien vor Ort ist ausreichend geholfen, wenn sie eine Entscheidung treffen können, an welcher Stelle die Mitbestimmung sachgerecht ausgeübt werden kann. Sie haben zunächst die Möglichkeit zu untersuchen, an welchen Stellen die Arbeitgeberentscheidungen im Unternehmen tatsächlich getroffen werden. Stellt sich heraus, dass eine dezentrale Struktur mit einer Vielzahl von Entscheidungsstellen vorliegt, können sie (in einem zweiten Schritt) bestimmen, welche Entscheidungsmaterien für die Errichtung der Interessenvertretung konstitutiv sein sollen, d.h. bei welcher Entscheidungsstelle das Mitbestimmungsorgan angesiedelt werden soll. Ein Nebeneinander von gleichwertigen Mitbestimmungsorganen ist jedoch – wie gezeigt – nicht sinnvoll.[781]

cc) Zwischenergebnis

Der Spartenbetriebsrat tritt funktional an die Stelle des gesetzlichen Betriebsrats.[782] Eine Kumulation kommt ausnahmsweise in Betracht, wenn einzelne Betriebe den Sparten nicht zuzuordnen sind, was insbesondere bei unternehmensorganisatorischen Mischformen[783] häufig der Fall sein dürfte.[784]

Gleichzeitig ist die Antwort auf die zuvor aufgeworfene Frage gefunden: Eine ausschließlich bei der Spartenleitung installierte Interessenvertretung stünde freilich nur

---

[778] RdA 2003, 92, 96.

[779] Vgl. insb. oben § 4, B., II., 4.

[780] Dies scheint Friese jedoch in Kauf nehmen zu wollen, die neben den aufgezeigten Möglichkeiten zur Bildung von Spartenbetriebsräten auch Spartengesamtbetriebsräte und Spartenteilbetriebsräte zulassen will (RdA 2003, 92, 95 ff.). Gegen diesen "Irrwitz" Kort AG 2003, 13, 20.

[781] gegen ein Nebeneinander betriebsverfassungsrechtlicher Gremien spricht sich auch Spinner aus (Die vereinbarte Betriebsverfassung, S. 208).

[782] Der Novellierungsentwurf des DGB 1998 sah demgegenüber eine Doppelstruktur vor. Angesichts der Kompetenzproblematik, die zu einem Machtverlust des einzelnen Mitbestimmungsorgans führen dürfte, stellt sich dabei die Frage, inwiefern eine solche Konsequenz von Gewerkschaftsseite, die ihrerseits einen Funktionsverlust gegenüber den betrieblichen Mitbestimmungsorganen zu vermeiden suchen, intendiert oder wenigstens billigend in Kauf genommen wurde.

[783] Vgl. oben § 4, A., I., 1., b), bb), (2).

[784] Vgl. zu dieser Konstellation: Kort AG 2003, 13, 19; ders. ZfA 2000, 329, 360; ähnlich auch Richardi BetrVG § 3 Rn 34.

im Einklang mit der Wertung des Betriebsverfassungsgesetzes, wenn die Mitbestimmungsorgane an den Stellen installiert sind, an denen betriebsverfassungsrechtlich relevante Angelegenheiten entschieden werden. Unbedeutend darf die Entscheidungsmacht der Spartenleitung dabei nicht sein. Bei geringen Leitungsbefugnissen der Spartenleitung ist die Ersetzung des gesetzlichen Betriebsrats durch den Spartenbetriebsrat nicht zu rechtfertigen. Dann muss es bei der gesetzlichen Struktur Betriebsrat - Gesamtbetriebsrat - Konzernbetriebsrat bleiben.

Die Frage nach dem konkreten Umfang ist damit freilich noch nicht beantwortet. Jedoch ist diese Ungewissheit gerade mit der fakultativen Regelung in den Griff zu bekommen. Da weder Rechtsprechung noch Literatur bislang die Frage, ob bei einer bestimmten Stelle der „Kern der Arbeitgeberbefugnisse" liegt oder nicht, befriedigend beantwortet hat,[785] ist eine kollektivvertragliche Regelung nach Nr. 2 geeignet, die notwendige Klarheit herzustellen.[786] So können die Beteiligten zum einen in konkreter Betrachtung des Einzelfalls lokalisieren, wo Entscheidungen getroffen werden und sodann abwägen, an welche Entscheidungsstellen eine Anbindung der Mitbestimmungsorgane erfolgen soll.

Die Frage nach der konkreten Entscheidungsfülle der Spartenleitung stellt sich m.E. als Tatbestandsmerkmal erst im Rahmen der Sachgerechtigkeitsprüfung[787] und dürfte somit an Brisanz verlieren, da eine gerichtliche Beurteilung der Vereinbarungslösung als unrechtmäßig wegen Verstoßes gegen das Sachgerechtigkeitsgebot nur in den wenigsten Fällen stattfinden dürfte.[788]

c) Andere Arbeitnehmervertretungen

§ 3 Abs. 1 Nr. 3 BetrVG eröffnet den Tarifvertragsparteien die Möglichkeit, über die in § 3 Abs. 1 Nr. 1 und 2 BetrVG genannten Fälle hinaus dort eine Interessenvertretung zu errichten, wo dies aufgrund von Sonderformen der Betriebs-, Unternehmens- oder Konzernorganisation oder der Zusammenarbeit von Unternehmen in rechtlicher oder tatsächlicher Hinsicht generell mit besonderen Schwierigkeiten verbunden ist. Voraussetzung ist zunächst, dass damit einer wirksamen und zweckmäßigen Interessenvertretung der Arbeitnehmer gedient ist.[789]

Damit haben die Tarifvertragsparteien beispielsweise die Möglichkeit, für einen mittelständischen Konzern mit wenigen kleinen Konzernunternehmungen statt einer dreistufigen, eine zwei- oder gar nur einstufige Interessenvertretung vorzusehen oder in einem Gleichordnungskonzern (§ 18 Abs. 2 AktG) einen Konzernbetriebsrat zu er-

---

[785] Vgl. oben § 3, B.

[786] DKK-Trümner BetrVG § 3 Rn 47

[787] Vgl. Friese RdA 2003, 92, 100: "Je geringer die Entscheidungskompetenz der Spartenleitung ist, desto unwahrscheinlicher ist es, dass die Errichtung von Spartenbetriebsräten der Optimierung der Arbeitnehmerrepräsentation [...] dient." In diesem Sinne auch DKK-Trümner BetrVG § 3 Rn 49.

[788] Vgl. dazu unten die Besprechung des Tatbestandsmerkmals der Sachgerechtigkeit der vereinbarten Betriebsverfassungsstruktur (3.); vgl. auch Kort AG 2003, 13, 21.

[789] Dieses wird unten (3.) näher besprochen, da es § 3 Abs. 1 Nr. 1, 2 und 3 BetrVG zugrunde liegt und eine gemeinsame Besprechung sachdienlich ist.

richten.[790] Es sollen aber auch andere Formen der Arbeitnehmerinteressenvertretung in anderen modernen Wirtschaftsformen ermöglicht werden. Die Gesetzesbegründung nennt hier beispielsweise die Just-in-Time Produktion, die fraktale Fabrik und das so genannte Shop-in-Shop-Prinzip.[791] Möglich dürfte es aber beispielsweise auch sein, dass ein großes Einkaufszentrum, in dem zahlreiche rechtlich selbständige Unternehmen vertreten sind, eine einheitliche Interessenvertretung errichtet.[792] Auch Großprojekte im Bauwesen können so auf eine einheitliche Arbeitnehmerinteressenvertretung zugreifen.[793] Ausdrücklich soll die Vorschrift es den Tarifparteien ermöglichen, auf zukünftige Entwicklungen in der Unternehmenslandschaft zu reagieren, ohne auf den Gesetzgeber angewiesen zu sein.[794]

Neben diesen Anwendungen bietet sich die Norm auch zur betriebsverfassungsrechtlichen Erfassung unternehmensorganisatorischer Prozesse[795] an, die den Fortfall oder der die Beeinträchtigung der bestehenden betriebsverfassungsrechtlichen Strukturen zur Folge haben.[796]

Damit hat der Gesetzgeber eine Generalklausel geschaffen, die den Tarifvertragsparteien die Möglichkeit eines weiten Zugriffs auf den betriebsverfassungsrechtlichen Repräsentationsbereich der Arbeitnehmer eröffnet. Die sehr explizite Gesetzesbegründung ist hier im Grunde enger als der Gesetzestext; denn nach diesem soll die Möglichkeit über die in Nr. 1 und 2 genannten speziellen Fälle hinaus, eine wirksame und zweckmäßige Interessenvertretung der Arbeitnehmer zu errichten, auf eine breite Palette von Anwendungsmöglichkeiten erweitert werden. Zu untersuchen ist daher die Regelungsweite des § 3 Abs. 1 Nr. 3 BetrVG.

Während ein Teil der Literatur die Bestimmung des § 3 Abs. 1 Nr. 3 BetrVG als völlig offen bezeichnen, mit der Folge, dass die gesetzliche Organisation damit zur freien Disposition der Tarifvertragsparteien gestellt wird[797] und die Tarifvertragsparteien völlig von der gesetzlichen Regelung über die Organisation der Interessenvertretung abweichen können,[798] erkennt ein anderer Teil die (weiterhin) bestehende Restriktion der tariflichen Gestaltungsmöglichkeiten.[799]

---

[790] Vgl. BT-Drucks. 14/5741 S. 34.
[791] BT-Drucks. 14/5741 S. 34.
[792] Däubler, AuR 2001, 1, 2.
[793] Löwisch BB 2001, 1734 f.
[794] Mit der Ermöglichung einer umfassenden betriebsverfassungsrechtlichen Mitbestimmung in Fällen nicht gesellschaftsrechtlich vermittelter unternehmerischer Zusammenarbeit ist der Gesetzgeber weiter gegangen, als in der Literatur zum Teil gefordert: So sah insbesondere Windbichler eine "weiche" Mitbestimmung in diesen Fällen als ausreichend an, die lediglich Informationsrechte gewährleisten sollte (ZfA 1996, 1, 17).
[795] Vgl. dazu oben §3, 2. Abschnitt, A., I., 2.
[796] Vgl. hierzu unten §5, I., 3.
[797] Richardi BetrVG § 3 Rn 35 ff.; Fitting BetrVG § 3 Rn 47 f.; ausdrücklich auch Trümner (DKK BetrVG § 3 Rn 65), der im Weiteren jedoch die gesetzlichen Einschränkungen der Regelung explizit aufführt (Rn 85).
[798] Fitting BetrVG § 3 Rn 47; DKK-Trümner BetrVG § 3 Rn 73, einschränkend jedoch Rn 85.
[799] Kania/Klemm, RdA 2006, 22 ff.; Hanau NJW 2001, 2513 f.; Plander NZA 2002, 483, 485; Däubler AuR 2001, 285, 288; Annuß NZA 2002, 290, 291 f.

Stellte § 3 Abs. 1 Nr. 3 BetrVG eine unbeschränkte Generalklausel dar, die den Tarifparteien jedwede Abweichung von der gesetzlichen Struktur der Vertretungsorganisation erlaubte, so wären die betriebsverfassungsrechtlichen Organisationsnormen insgesamt tarifdispositiv. Handelte es sich hingegen bei § 3 Abs. 1 Nr. 3 BetrVG lediglich um eine beschränkte Öffnungsklausel, so ist die Organisation der Betriebsverfassung nicht tarifdispositiv. Denn wenn für Gestaltungsmöglichkeiten, die eine Ausnahme von der Struktur der gesetzlichen Betriebsverfassungsorganisation zulassen, Grenzen gesetzt werden, so kann daraus nur der Schluss gezogen werden, dass die organisatorischen Vorschriften im Übrigen zwingend sind (argumentum e contrario).[800]

Letzteres ist indes der Fall: Gewährte § 3 Abs. 1 Nr. 3 BetrVG den Tarifvertragsparteien eine schrankenlose Gestaltungsmacht, so wären insbesondere die Tatbestände des § 3 Abs. 1 Nr. 1 und 2 BetrVG bedeutungslos. Eine unbeschränkte Generalklausel im Rahmen einer numerischen Tatbestandsauflistung entspricht auch nicht der gesetzgeberischen Rechtssetzungstechnik. Hätte der Gesetzgeber einen offenen Tatbestand schaffen wollen, so hätte er die unbeschränkte Regelungsmöglichkeit vorweggestellt und Regelbeispiele (hier: unternehmenseinheitlicher Betriebsrat/Regionalbetriebsrat/Spartenbetriebsrat etc.) angefügt; letztere wären mit der einleitenden Regelbeilspielskennzeichnung „insbesondere" eingeleitet worden. So ist der Gesetzgeber jedoch nicht vorgegangen.

aa) Beschränkter Anwendungsbereich

Nach richtiger Ansicht[801] stellt § 3 Abs. 1 Nr. 3 BetrVG daher eine beschränkte Generalklausel dar. Die Beschränkung wird indes nicht auf den ersten Blick deutlich. Sie ergibt sich vielmehr aus der gesetzgeberischen Intention, dem Zusammenhang innerhalb des Katalogs des § 3 Abs. 1 BetrVG, der Regelbeispiele des § 3 Abs. 1 Nr. 3 BetrVG (Betriebs-, Unternehmens-, Konzernorganisation/andere Formen der Unternehmenszusammenarbeit) und dem materiellen Betriebsverfassungsrecht,[802] d.h. dem Postulat einer wirksamen und zweckmäßigen Interessenvertretung der Arbeitnehmer.[803] Im Einzelnen:

(1) Gesetzgeberische Intention – Entscheidungsnähe

Mit der Regelung in § 3 Abs. 1 Nr. 3 BetrVG reagiert der Gesetzgeber auf die oben[804] genannten Erscheinungsformen moderner Unternehmenspraxis. Erstmals wird hier insbesondere die Möglichkeit geschaffen in Organisationsgebilden und anderen Formen der Unternehmenszusammenarbeit, die nicht unter den Konzernbegriff des BetrVG zu subsumieren sind, eine einheitliche Arbeitnehmervertretung zu errichten. Damit ist es Arbeitnehmern, die beispielsweise in der Just-in-Time Produktion oder im

---

800 Zur verfassungsrechtlichen Zulässigkeit der Beschränkung der Normsetzungsbefugnis der Tarifparteien vgl. oben § 5, I., 1., b.

801 Hanau NJW 2001, 2513 f.; Plander NZA 2002, 483, 485,487; Däubler AuR 2001, 285, 288; Annuß NZA 2002, 290, 291f.

802 Vgl. Annuß NZA 2002, 290, 291 f.

803 So im Ergebnis auch Trümner (DKK BetrVG § 3 Rn 65).

Rahmen der Zusammenarbeit rechtlich selbständiger Unternehmen bei der fraktalen Organisationsform tätig sind, möglich, ihre Interessen bei dem tatsächlichen Entscheidungsträger zu vertreten. Damit wird das Ordnungskriterium der Entscheidungsnähe in Fällen, in denen Entscheidungen nicht vom (Vertrags-)Arbeitgeber getroffen werden tatsächlich durchsetzbar.

In mittelständischen Konzernen mit wenigen kleinen Konzernunternehmen soll nach der Gesetzesbegründung statt einer dreistufigen eine zwei- oder einstufige Interessenvertretung möglich sein. Ebenso wie im Rahmen der Regelungen des § 3 Abs. 1 Nr. 1 und 2 BetrVG wird sich diese Lösung insbesondere dann anbieten, wenn mitbestimmungspflichtige Angelegenheiten zentral entschieden werden. Auch § 3 Abs. 1 Nr. 3 BetrVG dient damit der Verwirklichung der Entscheidungsnähe der Betriebsverfassungsstruktur.

(2) Regelungszusammenhang - Bezugnahme auf Nr. 1 und 2

Die Eingangsformulierung der Bestimmung des § 3 Abs. 1 Nr. 3 BetrVG, die „andere Vertretungsstrukturen" erlaubt, bezieht sich auf die in § 3 Abs. 1 Nr. 1 und 2 BetrVG genannten Fälle (Unternehmensbetriebsrat, Regionalbetriebsrat, Spartenbetriebsrat). Aus dem Zusammenhang der numerisch aufeinander folgenden Regelungen Nr. 1, Nr. 2 und Nr. 3 des § 3 Abs. 1 BetrVG kann nur auf eine Bezugnahme des Letzteren auf die Vorangegangenen geschlossen werden.[805] Diese Wertung folgt auch aus der Gesetzesbegründung, die die Regelung des § 3 Abs. 1 Nr. 3 BetrVG ausdrücklich zu den Möglichkeiten des § 3 Abs. 1 Nr. 1 und 2 BetrVG in Beziehung setzt, in dem sie „über die in Nr. 1 und Nr. 2 genannten speziellen Fälle hinaus" die Möglichkeit einer Interessenvertretung aufzeigt.[806]

Insbesondere *Trümner*[807] vertritt demgegenüber die Ansicht, die Andersartigkeit der Interessenvertretung beziehe sich nicht nur auf die Fälle der Nr. 1 und 2, sondern auf die gesetzliche Struktur der Vertretungsorganisation insgesamt. Dementsprechend sieht er von § 3 Abs. 1 Nr. 3 BetrVG jedwede Abweichung vom gesetzlichen Modell umfasst. Seine Argumentation mit der Gesetzesbegründung, die in Abweichung von der gesetzlichen Struktur der Interessenvertretung eine einstufige Interessenvertretung innerhalb kleiner Konzerne beispielhaft aufzeigt, weshalb jedwede Abweichung zulässig sei, vermag indes nicht zu überzeugen. Die einstufige Interessenvertretung im Konzern stellt zwar eine Abweichung von der gesetzlichen Struktur dar, diese Abweichung entspricht jedoch derjenigen des § 3 Abs. 1 Nr. 1 a BetrVG, der eine einstufige Interessenvertretung im Unternehmen vorsieht. § 3 Abs. 1 Nr. 3 BetrVG steht überdies im Einklang mit der Wertung des § 3 Abs. 1 Nr. 1 a BetrVG: Beide Normen sehen eine Installation von Mitbestimmungsorganen in Entscheidungsnähe vor. Die Argumentation Trümners vermag daher die Bezugnahme der Nr. 3 auf die Nr. 1 und 2 des § 3 Abs. 1 BetrVG nicht in Frage zu stellen.

---

[804] Vgl. § 4, A., I., 1., c).
[805] In diesem Sinne auch Eich, Tarifverträge nach § 3 BetrVG, FS Weinspach, S.17, 27.
[806] BT-Drucks. 14/5741, 34.
[807] DKK-Trümner BetrVG § 3 Rn 73.

Darüber hinaus gilt es zu beachten: Hätte der Reformgesetzgeber "andere Vertretungsstrukturen“ als die gesetzlichen gemeint, so hätte er ausdrücklich auf die Gesetzeskonstruktion (Betriebsrat / Gesamtbetriebsrat / Konzernbetriebsrat – §§ 1, 47, 54 BetrVG) Bezug genommen und die Abweichungsmöglichkeit entsprechend konkret ausformuliert. Nur dies entspräche der gesetzlichen Regelungstechnik dispositiver Betriebsverfassungsnormen (vgl. §§ 47 Abs. 4, 55 Abs. 4, 72 Abs. 4 BetrVG).[808]

§ 3 Abs. 1 Nr. 3 BetrVG bezieht sich also auf § 3 Abs. 1 Nr. 1 und 2 BetrVG. Wird jedoch auf die Regelungen des § 3 Abs. 1 Nr. 1 und 2 BetrVG Bezug genommen, so ist deren Wertung in die Vorschrift des § 3 Abs. 1 Nr. 3 BetrVG "hineinzulesen". Die Zielrichtung dieser Regelungen ist bereits aufgezeigt worden: § 3 Abs. 1 Nr. 1 a und b BetrVG dienen der Herstellung von Vertretungsstrukturen in Entscheidungsnähe.[809] Auch die Anbindung an die Entscheidungsstellen des Arbeitgebers im Rahmen der Regelung des § 3 Abs. 1 Nr. 2 BetrVG ist tatbestandliche Voraussetzung.[810]

§ 3 Abs.1 Nr. 4 BetrVG dient demgegenüber der unternehmensübergreifenden Zusammenarbeit von Arbeitnehmervertretungen durch Arbeitsgemeinschaften – die Errichtung von Mitbestimmungsorganen wird hierdurch nicht ermöglicht. Jedoch soll durch diese Norm letztlich auch erreicht werden, dass die Interessenvertretung der Arbeitnehmer Einfluss auf die *tatsächlichen* Entscheidungsträger im Rahmen moderner Formen der Unternehmenszusammenarbeit nehmen können; auch diese Möglichkeit steht damit im Zeichen des Ordnungskriteriums der Entscheidungsnähe.[811] Auch § 3 Abs. 1 Nr. 5 BetrVG dient nicht der Bildung von Mitbestimmungsorganen, sondern – insbesondere in den Fällen des § 3 Abs. 1 Nr. 1–3 BetrVG – als Rückkopplung zwischen Vertretungsorgan und Belegschaft. Diese Vorschrift hat damit quasi „Ausgleichsfunktion“; stellt jedoch die vornehmliche Zielrichtung des § 3 Abs. 1 BetrVG, nämlich die Anknüpfung der Vertretungsorgane an die Entscheidungsstellen des Arbeitgebers, nicht in Frage.

Auch aus dem Reglungszusammenhang des § 3 Abs. 1 BetrVG folgt daher die gesetzgeberische Intention, den Beteiligten vor Ort die Möglichkeit an die Hand zu geben, Interessenvertretungen in Entscheidungsnähe einzurichten. Daraus resultiert eine entsprechende Beschränkung des Anwendungsbereichs des § 3 Abs. 1 Nr. 3 BetrVG. Eine Installation von Mitbestimmungsorganen an Stellen im Unternehmen bzw. Konzern, an denen keine Entscheidungen getroffen werden, scheidet mithin auf Grundlage des § 3 Abs. 1 Nr. 3 BetrVG aus.

(3) Regelungszusammenhang – Einheitlichkeit der betriebsverfassungsrechtlichen Primärvertretung

Aus dem Anwendungsbereich des § 3 Abs. 1 Nr. 3 BetrVG herausfallen und damit nicht im Gestaltungsspielraum der Tarifvertragsparteien liegen dürfte die Errichtung

---

808 Eine entsprechende Formulierung der Abweichungsmöglichkeit im Rahmen der § 3 Abs. 1 Nr. 1 und 2 BetrVG war indes nicht erforderlich, da diese Bestimmungen ausdrücklich die Möglichkeit des andersartigen Zuschnitts der *Betriebsrats*struktur normieren.

809 Vgl. § 5, I., 3., a).

810 Vgl. § 5, I., 3., b), aa).

811 Vgl. § 5, I., 3. d).

einer weiteren primären Interessenvertretungsebene mit Kompetenzen im Sinne des § 3 Abs. 5 BetrVG. Aus der Regelungssystematik des § 3 Abs. 1 BetrVG ergibt sich, dass der Gesetzgeber an der Einheitlichkeit der primären Stufe der Arbeitnehmerinteressenvertretung auch mit der Reform des Betriebsverfassungsgesetzes festhalten wollte. Diese Problematik wurde bereits ausführlich erörtert,[812] weshalb hier lediglich folgende Hinweise gegeben werden:

Zum Einen lässt die vorbezeichnete Bezugnahme auf die Regelungen des § 3 Abs. 1 Nr. 1 und 2 BetrVG, deren Wertung in die Regelung des § 3 Abs. 1 Nr. 3 BetrVG "hineinzulesen" ist, und die ebenfalls kein Nebeneinander primärer betriebsverfassungsrechtlicher Mitbestimmungsorgane mit sich entsprechenden Kompetenzen erlauben,[813] auf eine Unzulässigkeit einer weiteren betriebsverfassungsrechtlichen Stufe schließen. Zum Anderen zeigt die Regelung des § 3 Abs. 5 BetrVG i.V.m. § 3 Abs. 1 Nr. 4 und 5 BetrVG, dass zusätzliche, d.h. neben den dreistufigen Organisationsaufbau der betrieblichen Interessenvertretung tretende Gremien eben keine betriebsverfassungsrechtlichen Mitbestimmungsorgane mit entsprechenden Rechten, sondern nur "Hilfsorgane", sind. Die Gestaltungsmöglichkeiten des § 3 Abs. 1 BetrVG beschränken sich dementsprechend auf die Herstellung (alternativer) Vertretungsorgane bei gleichzeitiger Wahrung der Einheitlichkeit der primären Mitbestimmung.

(4) Regelbeispiele

Die Regelbeispiele des § 3 Abs. 1 Nr. 3 BetrVG (Betriebs-, Unternehmens-, Konzernorganisation/andere Formen der Unternehmenszusammenarbeit) stellen für sich betrachtet keine Beschränkung des Anwendungsbereiches der Norm dar, da ihnen lediglich beispielhafter Charakter zukommt („insbesondere").

Auch in ihnen schlägt sich jedoch der Regelungszweck des § 3 Abs. 1 BetrVG nieder. So ergibt ein Abstellen auf die Betriebs-, Unternehmens- bzw. Konzernorganisation und die Zusammenarbeit von Unternehmen nur dann einen Sinn, wenn aus betriebsverfassungsrechtlicher Sicht eine Herstellung von Entscheidungsnähe der zu errichtenden Vertretungsorgane bezweckt ist. Da bei Abweichen der Unternehmensorganisation vom gesetzlichen „Idealfall"[814] bzw. im Rahmen moderner Formen der Unternehmenszusammenarbeit keine Situationen geschaffen werden, die die Belegschaftsnähe der Vertretungsorgane in Frage stellen, kann ein Abstellen auf dieses betriebsverfassungsrechtliche Ordnungskriterium bei Normierung des § 3 Abs. 1 Nr. 3 BetrVG nicht vom Gesetzgeber intendiert gewesen sein.[815]

Daher ist davon auszugehen, dass die Formulierung der Regelbeispiele des § 3 Abs. 1 Nr. 3 BetrVG Organisation / Unternehmenszusammenarbeit in Anbetracht der gesetzgeberischen Zielsetzung erfolgte, den Tarifvertragsparteien Mittel an die Hand zu geben, Entscheidungsnähe der Vertretungsorgane herstellen zu können. Auch aus der

---

[812] Vgl. diese Diskussion oben § 5, I., 3., b), bb).

[813] Für die Fälle des § 3 Abs. 1 Nr. 1 a) und b) BetrVG ist dies offenkundig; für § 3 Abs. 1 Nr. 2 BetrVG ergibt sich dies aus der vorangegangenen Argumentation zur Frage der Alternativität / Kumulation im Verhältnis zwischen Betriebsrat und Spartenbetriebsrat - vgl. § 5, I., 3., b), bb).

[814] Vgl. § 3.

[815] Vgl. § 4, A., II.

Betrachtung der Regelbeispiele des § 3 Abs. 1 Nr. 3 BetrVG folgt also, dass der Anwendungsbereich der Norm auf die Schaffung entscheidungsnaher Vertretungsstrukturen beschränkt ist.

(5) Unternehmens-/Konzernverbund bzw. Unternehmenszusammenarbeit

Als weiterer Hinweis auf einen beschränkten Anwendungsbereich des § 3 Abs. 1 Nr. 3 BetrVG stellt sich die Errichtungsvoraussetzung des Unternehmens-/Konzernverbunds bzw. der Unternehmenszusammenarbeit dar. Zwar stellen diese Tatbestandsmerkmale des § 3 Abs. 1 Nr. 3 BetrVG, wie zuvor ausgeführt, lediglich Regelungsbeispiele dar, so dass eine Vereinbarungslösung im Sinne des § 3 Abs. 1 Nr. 3 BetrVG zunächst auch in Frage zu kommen scheint, wenn die entsprechenden Unternehmen nicht in einem Konzernverbund stehen bzw. nicht "zusammenarbeiten".

Jedoch dürfte eine Errichtung einer gemeinsamen Interessenvertretung auf Grundlage des § 3 Abs. 1 Nr. 3 BetrVG für Unternehmen, die keinerlei Zusammenarbeit pflegen, ausscheiden. Dies ergibt sich auch aus § 3 Abs. 1 Nr. 4 BetrVG, der für diese Fälle lediglich Arbeitsgemeinschaften zur Zusammenarbeit der jeweiligen Interessenvertretungen vorsieht. Eine brachenweite Interessenvertretung etwa oder eine einheitliche Arbeitnehmervertretung für eine bestimmte Region gemäß § 3 Abs. 1 Nr. 3 BetrVG scheidet daher aus. Aber auch Rechtsbeziehungen, die sich auf die bloße Lieferung von Waren beschränken ohne dass darüber hinaus Leistungen bzw. Verbindungen, wie beispielsweise im Rahmen der Just-in-Time-Produktion entstehen, dürften ausscheiden, da diese Gestaltung nicht mehr unter den Begriff der "Zusammenarbeit" zu fassen ist.[816]

(6) Wirksame und zweckmäßige Interessenvertretung der Arbeitnehmer

Eine Beschränkung des Anwendungsbereichs folgt auch aus der Tatbestandsvoraussetzung der "wirksamen und zweckmäßigen Interessenvertretung".[817] Dabei handelt es sich nicht bloß um eine inhaltsleere Absichtsformel, an die die Tarifparteien Kraft ihres verfassungsmäßigen Auftrags ohnehin gebunden wären, sondern um eine echte (einschränkende) Tatbestandsvoraussetzung einer tariflichen Regelung.[818]

Die Voraussetzung dient der Erreichung größerer Effektivität und Praktikabilität der zu bildenden Vertretungsstrukturen gegenüber den gesetzlichen.[819] Bei der Auslegung der unbestimmten Begriffe „Wirksamkeit“ und „Zweckmäßigkeit“ ist auf die Ordnungskriterien der Betriebsverfassung zurückzugreifen. Einen Tarifvertrag über andere

---

[816] Unbegründet ist daher m.E. die entsprechende Befürchtung von Schmidt (Das novellierte Betriebsverfassungsgesetz und seine Bedeutung für kleine und mittlere Unternehmen, FS Weinspach, S. 131, 134), der eine Dominanz des Betriebsrats des belieferten Großunternehmens gegenüber den Interessenvertretungen des Kleinunternehmens und damit eine Machtverstärkung der Großunternehmen insgesamt sieht. Im Rahmen der von § 3 Abs. 1 Nr. 3 BetrVG erfassten Tatbestände haben die kritischen Anmerkungen Schmidts hingegen durchaus ihre Berechtigung.

[817] Kania/Klemm, RdA 2006, 22 ff.; vgl. auch Friese ZfA 2003, 237, 269.

[818] Plander NZA 2002, 483, 487; vgl. auch unten (4.).

[819] Annuß NZA 2002, 290, 291; DKK-Trümner BetrVG § 3 Rn 85; Kania/Klemm, RdA 2006, 22.

Arbeitnehmervertretungen wird man daher nur dann als wirksam ansehen können, wenn die mit dem Betriebsverfassungsgesetz verfolgten Zwecke der Belegschaftsnähe und der Entscheidungsnähe damit erreicht werden können. Wie zuvor gezeigt, ist dabei im Rahmen des § 3 Abs. 1 BetrVG vornehmlich die Herstellung von Entscheidungsnähe intendiert.[820]

bb) Zwischenergebnis

Bei § 3 Abs. 1 Nr. 3 BetrVG handelt es sich daher nicht um eine unbeschränkte Generalklausel.[821] Folglich ist die Organisationsstruktur der Betriebsverfassung auch nicht tarifdispositiv. Die Tarifpartner haben bei der Errichtung von Arbeitnehmervertretungen gemäß § 3 Abs. 1 Nr. 3 BetrVG die vorbezeichenten Einschränkungen, insbesondere das betriebsverfassungsrechtliche Ordnungskriterium der Entscheidungsnähe zu berücksichtigen.[822]

d) Arbeitsgemeinschaften zur unternehmensübergreifenden Zusammenarbeit von Arbeitnehmervertretungen

Gemäß § 3 Abs. 1 Nr. 4 BetrVG können durch die Tarif- bzw. Betriebspartner zusätzliche betriebsverfassungsrechtliche Gremien (Arbeitsgemeinschaften) geschaffen werden, die der unternehmensübergreifenden Zusammenarbeit von Arbeitnehmervertretungen dienen, ohne – im Gegensatz zu den in Nr. 1–3 genannten Fällen – Vertretungsorgane gemäß § 3 Abs. 5 BetrVG zu sein.[823]

Die Gesetzbegründung, die lediglich von einer Zusammenarbeit von Betriebsräten spricht,[824] greift hier zu kurz, da die Arbeitsgemeinschaften dem Wortlaut des § 3 Abs. 1 Nr. 4 BetrVG nach zur Zusammenarbeit aller Formen der Arbeitnehmervertretung eingeführt werden können, d.h. sowohl zur Zusammenarbeit von gesetzlichen Interessenvertretungen (Betriebsrat / Gesamtbetriebsrat / Konzernbetriebsrat), als auch zur Zusammenarbeit der in § 3 Abs. 1 Nr. 1-3 BetrVG genannten Mitbestimmungsor-

---

[820] So im Ergebnis auch DKK-Trümner BetrVG § 3 Rn 85.

[821] A.A. Däubler AuR 2001, 1, 2.

[822] So auch Konzen, der in der Einrichtung unternehmensübergreifender Arbeitnehmervertretungen die Nähe zu den Entscheidungsebenen des Arbeitgebers als ausschlaggebend sieht (RdA 2001, 76, 86 f.).

[823] Diese Regelung ist in er Literatur stark kritisiert worden: Zum Einen werden Gefahren für den Wettbewerb gesehen, wenn die Interessenvertretungen konkurrierender Unternehmen eine entsprechende Zusammenarbeit unterhalten, da wettbewerbsfördernde Arbeitsgestaltungen durch Zusammenwirken der Arbeitnehmervertretungen neutralisiert werden könnten (Vgl. Picker RdA 2001, 259, 289). Es entstünden so betriebsverfassungsrechtliche Zwangskartelle (Rieble ZIP 2001, 133, 139). Hanau sieht die Kompetenzen der Gremien nicht klar umrissen und befürchtet insofern die Etablierung betriebsverfassungsrechtlicher Stammtische und die Gefährdung von Betriebsgeheimnissen (RdA 2001, 65, 66). Gremien ohne klar umrissene Kompetenz seinen unnötig und kostenintensiv (Richardi NZA 2001, 346, 349).

[824] Vgl. BT-Drucks. 14/5741 S. 34.

gane (Unternehmenseinheitlicher Betriebsrat /Regional-/ Spartenbetriebsrat / andere Arbeitnehmervertretungen gemäß Nr. 3).[825]

Zur Ermittlung des Anwendungsbereichs der Norm ist auf die strukturellen Änderungen in den Unternehmenslandschaft, die im Vorangegangenen dargestellt wurden,[826] zu reflektieren, denen der Gesetzgeber mit der Betriebsverfassungsreform begegnen wollte.[827] So zeichnet sich durch die intensive Zusammenarbeit rechtlich selbständiger Unternehmen ein Mitbestimmungsdefizit dadurch ab, dass die von bestimmten Arbeitgeberentscheidungen betroffenen Arbeitnehmer dem tatsächlichen Entscheidungsträger gar nicht als Vertragspartei gegenüberstehen. Eine effektive Mitbestimmung kann in diesen Fällen nicht stattfinden.[828] Diesem Zustand kann durch die Einführung von Arbeitsgemeinschaften entgegengewirkt werden, indem die Arbeitnehmer über die jeweiligen Betriebsräte ihre Interessen einbringen und diese dann in den Arbeitsgemeinschaften behandelt und ggfs. über die Interessenvertretung des "Entscheiderunternehmens" durchgesetzt werden. Eine entsprechende Interessenvertretung dient der Vermittlung zwischen Entscheidungsbetroffenen und Entscheidendem und so – wenn auch nur mittelbar – einer entscheidungsnahen Mitbestimmung.
Die Anwendung von § 3 Abs. 1 Nr. 4 BetrVG bietet sich auch im Vorfeld von unternehmensorganisatorischen Prozessen an, die den Fortfall bzw. die Beeinträchtigung der bestehenden betriebsverfassungsrechtlichen Strukturen zu Folge haben.[829]

e) Zusätzliche Vertretungen zur Zusammenarbeit zwischen Arbeitnehmen und Betriebsrat

§ 3 Abs. 1 Nr. 5 BetrVG sieht betriebsverfassungsrechtliche Arbeitnehmervertretungen vor, die die Zusammenarbeit zwischen Betriebsrat und Arbeitnehmern erleichtern sollen. Wie auch § 3 Abs. 1 Nr. 4 BetrVG sollen diese Vertretungen nicht – im Gegensatz zu den in Nr. 1-3 genannten Fällen – als Arbeitnehmervertretungen gem. § 3 Abs. 5 BetrVG gelten. Entsprechende Modelle traten in der Unternehmenspraxis bereits zuvor auf. Insbesondere *Bachner* beschreibt die Bildung von Zweigniederlassungssprechern, die ein Bindeglied zwischen den in der Hauptniederlassung angesiedelten Betriebsräten und den Arbeitnehmern der Zweigstellen bilden und so die Interessen der Arbeitnehmer in die Arbeit des Betriebsrats einbringen sollten.[830]

Wie im Fall des § 3 Abs. 1 Nr. 4 BetrVG sind die Gremien nicht selbst Träger der Mitwirkungs- und Mitbestimmungsrechte gegenüber dem Arbeitgeber, sondern dienen nur der Zusammenarbeit mit dem Betriebsrat. Insbesondere kann sich die Zweckmäßigkeit zusätzlicher betriebsverfassungsrechtlicher Vertretungen daraus ergeben, dass eine Vertretung der verschiedenen Abteilungen und Beschäftigungsarten der Arbeitnehmer des Betriebs im Betriebsrat gemäß § 15 BetrVG nicht gewährleistet ist.

---

[825] Vgl. DKK-Trümner BetrVG § 3 Rn 93.
[826] Vgl. § 4, A., I., 1. – insb. c).
[827] Gesetzesbegründung BT-Drucks. 14/5741, S. 26.
[828] Vgl. zur Problematik der faktischen Entscheidungsmacht Dritter: § 4, B., II., 3.
[829] Vgl. dazu unten § 5, I., 3.
[830] Bachner NZA 1996, 400, 402.

Das Gesetz knüpft mit § 3 Abs. 1 Nr. 5 BetrVG an die vorherige Regelung des § 3 Abs. 1 Nr. 1 BetrVG a.F. an. Jedoch wurde auch hier die Grenzziehung gelockert, weil bisher zusätzliche betriebsverfassungsrechtliche Vertretungen nur für Arbeitnehmer bestimmter Beschäftigungsarten oder Arbeitsbereiche (Arbeitsgruppen) vorgesehen werden konnten, wenn dies nach den Verhältnissen des Betriebes der zweckmäßigen Gestaltung der Zusammenarbeit des Betriebsrates mit dem Arbeitnehmern zu dienen schien. Diese Begrenzung ist weggefallen. Wie bisher wird hier jedoch auch der früher unter § 3 Abs. 1 Nr. 1 BetrVG a.F. gefasste Fall einzuordnen sein, der zur Interessenvertretung von Arbeitnehmern bestimmter Beschäftigungsarten oder Arbeitsbereiche eine zusätzliche Vertretung ermöglicht. Weiterhin können dementsprechend beispielsweise Außendienstangestellte eines Versicherungsunternehmens oder die an einem großen Bauobjekt tätigen Arbeitnehmer eine solche zusätzliche dem Kontakt mit dem Betriebsrat dienende Vertretung einrichten.[831] Wegen des Wegfalls der Beschränkung sind somit auch Tarifverträge über betriebliche Vertrauensleute zulässig, die jeweils von einer bestimmten Anzahl von Arbeitnehmern des Betriebes gewählt und als Bindeglied und Informationsträger zwischen Arbeitgeber, Arbeitnehmer und Betriebsrat fungieren sollen. Gewerkschaftliche Vertrauensleute sind hingegen von § 3 Abs. 1 Nr. 5 BetrVG nicht erfasst.[832]

Nach der Gesetzesbegründung kommen zusätzliche Arbeitnehmervertretungen insbesondere dort in Betracht, wo der Kontakt zwischen Betriebsrat und Arbeitnehmern – also der Aspekt der Belegschaftsnähe – nicht oder in nicht ausreichendem Umfang besteht. Ausdrücklich wird der Fall des unternehmenseinheitlichen Betriebsrats gemäß § 3 Abs. 1 Nr. 1 a BetrVG eines bundesweit tätigen Unternehmens bzw. Regionalbetriebsräte gemäß § 3 Abs. 1 Nr. 1 b BetrVG genannt, in denen Betriebe oder Betriebsteile nicht durch ein Betriebsratsmitglied vertreten sind.[833]

Im Gegensatz zu den übrigen Regelungen des § 3 Abs. 1 BetrVG, die vornehmlich der Herstellung von Entscheidungsnähe dienen, steht bei Nr. 5 somit die Belegschaftsnähe im Vordergrund. Da § 3 Abs. 1 Nr. 5 BetrVG nach der Gesetzesbegründung insbesondere als Kombination nach Vereinbarung von Regelungen gem. § 3 Abs. 1 Nr. 1 BetrVG dient, bei denen die Nähe zwischen der Belegschaft und dem Betriebsrat verloren geht, ist § 3 Abs. 1 Nr. 5 BetrVG in erster Linie als "Ausgleichsnorm" zu sehen, die die verlorene Belegschaftsnähe durch die Möglichkeit verbesserter Rückkopplung zwischen Betriebsrat und Arbeitnehmer ausgleicht. Auch wenn § 3 Abs. 1 BetrVG damit ebenso die Möglichkeit der Schaffung belegschaftsnahe Mitbestimmungsstrukturen schafft, so legt § 3 BetrVG doch das Hauptgewicht auf das Ordnungskriterium der Entscheidungsnähe. Im Vordergrund steht die Möglichkeit – abweichend von der gesetzlichen Struktur – arbeitnehmerentscheidungsnahe Mitbestimmungsstrukturen zu ermöglichen. § 3 Abs. 1 Nr. 5 BetrVG dient lediglich der Nivellierung allzu ferner Interessensvertretungsstrukturen – ohne dabei selber Mitbestimmungsorgane einzurichten. *Hanau* hat dementsprechend die Regelung des § 3 Abs. 1 Nr. 5 als „Gegenstück nach unten" zu den Regelungen des § 3 Abs. 1 Nr. 1-4 bezeichnet.[834]

---

[831] Vgl. Löwisch BB 2001, 1734, 1735.
[832] Fitting BetrVG § 3 Rn 62.
[833] BT-Drucks. 14/5741 S. 34.
[834] Hanau NJW 2001, 2513, 2514.

Von den Vertretungen nach § 3 Abs. 1 Nr. 5 BetrVG sind die nach § 28 a BetrVG zu bildenden Interessenvertretungen für Arbeitsgruppen zu unterscheiden: Bei § 3 Abs.1 Nr. 5 BetrVG geht es um die Vermittlung des Kontaktes zwischen Betriebsrat und Arbeitnehmern, im Rahmen des § 28 a BetrVG um die Übertragung von Mitwirkungs- und Mitbestimmungsrechten auf die Arbeitnehmer selbst.[835]

4. Sachgerechtigkeit der vereinbarten Betriebsverfassungsstruktur

Zentrales Kriterium des § 3 Abs. 1 Nr. 1 bis 3 BetrVG ist die Sachgerechtigkeit bzw. Zweckmäßigkeit der abweichenden Struktur der betriebsverfassungsrechtlichen Organisation für die Wahrnehmung der Interessen der Arbeitnehmer bzw. der Aufgaben des Betriebsrats.[836] Der Gesetzgeber hat die einzelnen Regelungstatbestände zwar ähnlich, aber nicht übereinstimmend formuliert. Im Einzelnen:

Die Errichtung unternehmenseinheitlicher Betriebsräte bzw. die Zusammenfassung von Betriebsräten gemäß § 3 Abs. 1 Nr. 1 BetrVG erfordert, dass dadurch die Bildung von Betriebsräten erleichtert oder der *sachgerechten Wahrnehmung der Interessen der Arbeitnehmer* gedient wird. § 3 Abs. 1 Nr. 2 BetrVG enthält eine ähnliche Formulierung: Voraussetzung für die Bildung von Spartenbetriebsräten ist, dass der *sachgerechten Aufgabenerfüllung durch den Betriebsrat* gedient wird. Die Bestimmung einer anderen Arbeitnehmervertretungsstruktur nach § 3 Abs. 1 Nr. 3 BetrVG setzt voraus, dass diese einer *wirksamen und zweckmäßigen Interessenvertretung der Arbeitnehmer* förderlich ist. Dass in dieser sprachlichen Differenzierung auch eine inhaltliche Verschiedenheit zu sehen ist, darf jedoch bezweifelt werden. Die Gesetzesbegründung schweigt zur Formulierung in Nr. 1 und Nr. 3 und nennt für den Fall der Nr. 2 die Situation, dass eine sachgerechte Wahrnehmung der Betriebsratsaufgaben dann anzunehmen sei, wenn der Betriebsrat dort errichtet wird, wo ihm ein kompetenter Ansprechpartner und Entscheidungsträger des Arbeitgebers gegenübersteht.[837] Da dieser Gesichtspunkt nach der Gesetzesbegründung jedoch auch für die Bildung eines unternehmenseinheitlichen Betriebsrates gelten soll,[838] ist anzunehmen, dass zumindest diese beiden Voraussetzungen inhaltsgleich sind.[839] Nichts anderes kann jedoch für die Regelung der anderen Arbeitnehmervertretungen nach Nr. 3 gelten: Auch diese Regelung dient der Anbindung der Interessenvertretung an die Entscheidungsstellen des Arbeitgebers, wenn die gesetzliche Betriebsverfassungsstruktur dies aufgrund der Organisation des Unternehmens nicht erlaubt. Neben diese Wertung tritt als Zielsetzung des Regelungstatbestandes § 3 Abs. 1 Nr. 1 BetrVG die Einbeziehung möglichst aller Arbeitnehmer in die Interessenvertretung.[840] Es ist davon auszugehen, dass § 3 Abs. 1

---

[835] Vgl. unten § 5, III.
[836] Vgl. Friese ZfA 2003, 237, 253.
[837] BT-Drucks. 14/5471, S. 34.
[838] BT-Drucks. 14/5741, S. 34.
[839] Plander NZA 2002, 483, 487.
[840] Vgl. auch DKK-Trümner BetrVG § 3 Rn 85.

Nr. 3 BetrVG als Generalklausel diese Zielsetzungen in sich vereinigt.[841] Eine weitergehende Differenzierung dürfte jedoch nicht vorliegen.

Bedeutsamer als die Frage nach dem konkreten Bedeutungsgehalt der vorgenannten "Sachdienlichkeitsklauseln" ist jedoch die Frage der rechtlichen Verbindlichkeit der Vorgaben. Die Vernachlässigung der Tatbestandsmerkmale stellt die Wirksamkeit der Vereinbarung in Frage. In der Literatur sind diese Tatbestandsmerkmale insofern heftig kritisiert worden, da sie als objektive Kriterien für die Wirksamkeit tarifvertraglicher Regelungen zwischen den Tarifparteien zwangsläufig zu Streit führen würden.[842] Insbesondere können diese Auseinandersetzungen nun im Rahmen eines Rechtsstreits zu einer Inhaltskontrolle der Tarifverträge führen, bei der die Gerichte zu beurteilen haben, ob die vereinbarten Lösungen tatsächlich sach- und zweckmäßig sind. Dabei ist zu beachten, dass es sich trotz der Sachdienlichkeitsprüfung, die den Gerichten in diesem Fall obliegt, nicht um eine Zweckmäßigkeitsprüfung (am Maßstab des § 242 BGB) sondern um eine reine Rechtskontrolle anhand der Vorgaben des § 3 Abs. 1 BetrVG handelt, da der Gesetzgeber die Sach- und Zweckmäßigkeit zum Tatbestandsmerkmal erhoben hat.[843] In diesem Zusammenhang ist jedoch zunächst zu fragen, ob die einvernehmliche Lösung zwischen den Tarifparteien nicht per se zur Verwirklichung einer sachgerechten Interessenvertretung führt. Diese seit langem umstrittene Frage nach der "Richtigkeitsgewähr des Tarifvertrages"[844] kommt hier jedoch – wie *Friese* [845] deutlich macht – nicht zum Tragen: Materielle Vertragsgerechtigkeit könne nur dann vermutet werden, wenn es sich bei dem Regelungsgegenstand um eine Materie handelt, die die Tarifparteien aufgrund ihrer Normsetzungsbefugnis aus Art 9 Abs. 3 GG ausschließlich für und wider ihre Mitglieder verhandeln. Dies ist vorliegend jedoch nicht der Fall. Und darüber hinaus: Da bei Regelungen gemäß § 3 Abs. 1 BetrVG (auch) Verbandsinteressen eine Rolle spielen (könnten), verbietet der Außenseiterschutz eine Richtigkeitsvermutung zugunsten der verhandelten Regelungen.[846]

Auch wenn die Vereinbarungslösungen insofern der grundsätzlichen richterlichen Rechtskontrolle unterliegen, stellt sich dabei jedoch das Problem, wie weit die Prüfung der Gerichte bei dieser stark inhaltsbezogenen Tarifvertragskontrolle gehen kann. Nicht in Betracht kommt jedenfalls, dass die richterliche Auffassung von einer sachgerechten bzw. zweckdienlichen Betriebsverfassungsstruktur an die Stelle der tariflichen Regelung tritt. Die Gerichte müssen beachten, dass den Kollektivvertragsparteien vor dem Hintergrund der mangelnden tatbestandlichen Ausgestaltung der Regelungen ein weiter Ermessensspielraum einzuräumen ist.[847] Insofern kommt ein richterlicher Spruch gegen die Rechtmäßigkeit der tariflichen Regelung nur bei offenkundiger Unzweckmäßigkeit in Betracht.[848] Dies ist nur dann der Fall, wenn die vereinbarte Struk-

---

[841] Vgl. auch DKK-Trümner BetrVG § 3 Rn 85.

[842] Richardi/Annuß DB 2001, 41, 42.

[843] Eine Zweckmäßigkeitskontrolle von Tarifverträgen wird allgemein abgelehnt (vgl. Friese ZfA 2003, 237, 254 m.w.N.)

[844] Vgl. dazu statt aller: Enderlein RdA 1995, 264 ff.

[845] ZfA 2003, 237, 255 ff.

[846] So auch Giesen BB 2002, 1480, 1481.

[847] Richardi BetrVG § 3 Rn 95; DKK-Trümner BetrVG § 3 Rn 32, 50, 85.

[848] Plander NZA 2002, 483, 488.

tur der Arbeitnehmerinteressenvertretung gegenüber der gesetzlichen offensichtlich keine Vorteile bringt.[849] Die richterliche Verwerfung entsprechender Vereinbarungen dürfte indes letztlich in den seltensten Fällen vorkommen. Relevant dürften jedoch Willkür, bzw. Rechtsmissbrauch werden. Die Tatbestandsvoraussetzung der Sachgerechtigkeit der Vereinbarungslösung bezweckt m.E. insofern vornehmlich, dass die Betriebsverfassung nicht zur freien Disposition der Tarif- bzw. Betriebspartner steht. Sie kann daher auch nicht in Tauschgeschäften gegen andere Vorzüge für die Belegschaft eingebracht werden.[850]

5. Bewertung der Regelung des § 3 Abs. 1 BetrVG im Hinblick auf die Gewichtung der betriebsverfassungsrechtlichen Ordnungskriterien

Es wurde gezeigt, dass sowohl die Regelungen des § 3 Abs. 1 Nr. 1 BetrVG zur Bildung unternehmenseinheitlicher Betriebsräte bzw. zur Zusammenfassung betriebsratsfähiger Einheiten, als auch die Vorschrift des § 3 Abs. 1 Nr. 2 BetrVG über die Errichtung von Spartenbetriebsräten, der Anbindung der Arbeitnehmerinteressenvertretung an die arbeitgeberseitige Leitungs- bzw. Entscheidungsinstanzen dient.[851] Auch die Vorschrift des § 3 Abs. 1 Nr. 3 BetrVG dient einer Interessenvertretung in Entscheidungsnähe. Während sich diese Wertung im Falle der § 3 Abs. 1 Nr. 1 und 2 BetrVG aus dem Gesetz unmittelbar ergibt, ist im Rahmen des § 3 Abs. 1 Nr. 3 BetrVG auf die Gesetzessystematik und die Hintergründe der Normgebung abzustellen. Auch § 3 Abs. 1 Nr. 4 BetrVG bezweckt die arbeitgebernahe Einbringung der Arbeitnehmerinteressen. § 3 Abs. 1 Nr. 5 BetrVG stellt demgegenüber eine Ausgleichsnorm insbesondere für Fälle vereinbarter entscheidungsnaher Vertretungsstrukturen dar.

Da die einzelnen Regelungen des § 3 Abs. 1 BetrVG (zudem) tatbestandlich auf die Sachgerechtigkeit der zu verhandelnden Lösung abstellen, könnte die Schlussfolgerung zu ziehen sein, dass eine sachgerechte Arbeitnehmerinteressenvertretung *zwingend* dort angesiedelt sein muss, wo die Entscheidungen des Arbeitgebers fallen. Es stellt sich daher die Frage, ob der Gesetzgeber damit dem Ordnungskriterium der Entscheidungsnähe gegenüber dem Ordnungskriterium der Belegschaftsnähe ein höheres Gewicht beimessen wollte und ob die Entscheidungsnähe daher *grundsätzlich* bei der Einrichtung der Interessenvertretung der Arbeitnehmer – d.h. auch bei der Bildung des gesetzlichen Betriebsrats im Vordergrund steht.[852]

M.E. ist das nicht der Fall. In der Normierung der Regelungen des § 3 Abs. 1 BetrVG ist keine grundsätzliche Wertung mit Bedeutung für die Installation der Interessenvertretungen zu sehen. Im Gegenteil: Aus der *fakultativen* Einrichtung entscheidungsnaher Mitbestimmungsorgane gemäß § 3 Abs. 1 Nr. 1-3 BetrVG ist zu schließen,

---

849 Friese ZfA 2003, 237, 257.
850 Plander NZA 2002, 483, 487; Däubler befürchtet insofern „Tauschhandel“ (AuR 2001, 1, 2 f.)
851 Sofern eine Errichtung von Spartenbetriebsräten unterhalb der Betriebsebene, also bei einer spartenmäßigen Aufteilung eines Betriebes von § 3 Abs. 1 Nr. 2 BetrVG ermöglicht wird, dient dies der Entscheidungsnähe „nach unten“ und (zusätzlich) der Belegschaftsnähe der Interessenvertretung (vgl. Friese RdA 2003, 92, 100).
852 Dies nimmt Plander an (NZA 2002, 483).

dass die gesetzliche Vertretung als *Regelfall* (der Betriebsrat gemäß § 1 BetrVG) in Belegschaftsnähe einzurichten ist. Die Normierung einer Verhandlungslösung, die die Einrichtung entscheidungsnaher Vertretungsstrukturen als Wahlmöglichkeit bestimmt, ergibt – vor dem Hintergrund des in Rechtsprechung und Lehre vorherrschenden Betriebsbegriffs – nur dann einen Sinn, wenn der gesetzliche Regelfall (also der Betriebsrat) nicht in Entscheidungsnähe, sondern in – hierzu zumeist im kontradiktorischen Verhältnis stehender[853] – Belegschaftsnähe einzurichten ist.

Dieses Ergebnis folgt aus der Berücksichtigung der Rechtsprechung des Bundesarbeitsgerichts und herrschenden Lehre, die zur Bestimmung des Betriebsbegriffs auf die organisatorische Einheit mit einheitlicher Leitung abstellt: Sofern nämlich Entscheidungskompetenzen im Unternehmen zentral angeordnet sind, ist die Interessenvertretung (in Form des Betriebsrats) auf der Grundlage des in Rechtsprechung und Lehre vorherrschenden Betriebsbegriffs ohnehin bei der Unternehmensleitung anzusiedeln.[854] Findet der Kern der beteiligungspflichtigen Angelegenheiten in der Sparte Behandlung, so bildet sie nach der Rechtsprechung des BAG und der h.M. in der Literatur die betriebsratsfähige Einheit.[855] Das gleiche gilt im Fall der Filialstruktur: Werden in der (Regional-)Zentrale die mitbestimmungspflichtigen Entscheidungen getroffen, so bildet sie zusammen mir den Filialen einen Betrieb im Sinne des § 1 BetrVG.[856] Wenn jedoch auf Grundlage der Rechtsprechung und der h.M. in der Literatur in vorgenannten Fällen bei unternehmenseinheitlichen Entscheidungen, bei zentralisierten Entscheidungen bzw. Leitungsbefugnis in den Sparten, an den entsprechenden Entscheidungsstellen im Unternehmen, der Regionalvertretung bzw. der Sparte ohnehin die betriebsratsfähige Einheit zu lokalisieren und die betriebliche Interessenvertretung zu installieren ist, wozu dann § 3 Abs. 1 Nr. 1 bis 3 BetrVG?[857]

Konzen, als Vertreter der herrschenden Lehre, zieht aus diesem Umstand – aus seiner Sicht konsequenterweise – den Schluss, dass die Regelungen des § 3 Abs. 1 BetrVG insofern obsolet seien.[858] Diese Ansicht geht – wie auch Trümner aufzeigt[859] – indes fehl. Näher als die Vermutung, der Gesetzgeber habe eine obsolete Regelung aufgestellt, liegt der Schluss, dass *ipso jure* eine belegschaftsnahe Interessenvertretung einzurichten ist. Die *Option* für die Tarif-/Betriebspartner lautet, gemäß § 3 Abs. 1 Nr. 1 bis 3 BetrVG entscheidungsnahe Interessenvertretungen zu installieren. Eine Wahlmöglichkeit ergäbe indes offensichtlich keinen Sinn, wenn das gewünschte Ergebnis einer Interessenvertretung in Entscheidungsnähe bereits vorläge; sie ist nur dann sinnvoll, wenn gegenüber dem Ist-Zustand eine Veränderung getroffen werden kann. Der gesetzliche (Ist-Zustand) müsste daher der Betriebsrat in Belegschaftsnähe sein.

---

[853] zum kontradiktorischen Verhältnis der Ordnungskriterien: § 3, B., V. und 2. Abschnitt, B., I.
[854] Vgl. Richardi, Die neue Betriebsverfassung, S. 16 (Rn 11); Konzen RdA 2001, 76, 86 f.
[855] Konzen RdA 2001, 76,2 87.
[856] BAG AP Nr. 2 zu § 4 BetrVG 1972; Fitting BetrVG § 1 Rn 74; Richardi BetrVG § 1 Rn 32.
[857] Nicht in Betracht kommt indes, eine Doppelstruktur von (entscheidungsnahem) gesetzlichen Betriebsrat und (entscheidungsnahem) vereinbarten Mitbestimmungsorgan, da eine Kumulation abzulehnen ist - vgl. oben § 5,I., 3., b), bb).
[858] Konzen RdA 2001, 76, 87.
[859] DKK-Trümner BetrVG § 3 Rn 23.

Auch eine zwingende logische Verknüpfung zwischen "sachgerechter Arbeitnehmervertretung" und "Entscheidungsnähe" ist dem Gesetz nicht zu entnehmen: Wie eingangs gezeigt, sieht das Betriebsverfassungsgesetz selbst in der Belegschaftsnähe ein wichtiges Moment für eine sachgerechte Interessenvertretung.[860] Im Zeichen einer sachgerechten Arbeitnehmerinteressenvertretung kann überdies beispielsweise die Zusammenfassung von Betrieben stehen, wenn sich in einzelnen Betrieben nicht genügend geeignete Kandidaten finden und nur die Bildung größerer Betriebsratgremien ein Mindestmaß an Professionalität durch Aufgabenteilung, Spezialisierung usw. ermöglicht.[861] Eine zwingende Gleichsetzung "sachgerechter Interessenvertretung" und "Entscheidungsnähe" ist daher nicht anzunehmen.

Aus der Betriebsverfassungsreform lässt sich so der Schluss ziehen, dass bei Bestimmung des Anknüpfungspunktes für die gesetzliche Interessenvertretung (Betriebsrat) die Belegschaftsnähe in den Vordergrund zu stellen ist. In dem oben[862] dargestellten Streit zwischen den Vertretern einer entscheidungs- bzw. belegschaftsnahen Interessenvertretung im gesetzlichen Regelfall der Betriebsratsbildung dürfte mit § 3 Abs. 1 BetrVG n.F. daher ein Argument zugunsten letzterer Ansicht gewonnen sein.

6. Abweichende Arbeitnehmervertretungsstrukturen und Kündigungsschutz

Hinzuweisen ist noch auf ein weiteres Problem, auf das im Rahmen dieser Untersuchung indes nicht vertieft eingegangen werden kann. Neben der Bedeutung, die dem Betriebsbegriff im BetrVG zukommt, ist die Bedeutung des Betriebsbegriffs für das Kündigungsschutzrecht zu beachten. Hier bezeichnet der Betriebsbegriff den Bereich, innerhalb dessen vor einer betriebsbedingten Kündigung gem. § 1 KSchG Kündigung eine Sozialauswahl durchgeführt werden muss. Dabei konnte in der Praxis bislang im Wesentlichen von einem Gleichlauf des betriebsverfassungsrechtlichen mit dem kündigungsschutzrechtlichen Betriebsbegriff ausgegangen werden. Insbesondere das Bundesarbeitsgericht vertrat die Auffassung, dass die Begriffe identisch seien.[863] Da der kündigungsschutzrechtliche Betriebsbegriff und der Kündigungsschutz nicht zur Disposition der Tarifvertrags- oder Betriebsparteien steht, die eine Vereinbarung nach § 3 BetrVG schließen, ist der bisher im wesentlichen erzielte Gleichlauf zukünftig nicht mehr gewährleistet.[864]

Die Misslichkeit der Situation zeigt sich insbesondere an folgendem Beispiel: Wird im Rahmen einer mit einem Personalabbau einhergehenden Betriebsänderung mit dem innerhalb eines Betriebes eingerichteten Spartenbetriebsrat ein Sozialplan vereinbart, so kann im Rahmen der – betriebsweit vorzunehmenden – Sozialauswahl jeder Mitarbeiter von dem Personalabbau betroffen sein, auch wenn er mangels Spartenzugehörigkeit nicht aus dem Sozialplan anspruchsberechtigt ist.

---

[860] Vgl. oben § 1 , C., II.
[861] DKK-Trümner BetrVG § 3 Rn 32.
[862] Vgl. oben § 3, B. III., und VI.
[863] BAG AP Nr. 9 zu § 23 KSchG 1969.
[864] Vgl. Thüsing ZIP 2003, 693; Plander, NZA 2002, 483, 489 ff.

II. Arbeitsgruppe

Als weitere, die vorliegende Untersuchungsmaterie betreffende Neuerung des Betriebsverfassungsreformgesetzes, ist die Arbeitsgruppe gem. § 28 a BetrVG zu beachten. Die Betrachtung der modernen Unternehmensorganisation hat gezeigt, dass es immer häufiger zu einer Dezentralisierung und Flexibilisierung der Entscheidungsprozesse kommt.[865] Dabei werden zunehmend nicht nur Produktions-, sondern auch Administrationsaufgaben auf betriebliche Untereinheiten, insbesondere Projektteams und Arbeitsgruppen übertragen.[866] Wenn jedoch die mitbestimmungsrechtlich relevanten Tatbestände unterhalb der Betriebsebene entstehen, so ist es sachgerecht auch die Mitbestimmungsrechte unterhalb des Betriebsrats anzusiedeln. Dementsprechend identifizierte die Kommission Mitbestimmung ein Bedürfnis der Unternehmenspraxis, die betriebsverfassungsrechtlichen Mitbestimmungsrechte auf kleinere, unter dem Betriebsrat stehende Einheiten herunterzubrechen.[867] In vielen Betrieben war dies auch vor Einführung des § 28 a BetrVG längst gängige Praxis, ohne dass hierzu eine hinreichende rechtliche Grundlage bestand.[868]

Die Betriebsverfassungsreform hat daher den § 28 a BetrVG gebracht.[869] Vorläuferbestimmung des § 28 a BetrVG war § 3 Abs. 1 Nr. 1 BetrVG a.F., der es den Tarifparteien ermöglichte, Arbeitsgruppenvertretungen einzurichten. Dabei war jedoch zu beachten, dass diese als Unterbau der Betriebsräte ausschließlich der Kommunikation zwischen Arbeitnehmern und Betriebsrat dienten, ohne eigene Mitbestimmungsrechte gegenüber dem Arbeitgeber ausüben zu können. Formale Mitbestimmungsinstanz blieb immer der Betriebsrat.[870] Dies ist nun anders geregelt:

1. Anwendungsbereich

In der Wirtschaftspraxis treten zunehmend Arbeitsgruppen als selbst regulierende Organisationseinheiten innerhalb des Unternehmens auf, die im Rahmen eines konkreten Arbeitsauftrags die Planung, Steuerung, Durchführung, Koordination und Kontrolle ihrer Tätigkeit bzw. Aufgaben eigenverantwortlich durchführen.

Der organisatorische Nutzen der Bildung von Arbeitsgruppen ist, dass Aufgaben, die ein Einzelner nicht leisten könnte, erledigt werden können, da Arbeitnehmer mit unterschiedlichen Fähigkeiten und Talenten zur Lösung komplexer Probleme zusammengeführt werden können und eine kollektive Entscheidungsfindung unter Beachtung unterschiedlicher Perspektiven ermöglicht wird. Daneben findet eine Erhöhung

---

[865] Vgl. oben § 4, A., I., 1., c), bb), dd), hh) und insb. 3.; vgl. auch Fitting BetrVG § 28 a Rn 5
[866] Vgl. auch Fitting BetrVG § 28a Rn 5.
[867] Bericht der Kommission Mitbestimmung S. 36.
[868] Linde AiB 2004, 334.
[869] Vgl. die umfassende Betrachtung des § 28 a BetrVG bei Raab NZA 2002, 474 ff.; dass von der Regelung in der Praxis jedoch kaum Gebrauch gemacht wird, zeigt die empirische Studie von Linde (vgl. AiB 2004, 334).
[870] Trümner, Anwendungs- und Umsetzungsprobleme bei Tarifverträgen über betriebsverfassungsrechtliche Fragen (§3 BetrVG), in: JahrbArbR, Bd. 36, 1999, S. 59, 67.

der organisatorischen Stabilität durch verbesserte Sozialisation neuer Mitarbeiter satt. Der individuelle Nutzen für den Arbeitnehmer besteht in dem leichteren Kennenlernen der Organisation, leichteren Erlernen neuer Fähigkeiten, und der Befriedigung sozialer Bedürfnisse.[871] Die Arbeitsgruppe verfügt damit über einen eigenständigen Handlungsspielraum und über größere Selbständigkeit.[872]

Der Betriebsrat hat aufgrund der Betriebsverfassungsreform gemäß § 87 Abs. 1 Nr. 13 BetrVG ein Mitbestimmungsrecht hinsichtlich der Durchführung der Gruppenarbeit.[873] Auch dieses Mitbestimmungsrecht kann grundsätzlich gemäß § 28 a BetrVG auf die Arbeitsgruppe übertragen werden.[874]

2. Voraussetzungen

Gemäß § 28 a BetrVG kann der Betriebsrat in Betrieben mit mehr als 100 Arbeitnehmern mit der Mehrheit der Stimmen seiner Mitglieder bestimmte Aufgaben nach Maßgabe einer mit dem Arbeitgeber abzuschließenden Rahmenvereinbarung auf Arbeitsgruppen übertragen.

Eine Übertragung von Aufgaben setzt gemäß § 28 a Abs. 1 BetrVG daher zunächst eine Vereinbarung zwischen Arbeitgeber und Betriebsrat voraus. Die Notwendigkeit einer solchen Vereinbarung soll der Gefahr einer Zersplitterung der Zuständigkeiten vorbeugen.[875] Dass eine Partikularisierung der Interessenvertretung einer effektiven Mitbestimmung entgegensteht und somit auch nicht im Interesse der Arbeitnehmer ist, wurde bereits dargelegt.[876]

Voraussetzung ist weiter, dass die Aufgaben im Zusammenhang mit den von der Arbeitsgruppe zu erledigenden Tätigkeiten stehen. Nach der amtlichen Begründung ist diese Voraussetzung insbesondere hinsichtlich Arbeitszeitfragen, Pausenregelung, Urlaubsplanung, Arbeitsgestaltung und ähnlichen tätigkeits- und aufgabenbezogenen Sachverhalten erfüllt.[877] Für eine Aufgabenübertragung kommen weiterhin Themen mit direktem Bezug zur Arbeitsgruppe, soweit diese sich hinsichtlich ihrer Auswirkungen auf die Arbeitsgruppe begrenzen lassen, in Betracht. Auch die Übertragung von Aufgaben im Zusammenhang mit der Ausgestaltung interner Kommunikations- und Entscheidungsprozesse, sowie die Übertragung von Funktionen zur innerbetrieblichen Koordination mit anderen Gruppen kommt in Betracht. Voraussetzung ist stets, dass sich die Aufgaben so abgrenzen lassen, dass andere Arbeitnehmer des Betriebs außerhalb der Arbeitsgruppe nicht betroffen werden.

Im Rahmen der ihr übertragenen Aufgaben hat die Arbeitsgruppe grundsätzlich sämtliche Beteiligungsrechte gegenüber dem Arbeitgeber selbst wahrzunehmen und

---

[871] Staehle, Management, S. 285 ff.
[872] DKK-Wedde § 28 a Rn 14.
[873] Vgl. dazu Preis/Elert NZA 2001, 371 ff.
[874] Löwisch BetrVG § 28 a Rn 2.
[875] Vgl. Neef NZA 2001, 361, 363.
[876] Vgl. oben § 2, B., II., 2., b) und § 5, 3., b), bb). Dass die Vereinbarung "vor allem dem Interesse des Arbeitgebers" dient (so Raab NZA 2002, 474, 476), darf daher bestritten werden.
[877] BT-Drucksache 14/5741, S.40.

mit dem Arbeitgeber Vereinbarungen zu schließen. Dabei gilt das Einigungsprinzip. Ist eine Einigung nicht möglich, fällt das Beteiligungsrecht zurück an den Betriebsrat (vgl. § 28a Abs. 2 S. 3 BetrVG), so dass die einseitige Anrufung der Einigungsstelle weiterhin allein zum Zuständigkeitsbereich des Betriebsrats gehört. [878]

3. Bewertung

§ 28a BetrVG durchbricht den Grundsatz der einheitlichen primären Interessenvertretung.[879] Es ist jedoch zu beachten, dass der Arbeitsgruppe keine originären Beteiligungsrechte zustehen, sondern diese nur durch Delegation vom Betriebsrat auf die Arbeitsgruppe übergehen. Kompetenzkonflikte werden dabei durch die obligatorische Festlegung der Aufgabenübertragung durch eine Rahmenvereinbarung zwischen Betriebsrat und Arbeitgeber von vornherein ausgeschlossen.

Anders als mit Normierung des § 3 Abs. 1 BetrVG rückt der Betriebsverfassungsreformgesetzgeber mit der Regelung des § 28a BetrVG das Ordnungskriterium der Belegschaftsnähe gegenüber der Maxime der Entscheidungsnähe in den Vordergrund: Die Arbeitnehmerinteressenvertretung soll dort installiert sein, wo ein konkreter Bezug zu dem Aufgaben- und Tätigkeitsbereich der Arbeitnehmer besteht, d.h. die Arbeitnehmer einheitlichen Arbeitsbedingungen unterliegen – unabhängig davon, wo die die Arbeitsgruppe betreffenden Entscheidungen gefällt werden.

Die Mitbestimmung soll in Belegschaftsnähe stattfinden. Dies zeigt auch ein Blick auf die Tatbestandsvoraussetzung der erforderlichen Arbeitnehmerzahl. Die Gefahr der Beeinträchtigung des Kontakts zwischen Betriebsrat und Arbeitnehmern besteht insbesondere in größeren Betrieben. Dementsprechend ist § 28 a BetrVG so ausgestaltet, dass Arbeitsgruppen in Betrieben mit mehr als 100 Arbeitnehmern installiert werden können. Hier droht regelmäßig ein Verlust von Belegschaftsnähe. Daraus folgt, dass die Interessenvertretung durch die Arbeitsgruppe auf die Verwirklichung des Ordnungskriteriums der Belegschaftsnähe abzielt.

---

[878] Richardi DB 2001, 41, 44.

[879] Fitting BetrVG § 28 a Rn 6 a.

§ 6 Verhandlungslösung und Interessenvertretung ipso jure

I. Erforderlichkeit und Möglichkeiten einer Vereinbarungslösung

Die Untersuchung hat gezeigt, dass der Gesetzgeber die Betriebsverfassung einerseits „entscheidungsnah", andererseits aber auch „arbeitnehmernah" organisieren wollte.[880] Sie hat des Weiteren gezeigt, dass eine vermittelnde Position zwischen den beiden betriebsverfassungsrechtlichen Ordnungskriterien der Entscheidung- und Belegschaftsnähe häufig nicht möglich ist.[881] Darüber hinaus wurde klar, dass die Lokalisation einer einheitlichen Leitungsstelle zur Installation einer Interessenvertretung in Entscheidungsnähe wegen der zunehmend diversifizierten Weisungs- und Leitungsorganisation in modernen Unternehmen nahezu unmöglich ist.[882] Eine sachgerechte Interessenvertretung, d.h. eine solche, die sowohl entscheidungs- als auch belegschaftsnah eingerichtet ist, kann daher unter dem Dach einer einheitlichen Definition des Betriebsbegriffs nicht gebildet werden.[883] Daneben hat sich gezeigt, dass eine gesetzliche Vertretungsstruktur bei unternehmensorganisatorischen Prozessen meist keine nachhaltige Lösung darstellt.[884]

Vereinbarungslösungen ermöglichen es demgegenüber, die jeweiligen Organisationsstrukturen des Unternehmens aufzugreifen und im Interesse der Betriebspartner eine interessengerechte Betriebsverfassungsstruktur zu finden.[885] Nach § 3 BetrVG sind die Tarif- bzw. Betriebspartner dabei nicht (mehr) an den Betriebs-, Unternehmens- oder Konzernbegriff gebunden. Sie können am besten beurteilen, welche Interessenvertretungsstruktur für das Unternehmen geeignet ist.[886] In dem Maße, in dem betriebswirtschaftliche Gesichtspunkte die Organisation des Unternehmens bestimmen, bestimmt so die Sachgerechtigkeit der Arbeitnehmerinteressenvertretung die Betriebsverfassungsstruktur. In den Mittelpunkt der Aufmerksamkeit rücken damit erneut die betriebsverfassungsrechtlichen Maximen der Entscheidungsnähe und der Belegschaftsnähe.

Das Augenmerk ist somit verstärkt auf mögliche Vereinbarungslösungen des § 3 Abs. 1 Nr. 1 bis 5 BetrVG zu richten, die es den Beteiligten erlauben, die betriebsverfassungsrechtlichen Ordnungskriterien so weit als möglich umzusetzen, indem sie diese - für den Fall, dass sie nicht miteinander zu vereinbaren sind - einvernehmlich gewichten (1.) bzw. das tatbestandliche Vorliegen der Ordnungskriterien gemeinsam

[880] Vgl. oben § 1.
[881] Vgl. oben § 3, B., V. und 2. Abschnitt, B., I.
[882] Vgl. oben § 4, B., II.
[883] Vgl. § 4, B., IV.; vgl. auch Kreßel, Der Betriebsbegriff in der betrieblichen Praxis, in: JahrbArbR, Bd. 36, 1999, S. 49, 55; Umnuß, Organisation der Betriebsverfassung und Unternehmerautonomie S. 135.
[884] vgl. oben § 4, B., III.
[885] Kreßel AuA 1998, 145, 148; ders., Der Betriebsbegriff in der betrieblichen Praxis, in: JahrbArbR, Bd. 36, 1999, S. 49, 55; So auch das Ergebnis der Kommission Mitbestimmung (vgl. deren Bericht S. 37 f.): Die Vereinbarungslösung müsse bei der Bestimmung der Vertretungseinheit im Vordergrund stehen, da es dem Gesetzgeber nicht möglich sei, die Vielfalt tatsächlicher Gestaltung vorausschauend zu regeln.
[886] Vgl. Spinner, Die vereinbarte Betriebsverfassung, S. 209.

prüfen und einvernehmlich festlegen (2.). Daneben bietet die Vereinbarungslösung die Möglichkeit auf unternehmensorganisatorische Neugestaltungen sachgerecht zu reagieren (3.).

1. Gewichtung der Ordnungskriterien durch die Verhandlungspartner

Nicht nur unter dem Dach einer einheitlichen Begriffsbildung ist es zum Teil unmöglich, eine Übereinstimmung der beiden Ordnungskriterien zu erzielen. Auch eine Verhandlungslösung kann die Installation entscheidungsnaher und gleichzeitig arbeitnehmernaher Mitbestimmungsorgane natürlich letztlich nicht gewährleisten, wenn Entscheidungen nicht in Belegschaftsnähe ausgeübt werden, sondern für einen weitergehenden Kreis an Arbeitnehmern erfolgen (also bei einem Abweichen vom "Idealbetrieb").[887] Will man die verfassungsrechtlich geschützte Unternehmerfreiheit[888] nicht beschneiden, stößt man hier an die Grenzen der Vereinbarkeit der betriebsverfassungsrechtlichen Maximen. Bei Unvereinbarkeit der betriebsverfassungsrechtlichen Ordnungskriterien ermöglicht eine Verhandlungslösung jedoch, dass die Beteiligten vor Ort entscheiden, welches Kriterium für sie *im Vordergrund* stehen soll.[889] Die Parteien können also *gewichten.* Die Frage, ob die Interessenvertretung in Entscheidungs- oder Belegschaftsnähe einzurichten ist, stünde somit nicht mehr als *Rechtsfrage* im Raum, die angesichts der Gleichrangigkeit der Kriterien ohnehin nicht sachgerecht zu beantworten ist und deren Grundlagen in Rechtsprechung und Literatur so heftig umstritten sind.[890]

Eine vereinbarte Mehr- oder Minderbeachtung des einen oder anderen Kriteriums steht auch nicht im Widerspruch zum Betriebsverfassungsgesetz. Zwar stehen die Maximen grundsätzlich gleichwertig nebeneinander, jedoch erkennt das Betriebsverfassungsreformgesetz selbst mit Normierung der Regelungen in § 3 Abs. 1 Nr. 1 bis 5 BetrVG nun offensichtlich die Situation des Auseinanderfallens von Entscheidungs- und Belegschaftsnähe an und nimmt diese in Kauf. Den (aussichtslosen) Versuch, die beiden Maximen einheitlich zu verwirklichen, unternimmt der Reformgesetzgeber jedenfalls nicht. Vielmehr werden Möglichkeiten geschaffen, entscheidungsnahe Strukturen einzurichten (§ 3 Abs. 1 Nr. 1-3 BetrVG) und auf der anderen Seite mit entsprechender ausdrücklicher Begründung eine Regelung zur "Wiederherstellung" von Belegschaftsnähe normiert (§ 3 Abs. 1 Nr. 5 BetrVG). Auch die zunächst vom Bundesarbeitsgericht angewandte Merkmalsmethode stellt letztlich nichts anderes als eine Wertung zwischen den betriebsverfassungsrechtlichen Maximen der Entscheidungsnähe und der Belegschaftsnähe dar. Diese Methode verstößt nicht gegen das Betriebsverfassungsgesetz; sie wurde wegen mangelnder Ergebnissicherheit aufgegeben.[891]

---

[887] Vgl. zur Begrifflichkeit oben § 4, B., V.

[888] Vgl. hierzu oben § 4, B., V.

[889] Zu beachten ist dabei jedoch, dass die Regelungen des § 3 Abs. 1 Nr. 1 bis 3 BetrVG *vornehmlich* der Entscheidungsnähe dienen. Um ausreichend Flexibilität zu bieten, muss der gesetzliche "Normalfall" demnach in Belegschaftsnähe angesiedelt werden. Dazu unten (2.).

[890] Vgl. oben § 3, B., III.

[891] Vgl. oben § 3, B., III., 1., a).

Keine sachgerechte Lösung stellte indes eine Doppelstruktur von arbeitnehmer- und entscheidungsnaher Interessenvertretung dar. Zwar ließen sich so letztlich beide Ordnungskriterien realisieren und die vorgenannte Mehr- bzw. Minderbeachtung des einen oder anderen Ordnungskriteriums vermeiden. Neben den grundsätzlichen Problemen eines Nebeneinanders betriebsverfassungsrechtlicher Mitbestimmungsorgane auf Primärebene, das eine Einheitlichkeit der Interessenvertretung auf unterster Repräsentationsebene gebietet,[892] bestünde jedoch die Gefahr, dass die Mitbestimmungsorgane in Entscheidungsnähe als "Arbeitgeberorgan" angesehen würde und so die Akzeptanz der Arbeitnehmer verlören.

2. Identifizierung und Gewichtung der Ordnungskriterien durch die Verhandlungspartner

Wie ebenfalls gezeigt,[893] stellt sich zudem bei der Bestimmung des Betriebsbegriffs auf Grundlage der h.M. in Rechtsprechung und Literatur in modernen, dezentral geführten Unternehmen häufig das Problem, dass eine einheitliche organisatorische Leitung nicht zu lokalisieren ist. Die *Realisierung* des Ordnungskriteriums der Entscheidungsnähe wird dadurch faktisch unmöglich. Auch diese Schwierigkeit besteht freilich nicht nur bei der Bildung einer Interessenvertretung aufgrund einer gesetzlichen Definition der organisatorischen Bezugseinheit: Bei faktischer Nichtexistenz einer einheitlichen Entscheidungsstelle stößt natürlich auch eine Verhandlungslösung zur Installation entscheidungsnaher Mitbestimmungsorgane an ihre Grenzen.[894]

Gegenüber der Installation des gesetzlichen Betriebsrats auf Grundlage des herrschenden Betriebsbegriffs, der die einheitliche organisatorische Leitungsmacht zur Rechtsfrage macht, bietet jedoch eine Bestimmung der vertretungsfähigen Einheit durch die Beteiligten vor Ort zweierlei bedeutsame Vorteile:

Zum einen besteht für die Verhandlungspartner die Möglichkeit, die Lokalisierung der einzelnen Entscheidungsbefugnisse einvernehmlich vorzunehmen. So kann Streit über die Frage vermieden wird, ob einzelne Materien tatsächlich an einer bestimmten Stelle im Unternehmen entschieden werden.[895] Dadurch können die *tatsächlichen* Entscheidungsträger im Unternehmen lokalisiert werden. Insbesondere in Fällen, in denen die eigentliche Entscheidungsstelle hinter einer bloßen "Anordnungsstelle" steht,[896] besteht so die Möglichkeit, die Mitbestimmungsorgane an der tatsächlichen Entschei-

---

[892] Vgl. zur entsprechenden Diskussion im Rahmen der Frage, ob Spartenbetriebsräte neben die gesetzlichen Betriebsräte treten: oben § 5, I., 3., b), bb).

[893] Vgl. hierzu oben § 4, B., II.

[894] Auch hier ist zu beachten, dass die Installation mehrerer primärer Mitbestimmungsorgane zur mitbestimmungsrechtlichen Erfassung aller arbeitgeberseitigen Entscheidungsstellen nicht sachgerecht wäre (so jedoch Friese RdA 2003, 92, 96), da ein Nebeneinander von Mitbestimmungsorganen auf Primärvertretungsebene aus den genannten Gründen ausscheidet – vgl. zur entsprechenden Diskussion im Rahmen der Frage, ob Spartenbetriebsräte neben die gesetzlichen Betriebsräte treten - oben § 5, I., 3., b), bb).

[895] zur Möglichkeit, den mitbestimmungsrechtlichen Ansprechpartner der Interessenvertretung im Einzelnen tarifvertraglich festzulegen: H. Wißmann NZA 2001, 409, 414.

[896] Vgl. oben § 4, B., II., 4.

dungsstelle (beispielweise der Sparten- / Unternehmens oder Regionalleitung) einzurichten und so effektiv in den Entscheidungsprozess zu involvieren. So ist es auch möglich, *faktische Entscheidungsmacht* außerhalb des Unternehmens stehender Dritter[897] zu identifizieren und ggfs. mit der Einführung einer unternehmensübergreifenden Interessenvertretung gemäß § 3 Abs. 1 Nr. 3 BetrVG bzw. zusätzlicher betriebsverfassungsrechtlicher Gremien gemäß § 3 Abs. 1 Nr. 4 BetrVG zu reagieren. Liegt demgegenüber eine weitgehende Verlagerung von Administrativ- und Verwaltungsaufgaben auf eine *Arbeitsgruppe*[898] vor, kann im Rahmen der Verhandlungen (zwischen den Betriebsparteien) auch von der Möglichkeit des § 28 a BetrVG Gebrauch gemacht werden. Für Arbeitnehmer bestimmter Beschäftigungsarten oder Arbeitsbereiche können in diesem Rahmen außerdem zusätzliche Vertretungen gemäß § 3 Abs. 1 Nr. 5 BetrVG eingerichtet werden.

Stellt sich aufgrund vorgenannter Analyse der Unternehmensorganisation ein stark dezentralisiertes bzw. diversifiziertes Entscheidungssystem dar, bietet eine Verhandlungslösung den Verhandlungsparteien darüber hinaus die Möglichkeit, auf *bestimmte Entscheidungsmaterien besonderes Gewicht* zu legen, die aus ihrer Sicht besonders relevant sind, und so die Einheiten, für die entsprechende Angelegenheiten einheitlich entschieden werden, einvernehmlich als Anknüpfungspunkt des Mitbestimmungsorgans zu bestimmen. Insbesondere den Ansätzen von *Rancke* und *Konzen*, die die konstituierenden Entscheidungsmaterien allgemeingültig festlegen wollen,[899] ist ein solches Vorgehen vorzuziehen.[900]

Werden beispielsweise in einem divisional gegliederten Unternehmen, dessen Geschäftsbereiche (Sparten) jeweils mehrere Betriebe umfassen, personelle Angelegenheiten zentral von der Unternehmensleitung wahrgenommen, während soziale Angelegenheiten von der Spartenleitung entschieden werden, so können die Tarifparteien bzw. Betriebspartner entweder vereinbaren, dass gemäß § 3 Abs. 1 Nr. 1 a BetrVG ein unternehmenseinheitlicher Betriebsrat gebildet wird, der bei der Unternehmensleitung als Entscheidungsträgerin in personellen Angelegenheiten, angesiedelt ist, oder, dass ein Spartenbetriebsrat § 3 Abs. 1 Nr. 2 BetrVG bei der Spartenleitung als verantwortlicher Stelle in sozialen Angelegenheiten eingerichtet wird. Ebenso haben die Parteien die Möglichkeit, für einen Regionalbereich, der drei Werke (Standorte) umfasst, eine einvernehmliche Entscheidung zu treffen, ob die Interessenvertretung bei dem in personellen Angelegenheiten zuständigen Regionalleiter (Regionalbetriebsrat gemäß § 3 Abs. 1 Nr. 1 b) BetrVG) oder den in sozialen Belangen gemäß §§ 87 ff. BetrVG zuständigen Werksleitern (Betriebsrat) angesiedelt werden soll.

---

[897] Vgl. oben § 4, B., II., 3.

[898] Vgl. oben § 4, B., II., 6. und § 5, II.

[899] Dass dieses Vorgehen von vornherein zum Scheitern verurteilt ist, wird sich unten zeigen (vgl. II., 1.).

[900] Vgl. oben § 3, B., III., 1., c) und d).

Hilfsweise[901] ist hier auch eine Orientierung an den "weichen" Faktoren Interessengemeinschaft/Betriebsgemeinschaft, also ein Abstellen auf die soziale Verbindung der zu vertretenden Arbeitnehmer möglich.

Diese Möglichkeiten, das Ordnungskriterium der Entscheidungsnähe vor dem Hintergrund der Unternehmensstruktur (passgenau) zu realisieren, sind unter dem Dach eines einheitlichen Betriebsbegriffs nicht gegeben. Der in Rechtsprechung und Literatur herrschende Betriebsbegriff, der mit dem Abstellen auf einen einheitlichen Leitungsapparat den Normzweck der Entscheidungsnähe realisieren soll, erreicht dieses Ziel daher selbst bei dezentraler Leitung nicht.

Neben dem Flexibilisierungsvorteil des § 3 Abs. 1 BetrVG zeigt sich hier außerdem die streitvermeidende Wirkung einer Vereinbarungslösung.[902] Dieser Umstand ist angesichts der nicht enden wollenden Auseinandersetzungen zu diesem Punkt[903] überaus bedeutsam, da in der Praxis durch die ausschöpfende Anwendung des § 3 Abs. 1 BetrVG in vorgenanntem Sinne ein enormes Maß an Rechtssicherheit zu erlangen ist.

3. Erfassung unternehmensorganisatorischer Prozesse

Neben vorgenannten Möglichkeiten die betriebsverfassungsrechtlichen Ordnungskriterien bei der Errichtung einer betrieblichen Interessenvertretung zu berücksichtigen, bieten Verhandlungslösungen gemäß § 3 Abs. 1 BetrVG den Vorteil, dass bezüglich unternehmensorganisatorischer Prozesse[904] sach- und interessengerechte Lösungen zwischen den Verhandlungspartnern erarbeitet werden können.

Will beispielsweise der Arbeitgeber die Organisation des Unternehmens ändern und droht durch die Modifikation der Leitungsstrukturen das Gefüge aus Mitbestimmungsorganen und arbeitgeberseitigen Verhandlungspartnern auseinander zu brechen, so besteht die Möglichkeit, durch Neugestaltung der Betriebsverfassungsstruktur eine sachgerechte Interessenvertretung aufrecht zu erhalten.

Im Fall einer Unternehmens- bzw. Betriebsspaltung lassen sich die überkommenen Vertretungsstrukturen dadurch erhalten, dass die Parteien nach § 3 Abs. 1 Nr. 1 oder 3 BetrVG einen Kollektivvertrag schließen, der eine unternehmens- oder konzerneinheitliche Interessenvertretung vorsieht.[905] Auch der vertraglichen - und insofern „rechtssicheren" - Errichtung eines Gemeinschaftsbetriebsrates aufgrund des § 3 Abs. 1 Nr. 3 BetrVG in Fällen, in denen die Rechtslage aufgrund der von der herrschenden

[901] Die Möglichkeiten des § 3 Abs. 1 Nr. 1 bis 3 BetrVG stellen vornehmlich auf den Aspekt der Entscheidungsnähe ab (vgl. oben § 5, I., 5.), andere Aspekte können daher nur hilfsweise ein Rolle spielen, wenn mehrere Entscheidungsstellen vorhanden sind.

[902] Friese RdA 2003, 92.

[903] Vgl. oben § 4, B., III.

[904] Vgl. dazu oben § 4, A., I., 2. und zu den betriebsverfassungsrechtlichen Auswirkungen § 4, B., III.

[905] Däubler AuR 2001, 285, 288.

Rechtsprechung und Literatur geforderten Voraussetzungen ungewiss ist, steht nichts entgegen.[906]

Vorteil einer verhandelten Betriebsverfassungsstruktur ist darüber hinaus die Offenheit in Veränderungssituationen: Vereinbarungen gemäß § 3 BetrVG können Regelungen für den Fall enthalten, dass durch Erwerb, Veräußerung oder Umstrukturierung neue Betriebe bzw. Unternehmen hinzukommen bzw. wegfallen. Für diese Fälle können die Beteiligten festhalten, wer für die Anpassung der Vereinbarung in entsprechenden Fällen zuständig ist bzw. wie reagiert werden soll. Möglich sind insofern Öffnungsklauseln für Betriebsvereinbarungen und besondere Kündigungsrechte.[907]

Durch Anwendung des § 3 Abs. 1 BetrVG kann so im Einzelfall nicht nur *reagiert* werden, sondern es ist auch möglich, bevorstehende Organisationsprozesse aktiv zu *gestalten*. So wurden beispielsweise bei bevorstehenden Strukturänderungen in der Unternehmenspraxis häufig "Beschäftigungssicherungsverträge" geschlossen.[908] Im Rahmen entsprechender Vereinbarungen kann nunmehr auch auf bevorstehende Änderungen für die betriebsverfassungsrechtliche Mitbestimmung eingegangen werden. Augrund der alten Rechtslage waren entsprechende Gestaltungen nicht möglich.[909]

II. Anknüpfungspunkt der Arbeitnehmervertretung ipso iure

Vereinbarungsmöglichkeiten bieten damit die Chance, die Interessenvertretungsstrukturen an die Unternehmensorganisation anzupassen. So kann den betriebsverfassungsrechtlichen Ordnungskriterien weitgehend Beachtung geschenkt und somit eine sachgerechte Wahrnehmung der Arbeitnehmerinteressen gewährleistest werden. Die in der betrieblichen Praxis (und dementsprechend in der Rechtsprechung) bestehenden Probleme bei der Abgrenzung der Anknüpfungspunkte für die Arbeitnehmerinteressenvertretung können überwunden werden.

Jedoch bedarf es natürlich weiterhin eines gesetzlichen Anknüpfungspunktes. Auch bei gegebener Möglichkeit zur flexiblen Gestaltung der betriebsverfassungsrechtlichen Strukturen darf ein Blick auf die gesetzliche Lösung nicht vernachlässigt werden. Durch Verhandlungslösungen kann zwar auf besondere Bedingungen der Unternehmensorganisation sachgerecht reagiert werden und so in Bereichen, in denen sich die gesetzliche Lösung als ungeeignet erweist, Tarifvertrag bzw. Betriebsvereinbarung eine sinnvolle normative Basis für die Organisation der Mitbestimmung bieten. Zunächst müssen jedoch die Interessenlagen sondiert werden. Dann müssen die Tarif- bzw. Betriebspartner die Verhandlungen aufnehmen und letztlich zu einer Entscheidung über die Struktur der Interessenvertretung kommen. Daraus folgt, dass ein gesetzlicher Anknüpfungspunkt für die betriebliche Interessenvertretung bestehen muss,

---

[906] Dies wollte die Literatur z.T. schon auf Grundlage der alten Rechtslage ermöglichen (Heither, Betrieb im Betriebsverfassungsrecht – Herausforderung durch neue Organisations- und Umstrukturierungskonzepte, in: JahrbArbR, Bd. 36, 1999, S. 37, 47; Gamillscheg ZfA 1975, 357, 385).

[907] Vgl. dazu im Einzelnen: Hohenstatt/Dizda DB 2001, 2498, 2502.

[908] Vgl. zu den entsprechenden Fallgestaltungen: Kort ZfA 2000, 329, 360 f.

[909] T. Wißmann, Tarifvertragliche Gestaltung der betriebsverfassungsrechtlichen Organisation, S. 166; vgl. auch Kleveman (AuR 1989, 356, 357), der insofern eine (nach alter Rechtslage zu weitgehende) Fortgeltung der bisherigen Interessenvertretungsstrukturen forderte.

um zum einen für die Zeit, in der die Betriebs- bzw. Tarifparteien eine einvernehmliche Lösung suchen, die Interessenvertretung der Arbeitnehmer im Betrieb zu gewährleisten. Außerdem bedarf es einer gesetzlichen Regelung für den Fall, dass eine einvernehmliche Lösung zwischen den Tarifparteien bzw. Betriebspartnern nicht zustande kommt. Die betriebliche Mitbestimmung muss weiterhin unabhängig vom Willen des Arbeitgebers bleiben, der anderenfalls durch Blockade der Verhandlungen einen mitbestimmungsfreien Raum schaffen könnte. Eine Anpassung der betriebsverfassungsrechtlichen Organisation durch individuelle Gestaltung setzt auch zunächst voraus, dass die Betriebspartner überhaupt auf eine bestehende und grundsätzlich funktionierende betriebsverfassungsrechtliche Struktur zurückgreifen können. Nur dann besteht die Möglichkeit, dass die Tarifparteien bzw. Betriebspartner über ausreichende Sachkompetenz und Erfahrungswerte verfügen, auf die sie aufbauen können.[910] Sind gesetzliche Strukturen nicht vorhanden, kann eine Verhandlungslösung zudem von vornherein nicht zustande kommen, da ein Verhandlungspartner auf Arbeitnehmerseite fehlt. Eine gesetzliche Lösung, der Betrieb als Interessenvertretung „ipso jure“, ist daher unabdingbar.[911]

Als Anknüpfung für die Errichtung der Mitbestimmungsorgane bleibt der Betrieb somit erforderlich. Der Betriebsbegriff muss jedoch vor dem Hintergrund der Unvollkommenheit einer einheitlichen Definition zur Realisierung der betriebsverfassungsrechtlichen Ordnungskriterien[912] und unter Berücksichtigung der neuen gesetzlichen Möglichkeiten entwickelt werden:

1. Entscheidungsnaher oder belegschaftsnaher Ansatz

Die Überschrift ist mit Überlegung gewählt. Zwar stellt sich die Frage, ob bei der Bestimmung des Betriebsbegriffs vor dem Hintergrund der Betriebsverfassungsreform und den sich hieraus ergebenden Möglichkeiten fortan vornehmlich auf das Ordnungskriterium der Entscheidungsnähe oder den Aspekt der Belegschaftsnähe abzustellen ist – dementsprechend hätte auch *Entscheidungsnähe oder Belegschaftsnähe* tituliert werden können –, es soll jedoch nicht eine Entscheidung zwischen den beiden *Ordnungskriterien* getroffen werden, die beide im Betriebsverfassungsgesetz verankert sind und insofern jeweils für sich nicht in Frage gestellt werden können.[913] Ebenso wenig soll

---

[910] T. Wißmann, Tarifvertragliche Gestaltung der betriebsverfassungsrechtlichen Organisation, S. 131.

[911] A.A. unverständlicherweise Giesen (BB 2002, 1480, 1481), der davon ausgeht, der Betrieb habe angesichts des § 3 BetrVG n.F. als "Einheit, für die und aus der heraus die Betriebsvertretungen zu schaffen sind, ausgedient".

[912] Oben (§ 4, B., IV.) wurde gezeigt, dass auf Grundlage einer einheitlichen Definition des Betriebsbegriffs eine sowohl entscheidungs- als auch belegschaftsnahe Interessenvertretung nicht zu realisieren ist und eine auf die Leitungsstruktur des einzelnen Unternehmens angepasste (entscheidungsnahe) Arbeitnehmervertretung in der Regel wegen der Vielgestaltigkeit der modernen Unternehmensorganisation ausscheidet.

[913] Im Rahmen der entsprechenden Auseinandersetzung mit den Literaturstimmen wird hingegen von beiden Seiten der eine Ansatz gegenüber dem anderen als vorzugswürdig deklariert. Insofern ist auch die dortige Überschrift mit Bedacht gewählt (vgl. § 3, B., VI.).

der eine oder andere Ansatz – der auf die Leitungsfunktionen abstellende und insofern entscheidungsnahe oder der auf die soziale bzw. räumliche Verbundenheit der Arbeitnehmer und insofern belegschaftsnahe – als *falsch* eingeordnet werden. Beide stellen sich als Ausdruck jeweils eines betriebsverfassungsrechtlichen Ordnungskriteriums dar und sind insofern ebenfalls nicht isoliert in Zweifel zu ziehen.

Da jedoch ein vermittelnder (dritter) Betriebsbegriff, der unter dem Dach einer einheitlichen Definition sowohl Entscheidungs- als auch Belegschaftsnähe gewährleistet, wegen des kontradiktorischen Verhältnisses der Ordnungskriterien, nicht denkbar ist, *muss* geprüft werden, welcher Ansatz zur Definition des Betriebs als der einer Verhandlungslösungen vorgeschalteten gesetzlichen Lösung *praktisch vorzugswürdig* ist.

Die Würdigung der Praxistauglichkeit erfolgt dabei vor dem Hintergrund der Möglichkeiten des § 3 Abs. 1 BetrVG. Wenn also der eine oder andere Ansatz in dieser oder jener Hinsicht zu kurz greifen sollte, so ist die Frage zu stellen, ob entsprechende Defizite durch § 3 Abs. 1 BetrVG ausgeglichen werden können. Es geht also nicht darum, den Beleg für oder gegen eines der beiden Ordnungskriterien zu finden, sondern Defizite bei der praktischen Umsetzung der Ansätze zu untersuchen, die einer individuellen Konzeption durch die Tarifparteien bzw. Betriebspartner aus sachlichen Gründen heraus den Boden bereiten.

Bei der Untersuchung kommt zum einen der entscheidungsnahe Ansatz der herrschenden Meinung in Rechtsprechung und Literatur in Betracht,[914] der auf die Leitungsmacht des Arbeitgebers abstellt (a). Zum anderen sind die arbeitnehmernahen Ansätze von *Kohte, Joost* und *Gamillscheg* zu beachten.[915] Bei den arbeitnehmernahen Ansätzen ist darüber hinaus zwischen dem Ansatz von *Joost* (b), der im Wesentlichen auf die räumliche Einheit abstellt und dem *Kohtes* und *Gamillschegs* (c), der an das Vorliegen einer Betriebsgemeinschaft anknüpft, zu unterscheiden.[916]

a) Abgrenzung anhand der Leitungsorganisation des Arbeitgebers

aa) Fehlende Entscheidungsinstanz in der Rechtswirklichkeit

Die Untersuchung hat gezeigt, dass das Kriterium des *einheitlichen Leitungsapparats* zur Abgrenzung der betriebsratsfähigen Einheit in der modernen Unternehmenspraxis praxisuntauglich ist: Angesichts der aufgezeigten dezentralen und mehrliniegen Unternehmensstrukturen, lässt sich eine Leitungsinstanz, die die deutliche Mehrheit von Entscheidungsbefugnissen innehat, in den Unternehmen häufig nicht feststellen. Einer Identifikation entsprechender Leitungskompetenzen steht auch entgegen, dass häufig außerhalb des Unternehmens stehende Dritte Entscheidungen gegenüber dem Fremd-Arbeitnehmer treffen, dass Entscheidungsbefugnisse im Rahmen von Projektorganisationen (zum Teil lediglich temporär) auf die Arbeitnehmer selbst oder auf Arbeits-

---

[914] Vgl. § 3, B., III., 1.

[915] Vgl. § 3, B., III., 2.

[916] Anderweitige Ansätze zur Bestimmung der betriebsratsfähigen Einheit im Betriebsverfassungsrecht sind nicht ersichtlich und wären vor dem Hintergrund der zwingenden Berücksichtigung der betriebsverfassungsrechtlichen Ordnungskriterien der Entscheidungs- bzw. Belegschaftsnähe auch letztlich nicht beachtlich.

gruppen verlagert werden und, dass häufig mehrere Stellen an der selben Entscheidung mitwirken (Entscheidungsprozesse und Anordnungsvollzug).[917]

Das Abgrenzungskriterium des einheitlichen Leitungsapparats wurde vom Bundesarbeitsgericht und der Literatur dementsprechend zunehmend relativiert. Das Gericht sah es insofern als ausreichend an, wenn der Leitungsapparat die *deutliche Mehrheit* der mitbestimmungspflichtigen Entscheidungen, bzw. den *Kern der Arbeitgeberfunktionen* im Bereich der personellen und sozialen Mitbestimmung, wahrnimmt.[918] Aber auch eine Leitungseinheit mit überwiegender Personal- und Sozialverantwortung unterhalb der Unternehmensleitung fehlt angesichts vorgenannter Unternehmensstrukturen häufig.[919]

bb) Kritik an den Ansätzen zur Abgrenzung des Leitungsapparats[920]

Eine einheitliche Bestimmung der entscheidenden betriebsratskonstituierenden Leitungsfunktionen ist bisher nicht gelungen: Die Rechtsprechung beschränkt sich auf vorgenannte Formeln, die eine rechtssichere Bestimmung der betriebsratsfähigen Einheit nicht gewährleisten. Aber auch die Ansätze zur Bestimmung der einheitlichen Organisation in der Literatur[921] bieten keine geeignete Möglichkeit, eine (rechtsichere) Bestimmung der betriebsratsfähigen Einheit in der Praxis zu gewährleisten. Im Einzelnen:

(1) Zusammenfallen von Betrieb und Unternehmen

Zunächst ist festzuhalten, dass auch die Ansätze aus der rechtswissenschaftlichen Literatur zur Abgrenzung des Kerns der Arbeitgeberfunktionen nicht helfen, den Betrieb auszumachen, wenn die entsprechenden betriebsratskonstituierenden Merkmale[922] nicht einheitlich vorliegen. Die Untersuchung hat insofern gezeigt, dass die Konzentration der entsprechenden Entscheidungskompetenzen an einer Stelle ein idealtypischer Fall ist.[923] Dies begründet letztlich auch den größten Mangel der verschiedenen Ansätze. Soweit die Ansätze davon ausgehen, dass ein *Betrieb* im Sinne des Betriebsverfas-

---

[917] Vgl. oben § 4, B., II.

[918] Vgl. oben § 3, B., III., 1.; insb. BAG AP Nr. 3 zu § 4 BetrVG 1972.

[919] Vgl. oben § 4, B., II.; Bei Fehlen einer entspr. Leitungsinstanz stellt das BAG hilfsweise auf den räumlichen Aspekt und die Verflechtung unter den Standorten ab – vgl. oben § 3, B., III., 1., a); Nicht so ein Teil der Literatur – vgl. unten bb), (1).

[920] Der Betriebsbegriff der h.M. der sich an den Leitungsstrukturen des Arbeitgebers orientiert, wird materiell-rechtlich nicht kritisiert. Im Folgenden werden jedoch die Ansätze der Literatur zur Abgrenzung des von der h.M. geforderten Leitungsapparats (auch) materiell-rechtlich kritisch gewürdigt. Die Auseinandersetzung mit dem Kriterium des einheitlichen Leitungsapparates selbst bleibt an praktischen Gesichtspunkten orientiert.

[921] Vgl. oben § 3, B., III., 1., b) – e).

[922] Zu den einzelnen Angrenzungsmerkmalen vgl. oben § 3, B., III., 1., b) – e).

[923] Vgl. oben § 4, A., I.; So in Bezug auf den Ansatz von Konzen auch Umnuß, Organisation der Betriebsverfassung und Unternehmerautonomie, S. 113.

sungsgesetz *nicht vorliegt,*[924] wenn ein einheitlicher Leitungsapparat fehlt, kommen die Ansätze zu unhaltbaren Ergebnissen: Die Konsequenz, dass der Betriebsrat bei der Unternehmensleitung anzusiedeln ist, weil die verlangten Entscheidungsmaterien nicht einheitlich ausgeübt werden, ist – außer für den Fall des Ein-Standort-Unternehmens – abzulehnen. Das Betriebsverfassungsgesetz unterscheidet zwischen Betrieb und Unternehmen. Für ein Zusammenfallen der Einheiten aufgrund einer entsprechenden Gestaltung der Leitungsorganisation findet sich im Betriebsverfassungsgesetz kein Hinweis. Vielmehr sieht das Gesetz mit der Unterscheidung von Betriebsrat und Gesamtbetriebsrat eine gestufte Repräsentation der Arbeitnehmer auf Betriebs- und Unternehmensebene vor.[925]

(2) Mangelnde Beachtung des Normzwecks

Ein weiterer inhaltlicher Kritikpunkt muss den Ansätzen zur Abgrenzung der betriebskonstituierenden Leitungsbefugnisse entgegengehalten werden: Unter dem Gesichtspunkt der teleologischen Begriffsbestimmung ist es nicht verständlich, warum die Neubegründung und die Kündigung von Arbeitsverhältnissen nicht zu den konstituierenden Angelegenheiten zählen. Das definitorische Abstellen auf die Leitungsfunktionen dient dazu, dem Betriebsrat einen kompetenten Ansprechpartner in den beteiligungspflichtigen Angelegenheiten "auf-Augenhöhe" gegenüberzustellen.[926] Die Mitbestimmungen im Bereich der personellen Maßnahmen, insbesondere bei Kündigungen zählt aber zu den wichtigsten Mitbestimmungstatbeständen des Betriebsverfassungsgesetzes. Werden diese bei der Bestimmung der betriebsratsfähigen Einheit nicht berücksichtigt, leistet der an der Leitungsorganisation des Arbeitgebers orientierte Ansatz nicht, was er zu leisten verspricht, nämlich eine an dem Kriterium der Entscheidungsnähe ausgerichtete normzweckorientierte Abgrenzung des Betriebsbegriffs.

(3) Unbestimmtheit der Ansätze

Die Konkretisierungsversuche in der Literatur bieten überdies keine zusätzliche Rechtssicherheit bei der Bestimmung der betriebskonstituierenden Leitungseinheit, da die Formeln selbst mit einer Vielzahl unbestimmter Rechtsbegriffe arbeiten. Folgende Untersuchung zeigt dies:

Nach *Rancke* soll die Betriebsleitung im Rahmen vorgegebener Richtlinien selbständig Entscheidungen treffen dürfen und bei personellen Angelegenheiten, sozialen Angelegenheiten aus dem Katalog der §§ 87, 88 BetrVG sowie Einzelfragen in wirtschaftlichen Angelegenheiten *wenigstens mitzuwirken* haben.[927] Welcher Umfang an Kompetenz gemeint ist, bleibt offen. Mitsprache in diesen Angelegenheiten dürfte in modernen Unternehmen, die auf weitgehende Ergebnisverantwortlichkeit und Eigen-

---

[924] So Konzen, Unternehmensspaltungen und Organisationsänderungen, S. 106; Hanau ZfA 1990, 115, 118; Richardi, Die neue Betriebsverfassung, S. 16; So auch Peter DB 1990, 425, 426.

[925] Vgl. Joost, Betrieb und Unternehmen als Grundbegriffe im Arbeitsrecht, S. 242; Kohte BB 1992, 137, 141; DKK-Trümner BetrVG § 1 Rn 41.

[926] Vgl. oben § 1, C., I.

[927] Rancke, Betriebsverfassung und Unternehmenswirklichkeit, S. 269 f.

ständigkeit auf unteren Ebenen bauen, die Regel sein, Letztentscheidungskompetenz dagegen die Ausnahme.

Nach *Konzen* müssten die *konkreten* Belegschaftsinteressen von einer Entscheidung berührt sein, um diese als konstituierend anzusehen. Entscheidungsbefugnis bezüglich Kündigungen müsse zwar nicht vorliegen, die Betriebsleitung müsse jedoch auf eine Entfernung eines Arbeitnehmers aus dem Betrieb *hinwirken* können.[928] Hier gilt oben Gesagtes: Mitsprache dürfte die Regel sein – ist dies jedoch ausreichend? Zu den konstituierenden Elementen der Betriebsleitung gehöre auch der *Kernbereich der Personalführung*. Doch was versteht man unter Kernbereich der Personalführung? Jedes Unternehmen wird hier anders abgrenzen. *Konzen* selbst sieht hier das Kündigungsrecht nicht. M.E. ist es zur Personalführung zwingend erforderlich. Nach *Konzen* muss die Leitungsstelle mit *erheblichen* Entscheidungsbefugnissen ausgestattet sein[929] – wieder wird die Praxis mit einem äußerst unbestimmten Begriff konfrontiert.

Nach *Hanau* müssen die *grundlegenden* und *wesentlichen* Regelungen im Personalbereich von einer einheitlichen Leitungsstelle wahrgenommen werden, um die organisatorische Einheit als betriebsratsfähige Einheit zu qualifizieren.[930] Welche Befugnisse konkret gemeint sind, sagt er nicht. Rechtssicherheit wird ebenfalls nicht erreicht, wenn er feststellt, im Verhältnis Betriebsleitung – Unternehmensleitung müsse der Betriebsleiter einen *gewissen* Entscheidungsspielraum haben, hier entscheide jedoch das *Gesamtbild*.[931]

Entsprechend vage äußert sich auch *Richardi*, der eine gegenüber der Unternehmensleitung *relativ verselbstständigte* Organisation mit Entscheidungsbefugnissen in den mitbestimmungspflichtigen Angelegenheiten verlangt.[932] Welche Befugnisse entscheidend seinen, sagt er nicht: Dies hänge von der Leitungsstruktur des Unternehmens ab.[933] Festzuhalten ist, dass die wissenschaftlichen Versuche, den Kern der Arbeitgeberfunktionen näher zu bestimmen kein Mehr an Rechtssicherheit bringen.[934]

---

[928] Konzen, Unternehmensspaltungen und Organisationsänderungen, S. 86.
[929] Konzen, Unternehmensspaltungen und Organisationsänderungen, S. 83.
[930] Hanau ZFA 1990, 115, 120.
[931] Hanau ZFA 1990, 115, 120.
[932] Vgl. Richardi BetrVG § 1 Rn 35; relativ unbestimmt auch Peter, der auf den Grad des delegierten Beurteilungs- und Ermessenspielraums abstellen will (vgl. Peter DB 1990, 425, 426).
[933] Richardi BetrVG § 1 Rn 28.
[934] Um die Probleme bei der Abgrenzung eines einheitlichen Leitungsapparates zu überwinden finden sich in der Literatur z.T. abenteuerliche Konstruktionen: So erklärt Schimana (BB 1979, 892, 894), der fachlich-technische Leiter eines Betriebes, sei regelmäßig zur selbstständigen Einstellung und Entlassung von im Betrieb beschäftigten Arbeitnehmern berechtigt. Und weiter: Wer zur selbstständigen Einstellung und Entlassung berechtigt sei, der habe auch das Sagen in sozialen Angelegenheiten. Dass diese Schlussfolgerung zu weit geht (oben unter § 4, A., I., 1. wurde gezeigt, dass die moderne Unternehmensorganisation eben nicht diesem Muster entspricht) erkennt der Autor selbst, wenn er postuliert, dass die den Betrieb konstituierende organisatorische Leitung nicht mit Verhandlungsvollmacht ausgestattet, sondern lediglich verantwortlich sein müsse; die letzte Entscheidung könne bei der Unternehmensleitung liegen.[934] Dabei bleibt offen, wodurch sich eine "verantwortliche" Betriebsleitung auszeichnet und inwiefern dieser Ansatz dem Zweck des Abgrenzungskriteriums der organisatorischen Einheit dient, mit dem eine entscheidungsnahe Interessenvertretung gewährleistet werden soll.

(4) Methodische Kritik

Den vorgenannten Bemühungen *Rankes* und *Konzens* ist zudem ein methodischer Mangel gemein. Beide greifen eine in der Unternehmenspraxis anzutreffende Organisationsform auf und heften dieser das Etikett „betriebsratskonstituierender Leitungsapparat" an. Der Abgrenzung der betriebsratsfähigen Einheit in der Praxis ist damit jedoch häufig nicht gedient, da es dem Ansatz angesichts der schnelllebigen Unternehmenspraxis an Nachhaltigkeit mangelt: Die Untersuchung hat gezeigt, dass sich die Unternehmensorganisation in den letzten Jahren nicht nur nachhaltig verändert *hat*, sondern dass aufgrund der Marktorientierung der Unternehmen und der Akzessorietät der Personalleitungsfunktionen zu den produktions- und dienstleistungstechnischen Erfordernissen, ein Ende der Strukturänderungen der Unternehmen auch nicht zu erwarten ist. Im Gegenteil ist davon auszugehen, dass sich Unternehmensstrukturen in der Zukunft noch weiter modifizieren werden.

Die Festlegung bestimmter mitbestimmungsrelevanter Entscheidungskompetenzen als betriebsratskonstituierend ist daher per se nicht Erfolg versprechend. Zur Erreichung entscheidungsnaher Interessenvertretungsstrukturen bleibt daher nur die Möglichkeit einer wertenden Gesamtschau, die ihrerseits jedoch eine rechtsichere Abgrenzung nicht ermöglicht.

cc) Fazit

Eine Leitungseinheit, die den Kern der Arbeitgeberfunktionen in personellen und sozialen Angelegenheiten unterhalb der Unternehmensleitung wahrnimmt, ist immer seltener rechtstatsächlich zu lokalisieren. Eine inhaltlich überzeugende Bestimmung der Leitungsfunktionen, die über das Vorliegen einer betriebsratsfähigen Einheit entscheiden, liegt nicht vor. Die in der rechtswissenschaftlichen Lehre entwickelten Ansätze zur Abgrenzung dieser betriebskonstituierenden Leitungsinstanz sind aus materiellrechtlichen Erwägungen und wegen ihrer nicht minder unbestimmten Voraussetzungen abzulehnen. Eine feststehende Abgrenzung der konstituierenden Merkmale dürfte angesichts der sich stetig ändernden Unternehmensstrukturen auch nicht nachhaltig zu sachgerechten Lösungen führen. Die Abgrenzung der betriebsratsfähigen Einheit anhand der Leitungsorganisation des Arbeitgebers ist daher abzulehnen.

Wenn jedoch das Kriterium untauglich ist, so ist es auch nicht möglich die gesetzliche Lösung (ipso jure) an den Entscheidungsstellen des Arbeitgebers auszurichten.

b) Abgrenzung anhand des Merkmals der Betriebsgemeinschaft

Die herausragende Bedeutung der Betriebsgemeinschaft als Zusammenfassung homogener Wählerschaften für die Interessenvertretung der Arbeitnehmer wurde oben aufgezeigt.[935] Die Beachtung der Betriebsgemeinschaft als Gruppe ist nicht nur betriebsverfassungsrechtlich sachgerecht. Das Abstellen auf eine Gruppe als Repräsentationsbasis ist darüber hinaus aus betriebssoziologischer Sicht sinnvoll: Unter psychologi-

---

[935] Vgl. oben § 2, B., II.

schen und sozialpsychologischen Gesichtspunkten erfüllt die Gruppe eine Reihe von Bedürfnissen, wie soziale Kontakte, Nähe, Geborgenheit, Sicherheit, Anerkennung, Verstärkung der Gruppenmitglieder (gegenüber Vorgesetzten), Prestige, Schutz nach außen, Verstärkung der Machtposition (Einigkeit macht stark), Bewahrung vor Anonymität, Verbesserung der Realitätswahrnehmung durch Rückkopplung mit andern Gruppenmitgliedern.[936] Die Förderung der Gruppenstrukturen durch Zusammenfassung zu einer einheitlichen Repräsentationsgemeinschaft stellt also auch unter betriebssoziologischen Aspekten einen Vorteil dar.

Das Tatbestandsmerkmal „Betriebsgemeinschaft" hat jedoch nur bedingten Praxiswert. Ohne eingehende soziologische Untersuchungen kann das Vorliegen einer Betriebsgemeinschaft wohl nicht positiv festgestellt werden. Insbesondere bei unterschiedlicher Gewichtung der die Betriebsgemeinschaft konstituierenden Interessen und Gefühlslagen[937] kann die betriebsratsfähige Einheit unter dem Aspekt der Betriebsgemeinschaft durch die Betriebsparteien nicht rechtsicher bestimmt werden.

Gleiches gilt für den von *Kohte* entwickelten Ansatz, wonach auf einen „Tätigkeitszusammenhang von Arbeitnehmern, durch den die Handlungsorganisation der Arbeitnehmer möglichst ortsnah und effektiv verwirklicht werden kann", abzustellen ist. Mit dem Abstellen auf einen Tätigkeitszusammenhang von Arbeitnehmern ist ein trennscharfes Abgrenzungskriterium nicht gefunden. Auch die Wendung „ortsnah und effektiv" hilft nicht weiter: Zum einen will *Kohte* damit nicht – wie *Joost* – auf den räumlichen Aspekt abstellen, wodurch erneut Trennschärfe verloren geht. Zum Anderen liefert das Kriterium der Effektivität keine weitergehenden Anhaltspunkte, da, wie oben gezeigt,[938] Effektivität zum Einen im Sinne der unmittelbaren Verbindung von Betriebsrat und Arbeitnehmern, zum Anderen aber auch im Sinne einer möglichst wirksamen Beeinflussung der Entscheidungsfindung an den arbeitgeberseitigen Entscheidungsstellen verstanden werden kann. Auch mit *Kohtes* Ansatz kann daher eine rechtsichere Abgrenzung des Betriebsbegriffs nicht erfolgen.

Die Unsicherheit bei der Bestimmung des Betriebsbegriffs aufgrund des Abgrenzungskriteriums der Betriebsgemeinschaft ist letztlich auch den Autoren, die den Ansatz vertreten, bewusst. So räumt *Gamillscheg* immer wieder ein, das Kriterium sei keine "hard and fast rule", was zwar gegen die praktische Verwertbarkeit des Ansatzes spreche, jedoch das teleologisch zwingende Festhalten an der Auslegung nicht beeinträchtigen könne.[939] Dem muss widersprochen werden. Der Normzweck ist zwar zwingend für die Auslegung des Betriebsbegriffs; er bestimmt aber nicht die Definitionsformel. Letztlich entscheidend ist nur die Erreichung des Gesetzeszwecks, nicht die Formulierung einer Definition, die dem Normzweck am meisten entspricht.

Der Normzweck wird jedoch, wie eingangs gezeigt, [940] überwiegend durch die räumliche Verbindung der Arbeitnehmer untereinander bestimmt. Dieses Kriterium steht auch bei Autoren, die die Betriebsgemeinschaft als Abgrenzungskriterium des

[936] Staehle, Management – Eine verhaltenswissenschaftliche Perspektive, S. 285.
[937] Vgl. insofern oben § 2, B., II., 3.
[938] Vgl. oben § 1, C.
[939] Gamillscheg Anm. zu EzA Nr. 4, 5 zu § 4 BetrVG 1972, S. 65; ders. AuR 2001, 411, 413
[940] Vgl. oben § 2, B., II.

Betriebsbegriffs bejahen im den Vordergrund. Weitere objektive Kriterien sind deren Ausführungen zumeist nicht zu entnehmen.[941]

c) Abgrenzung anhand des räumlichen Aspekts

Auch wenn die räumliche Nähe allein sicherlich keine Erklärung für die Zusammenfassung der Arbeitnehmer zu einer Wählerschaft gibt – insofern ist Gamillscheg zuzustimmen – [942] ist es doch der hinter dem Aspekt der räumlichen Nähe stehende Gedanke, der den Ansatz rechtfertigt. In räumlicher Nähe finden sich nämlich *in der Regel* homogene Wählerschaften.[943]

Richtig ist daher m. E. die Feststellung *Kreßels*, der freilich den Weg nicht zu Ende geht: "Die Probleme bei Bestimmung der organisatorischen Einheit aufgrund moderner Unternehmensstrukturen geben Anlass, erneut über die räumliche Nähe als Abgrenzungsmerkmal des Betriebsbegriffs nachzudenken.[944] Zur Abgrenzung der betriebsratsfähigen Einheit bedarf es eines *fassbaren* Kriteriums. Auf die Betriebsgemeinschaft kann daher – wie gezeigt – nicht abgestellt werden. Der das Kriterium der Arbeitnehmernähe *in der Regel* gewährleistende Ansatz *Joosts* ist jedoch greifbar. Zwar formuliert *Joost* selber seinen Ansatz unscharf, in dem er auf die Verbindung eines objektiven Kriterium und eines Zweckkriteriums abstellt.[945] Die räumliche Verbundenheit zur Gewährleistung einer sachgerechten Repräsentation der Arbeitnehmer ist jedoch m. E. im betrieblichen Alltag durchaus greifbar. Richtigerweise ist auf die Möglichkeit für Betriebsrat und Arbeitnehmer abzustellen, jederzeit zueinander Kontakt aufzunehmen. Wie bereits ausgeführt,[946] kann eine belegschaftsnahe Interessenvertretung nicht verwirklicht werden, wenn es dem Arbeitnehmer unmöglich ist, außerhalb der regulären Sprechstunden den Betriebsrat aufzusuchen. Zwar kann dies je nach betrieblichen Gegebenheiten zu unterschiedlichen objektiven Ergebnissen führen; insbesondere, wenn die regulären Pausen relativ lang sind und die Verkehrsverbindungen günstig, kann es daher zu einer Bejahung der betriebsratsfähigen Einheit auch bei relativ großer räumlicher Distanz führen. Jedoch können die Betriebsparteien nach diesem Kriterium die Bestimmungen der betriebsratsfähigen Einheit relativ sicher vornehmen. Damit ist der betriebsverfassungsgesetzlichen Maxime der Rechtssicherheit genüge getan.[947]

---

[941] Vgl. Kohte AuA 1990, 150, 152, ders. BB 1992, 140; Gamillscheg ZfA 1975, 357, 399 (ausdrücklich: "...räumliche Grundlage [..] *und damit* [..] Verbindung ihrer [der Arbeitnehmer] Interessen.."); ders. AuR 2001, 411, 414; ders. AuR 1989, 33, 34.
[942] Gamillschig AuR 1989, 33, 34.
[943] Gamillschig AuR 1989, 33, 34.
[944] So Kreßel, der dann jedoch – m.E. nicht schlüssig – das Abgrenzungskriterium der räumlichen Nähe unter Hinweis auf die Zufälligkeit der Ergebnisse verwirft (Der Betriebsbegriff in der betrieblichen Praxis, in: JahrbArbR, Bd. 36, 1999, S. 49, 55).
[945] Vgl. oben § 3, B., III., 2., b).
[946] Vgl. oben § 2, B., I., 1.
[947] Vgl. dazu oben § 1, D.

2. Bestätigung der gefundenen Lösung vor dem Hintergrund der Betriebsverfassungsreform

Nachdem die einzelnen Ansätze zur Abgrenzung der betriebsratsfähigen Einheit jeweils für sich betrachtet wurden, sind nun die Ergebnisse vor dem Hintergrund der Betriebsverfassungsreform einzuordnen. Wie oben gezeigt, soll der hier vertretene Betriebsbegriff vor dem Hintergrund der Möglichkeiten des § 3 Abs. 1 BetrVG beleuchtet werden. Wenn also der eine oder andere Ansatz im Hinblick auf die betriebsverfassungsrechtlich zu gewährleistende Entscheidungsnähe bzw. Belegschaftsnähe zu kurz greift, so ist die Frage zu stellen, wie entsprechende Defizite durch § 3 Abs. 1 BetrVG ausgeglichen werden können.

Doch welcher Ansatz eignet sich eher, einer individuellen Konzeption durch die Tarifparteien bzw. Betriebspartner den Boden zu bereiten? Es ist derjenige Ansatz, der den Betriebsbegriff unter dem Aspekt der räumlichen Nähe abgrenzt. Die Lösung drängt sich geradezu auf. Festzuhalten ist zunächst, dass aufgrund des kontradiktorischen Verhältnisses der Ordnungskriterien der entscheidungsnahe Ansatz tendenziell zu einem Mangel an Belegschaftsnähe und der belegschaftsnahe Ansatz tendenziell zu einem Mangel an Entscheidungsnähe führt. Wenn jedoch die Interessenvertretung, die auf einem den einen oder anderen Gesichtspunkt beruhenden Ansatz basiert, jeweils für sich betrachtet – bei einem Abweichen vom Idealbetrieb – ein Defizit aufweist, so ist zu fragen, welches der möglichen Defizite durch die fakultativen Möglichkeiten des § 3 BetrVG besser ausgeglichen werden kann. Dabei wird klar, dass letztlich nur diejenigen Schwächen, die der „belegschaftsnahe Betriebsbegriff" aufweist, durch § 3 BetrVG effektiv ausgeglichen werden können:

Die Regelungsmöglichkeiten des § 3 Abs. 1 Nr. 1 bis 3 BetrVG ermöglichen eine Anknüpfung der primären Repräsentationsebene an die Entscheidungsebenen im Unternehmen. § 3 Abs. 1 Nr. 1 b) BetrVG ermöglicht die Anknüpfung der Interessenvertretung bei (überörtlichen) Organisationsebenen, die auf der Grundlage der herrschenden Meinung in Rechtsprechung und Literatur aufgrund der Entscheidungskompetenz in den wesentlichen mitbestimmungspflichtigen Angelegenheiten als Betriebe zu definieren sind. (Überörtliche) Sparteneinheiten können gem. § 3 Abs. 1 Nr. 2 BetrVG als Anknüpfungspunkt für die Interessenvertretung vereinbart werden. In zentralisierten Unternehmen ist gem. § 3 Abs. 1 Nr. 1 a) BetrVG die Errichtung eines unternehmenseinheitlichen Betriebsrats möglich. § 3 Abs. 1 Nr. 3 BetrVG ermöglicht in (fast) allen übrigen Fällen die Errichtung einer Primärvertretungsebene bei den Entscheidungsstellen des Arbeitgebers. Damit ermöglicht § 3 Abs. 1 BetrVG die Errichtung entscheidungsnaher Interessenvertretungsstrukturen in der ganz überwiegenden Mehrzahl der unternehmensorganisatorischen Strukturen. § 3 Abs. 1 BetrVG ermöglicht damit eine Errichtung einer betriebsverfassungsrechtlichen Interessenvertretung an fast allen Punkten im Unternehmen, an denen dies möglich und sachgerecht erscheint. Ausgenommen davon ist lediglich das Werk, der Standort, etc., also Arbeitsstätten als räumliche Einheit und die Betriebsgemeinschaft. Eine Erfassung dieser Punkte als betriebsratsfähige Einheit ist auf Grundlage des § 3 Abs. 1 BetrVG nicht möglich.

Da es vor dem Hintergrund der weit reichenden Flexibilität bei der Bildung des Betriebsrats, die der Gesetzgeber den Beteiligten vor Ort mit § 3 Abs. 1 BetrVG an die

Hand gegeben hat, *zumindest auch* die Möglichkeit der Interessenvertretung in Arbeitnehmernähe geben muss, ist der gesetzliche Betriebsrat gem. § 1 BetrVG unter Berücksichtigung des Kriteriums des räumlichen Zusammenhangs zu bilden. Die „Defizite" dieser Lösung können durch § 3 BetrVG ausgeglichen werden. „Andersherum", d.h. bei einer entscheidungsnahen Lösung wäre dies nicht der Fall: Der Belegschaftsnähe wird durch § 3 BetrVG nämlich nicht ausreichend Rechnung getragen.[948] Die betriebsverfassungsgesetzliche Struktur aus gesetzlichem Betriebsrat gem. § 1 BetrVG und Verhandlungsmöglichkeiten gem. § 3 Abs. 1 Nr. 1 bis 5 BetrVG ermöglicht daher eine umfassend sachgerechte Interessenvertretung nur, wenn der Betrieb als räumlich abgrenzbare Einheit definiert wird.

Die Lösung steht zudem einzig im Einklang mit § 3 Abs. 1 Nr. 1 a) BetrVG: Wäre der Betrieb in Entscheidungsnähe zu bilden, wäre § 3 Abs. 1 Nr. 1 a) BetrVG entbehrlich, da in einem solchen Fall schon auf Grund der Entscheidungsnähetheorie das Unternehmen mit dem Betrieb im Sinne des Betriebsverfassungsgesetzes identisch wäre.

3. Offenheit des Betriebsbegriffs als Alternative?

Die gefundene Lösung steht damit im Einklang mit der Wertung des Betriebsverfassungs-Reformgesetzes. Die Regelung des § 3 BetrVG gebietet es, § 1 BetrVG dahingehend auszulegen, dass die betriebliche Interessenvertretung de jure in Belegschaftsnähe zu bilden ist.

Eine andere Wertung ist § 3 BetrVG m.E. nicht zu entnehmen. Insbesondere folgt aus der (relativen) Verhandlungsoffenheit der betrieblichen Interessenvertretungsstrukturen nicht, dass der Betriebsbegriff des § 1 BetrVG selbst offen wäre, bzw. es den Betriebspartnern gar zur freien Entscheidung überlassen wäre, wo sie die Grenzen der betriebsratsfähigen Einheit ziehen.[949] Zwar sind nach der Reform des Betriebsverfassungsgesetzes die Schranken bei der Betriebsratsbildung gelockert. Deutlich wird dies insbesondere im Hinblick auf § 3 Abs. 5 BetrVG, der bestimmt, dass aufgrund von Vereinbarungslösungen im Sinne des § 3 BetrVG gebildete Einheiten Betriebe darstellen. Die Offenheit des Betriebsbegriffs würde ferner sicherlich – zumindest in unstrittigen Fällen – die Betriebsratsbildung in den von den Parteien gewünschten Strukturen vereinfachen. Jedoch folgt daraus nicht, dass der Betriebsbegriff des § 1 BetrVG zur Disposition der Parteien stünde. Im Einzelnen:

Zunächst ist festzuhalten, dass die Bestimmung des Betriebsbegriffs und damit die Einrichtung des Betriebsrats immer unter dem Postulat der sachgerechten Wahrnehmung der Arbeitnehmerinteressen stehen muss. Daher kann die Bestimmung der betriebsratsfähigen Einheit nicht im freien Ermessen der Betriebspartner stehen, sondern muss immer unter Beachtung der betriebsverfassungsrechtlichen Ordnungskriterien

[948] § 3 Abs. 1 Nr. 5 BetrVG eröffnet nicht die Möglichkeit der Bildung echter Mitbestimmungsorgane. Auch § 28 a BetrVG ermöglicht nicht, auf breiter Basis eine arbeitnehmernahe Mitbestimmung zu gewährleisten.

[949] Das Argument, § 3 BetrVG selbst stünde der Offenheit des Betriebsbegriffs i.S.d. § 1 BetrVG entgegen, da er bei einer Offenheit des Betriebsbegriffs entbehrlich wäre, greift wohl zu kurz, da mit § 3 BetrVG der prozedurale Vorteil des rechtssicheren Vertrages geschaffen wird.

der Entscheidungs- und Belegschaftsnähe stehen. Aber auch innerhalb der Grenzen zwischen Entscheidungs- und Belegschaftsnähe kann es – im Rahmen des § 1 BetrVG[950] – keine Wahlfreiheit geben. Eine Bewertung der Betriebsverfassungsreform dahingehend, dass der Betriebsrat bei einem Abweichen vom Idealbetrieb, ohne dass von der Verhandlungsmöglichkeit des § 3 BetrVG Gebrauch gemacht würde, *entweder* in Entscheidungsnähe *oder* in Belegschaftsnähe gebildet werden könnte, führte in der betrieblichen Praxis zu erheblicher Unsicherheit. Sofern die Arbeitnehmerseite (Wahlvorstand) und der Arbeitgeber sich über die Anknüpfung einig sind, bestehen freilich keine Probleme. Die Bestimmung des gesetzlichen Betriebsbegriffs gemäß § 1 BetrVG muss aber definitorisch "klar" sein, wenn sich die Parteien nicht einig sind. Es bedarf einer Rückfallposition, die die Einrichtung einer betrieblichen Interessenvertretung erlaubt, wenn die Parteien über den Umfang der vertretungsfähigen Einheit streiten. Anders wäre es einem Gericht nicht möglich, einen entsprechenden Rechtsstreit um den Anknüpfungspunkt des Betriebsrats zu entscheiden.

Sind sich die Parteien über die Bestimmung der zu vertretenden Einheit hingegen einig, so ist fraglich, inwiefern die Offenheit des Betriebsbegriffs tatsächlich zu einer prozeduralen Vereinfachung der Betriebsratsbildung führte. Den Parteien ist es auch aufgrund der gegenwärtigen Rechtslage möglich die Betriebsratsstruktur gemäß. § 1 BetrVG relativ "frei" zu bestimmen, indem sie Betriebsratswahlen für den für zweckmäßig gehaltenen Bereich durchführen und die Anfechtungsfrist des § 19 BetrVG verstreichen lassen.[951] Solange die so "erzeugten" Betriebe nicht auf einer groben Fehleinschätzung des Betriebsbegriffs beruhen – was bei einer Installation des Betriebsrat in Entscheidungsnähe oder Belegschaftsnähe kaum der Fall sein dürfte, auch wenn das jeweils kontradiktorisch entgegenstehende Ordnungskriterium nicht erfüllt ist – ist die Betriebsratsbildung nicht mehr angreifbar.

Ebenfalls abzulehnen ist die Lösung, dass es der Arbeitnehmerseite allein überlassen bleiben sollte, für welche Einheit sie einen Betriebsrat errichtet. Ein solches einseitiges Vorgehen stünde im Widerspruch zur Wertung des § 3 BetrVG, der ein Abweichen von der gesetzlichen Mitbestimmungsstruktur gemäß § 1 BetrVG nur auf konsensualem Weg vorsieht.

4. Ergebnis

Die normative Offenheit des Betriebsbegriffs mit der Folge, dass die Parteien von *vornherein* einen Betriebsrat für die Einheiten bilden können, für die sie es sinnvoll halten, ohne den Weg über die Verhandlungslösung gemäß. § 3 BetrVG zu gehen, ist m.E. nicht sinnvoll.[952] Es bedarf einer Rückfallposition, die im Streitfall rechtssicher abzugrenzen ist.

Auch wenn jeder der Ansätze zur Bestimmung des Betriebsbegriffs für sich genommen angreifbar ist,[953] so bleibt doch nach eingehender Analyse der Ansätze im

---

[950] Im Rahmen des § 3 BetrVG gibt es diese freilich, vgl. § 6, I., 1.
[951] Vgl. Preis RdA 2000, 257, 263.
[952] Zur Argumentation oben, 3.
[953] Zur Argumentation oben, 1.

Einzelnen und unter Berücksichtigung der Wertung und der Systematik der Betriebsverfassungsreform nur festzuhalten, dass die Abgrenzung der betriebsratsfähigen Einheit ipso jure auf Grundlage des räumlichen Ansatzes, der auf *Joost* zurückgeht, erfolgen sollte. Ipso iure sollte der Betriebsrat daher für eine räumliche Einheit gebildet werden. Aufbauend hierauf sollte es weitgehend den Parteinen vor Ort überlassen bleiben, wie sie die Betriebsverfassung näher ausgestalten, insbesondere zur Erreichung einer weitgehenden Realisierung der betriebsverfassungsrechtlichen Ordnungskriterien.

Oben genannte negative Folgen des belegschaftsnahen Ansatzes (insbesondere Atomisierung der Betriebsverfassung) müssen dabei aufgrund der Möglichkeiten, die die Betriebsverfassungsreform eröffnet, nicht hingenommen werden. Dadurch kann im Einzelfall eine Koppelung der Mitbestimmungsorgane an die übergeordneten Entscheidungsebenen des Arbeitgebers erreicht werden, wenn de lege Kleinsteinheiten entstanden sind, die einer sinnvollen Mitbestimmung entgegenstehen.

§ 7 Ausblick

Nachdem die Bedeutung des § 3 BetrVG im Wertungssystem der Betriebsverfassung aufgezeigt wurde, stellt sich die Frage, welche Rolle § 3 BetrVG in der betrieblichen Praxis spielen wird. Diese Frage lässt sich pauschal sicherlich nicht beantworten. Fest steht jedoch, dass eine sachgerechte Interessenvertretung der Arbeitnehmer allein durch die gesetzliche Struktur Betriebsrat - Gesamtbetriebsrat - Konzernbetriebsrat immer seltener ermöglicht werden wird, da eine Vereinigung und unternehmensspezifische Realisierung der Ordnungskriterien der Entscheidungs- und Belegschaftsnähe unter dem Dach eines einheitlichen Betriebsbegriffs in der Regel ausscheidet.

Der Wirtschaftspraxis sei daher empfohlen von den Möglichkeiten des § 3 Abs. 1 BetrVG umfassend Gebrauch zu machen![954] Dies gilt natürlich nur insoweit, als dass eine betriebsverfassungsrechtliche "Idealsituation" nicht vorliegt, die eine Kongruenz von Belegschafts- und Entscheidungsnähe ermöglicht[955]. Es ist jedoch m.E. abzusehen, dass dies immer weniger der Fall sein wird.

Ob es daher bei diesem wohlgemeinten Aufruf bleiben sollte ist fraglich. Die Praxis hat – soweit ersichtlich – bislang nur zurückhaltend von der Möglichkeit des § 3 Abs. 1 BetrVG Gebrauch gemacht.[956] Es ist indes nicht davon auszugehen, dass der mangelnde Gebrauch der Möglichkeiten des § 3 Abs.1 BetrVG auf das umfassende Vorhandensein besagter betriebsverfassungsrechtlicher Idealzustände zurückzuführen ist. Eine Vielzahl von Hindernissen stehen vielmehr im Weg: Zunächst müssen die zahlreichen – im Verlauf der Untersuchung aufgezeigten – ungeklärten Fragen angegangen werden. Nicht nur Rechtsprechung und Praxis haben hier Einiges zu bewältigen. Der Gesetzgeber wird an vielen Stellen nachzubessern haben. Als großes Hemmnis stellt sich vor allem die Sperre von Betriebsvereinbarungen durch die Geltung von Tarifverträgen im Betrieb dar.

Aber auch bei Bewältigung der bestehenden Hemmnisse bleibt die Vereinbarungslösung nur eine *Option* für die Tarif- bzw. Betriebsparteien. In den Unternehmen kann von dem Möglichkeiten des § 3 Abs. 1 BetrVG Gebrauch gemacht werden; muss es aber nicht. Für ein Unterlassen kommen – neben vorgenannten Hemmnissen durch die Ungereimtheiten und offenen Fragen – eine Vielzahl von Gründen in Betracht: machtpolitisches Kalkül der Tarifparteien, vereiste Beziehungen zwischen den Betriebspartnern, taktische Gesichtspunkte (sowohl im Verhältnis der Tarifparteien als auch zwischen den Betriebspartnern), mangelnde Motivation oder schlicht Unkenntnis der Rechtslage.

Die Realisierung einer unter den Gesichtspunkten der Entscheidungs- und Belegschaftsnähe sachgerechten Mitbestimmung, die letztlich meist nur durch spezifische Lösungen der Beteiligten vor Ort möglich ist, darf jedoch nicht zur Disposition der

---

[954] Für eine stärkere Anwendung von Vereinbarungslösungen auch Kort ZfA 2000, 329, 371.

[955] Vgl. insofern oben §3, 1. Abschnitt, B., V.

[956] Vgl. Kort (AG 2003, 13, 25 f.), der zwar aus seiner punktuellen Betrachtung das Gegenteil schließt (3 Tarifverträge für Hessen Chemie in 2 Jahren, gegenüber keinem Tarifvertrag in 30 Jahren zuvor), damit letztlich jedoch eine angesichts der grundlegenden Bedeutung der Möglichkeiten für eine sachgerechte Interessenvertretung dürftige Praxisanwendung aufzeigt.

Parteien stehen.[957] Das Betriebsverfassungsgesetz muss hier Vorgaben machen. Insofern scheint eine strukturelle Modifikation der Betriebsverfassung angebracht.[958] Der Vereinbarungsweg darf den Parteien zwar nicht aufgezwungen werden – dies führte sicherlich auch nicht zu sinnvollen Ergebnissen. Es ist aber zu erwägen, die Verhandlungslösung de lege ferenda *vor die gesetzliche* zu stellen.

Diesen Weg geht das Gesetz über die europäischen Betriebsräte, das hier durchaus vergleichsweise heranzuziehen ist.[959] In den §§ 17 ff. EBRG haben Vereinbarungslösungen Vorrang vor einem subsidiären gesetzlichen Modell, das in den §§ 21 ff. EBRG geregelt ist. Weil dem europäischen Gesetzgeber abstrakte und allgemein gültige Aussagen darüber, wo die europäischen Betriebsräte zu errichten sind, nicht möglich erschienen, stellt Gesetz unternehmensspezifische Vereinbarungslösungen gegenüber einheitlichen gesetzlich vorgezeichneten Modellen in den Vordergrund. Unternehmens- bzw. Konzernleitungen und Verhandlungsgremien der Arbeitnehmer können so die jeweils optimalen Strukturen für die Errichtung eines europäischen Betriebsrats gemeinsam vereinbaren. Nur dann, wenn diese Verhandlungen zu keinem Ergebnis kommen, hat das Gesetz in den §§ 21 ff. EBRG ein subsidiäres (zwingendes) Vertretungsmodel normiert. Das EBRG trägt damit insbesondere der Tatsache Rechnung, dass Unternehmen nicht immer zentralistisch organisiert sind: Bei Kompetenzlosigkeit der zentralen Leitung ermöglicht das Gesetz, geeignetere Entscheidungsstellen mit Leitungsbefugnissen als Anknüpfungspunkt für die Interessenvertretung zu bestimmen (vgl. § 19 S. 1 EBRG).[960]

Auch der Blick nach Frankreich und in die USA zeigt, dass es sachgerecht ist, vornehmlich den Parteien die Verantwortlichkeit für die Abgrenzung der vertretungsfähigen Einheiten zu überlassen. Vereinbarungen über die Abgrenzung der vertretungsfähigen Einheit sind dort vorrangig.[961] Die Erfahrungen sind überwiegend als positiv einzuschätzen.[962] Die "Ängstlichkeit vor kollektiven Vereinbarungen" in Deutschland[963] ist insofern nicht nachzuvollziehen.

Eine *betriebsverfassungsrechtliche Subsidiarität* der gesetzlichen Interessenvertretung bestehend aus (*örtlichem*) Betriebsrat, Gesamtbetriebsrat und Konzernbetriebsrat gegenüber vereinbarten spezifischen Strukturen gemäß § 3 Abs. 1 BetrVG in entsprechender Anlehnung an das Konzept des EBRG würde helfen, die betriebsverfassungsrechtlichen Ordnungskriterien weitgehend in den Betrieben und Unternehmen umzu-

---

957 Vgl. oben § 5, I., 1., b), bb), (2), (bb).

958 Richardi kritisiert dementsprechend, dass der Gesetzgeber sich an die Struktur der Betriebsverfassung nicht heran wage. Es bleibe bei den Anknüpfungspunkten Betrieb, Unternehmen und Konzern. Eine neue Grundlegung des Betriebsverfassungsrechtlichen Institutionengefüges habe der Gesetzgeber verpasst, da lediglich *Gestaltungsmöglichkeiten* für die Tarifparteien / Betriebspartner eröffnet wurden (vgl. Richardi, Die neue Betriebsverfassung, 2001 S. 8).

959 Den Vergleich zieht auch Kreßel, Der Betriebsbegriff in der betrieblichen Praxis, in: JahrbArbR, Bd. 36, 1999, S. 49, 55.

960 Vgl. Windbichler ZfA 1996, 1, 15.

961 Vgl. oben § 4, I. und II.

962 Vgl. Gamillscheg, Tarifverträge über die Organisation der Betriebsverfassung, FS Molitor, S. 133, 146 f.; ders. AuR 2001, 411, 415.

963 Gamillscheg, Tarifverträge über die Organisation der Betriebsverfassung, FS Molitor, S. 133, 136.

setzen. Freilich könnte dann die Zuständigkeit im Verhältnis der Betriebspartner nicht bei dem (subsidiären) Betriebsrat liegen. Eine Zuständigkeit eines Wahlvorstandes wäre hier die richtige Lösung.[964]

Doch nicht nur praktische Erwägungen legen diese Lösung nah. Auch aus rechtspolitischer Sicht ist eine breite Anwendung des § 3 Abs. 1 BetrVG wünschenswert: Der Vergleich zur unternehmerischen Organisationsfreiheit gebietet, dass die Arbeitnehmer auf die Betriebsverfassung verstärkt Einfluss nehmen sollten. Während nämlich der Unternehmer bei der Ausformung der organisatorischen Strukturen auf die gesetzlichen Vorgaben der Betriebsverfassung nicht reagieren muss, sondern unter Zugrundelegung seiner betriebswirtschaftlichen Interessen und Zielsetzungen frei entscheiden kann, bleibt die Betriebsverfassung lediglich die Reaktion auf entsprechende organisatorische Maßnahmen. Eine aktivere Rolle der Arbeitnehmer bei der Gestaltung „ihrer Organisation" ist daher wünschenswert.

---

[964] Vgl. insofern den Vorschlag von Joost, Betrieb und Unternehmen als Grundbegriffe im Arbeitsrecht, S. 303.

Zusammenfassung in Thesen

1. Die Organisationsnormen des Betriebsverfassungsgesetzes dienen der sachgerechten Durchsetzung der Arbeitnehmerinteressen. Diese wiederum setzt voraus, dass die Interessenvertretung einerseits entscheidungsnah, d.h. „auf Augenhöhe" des arbeitgeberseitigen Entscheidungsträgers, andererseits belegschaftsnah, also mit hinreichendem Kontakt zu einer homogenen Gruppe von Arbeitnehmern eingerichtet ist. Die Organisationsvorschriften müssen dabei hinreichend rechtssicher im betrieblichen Alltag umgesetzt werden können.

2. Die Entscheidungsmacht des Arbeitgebers weist im betrieblichen Alltag ein breites Spektrum an Inhalten auf. Die Entscheidungsstrukturen im Unternehmen richten sich nach betriebswirtschaftlichen Gesichtspunkten. Die Vielgestaltigkeit der modernen Organisationstheorie führt zu einer Vielzahl möglicher Entscheidungsstrukturen in den Unternehmen. Das Ordnungskriterium der Entscheidungsnähe der Arbeitnehmerorgane ist vor diesem Hintergrund von nur relativem Wert.

3. Belegschaftsnähe der Mitbestimmungsorgane setzt einen hinreichenden Kontakt zwischen Vertretern und Vertretenen voraus, der in der Regel bei räumlicher Nähe anzunehmen ist. Eine belegschaftsnahe Interessenvertretung setzt auch voraus, dass Arbeitnehmer mit gleichgelagerten Interessenstrukturen vertreten werden. Dies ist in der Regel beim vorliegen einheitlicher Arbeitsbedingungen er Fall.

4. Sofern die betriebsverfassungsrechtlichen Ordnungskriterien der Entscheidungs- und Belegschaftsnähe in Übereinstimmung zu bringen sind, ist eine sachgerechte Vertretung der Arbeitnehmerinteressen möglich. Die Ordnungskriterien stehen jedoch im kontradiktorischen Spannungsverhältnis zueinander; so führt ein „Mehr" an Belegschaftsnähe in der Regel zu einem „Weniger" an Entscheidungsnähe. In Rechtsprechung und Literatur wird daher in unterschiedlichem Maß auf das eine bzw. andere Ordnungskriterium abgestellt. Die politische Bedeutung der Diskussion wird indes überschätzt.

5. In der modernen Wirtschaftspraxis setzen sich mehr und mehr Organisationsformen durch, bei denen eine einheitliche Arbeitgeberseitige Leitungsinstanz nicht festzustellen ist. In derartig diversifizierten und dezentralisierten Unternehmen stößt der in Rechtsprechung und Literatur herrschende Betriebsbegriff an seine Grenzen, der auf einen einheitlichen Entscheidungsapparat in den wesentlichen mitbestimmungspflichtigen Angelegenheiten abstellt. Auch wenn damit der Betriebsbegriff der herrschenden Meinung und letztlich das Ordnungskriterium der Entscheidungsnähe vor erhebliche rechtstatsächliche Probleme gestellt werden, so sind dem Betriebsverfassungsgesetz dennoch keine zwingenden Vorgaben zu entnehmen, die die unternehmerische Organisationsfreiheit einschränken würden.

6. Die Betriebsverfassungsreform gibt dem Betriebs- und Tarifparteien eine Reihe von Gestaltungsmöglichkeiten an die Hand. Die Möglichkeiten zur Öffnung der gesetzlichen Betriebsverfassungsstruktur ermöglichen in erster Linie eine Anbindung der Mitbestimmungsorgane an die Entscheidungsinstanzen des Arbeitgebers.

7. Vereinbarungslösungen bieten den Vorteil der maßgeschneiderten Anpassung der Mitbestimmungsstrukturen auf das jeweilige Unternehmen. Sofern die betriebsverfassungsrechtliche "Idealsituation" einer Übereinstimmung von Belegschafts- und Entscheidungsnähe nicht vorliegt, können Vereinbarungslösungen gemäß § 3 BetrVG helfen, die betriebsverfassungsrechtlichen Strukturen an die tatsächlichen Umstände und die Interessenlagen der Beteiligten vor Ort anzupassen.

8. Der gesetzliche Betriebsrat sollte de lege lata – dem belegschaftsnahen Ansatz von *Joost* folgend – für eine Arbeitsstätte bzw. an einem Standort in räumlicher Einheit gebildet werden.

Literaturverzeichnis

Annuß, Georg	Schwierigkeiten mit § 3 I Nr. 3 BetrVG? NZA 2002,290
Bachner, Michael	Tarifverträge über die betriebsverfassungsrechtliche Organisation NZA 1996,400
Bauer, Jobst-Hubertus	Neues Spiel bei der Betriebsänderung und Beschäftigungssicherung? NZA 2001,375
ders.	25 Jahre Betriebsverfassungsgesetz NZA 1997,233
ders.	Alle Macht der Einigungsstelle und den Arbeitsgerichten? FA 1999,221
Belling, Detlev / Collas, Martin	Der Schutz der Arbeitnehmer vor den haftungsrechtlichen Folgen einer Betriebsaufspaltung NJW 1991,1919
Beuthien, Volker	Die Unternehmerautonomie im Zugriff des Arbeitsrechts ZfA 1988,1
ders.	Mitbestimmung unternehmerischer Sachentscheidungen kraft Tarif- oder Betriebsautonomie ZfA 1984,1
Biedenkopf, Kurt H.	Grenzen der Tarifautonomie Karlsruhe 1964
Birk, Rolf	Die arbeitsrechtliche Leitungsmacht Köln 1973
Blanke, Thomas	Flexible Mitbestimmung in modernen Zeiten RdA 2001, 92
Bork, Reinhard	Arbeitnehmerschutz bei der Betriebsaufspaltung BB 1989,2181

Brors, Christiane	Interessengemeinschaft als Strukturelement funktionsfähiger betrieblicher Interessenvertretung Berlin 1996
Brunhöber, Hanna	Das bringt das neue Betriebsverfassungsgesetz München 2002
Buchner, Herbert	Betriebsverfassungs-Novelle auf dem Prüfstand NZA 2001,633
Dahrendorf, Ralf	Industrie- und Betriebssoziologie 4. Auflage, Berlin 1967
Däubler, Wolfgang	Probleme beim Übergang zum neuen Betriebsverfassungsrecht DB 2001, 1670
ders.	Eine bessere Betriebsverfassung? Der Referentenentwurf zur Reform des BetrVG AuR 2001, 1
ders.	Die veränderte Betriebsverfassung – erste Anwendungsprobleme – AuR 2001, 285
Däubler, Wolfgang / Kittner, Michael / Klebe, Thomas	Betriebsverfassungsgesetz mit Wahlordnung - Kommentar für die Praxis 10. Auflage, Frankfurt am Main 2006 (zit: DKK-Verfasser)
DGB-Bundesvorstand	Der Referentenentwurf eines Gesetzes zur Reform des Betriebsverfassungsgesetzes NZA 2001, 135
Diringer, Arnd	§ 3 Betriebsverfassungsgesetz nicht durchdacht und nicht durchführbar Der Arbeitgeber 2001 Heft 4 (S.9)
Eich, Rolf-Achim	Tarifverträge nach § 3 BetrVG - Rechtliche Erwägungen und Hinweise zur praktischen Umsetzung, Arbeitsrecht im Strukturwandel, Festschrift für Friedrich Karl Weinspach Neuwied 2002

Endemann, Helmut	Zur Frage der Eigenständigkeit von Betriebsmehrheiten und Betriebsabteilungen AuR 1954,75
Enderlein, Wolfgang	Zur Richtigkeitsgewähr der tarifvertraglichen Einigung als Leitgedanken des Arbeitskampfrechts RdA 1995,264
Engelen-Kefer, Ursula	Keine Arbeit ohne Recht AuR 1999,369
Engels, Gerd	Gesellschaftsaufspaltung als eine die Beteiligungsrechte des Betriebsrats auslösende Betriebsänderung i.S. von § 111 ff. BetrVG DB 1979,2227
Engels, Gerd / Trebinger, Yvonne / Löhr-Steinhaus, Wilfried	Regierungsentwurf eines Gesetzes zur Reform des Betriebsverfassungsgesetzes DB 2001,532
Erfurter Kommentar zum Arbeitsrecht	Begründet von Dieterich, Thomas / Hanau, Peter / Schaub, Günter 7. Auflage, München 2007 (zit: ErfK-Verfasser)
Fabricius, Fritz / Decker, Günter	Zur Betriebsratsfähigkeit von Betriebsteilen SAE 1977,55
Fabricius, Fritz / Kraft, Alfons / Wiese, Günther / Kreutz, Peter / Oetker, Hartmut / Raab, Thomas / Weber, Christoph	Gemeinschaftskommentar zum Betriebsverfassungsgesetz, Bd. 1 8. Auflage, Neuwied 2005 (zit: GK-Verfasser)
Farthmann, Friedhelm	Die Mitbestimmung des Betriebsrats bei der Regelung der Arbeitszeit RdA 1974,65
Fischer, Ulrich	Die Vorschläge von DGB und DAG zur Reform des Betriebsverfassungsgesetzes NZA 2000,167

Fitting, Karl / Kaiser, Heinrich / Heither, Friedrich / Engels, Gerd / Schmidt, Ingrid	Betriebsverfassungsgesetz 23. Auflage, München 2006
Franzen, Martin	Reformbedarf beim Betriebs- und Arbeitnehmerbegriff des Betriebsverfassungsgesetzes? ZfA 2000,285
Frese, Erich	Grundlagen der Organisation 8. Auflage, Wiesbaden 2000
ders.	Organisationstheorie 2. Auflage, Wiesbaden 1992
Friese, Birgit	Die Bildung von Spartenbetriebsräten nach § 3 Abs. 1 Nr. 2 BetrVG RdA 2003,92
dies.	Tarifverträge nach § 3 BetrVG im System des geltenden Tarif- und Arbeitsrechts ZfA 2003,237
Gamillscheg, Franz	Nachruf auf den Gruppengrundsatz, Überlegungen zum Betriebsbegriff AuR 2001,411
ders.	Betrieb und Unternehmen - Zwei Grundbegriffe im Arbeitsrecht AuR 1989,33
ders.	Gemeinsame Anmerkung BAG EzA Nr. 4,5 zu § 4 BetrVG 1972 (S.35)
ders.	"Betrieb" und " Bargaining unit" Versuch des Vergleichs zweier Grundbegriffe ZfA 1975,357
ders.	Tarifverträge über die Organisation der Betriebsverfassung, Festschrift für Karl Molitor München 1988
Giesen, Richard	Betriebsersetzung durch Tarifvertrag BB 2002,1480

Goos, Wolfgang / Molitor, Karl (Herausgeber)	Arbeitsrecht im Strukturwandel, Festschrift für Friedrich Karl Weinspach Neuwied 2002
Gramm, Hans	Zum Begriff des Betriebes AuR 1964,293
Grützner, Winfried	Keine Betriebsratsfähigkeit von Betriebsteilen mit "kompetenzlosen Ansprechpartnern" BB 1983,200
Haase, Rolf	Betrieb, Unternehmen und Konzern im Arbeitsrecht NZA 1988 Beilage 3 S.11
Hammacher, Peter	Aus der Praxis eines Arbeitsdirektors RdA 1993,163
Hanau, Peter	Modernisierung des Betriebsverfassungsgesetztes AuA 1999,203
ders.	Aktuelles zu Betrieb, Unternehmen und Konzern im Arbeitsrecht ZfA 1990,115
ders.	Denkschrift zu dem Regierungsentwurf eines Gesetzes zur Reform des Betriebsverfassungsgesetzes RdA 2001, 65
ders.	Die Reform der Betriebsverfassung NJW 2001, 2513
ders.	Schlankere Betriebs- und Unternehmensverfassung, Arbeitsrecht in der Bewährung, Festschrift für Otto Rudolf Kissel München 1994
ders.	Die Reform der Betriebsverfassung im Spiegel des BetrVG-Kommentars, Arbeitsrecht im Strukturwandel, Festschrift für Friedrich Karl Weinspach Neuwied 2002
Hasford, Alfred	Die Wirkungen des rechtsgeschäftlichen Übergangs von Betriebsteilen auf bestehende Arbeitsverhältnisse BB 1973,526

Heither, Friedrich	Betrieb im Betriebsverfassungsrecht Herausforderung durch neue Organisations- und Umstrukturierungskonzepte JahrbArbR, Bd. 36, 1999, S. 37 ff.
Henssler, Martin	Tarifautonomie und Gesetzgebung ZfA 1998,1
Herrmann, Klaus	Der gemeinsame Betrieb mehrerer Unternehmen Konstanz 1993
Hess, Harald / Schlochauer, Ursula / Worzalla, Michael / Glock, Dirk	Kommentar zum Betriebsverfassungsgesetz 6. Auflage, München 2003 (zit: HSWG-Bearbeiter)
Hohnstatt, Klaus-Stefan / Dizda, Boris	Die "maßgeschneiderte" Betriebsverfassung DB 2001,2498
Hönn, Günther	Anmerkung zu BAG SAE 1985,127,130
Hromadka, Wolfgang	Arbeiter und Angestellte - eine überholte Unterscheidung ZfA 1994, 251
Hueck, Alfred / Nipperdey, Hans Carl	Lehrbuch des Arbeitsrechts, Bd. I 7. Auflage, Berlin 1963
Jacobi, Erwin	Betrieb und Unternehmen als Rechtsbegriff, Festschrift für Victor Ehrenberg, Leipziger rechtswissenschaftliche Studien, Heft 21 Leipzig 1926
Jaeger, Georg / Röder, Gerhard / Heckelmann, Günther	Praxishandbuch Betriebsverfassungsrecht München 2003 (zit.: Jaeger/Röder/Heckelmann-Verfasser)
Joost, Detlev	Betrieb und Unternehmen als Grundbegriffe im Arbeitsrecht München 1988

Kania, Thomas / Klemm, Claudia	Möglichkeiten und Grenzen der Schaffung anderer Arbeitnehmervertretungsstrukturen nach § 3 Abs. 1 Nr. 3 BetrVG RdA 2006, 22
Kissel, Rudolf Otto	Standort Arbeitsrecht Frankfurt 1999
Kittner, Michael	Arbeitsrecht und marktwirtschaftliche Unternehmensführung - ein Gegensatz? AuR 1995, 385, 394
Kleveman, Joachim	Anmerkung zu BAG AuR 1989,356
Klimecki, Rüdiger G. / Gmür, Markus	Personalmanagement: Strategien - Erfolgsbeiträge - Entwicklungsperspektiven 2. Auflage, Stuttgart 2001
Klinkhammer, Heinz	Die Mitbestimmung des Betriebsrats bei der Provisionsfestsetzung AuR 1977,364
Kohte, Wolfhard	Recht und Praxis der Betriebsratswahlen in der BRD AuA 1990,150
ders.	Anmerkung BAG BB 1996,1504, 1506
ders.	Zeitungszusteller und Betriebsratswahl BB 1992, 137
ders.	Der Gemeinschaftsbetrieb im Spiegel des Gesellschafts- und Konzernrechts RdA 1992,302
ders.	Betrieb und Unternehmen unter dem Leitbild des Organisationsvertrages Bochum 1987
Konzen, Horst	Unternehmensaufspaltung und Betriebseinheit AuR 1985,349

ders.	Der Regierungsentwurf des Betriebsverfassungsgesetzes RdA 2001, 76
ders.	Unternehmensaufspaltung und Organisationsänderung im Betriebsverfassungsrecht Heidelberg 1986
Kort, Michael	Reformbedarf bei der betriebsverfassungsrechtlichen Mitbestimmung in Fällen der Strukturveränderung in Betrieb und Unternehmen ZfA 2000,329
ders.	Betriebsverfassungsrecht als Unternehmensrecht? - Das Verhältnis von § 3 BetrVG n.F. zum Gesellschaftsrecht AG 2003,13
Kosoil, Erich	Organisation des Entscheidungsprozesses Berlin 1959
Kreßel, Eckhard	Betriebsverfassungsrechtlichen Auswirkungen des Zusammenschlusses zweier Betriebe DB 1989,1623
ders.	Anpassung des Betriebsverfassungsrechts an veränderte wirtschaftliche Rahmenbedingungen AuA 1998,145
ders.	Der Betriebsbegriff in der betrieblichen Praxis JahrbArbR, Bd. 36, 1999, S. 49 ff.
Krüger, Wilfried	Organisation der Unternehmung 3. Auflage, Stuttgart 1994
Küttner, Wolfdieter	Bildung und Auflösung von Gemeinschaftsbetrieben, Arbeitsrecht und Sozialpartnerschaft, Festschrift für Peter Hanau Köln 1999
Lange, Werner	Die virtuelle Fabrik BB 1998,1165
Larenz, Karl	Methodenlehre der Rechtswissenschaft Berlin 1991

Linde, Klaus	§ 28 a BetrVG – nur „Sand im Betriebe"? Eine empirische Bestandsaufnahme AiB 2004, 334
Linnenkohl, Karl	Die Virtualisierung der Arbeitsbeziehungen BB 1998,45
ders.	Cyberspace und Arbeitsbeziehungen BB 2001,42
Loritz, Karl-Georg	Sinn und Aufgabe der Mitbestimmung heute ZfA 1991,1
Löwisch, Manfred	Änderung der Betriebsverfassung durch das Betriebsverfassungs-Reformgesetz BB 2001, 1734
ders.	Betriebsverfassung in der Wirtschaft der Gegenwart DB 1999,2209
Löwisch, Manfred / Kaiser, Dagmar	Betriebsverfassungsgesetz Kommentar 5. Auflage, Heidelberg 2002 (zit: Löwisch-Verfasser)
Martens, Klaus-Peter	Unternehmerische Mitbestimmung mit den Mitteln des Betriebsverfassungsgesetzes? RdA 1989,164
Maunz, Theodor / Düring, Günter	Grundgesetz Kommentar München 1960 ff. Loseblattausgabe (zit.: Maunz/Düring-Verfasser)
Molitor, Karl	Zur Problematik der Unterscheidung zwischen Arbeitern und Angestellten RdA 1989,241
Müllner, Wolfgang,	Aufgespaltene Arbeitgeberstellung und Betriebsverfassungsrecht Berlin 1978
Münchener Handbuch zum ArbR	Bd. 1 Individualarbeitsrecht I 2. Auflage, München 2000 (zit: Mü HdbArbR-Bearbeiter)

Münchener Handbuch zum ArbR	Bd. 3 Kollektives Arbeitsrecht 2. Auflage, München 2000 (zit: Mü HdbArbR-Bearbeiter)
Neef, Klaus	Wer schützt vor dem Betriebsrat? NZA 2001,361
Nikisch, Arthur	Arbeitsrecht, Bd. 1: Allgemeine Lehren und Arbeitsvertragsrecht 3. Auflage, Tübingen 1961
Oehmann, W.	Zum Begriff "weite Entfernung" in § 3 Betriebsverfassungsgesetz DB 1964,587
Oetker, Hartmut	Anmerkung zu BAG SAE 1987,305
Otto, Hansjörg	Die verfassungsrechtliche Gewährleistung der koalitionsspezifischen Betätigung Stuttgart 1982
Peter, Manfred	Probleme des Betriebs- und Unternehmensbegriffs nach dem Betriebsverfassungsgesetz DB 1990,424
Picker, Eduard	Betriebsverfassung und Arbeitsverfassung RdA 2001, 259
ders.	Tarifmacht und tarifvertragliche Arbeitsmarktpolitik ZfA 1998, 573
Plander, Harro	Der Betrieb als Verhandlungsobjekt im Betriebsverfassungs- und sonstigen Arbeitsrecht NZA 2002, 483
Preis, Ulrich	Legitimation und Grenzen des Betriebsbegriffs im Arbeitsrecht RdA 2000,257
Preis, Ulrich / Elert, Nicole	Erweiterung der Mitbestimmung bei Gruppenarbeit? NZA 2001,371

Raab, Thomas	Die Arbeitsgruppe als neue betriebsverfassungsrechtliche Beteiligungsebene - Der neue § 28 a BetrVG NZA 2002,474
Rancke, Friedbert	Betriebsverfassung und Unternehmenswirklichkeit Opladen 1982
Reichold, Hermann	Die reformierte Betriebsverfassung 2001 NZA 2001, 857
Reuter, Dieter	Die Mitbestimmung des Betriebsrats über die Lage der Arbeitszeit von Ladenangestelten ZfA 1981,165
Richardi, Reinhard	Reform des Betriebsverfassungsgesetzes? NZA 2000,161
ders.	Veränderung in der Organisation der Betriebsverfassung nach dem Regierungsentwurf zur Reform des BetrVG NZA 2001, 346
ders.	Betriebsverfassungsgesetz mit Wahlordnung Kommentar 10. Auflage, München 2006
ders.	Die neue Betriebsverfassung München 2001
Richardi, Reinhard / Annuß, Georg	Neues Betriebsverfassungsgesetz: Revolution oder strukturwahrende Reform? DB 2001, 41
Rieble, Volker	Die Betriebsverfassungsgesetz-Novelle 2001 in ordnungspolitischer Sicht ZIP 2001, 133
Säcker, Franz-Jürgen	Die Wahlordnungen zum Mitbestimmungsgesetz München 1978
ders.	Grundprobleme der kollektiven Koalitionsfreiheit Düsseldorf 1969

Schaub, Günter — Arbeitsrechts-Handbuch
11. Auflage, München 2005
(zit: Schaub, ArbR-Hdb.)

Schertler, Walter — Unternehmensorganisation
4. Auflage, München, Wien 1991

Schiefer, Bernd / Korte, Walter — Der Referentenentwurf eines Gesetzes zur Reform des Betriebsverfassungsgesetzes
NZA 2001, 71

Schimana, Rudolf — Hauptbetriebe - Nebenbetriebe - Betriebsteile nach Betriebsverfassungsgesetz
BB 1979,892

Schmidt, Götz — Grundlagen der Aufbauorganisation
Gießen 1995

Schmidt, Ingrid — Fit für das neue Jahrtausend? - Zur Modernisierung der Organisationsvorschriften des Betriebsverfassungsgesetzes aus Sicht der Rechtsprechung
NZA 2000,17

Schmidt, Klaus — Das novellierte Betriebsverfassungsgesetz und seine Bedeutung für kleine und mittlere Unternehmen, Arbeitsrecht im Strukturwandel, Festschrift für Friedrich Karl Weinspach
Neuwied 2002

Schwarze, Roland — Legitimation kraft virtueller Repräsentation - ein gemeinschaftsrechtliches Prinzip?
RdA 2001,208

ders. — Der Betriebsrat im Dienst der Tarifvertragsparteien
Berlin 1991

Schmidt-Eriksen, Christoph — Tarifvertragliche Betriebsnormen
Baden-Baden 1992

Skaupy, Walther — Franchise-Systeme und Betriebsräte
BB 1990,134

Spinner, Günter — Die vereinbarte Betriebsverfassung
Baden-Baden 2000

Staehle, Wolfgang H.	Management - Eine verhaltenswissenschaftliche Perspektive 8. Auflage, München 1999
Stege, Dieter / Weinspach, Friedrich Karl / Schiefer, Bernd	Betriebsverfassungsgesetz - Handkommentar für die betriebliche Praxis 9. Auflage, Köln, 2002
Streek, Wolfgang	Mitbestimmung als Selbstorganisation: Der Bericht der "Kommission Mitbestimmung" JahrbArbR, Bd. 36, 1999, S. 21 ff.
Thüsing, Gregor	Vereinbarte Betriebsstrukturen ZIP 2003, 693
Trümner, Ralf	Sind Betriebe künftig in guter Verfassung? FA 2001,133
ders.	Anwendungs- und Umsetzungsprobleme bei Tarifverträgen über betriebsverfassungsrechtliche Fragen (§3 BetrVG), JahrbArbR, Bd. 36, 1999, S. 59 ff.
ders.	Unternehmensteilung – Merkmale für das Vorliegen eines einheitlichen Betriebes im Sinne des BetrVG zugleich Anmerkung zu LAG Niedersachsen BetrR 1990,104 (116)
ders.	Die Vermutung des gemeinsamen Betriebs mehrerer Unternehmen nach § 1 Abs. 2 Nr. 1 BetrVG AiB 2001,507
Ulrich, Gerd	Führt das neue Betriebsverfassungsgesetz zu einer Veränderung des Betriebsbegriffs? FA 2001,137
Umnuß, Karsten	Organisation der Betriebsverfassung und Unternehmerautonomie Baden-Baden 1993
Wagner, Joachim	Die "Just-in-Time" Produktion - Anlaß zum Überdenken des Arbeitgeber- und des Betriebsbegriffs – AuR 1990,245

ders.	Tagung "Der Lieferant on line" AuR 1990,123
Wank, Rolf	Die Teilzeitbeschäftigung im Arbeitsrecht RdA 1985,1
ders.	Die juristische Begriffsbildung München 1985
Weinmann, Heinz	Praktische Probleme der Mitbestimmung bei Betriebsänderung und Betriebsübergang ZfA 1991, 73
Wendeling-Schröder, Ulrike	Betriebsverfassung nach Maß? NZA 1999,1065
dies.	Individuum und Kollektiv in der neuen Betriebsverfassung NZA 2001,357
dies.	Diversionalisierung, Mitbestimmung und Tarifvertrag Köln 1984
dies.	Unternehmensorganisation und Mitbestimmung, Zur Notwendigkeit der Vereinbarung angepasster Mitbestimmungsstrukturen in dezentralen Organisationsformen, Arbeit, Personal und Mitbestimmung in Unternehmensnetzwerken München 1999
Windbichler, Christine	Grenzen der Mitbestimmung in einer marktwirtschaftlichen Ordnung ZfA 1991,35
dies.	Unternehmerisches Zusammenwirken von Arbeitgebern als arbeitsrechtliches Problem ZfA 1996, 1
Wißmann, Hellmut	Zur Zukunft der Mitbestimmung in Betrieb und Unternehmen AiB 2000,320

ders.	Die Suche nach dem Arbeitgeber in der Betriebsverfassung NZA 2001, 409
Wißmann, Tim	Tarifvertragliche Gestaltung der betriebsverfassungsrechtlichen Organisation Berlin 2000
Wlotzke, Otfried / Preis, Ulrich	Betriebsverfassungsgesetz 2. Auflage, München 1992
Ziemann, Werner	Anmerkung zu BAG AuR 1990,58
Zöllner, Wolfgang	Das Wesen der Tarifnormen RdA 1964,443
ders.	Gemeinsame Betriebsnutzung - Kritische Bemerkungen zur Rechtsfigur des gemeinsamen Betriebs, Unternehmen und Unternehmensführung im Recht, Festschrift für Johann Semler Bierich 1993

Kolibri 360 GmbH
Ferdinand-Jühlke-Straße 7
99095 Erfurt, Deutschland
produktsicherheit@kolibri360.de

Druck:
CPI Druckdienstleistungen GmbH
im Auftrag der
Kolibri 360 GmbH
Ferdinand-Jühlke-Str. 7
99095 Erfurt